金星出版
命理生活新智慧・叢書
VENUS PUBLISHING CO.
U0084304

命理生活新智慧・叢書 46-1

如何推算
大運・流年・流月
《下冊》

《修訂一版》

金星出版社 http://www.venusco555.com
E-mail: venusco555@163.com
venusco997@gmail.com
法 雲 居 士 http://www.fayin777.com
E-mail: fayin777@163.com
fatevenus@yahoo.com.tw

法雲居士⊙著

金星出版

國家圖書館出版品預行編目資料

如何推算大運、流年、流月《下》／
法雲居士著， --臺北市：
金星出版：紅螞蟻總經銷，
2010年10月修訂一版
2018年12月 再刷； 冊 ；公分—
（命理生活新智慧叢書；46-1）

ISBN: 978-986-6441-26-4（平裝）

1.命書

293.1 99015520

如何推算大運、流年、流月《下》《修訂一版》

作　　者：法雲居士
發 行 人：袁光明
社　　長：袁光明
編　　輯：王璟琪
總 經 理：袁玉成
地　　址：台北市南京東路三段201號3樓
電　　話：886-2-23626655
傳　　真：886-2-23652425
郵政劃撥：18912942金星出版社帳戶
總 經 銷：紅螞蟻圖書有限公司
地　　址：台北市內湖區舊宗路二段121巷19號
電　　話：(02)27953656(代表號)
網　　址：http://www.venusco555.com
E-mail：venusco555@163.com
venusco997@gmail.com
法雲居士網址：http://www.fayin777.com
E-mail：fayin777@163.com
fatevenus@yahoo.com.tw

版　　次：2010年10月 修訂一版　　2023年08月 加印
登 記 證：行政院新聞局局版北市業字第653號
法律顧問：郭啟疆律師
定　　價：750元

行政院新聞局局版北字業字第 653 號
(本書遇有缺頁、破損倒裝請寄回更換)

投稿者請自留底稿
本社恕不退稿

ISBN :9789866441332（平裝）

（因掛號郵資漲價，凡郵購五冊以上，九折優惠。本社負擔掛號寄書郵資。單冊及二、三、四冊郵購，恕無折扣，敬請諒察！）

序

當這本《如何推算『大運、流年、流月』上冊》出版以來，得到廣大讀者的回響，拚命來電話催促下冊的出版。我因為愈寫愈多，一直想把自己知道的知識都寫進去，反而拖延了下冊出版的時間，這是我向讀者們感到抱歉的地方。

現今的人對時間的掌握，已比古人們來的迫切。經濟的發達，促使時間的腳步加快。以前的人，算算大運、流年已很滿足了，知道一個大概好壞也很滿足了。現今的人不一樣了，因為生活中有許多事物是需要你來做抉擇的。稍微疏失了一下，便可能會一失足成千古恨。例如升官、升等沒升上去，就可能會等好幾年，等的白頭髮直冒。例如生意談不成，就可能失去賺千萬、上億的資財，公司就沒發展，會停頓或倒閉。關係影響太大，壓力也大。

命理學本來就是一門人生的生活科學。如何掌握時間也是這門生活科學中重要的議題。紫微斗數是最接近現代人生活的命理學。今天我用紫微命理的觀點在這本書中談到了流時、流分的應用。完全突破了長久以來八字學在年、月的時間上模糊的感覺。使應用紫微命理的人類更向時間點上的『分』鐘靠近。也許在未來我們還可以進入在分鐘以下的時間點。不過這完全要經過確切的印證，才能用的。

有的人說，不要太在意時間了，也不要太注重運氣了，反正好運、壞運都要過日子的，知道了豈不麻煩，整日裡提心吊膽的，日子更難過。這樣講起來，我覺得十分可笑。沒有人不想知道自己的好運時間、偏財運時間在何時。也沒有人不想知道那些可躲避的災禍將在何時發生。人人都想知道如何掌握到自己的好運時間，以及躲避厄運的時間。這就是長久以來，自我們的老祖先開始，一直所追求的人生智慧呀！所以當我聽到這些人有這樣勸人放棄智慧的言論，都忍不住多看他一眼，看看這個現代鄉下人是如何在過日子的？

現代人在生活上有太多的競爭，小時候上學，在學校要與同學們競爭，長大找工作，要與同事、上司們競爭。做生意要與同行們競爭。生活中無一不是競爭。有時候條件差不多，程度差不多的人，往往就是你掌握到屬於自己時間上的好機運，你就成功了，向上邁進了一大步。把那些虎視眈眈的同僚競爭者拋在遠遠的地方。所以機運是挺重要的。時間點是更重要的。時間點是機運組成的元素物質。

在這本《如何推算『大運、流年、流月』下冊》的書中，我把每一個命盤格式中各宮位所走的運程，都詳細的解說了一遍，希望能提供給各位非常能確切掌握的資訊。願大家喜歡。

法雲居士 謹記

命理生活叢書46-1

《全新修訂版》

如何推算大運、流年、流月《下》

《下冊目錄》

如何推算大運、流年、流月《下》

目錄

如何推算
大運、流年、流月
《下》

《接續上冊》

各個命盤格式中各地支宮中之星曜所代表的含意

（看流年、流月、流日亦可參考此解說）

③『紫微在寅』命盤格式中各宮運氣詳解

子宮

當大運在子宮時，走的是破軍運。

此運破軍是居廟位的。在此運中你很有打拚能力、喜歡開創事物，十分奔波忙碌。很多走此運的人在此年開公司或開疆闢土、開始做新行業或大膽的開發新

③紫微在寅

巨門(旺) 巳	天相(廟) 廉貞(平) 午	天梁(旺) 未	七殺(廟) 申
貪狼(廟) 辰			天同(平) 酉
太陰(陷) 卯			武曲(廟) 戌
天府(廟) 紫微(旺) 寅	天機(陷) 丑	破軍(廟) 子	太陽(陷) 亥

發明。這是十分積極開創的運程。在此破軍運中你會十分積極大膽、行為豪放、不拘小節，甚至不太注重禮貌，也不會太在意面子問題。你會為達目的、不擇手段。在穿著上會邋遢或喜怪異的、頹廢的打扮。破軍運是爭鬥激烈的運程，因此在此運中多遇爭鬥和競爭，但你自己的競爭力也十分旺盛，所以你會不怕麻煩的、堅持到底的去突破一些事情，會賺到錢。破軍是耗星，故在破軍運中耗財也是特別嚴重的。有些人會利用此運來投資，在剛開始時會看起來情況不佳，但只要堅持的努力下去，過個兩、三年，流年、流月好時便會有收獲了。破軍運是大膽開放的運程，你在破軍運中交朋友也不重素質，自己也喜歡大鳴大放、囂張的講話、又喜與人競爭，是故在內心感情與態度上你是毫不遮掩、剛直、大膽的，要說什麼、就說什麼的。

在考試運上，如果不要考太好的學校，目標不太高，亦可成功。在升官運上，你會毛遂自薦、大膽的突破官場文化。倘若你的主管或上司是思想開明的人，你就會被欣賞拔擢任用。倘若你的主管或上司很保守、固執，就很看不慣你的作風、會打壓你。破軍運在愛情運或婚姻運上都不佳。會有不倫的愛情、或有與再婚者、離婚者交往的感情，也會有婚外情，或不正常的男女關係。此運也易離婚。這也是破耗的一種。

破軍、文昌運：此運是窮運，且有水厄。此運中你會在外表氣質上很講究，也會具有文化、才學、才藝方面的才華。做事也有辛苦的努力、注重名聲，是重名不重利的運程。自然在理財、得財方面很差，勉強也有生活之需的用度，但常常鬧窮、叫窮。心裡也很窮，但愛面子、粗重或職位不高的工作你不能也不會去做，自命清高和自命高尚，因此別人也幫不上忙。在考試運上成功率不高，但可試試。在升官運上無運。在感情運上會驕傲、不得人緣、運氣也不算好。要小心水災、勿到水邊、游泳會滅頂的問題。要精算流年、流月、流日、流時以防災。

破軍、文曲運：此運也是窮運、有水厄。要精算流年、流月、流日，不要到水邊，以防災禍發生。

在這個運程中，口才是好的，也是大膽敢說的。文曲也是帶有桃花的，看起來運氣也不致於很差，但就是賺不到錢，或因想法的錯誤而失財、耗財。

因此在各種運氣上彷彿都不好了。考試你不太想去考，或注意力不集中而考不上。升官運上因內心的窮困會做一些對自己沒利的事而告失敗。在感情問題上因心窮而放棄。

破軍、左輔或破軍、右弼的運程：此運中，破軍是耗星、是爭戰之星。而左輔、右弼是輔助之星，故左輔、右弼幫助破軍的是戰鬥能力和多破耗的能力。同時也是幫助破軍強勢、凶悍的能力愈強。所以此運中是爭鬥、競爭更多，而其人的競爭能力也特強，但花費也特別大的運程。也因此你會投資很大、很多，做事不怕失敗，一股腦的全力付出。用所有的錢和精力全投入，很嚇人！力量也很大。成功的機會也相對增加。在此運中你說話和做事都豪邁不羈、有些膽大妄為，天不怕、地不怕，有些自以為是。在升官運上是激進的，有好有壞，但好的也不少。在考試運、感情運上則不利，會考不上、重考。在感情上，會不計較感情的形式，會有第三者或婚外情的介入。在錢財上耗費多。故是亦吉、亦凶的運程。

破軍、祿存同宮的運程：此運程亦是『祿逢沖破』的運程，破軍是耗星，故祿存所帶給它的財利不大。不過可增進一丁點的人緣。此運是又好競爭、又孤獨保守的運程，因此也不利開拓了。但可做自我修養的打拼。此運中是錢財不多、破耗仍大，但仍可稍有餘存。此運仍要做薪水階級、上班族較可平順。在升官運上略有利。在考試運上，要求不高，也不算很有利。在感情運上不太好。是有些自私自利、不按牌理出牌的運氣。因此會讓情人或戀愛對象，搞不清楚而保持距離。在家庭運中，家庭成員會各自顧自己的，對公家的錢財花費凶，而存自己的錢，不同心。

破軍、擎羊運：此運中，擎羊居陷。故此運中多爭鬥不停，讓人很頭痛。此運也破耗很凶，有錢財、身體上的破耗，包括車禍血光、傷災不斷，也會有開刀狀況。大運、流年、流月、流日、流時，三重逢合有性命之憂。此運不利考試運、升官運、感情運。你在走此運時，也會內心多計較、心態較險惡、疑神疑鬼，不太相信別人，多思慮、煩惱，有傷災，要小心手足受傷出血或頭痛，又操勞、忙碌、心不能靜下來的問題。此運萬事不吉，做任何事都不順，且容易有是非、糾紛，故不是好運。也要防止和人衝突，以防有殺

人、被殺之危險。本命凶悍的人會殺人報復。本命溫和的人易遭人殺害。

破軍、火星或破軍、鈴星運：此運中火星、鈴星都在陷落之位。故更凶。此運是爭鬥激烈、有傷災、車禍、血光厲害的運程。自然也是凶暴，賺錢不易、又多破耗的運程。故此運不宜和人有衝突，以防有災。最大的災害就是車禍問題和械鬥問題。此運不利考試、升官、感情等文質的運程。人走此運時，容易性情火爆、易發怒，又愛挾怨報復，更陷自己於惡運之中，也容易殺人或被殺。在車禍方面要小心三重逢合有性命之憂。此運中受傷、開刀者，也容易有併發症或發炎，不容易治療。

破軍、地劫或破軍、天空同宮的運程：此運中，人會有放棄的念頭，也會破耗更凶，不會理財，不計較破耗、性格有出世、清高的思想。三合、四方宮位有多個煞星者，易出家。根本不在乎別人的看法，會孤獨、我行我素。此運凡事不吉。

破軍運，對宮有廉貞化忌、天相、擎羊相照時：表示你走此運時很愛打拚，但外界大環境中你所處的位置是懦弱、多官非爭鬥的，而且你的頭腦也

不清，根本摸不清方向，也根本沒能力、沒氣魄去打拼。環境中的問題也太多了，你只有破耗、忙碌，做不了什麼事，你也掌控不了什麼權力，奮發力更沒有，而且易遭人欺凌。所以此運萬事不吉。只有平心靜氣，以少是非、少破耗、息事寧人過日子為佳。

丑宮

丑宮的運程是天機陷落運：此運不佳。運氣有愈變愈往下沈的趨勢。而且此運多半是停滯不前，停留在衰運之中。在此運中凡事不利，且常有人來找麻煩。有一些凶惡、鬼怪之徒在此時出現。而你正是頭腦的聰明度不足，有小聰明、且有搞怪想法，會把事情愈弄愈糟。此運最適合不做決定，凡事先放一下，等待下一個好運再動。此運也是笨運。不適合有變化。但此運中最易搬家或換職業，問題都是出現不利於你的人所提出的。有時候你不得不變，但以少變為佳。此時搬家或找工作都易找到不好的房子，太貴或環境不佳。找工作也不易找到好的。此運也容易失戀。考試考不上。因此萬事不吉、少動、少變最好。

天機、文昌、文曲運：此運中的文昌、文曲皆在廟位。表示此運中你的運氣不好，但有口才、也具有文質彬彬的氣質，有文墨，可多讀書，只要有祿星在卯、亥、未、丑四宮出現，會有『陽梁昌祿』格，考試、升官仍有機會。此運最利讀書考試。『陽梁昌祿』格不完全的人，例如沒有『祿』的人，亦有考運，但無法以讀書多賺錢財，比較可惜。不過你在此運中，仍有人緣、異性緣。較喜愛享福或談戀愛、正事不太做得成。你會對錢財精明、擅理財。運氣雖不太好，但節省過日子仍可過得去。此運須有薪水階級，為人工作才會財運順利。此運錢財不太順利。

天機、左輔、右弼運：此運中，左、右二星幫助落陷的天機的是：運氣仍起伏不定、運氣並未轉好。但不致於生活困難。因主星天機，運不強，故左、右二輔星的助力不強。只有一般不太好的運氣。但平輩貴人、朋友們會和你在中、下等的生活中相伴相行，錢財不太好，但不致餓飯。此運不適合考試，易重考。在升官運上也不強，除非是由同事間相互推舉的才行。在愛情運上，朋友會愈幫愈忙，情況不佳。

天機、擎羊運：此運中天機落陷，擎羊居廟，故全由擎羊主導。此運是運氣差，但凶悍的運程。你的身體會不佳，多傷災、病災、易開刀、易有車禍、血光、手足之災。傷在左手、左腳。也會有頭痛、肝不好、四肢無力、肝腎衰竭的問題，要小心。此運中爭鬥多激烈，你還疑神疑鬼的，讓你更頭痛，常常很多事都敗下陣來。因此萬事不利，也不利財運。升官、考試、感情全不利。

天機、陀羅運：此運中陀羅居廟，故亦是由陀羅來主導運勢。此運是笨運。天機落陷本已不聰明，再加陀羅、思想更慢、更不聰明，凡事慢半拍、惹人討厭。且自已心中易多是非扭曲的想法，把事情愈弄愈複雜、更解不開。此運多是非、糾紛和災禍、傷災，會傷及牙齒和骨骼，有右手、右腳的傷災。此運中你的心情惡劣、不開朗、心悶、有事不肯說出來，只在心中轉來轉去，更增加自已的煩惱。此運凡事不吉，也無法做對事情，故只有等轉下一個運程，再來決定了。此運中你也容易遭人嫌棄，給你難堪。錢財不順，有拖拖

拉拉、難進財。

天機、火星運或天機、鈴星運：此運中火星、鈴星在得地之位。天機是落陷的。此運中，你會心急氣躁、運氣不好，但多做多錯。你有時看起來聰明、愛時髦。有時又很笨、做事粗糙、馬虎，讓人挑剔。此運也要小心車禍傷災。此運仍不吉，錢財不順，運氣下落的速度更快。事情發展變壞的速度很快。災禍、糾紛的問題會突然出現，讓你措手不及。宜先穩定你自己的情緒，千萬不要急躁、火爆，以防災禍更形加重。

天機、地劫運或天機、天空運：此運為聰明、智慧被劫空了。既不聰明、也沒運氣，所以你什麼也不想做，以為做了也沒用。此運要小心傷災、生病的問題。亦要小心三重逢合有性命之憂。此外沒有小聰明，反倒是會順其自然清高的過日子，財運不佳、較窮困，亦可看透人生之無常。此是明心見性的運程。只是不宜任何事情而已。

天機化忌運：此運是天機陷落帶化忌，故非常不吉。有運勢愈來愈往下墜，且帶有是非、糾紛和災禍，無法彌補。人走此運是笨而多惹事、自找麻

煩、後悔不已，但沒有智慧聰明來停止犯錯。又常愈做愈錯。此運中生意會失敗倒閉而欠債有糾紛。生活、工作無著，很辛苦。此運萬事不吉。

天機化祿運：此運是天機居陷化祿，故是運氣往下墜，很差時才有的一點祿。此祿為稍有衣食溫飽，不致於餓死的運氣。故此運中你雖運氣不好，但還有個工作，賺錢不多，但可糊口。此運在財運上不強，只能賺到衣食、要節儉的生活才能平順。在考試、升官上是擦身而過，無法有亮麗的成績單。在感情運上是受氣包型的。最壞、最低運氣中，偶而有別人給一點好臉色的，故也不利感情的發展。

天機化權運：此運是天機陷落化權，這是運氣愈變愈低、愈不好，但人還頑固、強勢要變，因此會產生一些災害的。化權在此只有頑固要想掌握控制權，但看不清事實，根本本身沒有能力，還要強制來主導，因此一定會遭受反制而有災禍，或贏得別人不理睬，自討沒趣。此運是笨而又要做主的運程，最後結果也不好，會使往下變壞沈淪的運氣加速。凡事不吉。

天機化科運：此運是天機居陷化科，這是運氣愈往下墜、變壞時，還帶有一些文質的氣息，稍有文化修養，會做事，但不強。也是有一丁點小聰明能辨小事的壞運氣。但此運中經常是看不見有什麼用處的。此運不吉。

寅宮

在寅宮的運程是紫微、天府運：此運中紫微居旺、天府居廟，故此運是旺運。而且是祥和、富足，有錢財積蓄的好運程。在此運中，你是從上一個衰運天機陷落運中轉過來，因此要慢慢變好，不會一下子突然大發。

紫府運是一個氣度嫻雅、穩重、動作慢、凡事按部就班、一板一眼做事，算得很清楚、頭腦清晰的運程。此運凡事都吉。你會很體面、威嚴，凡事心中有數、有打算、有計謀來解決任何事情。同時你在此運中，因運氣上升，故你不會遇到任何難堪的事。在考試運、升官運、財運、結婚、生子、感情運上都是順利、有結果的。

紫府、文昌運：此運中紫府是好運、多財祿，但文昌居陷，表示精明度和計算能力不佳、很差，因此會折損了紫府的財祿，會因聰明度不好，或計

算能力不佳而少賺了一些錢，故文昌給紫府是減分的作用。此運中也會因文昌陷落而無文化氣質、粗魯、愚笨、讀書能力不佳，和數學、算術能力不佳。在工作能力也會差一些。在考試運上成績是中、下等。在升官運上有起伏不定。在財祿上會減少、減低，但仍可平順。在結婚、生子、感情問題上無大礙。

紫府、文曲同宮：此運中，文曲也是居陷的，故會口才和精明度不好，但大致可平順，也會影響財祿少得。此運是才華少，有一般富裕生活，但不會大富。在人的活動力上會減低。不過大致上是平順的，仍是在好運的階段。此運中人會話少、較沈默、聰明度不佳。此運在考試運上是中、下等的成績，但仍會考上。升官運不強。在其它的運程上仍屬祥和的好運，但不是第一流的好運。

紫府、左輔運或紫府、右弼運的運程：此運中左輔和右弼幫助紫府的是：得財、儲財、和趨吉、高尚主貴的力量。所以此運中會有助力，在錢財上或升官上有助力使更好。但在考試運上不佳，會重考。在感情運上會有第三者出現，或婚外情出現，故不太好。但人會富足，生活愉快。在朋友運方面，是非常好的，有領導力。在工作運上有朋友幫助，能成大事。

壬年生的人，會有紫微化權、天府、左輔化科同宮，這是具有掌權、高位、能強力主導，又有能幹的部屬和朋友來相助，賺錢很多，富貴皆旺的運程。此運是一呼百諾，有領導力、主貴又主富的好運程，凡事皆吉。

紫府、祿存的運程：此運中，紫微帝座、天府財庫星、祿存財星同聚一堂是十分好運了，但是絕對不能有火、鈴、劫、空同宮，否則仍是『祿逢沖破』，這就是人生如夢一場空了！財星都是怕煞星來沖剋的，財就會沒有了。因此只有完美的格局，財才會大。紫府加祿存的財非常大，算是雙祿。故此運中非常富有，但小氣計較、保守，是個守財奴。故你不太會投資，會做薪水族的財，只進不出，非常會存錢。此運中，你對財的敏感力特強，也愛賺錢，故而在考試運和升官運上，只要有利於未來得財更多的，你才會去做，並且達到目的。在感情運上你不主動，只被動的等人來追求你。

紫微化科、天府、陀羅的運程：此運是乙年生的人有此運。此運中，人會長相氣派、做事有能力、更有趨吉的手法。但其人心情悶、有傷災、話少，會沈穩、把事情放在心中自困。故仍有小不吉，或有因內心多是非不好的思想，做出一些笨事，使進財稍有拖延不順。不過問題不大，都是會過去的。此運便不如完全沒有陀羅的運程平順和賺錢多了。是稍有瑕疵的運程。

紫府、火星運或紫府、鈴星運的運程：此運中火、鈴雖居廟，但仍是煞星，會『刑財』，故此運中雖然運氣很不錯，但因性情急躁、火爆而漏失或少賺了一些財。也使紫微趨吉的吉祥度略減。故此運中急躁、火爆的問題會敗事的，也只有一般平順的吉祥了。在財運上也不那麼富足有餘存了。會有一點耗財的現象出現。在考試運、升官運上要看你的實力如何才能定成功與否。在感情運上，是吉中帶凶的運程。

紫府、地劫運或紫府、天空運的運程：在此運中，必有另一個天空、地劫在對宮相照，故實際上已遇劫空了。這是一種表面富足、高貴的吉運，但實際摸不到、抓不住好運和財祿。在此運中，你會表面高貴嫻雅，看似富裕，其實你腦袋空空，根本看不見財，或不在乎財，以致還是賺不到錢，或有錢卻耗財凶，以致於存不住錢財而空空了。此運在考試運、升官運上都不佳。是別人覺得你好，但不錄取你。此運結婚、生子、在感情運上最後也會落空，結不成婚，不易受孕。

卯宮

卯宮的運程是太陰陷落運：此運是窮運。太陰是月亮、也是財星，落陷時、無財、窮困。且有運氣起伏下墜的狀況。太陰是陰晴不定的，落陷時更陰。此運是『機月同梁』格中的一環，故宜做薪水族，可度過此運。在此運中，人會心情不佳、鬱悶，像陰天一般，要多曬太陽才會好。此運中人也很小氣，常與人生氣、有是非。與女人更是不和，到處受牽制、運氣不好。也會遭遇難堪、責罵。此運中的人會比較笨，不會看臉色，也不會躲避災難，故常遭災，尤其是人災。此運萬事不吉。

太陰、文昌的運程：此運中太陰居陷、文昌居平，故兩星俱居平陷之位，是頭腦不太聰明、辦事能力、計算能力皆不佳的運程。其人的外表也是瘦弱，

但沒文化氣質的人。但走此運的人，若三合宮位，卯、亥、未三宮中有化祿或祿存進入，就可形成『陽梁昌祿』格，仍是在此年可參加考試，可有高學歷和考試運的。在升官運上亦可有小進步，但希望別太大。此運中一定要有化祿或祿存進入才會稍有財。一般無祿星者，此運是窮運，萬事不吉。讀書也未必讀得好。

太陰、文曲的運程：此運中太陰居陷，但文曲居旺，故雖窮，但有口才、才藝，可靠此吃飯，適合做算命的行業，會有靈感，算得準。此運中財運不豐，但有衣食之祿，是窮一點的衣食之祿。此運不適合考試、升官，但稍利感情運。不適合生子、結婚，會遇到較窮的配偶、情人。生子也會生到不帶財的子女。

太陰、左輔運或太陰、右弼運的運程：此運中左輔、右弼是無用的，它會幫助陷落的太陰的仍是窮困無錢的境界，故無用。此運中你仍是無財、窮困，但有一批苦哈哈的朋友和你窩在一起共患難。但大家都苦，也都沒辦法，故不是好運。此運更不利考試，會重考。不利升官、不利感情。

太陰、祿存的運程：此運中因太陰陷落，故祿存所具有財祿的格局很小，只會讓此人有衣食溫飽，但不富裕。故此運仍孤獨、窮困，只是小有滋潤而已。

太陰、擎羊的運程：此運中因太陰陷落、擎羊也陷落，十分不吉。會窮困、眼目不好、有傷災、身體不佳，且會因心情不好、感情問題而自殺。此運中凡事不利，愛多想、多計較，因此影響身體健康，會開刀，有血光嚴重的問題。也易有眼睛開刀的問題。賺不到錢，錢財不順利，會拮据。也會有失掉工作的情況發生。考試、升官全不利。此運宜保養身體、平心靜氣以待來年轉運。此運中，其人會保守、不想瞭解別人，但多心、多懷疑，有自困現象。敏感、多愁善感、心情不開朗，也宜多曬太陽，有助於心情往正面發展。

太陰、火星運或太陰、鈴星運的運程：此運中，因火、鈴居平，太陰陷落，因此也不吉。其人會內心悶、又急躁，更增加刑財和耗財。因此也會窮困。稍有進帳，但很快的消耗光了。此運要小心車禍、傷災和身體不佳的毛病。也要小心身體會受傷成殘。此運不適合考試、升官，會因為急躁、不瞭解實際狀況而失敗。此運也不利感情、急躁和疑神疑鬼會毀滅感情。

太陰、地劫運或太陰、天空運的運程：此運中，是窮困又被劫財或自己空茫的運程。原已窘迫的財，又因思想上的不切實際，賺不到財，更摸不到財。其人會思想清高、很多事不想做，或不賣力而做不成。因此得不到財。此運凡事會成空，或被人插入劫走，故沒有運氣。考試、升官運失利。在感情運上，會不想談感情而放棄。

太陰陷落化權的運程：這是戊年生的人會有的運程。太陰陷落帶化權，化權是不強的。表示其人做事、對人的敏感力很差，對錢財的敏感力也差，但固執的、強力要主導、插手控制，所以在人緣關係上不佳，會失敗。在賺錢方面，屬於月薪、月租、按時發放的錢會有。但無法另外多賺到錢。走此運時，亦表示女人和你不和，但仍要管你、控制你，是讓你厭煩的。考試運、升官運逢此運，你會頑固的不信邪、自以為是，而考不上。在感情運方面也是太頑固、不肯讓步而失去機會。因此只要改掉頑固的毛病、多聽聽別人的意見，至少還可有百分之五十的吉運可成了。

太陰陷落化祿的運程：這是丁年生的人會遇到的運程，此運的對宮有天同居平化權相照，故是『權祿相逢』的運程。但主星都在平陷之位不強，故只有表面上的溫和及不算太富裕的財祿。這是有飯吃、有衣穿，但錢財不多，不富裕的運程。你外在的環境會是個力求祥和、喜愛享福、波動性少的環境，剛好你比較勤快、勞碌，所以你會賺到你需要的衣食之祿。在考試運、升官運上也不強，也許事情沒人做了，會因為你還可做事，才讓你升了官，但薪水仍不多。考試運也是一樣，可能是名額不少，而一般考生程度也不太好，所以你有機會錄取了。在感情運、家庭運方面尚稱平順，是小康的格局。

太陰陷落化科的運程：這是癸年生的人會碰到的運程。化科原本就弱，再加上所跟隨的主星是陷落的太陰，因此更弱而無用。此運中你依然是窮困的，但會料理一些事情，外表看起來稍稍有點氣質，不那麼笨了。但在考試運、升官運上依然會落敗。在財運上也不佳。這屬於窮儒的運程。在感情運、家庭運上也不佳、敏感力差，只是講求表面功夫，而會失利。

太陰陷落化忌的運程：這是乙年生和庚年生的人會遇到的運程。乙年生的人會有祿存和太陰化忌同宮，這是『祿逢沖破』的格局。此運中仍是會財不豐，且有錢財上、感情上，和女人的是非災禍會發生。人會小氣吝嗇、孤寒，人緣不佳，機會也不好，考試、升官、感情都不順。

庚年生的人會有太陰化忌在運中，而對宮的酉宮會有擎羊陷落和天同化科同宮相照，這是『科忌相逢』的運程，仍不吉。表示大環境不佳，是『刑福』的環境，沒有運氣，奔波操勞不寧靜，有刑剋。而本身的財運又壞，是非、災禍多，和女性不和、有糾紛，因此運氣特別差，要小心車禍、生病等問題。並且人緣不佳、難溝通、多遭困厄、凡事不順，也會遇感情糾紛。要小心。

辰宮

在辰宮的運程是貪狼居廟運：此運中貪狼是好運星，又居廟，運氣、機會特別好。對宮有武曲居廟相照，表示大環境中財多，因此你在此運中常得

意外之財和意外之機會。因為這是在『武貪格』上，故能暴發好運及財運。若是大運、流年、流月、流日、流時只要三重逢合便有暴發運，會得到大財富，多則有幾千萬，甚至可上億，少的也有幾百萬元。一定要格局中沒有化忌、劫空，就一定會發。有羊、陀同宮或相照者，則暴發運較小。有火、鈴同宮或相照者，有雙重暴發運，會發得更大。此運以暴發在事業上為最完美之格局，再由事業上得到錢財，為數不少。也會有直接得到錢財者，但一定要接近錢財者，才容易暴發到錢財，例如家庭主婦一定要做股票、買彩券等。沒有工作的人，坐在家中等，要暴發的機會較少。

貪狼居廟運，本身是個旺運，也一定要動、要外出走動、跑來跑去、奔波才會有好運機會。在家中靜守則錯失機會。這是一個時間點的問題，在此運中，其人的人緣機會良好、喜歡動，也喜歡新事物、想要得到新資訊，尤其是和財有關的資訊。是故此運中是賺錢最多的運程。也是你最喜歡和人建立關係的運程。但此運中你對好運、吉事應接不暇，是故你自己反而是對人虛應故事，只是表面應付一下，對人不夠真誠的，對事更是馬虎、做的不夠完美，常會讓人抱怨的。這一點是對感情、對家庭關係中要小心注意的事。但在此運中你會對事業或前途發展上很積極，又能掌握好運，可一飛沖天的。因此有好的考試運和升官運。也適合開業、做生意，會賺到大錢。

貪狼、文昌運：此運雖仍然在好運、旺運上，但你仍有糊塗、政事顛倒等狀況。這一點你本人是絕不會承認的。可是事實如此。在此運中，你做事順利、外表也有文質氣質、喜好文藝方面的事物。有時候看起來也精明幹練，但事實上你的思維想法、常有與常規脫序的問題。說話、做事會讓別人爭議，但此運你的運氣極旺，很多小的不愉快很快便會過去，你依然能凌駕別人之上大步行走。此運升官、考試皆會成功。在感情運、家庭運方面，會讓人抱怨，但不嚴重。

貪狼、文曲運：此運也依然是旺運，你也會有糊塗、政事顛倒的事情發生。此運中，你的口才好、好狡辯、死不認錯。因為運氣好，別人拿你沒辦法。升官運、考試運依然很好，能考上。但仍會有做事馬虎，藉口多、惹人非議的問題。在錢財方面運氣好，極為順利，有意外之財。財多、富足。在家庭運、感情運方面，家人和情人皆抱怨多，因你對他們的關心是少了一點的。

貪狼、左輔運或貪狼、右弼運：此運中左輔、右弼幫助貪狼的，是得到更多的好運。因此這是加倍有旺運機會的運程，能得到輔助。並且因為當貪狼、左輔同宮時，對宮定有另一個右弼和武曲同宮相照。當貪狼、右弼同宮時，對宮也定有另一個左輔和武曲同宮相照。因此這兩顆輔助之星是在你的身上和環境之中一起挺你、支柱你的力量。故你得到的平輩貴人運（朋友運）特別強。也因此你在事業運、和旺運發展力量上特強。事業會有發展，而且朋友使你得財，財運特旺，富足多金。在升官運上靠朋友運固然好，但升官運是需要長輩貴人運的，因此對你未必有幫助。在考試運上，你本身有旺運，朋友又對你有幫助，但小心愈幫愈忙。考試運也須要長輩貴人運，因此，你可能受朋友影響不去考試，或有狀況出現，而重考。在感情運上也屬不吉，你會不夠真誠，對愛人不真心，再加上有第三者介入，或同時喜歡幾個人，而不願做抉擇而失去最愛的人。此運對家人和子女方面也是照顧不周的。家人和子女會與你保持距離的。

貪狼、擎羊運：此運中是『刑運』格局。貪狼和擎羊皆居廟位。但擎羊是刑星，故仍有不吉。此運中你活動的速度慢了、少了，你也許不愛外出去競爭，因此好運減少。而且在你的心態上會保守，內心中爭扎很多，煩惱多，這是人內在的、思想上的爭鬥。想得多，而讓你沒辦法運作旺運，因此你常會失去一些好運機會。此運中你也會有傷災、車禍血光發生。所賺的錢也會打折扣、變少了。做事有時也會不順，人緣上也有問題。這是你自己應付能力不好，也懶得和人打交道的原因。此運中暴發運也會受影響，發得小或錢財變少了。多辛苦勞動，或多做運動，可抵制擎羊的惡質。有小血光，也能抵制化解擎羊。此運在升官運、考試運上會辛苦，但有百分之六十的機會可考上。在愛情運、家庭運上極不利，家人或愛人會因無法忍受你的漠視而離開你。曾經有位男子在此運中，妻子離家出走，再也沒有回來。因此，此運要小心維護感情和家庭運。

貪狼、陀羅運：此運中也是『刑運』的格局，但此運中只是笨一點、慢一點，強悍之力還是有的，不像『貪狼、擎羊運』那樣尖銳、難過。此運中你會比較悶。常會覺得明明有好運，但凡事拖延、運氣好像不動、沒有發展。而且常遭人斥喝、埋怨。故而走此運時，你要多運動、多跑步，加速自身的血液流動，也會加速運氣的運轉，這樣運氣才會好。此運你的腦子慢，想事情想不通，又常放在心中自苦，不說出來，也找不到好方法解決，因此給人笨拙的感覺。你也會把感情放在心中不表達，因此會造成與家人、外面的人或和情人之間的疏離。如此運氣、人緣就更差了。此運中你會保守、不愛動、活動力差，就腦子笨了。凡事也不順。你只要多動、勞碌就能抵制陀羅的惡質，也不要太在乎別人給你眼色看。貪狼、陀羅都是居廟的，非常強勢。事情多做一些，多辛勞一些，旺運依然存在，陀羅的影響就會小了。事情還是會有發展的。此運雖不利升官運、考試運，只要埋頭苦幹、辛苦一點，仍有上榜的機會。在感情運上要多積極表達。辛勞一點，也會突破難關。在子女運方面亦要多努力溝通、不怕失敗，要多忍耐，會有好運。

貪狼、火星運和貪狼、鈴星運：此運是會形成雙重暴發運的格局。因此

運氣十分旺盛，所得的錢財較多。但此運中你會把精神全投注在事業上。性情急躁，做事馬虎，不利感情和家庭。但會給家庭創造財富。此運中你會在外面東奔西跑，很忙碌，機會多又好，你不捨得放棄，因此在家中的時間少。在人際關係上你只注意和你的事業、賺錢有關係的人，別的人你都沒看進眼裡。此運對考試運、升官運皆好，有意外高分錄取的機會。但對感情不利，有火暴、急躁、馬虎，對人不夠真誠、愛說謊的現象。

貪狼、地劫運或貪狼、天空運：此運是『劫運』或『運空』的格式，表示好運被劫空了。因此無好運，十分可惜。這是生於巳時、未時的人會碰到的運程。你常看得到好運，卻摸不到好運。表面上運氣很好，但實際上卻無法掌握和接觸、接收到好運。你會有賺錢的好點子，但自己做無法賺到錢，都不靈。講給別人聽、別人拿去做，卻可賺到大錢，讓你扼腕慨嘆。因此你要借別人的手去賺錢。把想法告訴你周圍親近的、可信賴的人去做，不要親自動手做。去收錢時，也是要叫家人、配偶或叫會計小姐去收錢，不要自己去收錢，以防收不到錢。走此運的人會思想清高、凡事無所謂，自覺運氣好，

好像運氣多、用不完似的，蠻不在乎。實際上運氣只是一個時間點的問題，過了此時間點便是另一種運氣了。此運中錢財仍是存留不住，也不易賺到的。考試運、升官運會成空。感情運、愛情運也會成空，或根本不想付出感情，做事散散的、不積極。此運中暴發運較難發。

貪狼居廟化權運：此運中，運氣十分旺，化權也居廟。是故有強力掌握的運氣。而且可把運氣推至更高點。此運中暴發運也強勢暴發，凡事都能掌控。會暴發更大、更多的錢財，旺運一極棒。在此運中，人會強勢、主導一切，有幹勁、肯努力、不懼難關，而且一旦衝破難關，所能得到的利益就十倍、百倍、千倍的獲得。因此此運中的人都是大膽打拚、所向披靡的。走此運的人，不但財運特旺，會得到大財富，在政治上、權力上也是佔有極大的權威，無所不能，也強悍的要佔有的。故此運在考試運、升官運上也是特佳的運程，一定會考上的，而且成績也特優的。在感情運、家庭運上你也是強勢的，但別人的內心會因你的強勢作為而有抱怨。表面上不會拂逆你，此時因你運氣好，會容忍你，等到你走衰運時，才會來攻擊你，故要小心。你在此運中非常忙碌，愛多管、愛掌權，但不注重小細節，因此還是會給小人可趁之機，要小心會預留埋伏的惡因，可能下一運，走巨門運時會發作。此運是己年生的人會碰到的好運。

貪狼居廟化祿運：此運是戊年生的人會遇到的好運。此運中你所遇到的好運機會多半與財有關。你的人緣好、機會多，會東忙西忙的，生活很愉快，賺錢很多。也會有暴發運，暴發了極大的財富，可能成為富翁之輩的人。在工作上、事業上會得到財富和成就。在考試運、升官運上一考就成，而且成績特優。在感情運上，你很油滑、做事也會馬虎草率，但別人不會埋怨你，反而會體諒你，呵護、庇佑你，使你快樂自由。因此你在愛情運上如魚得水。

貪狼居廟化忌運：此運是癸年生的人會遇到的。此運中因貪狼居廟，是故化忌也居廟。此運你會比較保守，做固定的職業靠薪水過日子。你的暴發運不發。若是發了，也會有是非災禍，使暴發的錢財成空，但多半不發。你對好運、財運的敏感力低，也不愛動。但運氣依然很高、很旺暢，只是你內心中有是非想法糾結、不開朗、劃地自限，做事也不積極之故。此運中多是非糾紛，也要小心原本是好事，但卻突然有轉變、變成災禍或惡事了，做事不順利。考運、升官運全不順，也不利感情運，要小心。

巳宮

在巳宮的運程是巨門居旺運：此運是口才好，運氣並不差，但有口舌是非，或常出點小錯，或有糾紛災難，好事多磨的運程。因此也是個勞碌的運程。常常是表面看起來不錯，但因為是非、和小災難的介入而複雜、愈搞愈大，成為大災難了。所以處事經驗和方法在此運中是很重要的。只要處理得好，都能化險為夷，並且能掌控好運。此運中最重要的是要會運用口才上的優勢、多去解說、解釋、遊說，把情形講給別人聽，爭取別人的同情，去說服別人，而達成對你自己有利的境地。此運中也可利用是非糾紛來達成你的願望或多賺一些錢。此運中你肯定要用口才賺錢了，教書或推銷產品、推銷理念，都是有助於你賺錢得財的方法。但仍要小心言語上的衝突。此運在考試上、升官上不完全有利、可能有是非麻煩，而名落孫山，但如果考用口才方面的才藝、或演藝人員，則有機會勝利。此運不利感情運，會遭遇口舌是非、緋聞、流言所困。亦害怕有火、羊在三合宮位及對宮相照，會有因流言所困，有自殺的問題。也要小心車禍傷災和病災，會很難治療，要拖很久。

巨門、文昌運：此運中，巨門居旺、文昌居廟，只要再有祿星出現，你就是具有『陽梁昌祿』格的人，會有考試和升官運了。此運中，你會十分精明、挑剔、凡事講究高尚、精美、細緻、不喜歡別人粗魯的言行舉止，也不喜歡粗糙、雜亂、不美好的事物。你會精明幹練、口才好、精打細算、計算能力好。但是有口舌是非，因為太挑剔之故。你會多從事於文藝方面的事務，也會在演藝圈或氣質高尚、裝璜優雅的地方工作。不過此運不主財，你會存錢，但只是薪水階級、一般的財運，而且是辛苦得來的財。此運中要小心身體微恙，易感冒和腸胃炎。此運具有『陽梁昌祿』格。

巨門、文昌化科運：此運中因文昌居廟，故化科也居廟。此運中的人比前述運中的人更有氣質、更文質、斯文，做事能力更好，口才能力更強，注重高級禮儀，智慧更高，具有『陽梁昌祿』格，考試更會考中，升官運更佳。

只是在感情運上多是非。

巨門、文昌化忌運：此運中因文昌居廟，化忌也是居廟的，為害不那麼深，但仍有文字、契約、計算能力、精明度上會出錯而產生是非糾紛或官非。此運在各方面都要小心，問題重重，是非不斷，是雙重是非的格局。

巨門、文曲運：此運中因文曲居廟，是故走此運的人，口才特優，而且易於以口才的才藝來吃飯生財。例如做演藝人員、歌唱家、相聲工作者、走舞台表演方面的工作。此運中的人，口才好、才藝多，但口舌是非也不斷，不過都能以口才來解決圓通。只是話多不停，有時讓人抱怨耳朵累。此運有利升官，但不一定有考試運。若要考演藝類的學科則較佳，會考上，考讀書、學問則不行。在感情運方面，有口才，利於追求感情。但會引起是非，故會曲折，有一定的困難度。在得子方面，不易、頭子難，需再接再厲。此運要小心腹內疾病，如膽、消化道疾病等。

巨門、文曲化科運：此運中文曲居廟，化科也居廟。此運是口才好，又特別具有特殊口才方面的才藝的運程。而且會具有特別方法來從事口才工作。

例如做外文翻譯員、歌劇主唱或電視台主播等特殊有文化背景的工作等。此運要小心膽、肝、膀胱、消化道疾病及膿血之症。

巨門、文曲化忌運：此運文曲居廟，故化忌也居廟。此運中是口才好、愛說話，但常因說話或才藝引起是非紛爭很嚴重。也會有官非問題，所以問題多，不是好運。此運如果少講話會好一點，但仍不能避免災禍。也會出現表演工作受阻，無法繼續賺錢生財的困難。此運萬事不吉，但可度過，只是辛苦一點而已。此運易生膽、肝、腎水不足的毛病，生子不易，也會生下有身體毛病的小孩。

巨門、左輔運和巨門、右弼運：此運中左輔、右弼幫助巨門的是口才更好、是非更多。是故在此運中，你講話時，都會有人幫腔助陣。此運利於選舉造勢和做群眾運動、抗議活動。這是加強製造是非、糾紛、災禍的運程，因此你若參加了上述的活動、災禍也更深，可能被抓有牢獄之災，可能受傷或與人糾葛打架、爭吵等等。在此運中，你的口才好、好狡辯、衝動、常與人不和、愛回嘴，亦愛製造糾紛，故不是好運。不利升官、考試、感情、婚

姻、生子、得財等運。你會偏向邪佞、好花酒、狂妄。喜和同好相近，性格孤高、自以為是，因有附合者，更不知天高地厚，因此要小心問題會更嚴重。如本命善良者，倒不會出大事，會回頭。如果命宮多煞星者，則不佳，有災禍。

巨門、祿存運：此運若在卯、巳、未、亥等宮有文昌星進入，可有『陽梁昌祿』格，會有極佳的升官運、考試運。若無此格，則為一般運程。此運中你會孤獨、保守、口才佳、人緣不佳、防衛心很重。你會賺到一些財，這是靠薪水階級、靠口才賺到的財。有一般的生活。巨門不是財星，是陰精之星，主是非、糾紛，因此祿存會形成的財也少了，只有辛勞所得之衣食之祿。此運中雖仍有是非，但會明顯的減少了。但對感情方面仍不是很順利，有小是非口舌的折磨。在生子方面仍要努力才行。此運易感冒、身體弱。

巨門、陀羅運：此運是笨運，又多是非口舌，也易起糾紛。你會心情悶、做事不順、慢又拖延，常在心中嘀咕、又不講出來，外表也會讓人討厭。此運要小心車禍、傷災的血光問題。不利考試、升官、感情、進財、生子等運。

巨門、火星運或巨門、鈴星運：此運中是非災禍會突然而至，也會突然與人衝突，發生很快速。爭鬥凶，很難平息。也會有車禍、傷災嚴重，甚至喪命的可能。若再有擎羊在三合宮位出現，流年、流月逢到會有一時氣憤而自殺的狀況。故此運太衝動引爆糾紛、災禍而不吉。也不利考試、升官、感情、得財、生子等運。不過有時也會有意外小財，但也會夾雜著是非糾紛。

巨門、地劫、天空同宮運：此運中，明顯的是非糾紛減少了，但會凡事躲避，是非糾紛還是有。其人會不重錢財、做事愛放棄、不積極。競爭力變差，故是非麻煩少了。此運中你的口才仍不錯，但會說些不著邊際的話語，也常沒有主題或主題不正確，讓人有雞同鴨講之嘆。此運中你會頭腦空空，什麼也抓不住。更是財來財去，好事成空，只有是非麻煩留下，讓你覺得辛苦而意興闌珊。所以凡事都懶得動了，此運凡事不成。

巨門化權運：此運中巨門居旺，故化權也居旺，是具有說服力、口才甚佳，能抓住講話時的主控權，能主導是非、糾紛的發展、偏向你這一方的運程。這是凡事都有利的運程，但仍要小心太過霸道，也會引起反彈。此運是可以利用口才而具有地位的運程。

巨門化祿運：此運中化祿也居旺，故口才好、圓滑，會說好聽的話，能以口才來打動人心，使自己有利的運程。此運中可以賺到錢，但是薪水族的財，要勞碌才會有財。此運中因太會花言巧語，易賺口才才藝的財，也會騙人得財，端看你騙的合不合法了。此運如果在卯、巳、未、亥宮有文昌出現，也會有『陽梁昌祿』格，可有升官、考試運，前途大好。此運利於感情運，口才、人緣皆好，甜言蜜語，能打動情人的心，結婚較容易。但在生子方面仍要努力才可成功。

巨門化忌運：此運其實屬於『雙化忌』，有兩重的是非、口舌、糾紛、災禍。故此運要謹防災禍發生，如車禍、血光、傷災、水災等等。此運心情悶、不開朗、愛多想、多製造是非、好鬥、好競爭、計較、敏感、愛生氣、易怒衝動，凡事不順。也要小心火、鈴、擎羊同宮或在三合宮位出現，會有自殺的狀況。

午宮

此運是廉相運：在此運中廉貞居平、天相居廟。是故此運不聰明，企劃、營謀的能力皆不好，完全是靠天相福星的福力在主導一切。此運中你是脾氣好、沒脾氣，像個好好先生、任勞任怨的做事、嘴巴有點嚕嗦，但勤勞、肯付出的人。此運你會替人料理善後、專替人擦屁股、處理一些別人扔下不管的破爛事情。你會很仁心仁德，有慈悲心，雖心中會嘮叨，但仍會把環境中的是非擺平。此運中，你環境中的競爭多，但不會影響到你，別人對你沒設防，你是中立的人士，故可平安過日子，只要善後就好了。你雖偶而也想運用智慧參加戰鬥，但衡量局勢，仍會放棄。此運中，你喜好吃穿、衣食的享受，也不想太拚命。此運中你的理財能力變好了，是故財運也不錯，可以存下錢來。此運在考試、升官運上屬平順，但成績中等，不會太好。此運有利感情運和家庭運，你會穩重、平和、意態優閒的過日子。

廉相、文昌運：此運中，文昌居陷，故此運中的精明度和計算能力是很差的，也因此在理財能力、智慧方面都較低、在錢財的所得方面會較少。你也會有小奸小詐、自做聰明，讓自己不安寧、多勞碌。此運中你會出一些錯誤，明顯的證明你蠻笨的，而且還不甘心，愈做愈錯，消耗更多。也減少了你的福氣。此年不利考試、升官運。在感情運上也不見得順利，有時會讓人討厭。在家庭運中，會有是非口舌、嚕嗦事出現，但無大礙。此運易有腸胃病、血液、糖尿病等。

廉相、文昌化忌運：此運是辛年生的人會遇到的運程。此運中人會頭腦不清、精明度和計算能力不佳，智慧不足，較笨而惹上文書、契約方面的災禍，也會生大腸、肺部方面的疾病而生活不寧靜，亦要小心車禍傷災、有血液問題。此運凡事不吉。

廉相、文曲運：此運中，文曲也居陷，故此運你話少、沈默、口才不佳、智慧、才藝都缺乏。看起來笨笨的、行動力很缺乏。賺錢也少、理財能力不佳，存不住錢。有時也會自做聰明更耗財、更自找麻煩。不利考試、升官，也不利感情運。家庭運無大礙，只是錢少一點，口舌是非多、吵架吵不贏而己。會有膽部、糖尿病、血液上的毛病。

廉相、文曲化忌運：此運是己年生的人所會走的運程。此運中話少、懦弱，但仍會惹口舌紛爭。沒有人緣、容易受欺凌。本人也比較笨、沒有才藝或在工作上出錯、惹官非被告。亦會有桃花糾紛被告的狀況。此運是笨運，少惹事為妙，不做就不會錯了。

廉相、左輔運或廉相、右弼運：此運中左輔、右弼二星是來幫助天相福星更享福，幫助居平的廉貞更笨的運程。但傻人有傻福，你會發覺此運中非常平順，根本不必花什麼腦筋，便一切OK了，而且有平輩貴人、朋友運，有很多助手幫忙。你會在理財、賺錢方面很順利，有積蓄、生活富足、愜意。想玩時，也有人陪你玩。想花錢時，有人幫你找錢花。想料理事物時，也會有左右手出面幫忙。因此很有助力。不過此運在升官、考試方面仍不太有力，會重考。在感情方面會有第三者出現。在家庭運方面倒是好的，有內助、相互幫助生財。在生子方面要人幫忙，用人工生殖受孕。

廉相、祿存運：這是丁年和己年生的人會遇到的運程。人走此運會特別的保守，有些孤獨，不太和人來往，會是守財奴型的人。他非常會理財、存錢，但他所擁有的財並不是非常大，而且生活充裕，略有積蓄而已。此運中人特別愛賺錢，除了賺錢之事，不想與人打交道，也害怕別人的欺凌與覬覦。此運有『妻管嚴』的現象。本人很小氣、吝嗇、愛計較、懦弱怕事，是故除了賺錢做自己享受之外，別的事他都不關心，也做不成。升官可小成，但加薪不多。考試有一點希望，成績不會太好。感情運不利，因為太保守、太自私了。家庭運還不錯，有財可用、會平順。如有廉貞化忌在運中，為『祿逢沖破』，財少，勉強度日。

廉相、擎羊運：此運是丙年和戊年生的人會遇到的運程。這是『刑囚夾印』的格局，凡有此格局的人都有懦弱怕事的問題，且要看這『刑囚夾印』的格局是在那一宮位而定，若是在六親宮，則是六親懦弱有官非糾紛。若是在『命、財、官、夫、遷、福』等宮出現的人，則是你本人有懦弱現象，容易受人欺凌。且有官非等問題，是非不斷。即使廉相和擎羊在對宮相照，也會形『刑囚夾印』格，也會有懦弱、受欺凌、有官非的現象。大運、流年、流月、流日、流時逢此格局時，都要小心。此運也很可能發生車禍，受傷的是你，而且官司要打很久，對方是難纏凶惡的傢伙，死賴著不肯賠償。官司有可能打到半年、一年以上，你一定得堅持才能獲得賠償。嫌麻煩的人，就得不到賠償了。

此運中，因天相是福星，又是印星，被擎羊所刑剋，所以你沒有福氣而遭難，也沒有辦法掌握權力。在此運中，你很容易碰見凶惡的人給你難堪、欺負你。即使是個低下的下人、小工也會欺負你、對你凶，因此你最好明哲保身，不要和人衝突，以保性命、不受攻擊傷害，只要忍耐、避過此運，下一個運程時間（下一個流時、流日、流月、流年、大運）就可平順了。

『刑囚夾印』的運程不適合考試、升官，也不利感情運、家庭運，凡事不利，只利修身養性、韜光養晦。你會發覺不但外面的人欺侮你，其實就連家人、父母、兄弟姐妹、配偶、子女都會在此時很凶，對你沒禮貌，或要侵佔你的財物，讓你很生氣。此運中你是笨的、不擅於處理事物的。會破財。

如果再有**『廉貞化忌、天相、擎羊』同宮的運程時**，在此運中一定有血光災禍、或開刀失敗而造成身體上有難看之疤痕或傷殘現象。大運、流年、流月、流日、流時三重逢合時，便有性命之憂。此時你是笨而且多是非災禍的，也易招是非災禍，要小心血光所帶來的危機，你可能會頭腦思想錯亂，也可能會自殺身亡。

廉相、火星運或廉相、鈴星運：此運中，天相亦被火星或鈴星刑剋。但這種刑剋和被擎羊刑剋不同。你會頭腦忽笨、忽靈光，會想一些奸詐取巧的事情，性情較邪惡。會突然做一件非法的事情，自以為很聰明會佔到便宜，結果是太笨了，反而深受其害。你也會受別人影響走向與黑道有關的領域中去賺錢，惹了一堆是非。『廉相運』本是笨笨的享福的運程，被火、鈴所剋時，福就沒有了，享不成了。因此此運做很多事情都是不利的。你也會對人閃閃躲躲的不真誠，故運氣不好。只要你保持冷靜、穩重、減少火、鈴造成的浮躁、性急的惡質，不要偏向邪佞的思想，天相福星就會自然展現福力了。錢財也能平順多得。凡事也能祥和發展了。否則是任何運氣都受到牽制不吉的。此運中你財來財去，存留不住，耗財多。

廉相、地劫運和廉相、天空運：這是『劫福』和『福空』的運程。在此運中你會頭腦空空，沒有計劃能力，也沒有競爭力，凡事不想掌握，也不想努力，有時也很忙，盡忙一些對自己無利的事物，自然享不到福，得不到財。你會做一些和實際想法有出入的事。例如你想賺錢，但所做、所想的事，是和賺錢、得財背道而馳的事情，自然是賺不到錢、享受不到財福了。此時你頭腦清高、想法天真、有點傻呼呼的。最好有人能提供你一個努力的方向，你才會有目標。在此運中你依然有衣食之祿、不過財來財去，一切成空、耗財多。想得到的、想做的事都容易突成泡影。

廉貞化祿、天相運：這是甲年生的人會有的運程，因對宮尚有破軍化權相照，是『權祿相逢』的格局。故此運中，你很會打拚、向外攫取，所向披靡，又有福星駐守，凡事順利而成。也會賺到一些財祿。在此運中，廉貞化祿是屬於一種精神上的享受，又有福星同宮，故你會有蒐集藝術品的嗜好，或注重衣食的嗜好，也有人會蒐集黃色書刊、好淫色。此運是個奮力工作、又享福的運程，人緣不錯，但頭腦、策劃能力仍不佳。此運適合升官、賺錢，在考試運上很努力也能成功。也利於感情的發展，在家庭運中也算是好運，有財祿、人和的資源。但此祿是工作薪資之祿，是拚命工作所賺到之財祿，不適合做大投資來賺錢，仍有破耗之陰影。

未宮

此運程是天梁居旺運：天梁是蔭星，是貴人星，主貴。故天梁運就是貴人運。人在走此運時，會注重名聲、心地慈善、尊老敬賢、愛護弱小、慈善捐款多一點。自己能承受貴人的幫助，也能幫助別人。此運正坐在『陽梁昌祿』格上，不論你的『陽梁昌祿』格完不完整，你都會在此運中學習能力強、愛好求上進的心強烈，會多學習，故此運適合參加考試進級，也會升官。此運的財運不強，但能因名聲響亮或工作得力而得財。也會受貴人提拔而得財。故是吉運。你的錢財不多，尚稱平順，有困難時向長輩調借一下，非常容易。在感情方面，你容易和比你年紀差距大的人談感情。例如大你七、八歲以上，或小你七、八歲以上的人會和你談戀愛。此運結婚也容易找到這樣的人。此運你是具有愛心的、也喜歡信教、拜神明、有蔭助。但你非常固執、頑固，會只照顧被你認定的自己人。你也會搞小圈圈和派系，有智謀，會搞派系鬥爭，這一點是不好的，很可能要為朋友或手下而耗財多的。此運利於家庭運，家庭中會有好名聲，讓全家人有面子，都爭氣，運氣很旺。此運也適合受孕生子，會有和順乖巧的子女。

天梁、文昌、文曲運：此運中正是『陽梁昌祿』格的主運格局。但首先要找出祿星是否在對宮或三合宮位上，如有，便是格局純正。如沒有祿星，便只是清高、愛讀書、學習，而賺不到什麼錢財了。此運中，你會端莊、穩重、有氣質、口才好、人緣好、長相討喜，尤其有長輩緣，別人會對你敬重。你的學習能力強、有才藝、愛讀書或做文藝活動。此運利於考試、定會考上。也利於升官，有好名聲。也利於談戀愛、桃花不斷。更會參加宗教活動、熱衷信仰。此運是吉運，凡事都吉。

天梁、左輔、右弼運：天梁是蔭星，也是貴人星，同時是復建之星。因為有仁心之故。此運的對宮有天機陷落。表示此運中，外在的環境是運氣在谷底極壞的，而且還有愈變愈壞的趨勢。在此時，天梁就是等待機會，待機而發來重整復建，自己做貴人來解救別人的危難了（其實這個別人也正是自己）。當有左輔、右弼一起同宮為運程時，就有左右手等助力，復建、轉危為安的力量更大了。此運中的人不但能救自己，更能與人合作，更能救助大家，慈心被及寰宇，算是不錯的運程。但也有人講，貴人多，不是好運，很可能是災禍多、災禍嚴重，才會貴人多。這就須要有此運的人自己去印證了。看看你走此運時，是否真的災難多而嚴重了。而我是不這麼認為的，因為左輔、右弼是和天梁同宮，不是和天機陷落同宮，因此左、右手多，只是復建更快、吉運增旺而已。

此運，適合升官，為同事、同輩推舉而有官位。但不適合考試，以防考運好，卻可能有意外之事、重考之嫌。此運也不適合戀愛運和家庭運，以防第三者介入，有感情、家庭糾紛。此運生子懷孕可能要借助人工受孕。

天梁、擎羊運：此運是『刑蔭』的格局。天梁居旺、擎羊居廟，表示競爭激烈、爭鬥凶。亦表示貴人亦是用很凶的態度方式、強力要介入幫你忙、讓你討厭。所以你不太會接受長輩、上司的幫助，而沒有貴人運了。此運中考試、升官會遇到競爭者多的局面，不好考上，有『陽梁昌祿』格的人較容易考上。沒有此格局，或格局不完整者，很容易失敗。在感情運上，你會多疑、妒嫉、霸道而讓感情不順。在家庭運中，會得不到家中人幫忙，而很辛苦，心情氣悶或爭吵。家庭中也會進財少而爭執不休。因此要減少擎羊的惡質作用，多運動、多消耗體力、保持心境平和，凡事讓一步，自會海闊天空而平順了。

天梁、陀羅運：此運仍是『刑蔭』格局。天梁居旺、陀羅居廟。此運你會特別頑固，思想、動作都慢吞吞的，處處表現很笨的樣子。你的心中多是非、很悶、有話也不直說，放在心中，存在憎恨的陰影中。此運中財運不順。貴人會用很笨、很拖拖拉拉的方式幫你，結果都失去時效性了，因此根本也幫不上忙。你也很討厭他們幫忙。因為他們也會用自以為是的方法，並堅持己見的來幫助，很可能愈幫愈忙，無助益。此運不適合升官、考試，要自己很努力，突破重重障礙才可能成功。但你通常無法突破障礙。如能突破、就是去除了陀羅所帶給你的惡質運氣了。此運要多運動、操勞、保持平和心境，凡事勿多想，便會平順。

天梁、火星運或天梁、鈴星運：此運中你會急躁、頑固、自做主張、不愛別人管，因此貴人運時有時無。同時貴人也會一時幫你，但很快的撒手不管，功敗垂成，沒法子幫到底。此運中你會很聰明、又頑固、自有主見，不會聽別人的勸告，也不會做正事，因此也未必會去參加考試、升官等競爭。如果有『陽梁昌祿』格的人，競爭還是有希望的。其他的人就不見得會想考了。在愛情運和家庭運中，你是那個受到照顧不太多的人，自己也不太照顧別人，只是給人當做老大的形象而已。

天梁、地劫運或天梁、天空運：此運中你沒有貴人運。這是『劫蔭』、『蔭空』的格局。有時候，你覺得你找到了貴人，但是他們卻幫不上忙。或是貴人臨時抽腿溜走了。此運不利考試運、升官運，以防有失。也不利感情運、家庭運，以防失戀和家人離去，不能互相照顧。

天梁化權運：此運是乙年生的人會遇到的運程。天梁是居旺化權，故化

權力道很強。其對宮還有天機陷落化祿。這表示你的大環境很壞，但有一丁點的人緣機會，不是最最壞的。你自己本人是貴人運特別強的，你很頑固，但可接受對你有利的貴人強勢介入來幫助你。你的貴人是以霸道的、強有力的，能力、權勢很大的，地位很高的，可動用自己的權勢、地位上的關係來幫助你的。所以你做任何事都會成功。此運中你善於打拚、很忙碌、注重名聲、名聲會一級棒、地位上升、升官運好。你也能主導掌握權力、地位。此年考試一定會考上理想學校。此運在戀愛運上因太霸道，太掌握主導別人，太會照顧別人，會讓情人反感，要小心有情變爭吵的問題。在家庭中也是同樣的，要小心家人有怨言、反抗你。你在天梁化權運，會信宗教很迷，而且堅信上帝、神主會給你力量幫助你，非常頑固。此運你也會用自己的方法照顧弱小或四周親近的人，但不一定會被對方接受，也可能引起是非，引人反感。

天梁化祿運：此運中天梁居旺，故化祿也居旺。此運是壬年生的人會遇到的運程。此運中你生活平順、小有財，也會有意外之財，但要小心有包袱

纏身，或有另外其他的損失。此運容易撿到錢財，最後得不償失。此運人緣關係好，你會有仁心愛幫助人，也會得貴人幫助得到小利益或錢財。此運找工作可請別人幫忙，事情可成。此運也喜歡信仰宗教虔誠，並會捐獻金錢財物給宗教及慈善團體。此運便是『陽梁昌祿』格的運格，可參加考試、升官會考中。此運也利於愛情運、家庭運，會佳偶天成。有結婚和其他的吉事一起，雙喜臨門。家庭中也可得到你良好的相互照顧，事業有成。

天梁化科、擎羊運：此運是己年生的人所會走的運程。因有擎羊同宮，形成『刑蔭』格局而不吉。此運中你的貴人是溫和、氣質好，很有手腕、陰險的人，他會表面說會幫你，其實是扯你後腿、害你的人。故你此運沒有貴人運。此運中你會表面平和、做事能力也還不錯，但事情不見得平順。你會煩惱多，怕東怕西，小心翼翼，前進後退兩難，做不了什麼決定。此運在考試、升官上不吉，會遇競爭對手表面很平和，說不和你爭，私下卻爭得厲害。而且會用小手段來對付你。此運在錢財上也不順利，財少，會做事但賺得少。在感情運上，全多煩憂不順。在家庭運上家中多爭執、是非、彼此不幫忙。

申宮

此運程是七殺運：此運中七殺是居廟的，故你擅於打拚，每天都很忙碌，東奔西跑，停不下來。有天馬同宮更忙、更奔波不停。此運因對宮有紫府相照，故你的大環境中是財多、祥和、地位高貴的。故此運中你會賺很多錢。也會在事業上有發展。但七殺運都是笨笨的、埋頭苦幹型的，故你不太會和人閒扯，只顧忙自已的，而且性情剛直、直接、不會拐彎抹角，做人較嚴肅的。此運中要小心傷災、開刀等事情，不過都會恢復很快。也要小心耗財的問題，會因衝動、想的不夠周全而耗財。此運因頭腦的聰明度不夠，考試、升官要很拚命才會成功。在感情運上不利，太直接、不夠圓滑，會遭人抵制。在家庭運中，會太凶、不夠溫柔體貼、遭家人埋怨。在得子方面不順利，最好別勉強。此運要小心身體常有小病痛、感冒等，使身體衰弱、運氣會不好。

七殺、文昌運：此運中，文昌居得地合格之位。此運中，你會外表文質，但忙碌，喜愛打拚文藝方面的工作。你也會一會兒忙碌、一會兒想休閒。而且你會十分精明、善於計算、有理財能力。也會精明幹練、老謀深算，在遇到好的事，值得的工作才努力去做，而不會笨笨的一直埋頭苦幹。此運中要小心鐵器的傷災與開刀，腸胃方面、肺部等病症。也要小心因感冒引起的病症，如支氣管炎、肺炎等症。此運中你太精明、又強勢，外表雖文質，但別人會怕你，所以你的人緣不見得太好，談戀愛會不成功。家庭運尚可。考試運、升官運，要看工作和努力的多寡而定。文昌亦為臨時貴人，貴人運會稍縱即逝，故要把握機會，萬事可成。

七殺、文曲運：此運中文曲是居得地之位的，故你口才還不錯，會以口才的優點來打拚工作，如推銷或教書等行業。你很忙碌，也愛斤斤計較，但人緣不錯，有桃花、人又強勢，故在工作上會有表現。但怕你會是個只忙碌於用嘴皮子的人，便會不實在，有虛偽、詐騙之事出現了。此運中你如果腳踏實地的工作，會有升官運。考試運則要看你讀書的程度來定了，一般，你不見得愛讀書，你會做其他才藝方面的事情。此運在愛情運方面，還有點機會，但要勇於表達、展現口才。在家庭運中多說好聽的話，家中氣氛會變好，不再緊繃。

七殺、左輔運或七殺、右弼運：此運中左輔、右弼是助惡的。因七殺是煞星之故。小心你會交上壞朋友，便運氣沒什麼好了。也要小心傷災不斷、開刀的問題，身體不好或腎臟有問題。此運中你脾氣壞，有人縱容你，因此對工作、人緣無幫助。你會很忙碌，但不一定忙碌正事。在愛情運和家庭運上都不是好運，有第三者凶悍的介入，讓你痛苦。你也會頑固的抵抗和抵制、心情不好。在考試運上會失誤重考。在升官運上會失策。

七殺、祿存運：這是庚年生的人會遇到的運程。你很忙碌，都是為了賺錢的事。此運中，你很會存錢，性格保守，小氣吝嗇、只顧自己，完全不關心別人。故你的愛情運、家庭運都會不順、多是非、不高興。但你不會理睬他們。在考試運、升官運上要靠自己努力，別人幫不了忙。多辛勞也會有成果。此運中你在錢財上定有餘存、積蓄。

七殺、陀羅運：這是辛年生的人會遇到的運程。此運是笨運。陀羅是居陷的，是故多是非、爭執。你會因笨又頑固、強制要做，而不顧後果，以致

產生耗敗。此運中你也是心中很悶，有很多問題存放於心中，不願找人幫忙。別人關心你，你會用強悍的態度回絕，是故此運你自己再怎麼努力，仍是不順利、是非多、煩惱多的。不過你外在的環境好，仍是會有衣食之祿的，只是想賺大錢不可能了。此運中你性子慢、做事拖拖拉拉、不乾脆，惹人抱怨。你也可能忙了半天，沒做成一件事情。不過，你是個性強、不願聽別人教訓你的，別人罵你，你會回嘴或報復的。此運不適合任何事情。升官、考試會考不上。愛情運不佳，逢結婚時走此運，容易退婚，被人嫌。家庭運也是是非多、爭執多、不順的現象。

七殺、火星運或七殺、鈴星運：此運中爭鬥多，而且凶猛。常有突發意外之災害，需小心，也要防車禍受傷、有血光、不易好，有併發症的狀況。此運中，你急性、衝動，凡事不往好處想，只往壞處想，也會自做聰明，自己害了自己，此運凡事不吉。

七殺、地劫運或七殺、天空運：此運中好像劫空把七殺的壞處劫掉了。但運程中有七殺、地劫時，對宮會有另一個天空星和紫府同宮相照。運程中有七殺、天空時，對宮會有另一個地劫和紫府同宮相照。因此劫空相互對照，表示外面的環境空空，自己的腦子也空空了。有這種運程的人，做事就不打拚、不努力了。有時候他也很忙，忙了半天都是不賺錢的事或對自己沒有利益的事。很辛苦的做了，別人也不感激，還說你根本沒腦子做不好。所以這是勞碌又抓不住重點，得不到好結果的運程，同時外面的環境中也是看起來高尚、富足、漂亮，但實際上也是海市蜃樓的景象，你根本無法沾到便宜和好處的。因此這多半也是笨運、凡事不吉。

七殺運，對宮有紫微化權、天府相照：這是壬年生的人會碰到的運程。此運程你非常忙碌、打拚，外界的景況好，你周圍的環境是高尚、富裕，具有絕對的高地位，你也有堅強的意志力可掌控所有的機會，把一切事務皆做得很美滿、圓通，故這是個賺錢很多，有主控力使萬事吉祥，具有權威可獲得一切的運程。但會勞碌、奔波。此運利於考試、升官等一切運程，你會自然而然的有奮發力，努力去做。

七殺運，對宮有紫微化科、天府相照的運程：這是乙年生的人會碰到的運程。你很忙碌、急於打拼、外界的環境是優閒、舒服，有秩序、有文化素質、財多、富裕的環境。周圍的人也是相貌體面、能幹，會做事，雍容優雅的人。故你一定會在高尚、環境好、有文化氣質、做文質工作的地方打拚工作，而且做得很順心如意、有收獲的。在得財方面、收入不錯，又受人尊敬。在升官、考試方面，要努力會成功。在感情方面、太剛直，都是別人讓你，你也過份自信，不太好，以防日後生變。在家庭運方面是辛苦的一年，家中人相處有磨擦、尖銳的問題出現。宜多和家人、子女相處，會改善家庭氣氛。

酉宮

在酉宮的運程是天同居平運：此運在心態上是一個慵懶的運程，對工作是不利的，但對玩樂之事很勤快。此運有太陰陷落相照，表示外界的環境中，是窮困財少的現象。而且你又不太去感覺別人內心的想法，常不注意別人的意願，傻呼呼的只想平安、平順就好。但實際上，很多問題都拖延停滯在那裡。此運大致還平順，只是賺錢少、沒奮發力、人也不夠聰明，倒是溫和、與世無爭的狀態的。此運考試、升官、會因努力不夠，機會不大。在愛情運、家庭運方面，是對人的敏感力不足、偶有口角，但不嚴重的，

天同、文昌運：此運中，天同居平、文昌居廟，故此運是外表溫和平靜、內心是精明強幹、善於計算的。故此運中你雖並不十分富裕，但會理財、會計算，因此過得還不錯。你也會喜歡文藝方面的活動。自己的長相、氣質也趨於文質彬彬、溫和的優美形象、討人喜歡，但你性格仍有些剛直，只是外表好看，桃花並不太多。在考試、升官方面，因可形成折射的『陽梁昌祿』格，只要還有祿星在卯、亥、未、酉四宮出現，便有好運可考上。沒有祿星的人，則不一定。在愛情運、家庭運方面是氣質好、注重衣著、形象、氣度優雅的，與文化水準高的人較親近，與粗俗的人較淡薄。

天同、文曲運：此運中文曲也居廟，故此運中你是外表溫和，但愛說話、口才好、喜歡表現一些才藝，也喜歡唱歌、跳舞等活動。此運中錢財不多，可平順。在考試上沒有表現。在升官運上略有，但無財利可言。在愛情運、家庭運中相處愉快、合諧，有較多的時間經營感情。

天同、左輔運或天同、右弼運：此運中，你是溫和又富合作精神的人。你會處處為人著想，但溫和無幹勁，做事不積極。在賺錢方面會有朋友或兄弟等平輩之人來幫助生財，但財不多。此運不利考試運、升官運，會重考。在愛情運上，你可能同時愛上兩人以上的情人，也可能會有第三者出現，影響感情。已婚者亦可能會有第三者出現，影響婚姻要離婚，故不吉。在生子懷孕方面，恐要借助人工手術來受孕了。

天同、祿存運：此運是辛年生的人會遇到的運程。此運中你很保守、能賺到衣食之祿的財，但並不很富裕。你也很小氣吝嗇、外表雖溫和，但是與人有距離，少來往、接觸的。你會常躲在家中，很少外出，或與朋友交往。你除了做可糊口的工作外，對其他的事情也沒興趣，只是懶洋洋的懶在家裡。此運在考試運、升官運上不強，無法必中，要看努力的程度而定。在感情運、家庭運中只是平順，也不算有利。

天同、擎羊運：此運是庚年生的人會碰到的運。這是『刑福』的運程。擎羊又是居陷位的，故此運沒有福氣還多災。此運中外界環境窮困不佳，再

加上自己多煩憂、心不靜、多是非、競爭多、傷災多、易遭傷殘之苦，要小心。此運在大運、流年、流月、流日、流時，三重逢合時，有大災難，小心有傷殘現象。此運中你很愛計較，與人相鬥智、競爭，但你又外表溫和，不善於爭鬥，故時常受欺凌。你又不會躲避爭鬥是非，故無福星保護，只是遭難而已。此運是智慧不高、又愛計較、自找麻煩、自力量力的運程。只要聰明一點，不要接近凶惡之徒，遇事逃得快，便免於災禍。此運凡事不吉。

天同、火星運或天同、鈴星運：此運中，是外表溫和、內心急躁，會有一時聰明、不走正道而遭災的情況。這也是『刑福』的格局，故享福不多，易有車禍、血光等問題。也會有一時衝動而遭災、耗財、失利，速度很快。此運不適合升官、考試，欲速則不達。在感情運、家庭運上會有衝突，但不算嚴重，要小心此運喜與黑道來往而遭災。

天同、地劫運或天同、天空運：此運為『福空』或『劫福』的運程。因此錢財得不到，會成空或被劫走。賺錢也許有一點，但絕對無法留存。做事會白做。不利考試、升官。在感情運上，你會清高，凡事無所謂，做事抓不住重點，在愛情上也捉摸不定，讓愛人氣餒而放棄。在家庭運上，家人只是溫和的相守，但彼此無利相助。

天同化權運：此運是丁年生的人會遇到的。天同居平，故化權也居平不強。此運你是想打拚、想掌控機會，但能力不足，又懶，故在掌握機會權力上並不順利。但是你會頑固的、一直重複做不成功會失敗的事情，有時你也會覺得有一些好運，但稍縱即逝。因對宮有太陰居陷化祿相照，故此運你不富裕，但也不太窮，仍會有些小財祿可進。你也會偶而努力打拚一下，賺到一些衣食之祿。這是『機月同梁』格，屬於薪水類型的財祿，故生活可平順。在升官運、考試運上有百分之五十的機運，不算強。在感情運、家庭運上，你會力圖平順祥和，而好好與家人、愛人相處。

天同化祿運：此運是丙年生的會遇到的運程。因天同居平，化祿也居平。故此運是意態悠閒、有小財祿可進，人緣不錯，有小聰明可享小福的運程。倘若卯、亥、未、酉三宮再有文昌進入，便可形成『陽梁昌祿』格，考試、升官的機運就很好了，可有百分之八十的機運了。不然，你只是人緣討喜的溫和之人而已，在奮發力上並不強。你也會時常偷懶，儘做一些討好賣乖的事情。此運利於愛情運、家庭運，會有多點時間和家人相處，和樂生活。

天同化科運：此運是庚年生的人會遇到的運程。此運中你是溫和、有點懶但料理事情還不錯的人。但在考試運上仍不強。必須在卯、亥、未、酉四宮有文昌、祿星進入時，才有可能命中。在感情運、家庭運是平和、優雅、有協調能力、感情好的。在財運上也不強，會財少但平安度過的生活。

戌宮

此運為武曲居廟運：武曲是財星，又居廟，並且正坐『武貪格』上，故此運是財多，而且有暴發運、偏財運的機會運程。此運中你會暴發錢財，會得到大財富。且會事業旺盛、勤勞打拚、十分努力、奔波勞碌、運氣好、精神旺盛、幹勁十足、心情愉快。但性格剛直、重承諾、講義氣。對人一板一眼。因為此運你是財星高照，一身財氣，周圍的朋友、親人都會依附於你，受吸引而來。那是為你的財氣所吸引的，不是桃花多，要弄清楚，那些人是

來分財的，那些人是來相助生財的。以防有耗失。不過此運你很聰明，對錢財吝嗇，但也對窮苦的人樂善好施，耳朵軟。此運適合升官、考試、機會好。在愛情運、家庭運上也富足，多以金錢補償方式代替與愛人、家人的相處時間。此運因太忙碌、無暇照顧家人與情人的內心世界，會遭到抱怨。此運中，以大運、流年、流月三重逢合之日為一生最大一次偏財運、暴發運的時間，可精準的算出暴發時間。

武曲、文昌運：此運中武曲居廟、文昌居陷，故文昌是來減弱武曲的財運的。此運中暴發運依然有，但所有的財，就不如想像中大了，可是也依然會是很大的財的，只是不能和別的具有暴發格的人來比。此運中，你是財大氣粗、外表粗俗，也可是較市儈的形象之人。在考試、升官上的運不十分好。你的精明力和計算能力較差，人際關係也會差，你也不會數錢，須要找人幫你數錢，是故你易遭騙。此運不利愛情、家庭運。在家中，你只是以金錢打發家人，態度不好，會引起抱怨。

武曲、文曲運：此運中，文曲居陷，故你很靜、不太講話、性格剛直，財也會少賺。不過偏財運、暴發運依然有，財也不少，倒是感覺耗財的情形不太深刻了。此運中你的才藝不行，人緣關係也保守、不太好。錢財是有，但和家人、情人之間的關係比較緊張。你太剛直，又少解釋，故彼此溝通不良，會有嫌隙產生。在工作上、事業上你不精明，也不太聰明，在考試、升官上運氣並不強。只利得財，但也是普通的財運。有偏財運、暴發時會財運好一點。那要算出大運、流年、流月、流日、流時三重逢合的時候才行了。

武曲、左輔運或武曲、右弼運：此運中，左輔、右弼會處在對宮相照的模式。故表示當你在賺錢發財的時候，有許多男的、女的平輩的貴人、朋友在幫助你，一起使力，使你的錢財賺的更多、財富更大。因此這是吉運。同時也表示當你走此運時，周圍的朋友、助你生財。外面大環境中，亦有許多助力幫你製造機會，讓你得財。因此你是環境好、機會特多，發財就更大了。這也會使你的暴發運和偏財運發得較大，至少有數百萬至千萬、億元以上的暴發力。此運中你凡事順利，你會自己當老闆賺大錢，不太會幫別人做事。但你在業務上會與人合作，擴大資產、事業。此運仍不適合考試，你會賺錢

賺錢太忙，而忽略了考試，會重考。也不適合愛情運、家庭運，會有第三者介入而愈幫愈忙，感情不利。生子、懷孕也須用人工手術來進行。

武曲、擎羊運：此運是辛年生的人會遇到的運程。此運是『刑財』的運程。暴發運仍然會發，要有小血光，才會發得大，捐血、穿耳洞可行。此運你會賺錢辛苦、爭鬥、競爭多，而且有車禍和鐵器的傷災、血光，要小心，也要小心胸肺部開刀。此運中你容易保守、內向、不愛動，賺錢不力。但一定要動，要外出找機會才會賺錢多。你也會常頭痛、四肢無力、心情鬱悶。多運動、多曬太陽會好。切記！此運不可靜守，否則財運不開，好運也不來了。此運不適合考試、升官、愛情、家庭運，多是非、爭鬥、不和、不順利。

武曲化忌、陀羅運：此運是壬年生的人會遇到的運程。此運中暴發運、偏財運不發。有錢財也慢進，且多是非口舌、災禍，但仍有衣食之祿。這是武曲居廟的關係，化忌也居廟。在戌宮屬金的宮位，故有是非、屬金的傷害，如車禍等。陀羅也主是非、口舌、傷災，故是雙重的是非、傷災，要小心。此運凡事不吉，且麻煩、橫禍不斷，但可用金錢解決，只是時間上要拖長一點。

武曲、火星運或武曲、鈴星運：此運中，火、鈴在廟位，本來和對宮的貪狼形成『雙暴發運』。但是火、鈴和武曲同宮時，仍有『刑財』的問題。錢會快來快去的情況。因此在辰年走貪狼運時會暴發得很大，但在戌年及在戌宮的運程，反而暴發得不太大了。而且有耗財現象。此運中你會急躁不安、靜不下來、衝動、盲目，和別人一窩蜂的做某些自以為賺錢的事，會有些是賺錢的，有些是賠錢耗財的。也會手中經過的錢財數目很大，但留存的卻不多。此運中常有意外突來的財祿，但也去得快。此運不適合考試、升官，自己做老闆較好。也不適合感情、家庭運，會感情衝動、溝通不佳，亦會分手或家庭是非爭鬥多。

武曲、地劫運或武曲、天空運：此運是『劫財』或『財空』的運程。此運中，你仍會有很好的、富裕的生活，但是錢財不易留存，忙來忙去一場空。或是賺錢常中途成空，被人把財運劫走，賺不成。此運中你會性格清高，不太看重財。等到發覺自已的財太少了，再來賺，已時不我予，因此整個的財運仍是不豐的。只是有衣食之祿的財而已。此運不適合考試、升官、愛情、家庭運，你會凡事抓不住，也得不到什麼利益。

武曲化權運：此運是庚年生的人會遇到的運程。因武曲居廟，化權也居廟，故你會在此運中賺到很多的錢財。而且你會熱衷政治活動，有利升官運。財、權都被你掌握了。此運亦有極強的暴發運、偏財運，至少是千萬以上至億元以上的財富。此運凡事皆可成功。有利考試、升官、愛情、家庭運。因為財多，眾人受吸引而來。此運中你也會有英雄之義，愛照顧其他人，你也會有掌控別人的想法，具領導力，愛主使別人。別人也願為你服務。此運有利選舉、競爭、賺錢、事業。在愛情運上也會無往不利，但你不會在此時，太注重愛情問題，因太忙碌，賺錢、工作、打拚都來不及了。

武曲化祿運：此運是己年生的人所會走的運程。因對宮尚有貪狼化權相照，為『權祿相逢』的格局。故財運大好、暴發運、偏財運一流，在大運、流年、流月三重逢合此運，會成為億萬富翁之命。因此你十分忙碌，左右逢源、凡事皆吉，也利於考試、升官、愛情、家庭運。此運中你會十分圓滑、人緣特佳，特會賺錢，也會應用錢財，因此周圍的人都會聽你的安排，具有領導力、主控力。此運特吉，凡事可成。

武曲化科運：此運是甲年生的人會遇到的運程。此運中武曲居廟，化科也居廟。但化科不強。此運中你非常會理財，也有暴發運、偏財運，很會賺錢，但錢財不如前二者多。你會外表斯文、剛直、做事一板一眼，有方法，會處理一切事物，能力強，有利考試運、升官運。但愛情運和家庭運上也和諧，你很會送禮給情人和家人，送的都是美麗有價值、珍貴，讓對方感動的禮物。此運你也會買房地產、增加財產收入。此運中你在與金錢有關的文書方面能力很強，更喜歡買股票、債券等有價證券，也會集郵、蒐集古董、錢幣等貴重物品。

亥宮

此運是太陽陷落的運程：此運中你會心情鬱悶，與男性的競爭力弱。你也會躲在人後，不喜歡外出，或凡事低調、不積極。此運中你多半會做幕僚人員，不喜到人前顯耀。此運是你人生中的黑暗期，工作上無發展。和人爭不過，也不想爭，會有懶惰、提不起勁來的現象。此運升官無望，但可讀書、參加考試。此運在『陽梁昌祿』格上，有昌、祿同在三合宮位中的人，機會大好，依然可考上。此運也易身體不佳，或感情不順，有些男子在走此運時，妻子跑了或離異。也易於此運有牢獄之災。因此運對宮相照的是巨門星，故此運多是非、口舌。在工作上也易有誹謗、遭誨吝之事，也可能會被調職或辭退。此運不吉，宜明哲保身、多運動，培養休閒生活以度過。此運中財運也不好，會奔波勞碌、多用口才來賺才會有。

太陽、文昌運：此運為『陽梁昌祿』格，還須有祿星在三合宮位出現，格局才會完整，升官後才有錢賺。否則只會升為幕後人員，錢財也無法多得。此運適合參加考試，格局完整者，可有好考運。格局不完整者，運氣仍不算好。此運你會有一些精明、計算能力、處事能力，但不強，只會料理自己的衣食之祿，財不多。不過你是形象斯文、寬宏的人，也能精明的處理一些是非問題，讓自己順利一點。此運適合讀書、增加技藝、學問，以便在下一個運程到來可應用。這是蟄伏、增加自己資源的運程。

太陽、文曲運：此運中文曲居旺，故此運中你雖是缺乏競爭力，又有些懶惰及無力感的人，但你有口才，能言善道，又有才藝，故你會利用這些優點使你的財運好一點。此運中你愛講話，故你的人緣好很多，心情也不那麼悶了。但運氣依然不旺，讓你愈振乏力。此運小有升官運，但會是個不引人注意的閒缺。此運不利考試，要很努力才會成功。在愛情運、家庭運上是和諧的，可暗中私下溝通。寬宏的心、甜蜜的言語會打動人心。

太陽、左輔運或太陽、右弼運：在此運中，左輔、右弼二星所能幫助陷落的太陽的事情不多。最多是幫助他有溫和肯妥協的心態，但依然是運氣不佳的。此運中你有平輩貴人運，有一些朋友會在你左右擁護你，但對你好的都是些失意之人，也有些人無打拚的大志，只是發發牢騷而已，對你無大助益。生活平淡，前途不大。但小事朋友可互相幫忙。此運不利考試、升官。也不利愛情、家庭運，以防有無聊的第三者介入，增加是非，會有分離之苦。此運錢財上也無增長。財運不佳。

太陽、祿存運：此運是壬年生的人會遇到的運程。此運表面是讓人心胸悶、不開朗的運程，但很忙碌，你在賺衣食之祿，生活上還順利，只是在升官運上無大發展。此運為『陽梁昌祿』格上的一環，只要三合宮位再有文昌星，便有考試高中的機會，運氣算不十分差了。此運你很保守、內向，與人的來往交際少、只顧賺自己的財祿衣食，因此是非少，但前途也不開闊。此運適合讀書、增加知識，以待下一個運程再來發展。此運在愛情運上不佳、太吝嗇小氣、保守，會嚇退情人。在家庭運中，倒是能自保、平和的度過。

太陽、陀羅運：此運是癸年生的人會遇到的運程。此運雙星俱陷落，因此你是運氣又不好、又笨、是非多、災難多的人。要小心傷災、和牢獄之災，都是因為笨、腦筋不好所造成的。此運中你會讓人看不起，對你很粗魯。你本身也會粗里粗氣、沒腦子、做事慢又笨。但你會傻呼呼的，凡事不以為意。有時也會頂嘴爭吵。此運是懶惰、凡事做不好、又有藉口搪塞，讓人生氣，懶得理你的運氣。此運凡事不吉。且有因心情悶、想自殺之感。

太陽、火星運或太陽、鈴星運：此運中火、鈴也是陷落的，因此這是個運氣不好、爭鬥多，自己又衝動、多遭災禍的運程。此運最要注意車禍血光的傷災，還要注意火災。也會有因爭鬥而起的傷災。也會有一時氣憤與人鬥毆、殺人再自殺的問題。此運中你會性情火爆、凡事不想忍耐、性情易變、起伏不定、做事馬虎、草率。也容易與人衝突不和。錢財難進，偶有小的意外之財，但仍窮困。凡事不吉，宜修身養性、接近宗教，以度過此運。有『陽梁昌祿』格的人可多讀書、有考運，也可升級，但很慢。此運不利感情，故愛情運、家庭運不吉。

太陽、地劫、天空運：此運中因地劫、天空同宮，太陽又是陷落的，故凡事不吉。此運中的人，常會有離世出家的念頭。運氣不好，什麼都抓不住，也什麼都不想做。一般人只會懶惰的度過此運。此運中的人會不工作，失去愛情，和家人不和，或失去家庭，把生活搞得一團糟。如果你能預先看到此運在大運、流年、流月中出現，預作安排，便能化險為夷，平安度過。此運中錢財賺不到，生活會困苦。必須要小心。此運也容易發生事故而失去一切，例如突然倒閉，而失去工作及家庭等，例如突遭車禍，而失去家庭親人或工作能力，因此要小心過日子，以防災變。

太陽化權運：此運是辛年生的人會遇到的運程。因太陽陷落，故而化權也陷落不強。此運中你只是頑固較多而已，做幕僚人員在幕後可掌權，但做檯面上的人，則無法掌權，且有和人衝突，以致事業有瓶頸、有是非遭難之事。你和男性只能做在私下、檯面下的競爭有力。不可化暗為明，否則會失敗。此運適合考試，會稍有助益，要努力才可考上。在升官運上，以幕僚工作、閒缺，不重要的工作升官運較強。位置好的工作，競爭多的工作，沒有機會。

此運在愛情運、家庭運上，太頑固、愛嘮叨、多管，為不佳。

太陽化祿運：此運是庚年生的人所會遇到的運程。此運因太陽陷落，故化祿也陷落不強。此運中雖有財，但極少。是做公職、薪水族、有衣食之祿的財。此運中人緣稍好，會具有和內向、性情隨和的男性有緣，但此人的工作力是不強的。此運適合讀書，會有考試運，此運升官運略有，但是不重要的、幕僚人員的職位。此運在愛情運、家庭運上也略好，有寬宏、小康、溫和的家人和你一起度過。

太陽化忌運：此運是甲年生的人會遇到的運程。凡事不吉。你會和男人有是非，最可怕的是惹到悶聲不吭的男性，受到報復也很嚴重。此運你會心情悶，又極易惹是非、災禍，也易有官非事件。最難對付的也是男性的對手。此運不宜在晚間九時至十一時之間在外行走，易出車禍，很難擺平。更可能你是受害者，還要被告，問題嚴重。此運凡事不吉。

④『紫微在卯』命盤格式中各宮運氣詳解

子宮

此運是太陽落陷運：此運中，因對宮有居廟的天梁相照，故你外在的環境中貴人多，而且你也重視名聲、喜歡做一些和好名聲有關工作，所以你心情雖悶，感覺運氣不好，但會有向上的意志去衝破難關。此運正坐在『陽梁昌祿』格上，因此適合參加考試，會高中，一掃煩悶。若想升官必須努力才行。前總統李登輝先生便是在此子年逢此運時競選成功，成為中華民國第一屆民選總統的。是故此運仍是大有可為的運程。只不過要勞碌而成。此運能努力、名聲是好的，但在錢財上不會多得，因太陽不主財、主官運。所以財運要努力打平。此運在愛情運、家庭運不強，

④紫微在卯

天相(得) 巳	天梁(廟) 午	廉貞(平) 七殺(廟) 未	申
巨門(陷) 辰			酉
紫微(旺) 貪狼(平) 卯			天同(平) 戌
天機(得) 太陰(旺) 寅	天府(廟) 丑	太陽(陷) 子	武曲(平) 破軍(平) 亥

因內向、不會表達，心地又寬宏，容易任人擺佈，故不積極爭取。

太陽、文昌運：此運正是『陽梁昌祿』格上，故利於考試、升官。但要有祿星在三合、四方之位才會有財利，吉運也會較高。此運你多半會做公職和薪水族，錢財穩定，你也精明、擅於理財。外表有文質、寬宏的氣質，讓人景仰。不過此運在愛情運、家庭運方面只是平順，但不積極，只會順其自然而已。

太陽、文曲運：此運是你態度內向、沈穩，但私下口才好，有辯才、才藝、才華不錯的狀況。你可靠口才賺到一些財祿，但仍是衣食之祿、薪水階級的財祿。你的升官運會旺一點，考試運不一定，要多努力可成功。你的愛情運和家庭運都很好。你會態度沈穩、用口才去說服情人和家人，生活在小康環境中算平順的。

太陽、左輔運或太陽、右弼運：此運中雖然你自己仍感運氣不佳，有些心悶，但在你自己身旁有朋友、兄弟等平輩貴人來幫助你，在外面大環境中又有長輩貴人在幫助你，故你過得還不錯，只是錢財少一點，但生活無虞、也平順。此運要注意考試運，恐你會書讀得不少、考運也好，但有貴人出面，反而掩蓋了你的才華，愈幫愈忙了。也可能有第三者介入參戰，使你會失去機會，要重考。此運利於升官運，會做幕僚性的副手工作。此運不利感情、家庭運，會有第三者介入而事情複雜，起波瀾，亦可能會分手、離婚。

太陽、祿存運：此運是癸年生的人會遇到的運程。此運中你會過得不錯，財運順利，但這是公務員、薪水階級的財富規格，會略有積蓄。不會發大財。此運適合參加考試，定會考中。此運在升官運上，會加薪，但所升官位職等不高，這是因為太陽陷落的關係。不過若你是做幕僚人員而晉升等級，亦有幕後掌大權及掌握財務的權力。此運中，你非常保守、內向、沈默，較少顯露自己的才華，你只是默默的工作、勞碌，不太容易被人發現你的才華。不過你只要跟對了長官，亦會有被照顧出頭的一天。此運在愛情運上，因保守、孤獨、不善表達，除非有人主動青睞你，否則你是無動於衷的。在家庭運上較平順、內斂、有財祿、溫和、不張揚，運不差。

太陽、擎羊運：此運中，太陽、擎羊皆居陷落之位，故不吉。太陽是官星，故有『刑官』之運。表示對工作、事業不利。此運中，你在事業上、工作中的爭鬥多又凶惡，常讓你頭痛。很多事容易不順利，而且你在男性社會或團體中缺乏競爭力、拚不過，也鬥不過其他的男性。在此運中你最好放棄與其他男性的正面競爭、多往外尋找貴人、生活會平順一些，內心也不會那麼苦了。你的貴人是女性長輩最好，一定會幫助你的。另外你在此運中要小心眼目不佳、有傷災、車禍，或開刀，及頭部、心臟的手術問題。你的身體也很難負荷激烈的爭鬥。並且你還常頭痛、四肢無力，故保養身體、放鬆心情是此運中你最要學習的課程。此運中你人很保守、內斂、多心機、多煩惱，但又凡事不順、心情鬱卒，多向外開拓貴人、多忍耐、少衝動，會凡事太平。此運參加考試、升官會多遇競爭、阻撓不順。也不利愛情運、家庭運，此運也易於自殺。要少生氣、保持平和身心、多忍耐以度過此運。

太陽、火星運或太陽、鈴星運：此運中火、鈴和太陽皆居陷落之位，故也不吉。此運中，你運氣不好，常有突發之事故。性情衝動、暴躁、忍耐力不好、也多是非、不順。此運車禍、傷災多，也易遇火災，要小心算出流年、流月、流日，以防災。此運不利考試、升官、愛情、家庭運。財運也不順、多耗財。

太陽、地劫或太陽、天空運：此運中，原本已不順之運氣，更被劫空了。故此運中錢財不順、易窮困，更無考試、升官運，也無愛情運。家庭中也易有離散之事。此運中你會懶散不想做事、工作容易搞丟了，也思想清高，找不到財路。更會有奇怪的點子，造成破財多、耗財嚴重的情形。有人在此運中，賭博耗敗光家產。看起來是極為不聰明的運程。

太陽陷落化權運：此運中，太陽居陷，化權也居陷，這是辛年生的人會遇到的運程。化權不強，只會造成人更頑固而已。此運中你若是做幕僚人員、秘書職位的人，你會掌握到權力、有主控力。在檯面上的人則不佳，掌握不到權力，反而處處受脅制。此運中你若與人談判，應私下談判，或做幕後推動，你會掌握主控力，可成功。如果是正面衝突和公開協商，則對你不力。這尤其是在面對男性對手時，更是如此。你要掌握好時機，就要等太陽下山的時刻，好好把握私下會談的機會可成。此運在考試、升官運方面，如有得力人士私下推薦，暗中進行可成功。如參加公開考試或薦舉，會比較吃力。在愛情運、家庭運方面尚可。

太陽陷落化祿運：此運是庚年生的人會遇到的運程。此運中你是內向但人緣好的，也能聚集、賺到財祿，但是公務員、薪水階級的財祿。也是小有名聲的財祿。此運適合考試運會必中。升官運上，會加薪，但職位升不高。在愛情運、家庭運方面和諧、平順。

太陽陷落化忌運：這是甲年生的人會遇到的運程。此運凡事不吉，與男性有是非、糾紛、不合，而且易有官非禍事。此運中易與父親不和，也易會有丁父喪之憂，要注意。此運中，你會有眼目之疾，亦會心情悶、心臟病、高血壓、頭部、腦部有病變。要小心身體。走此運時，容易會和公家機關、上司、學校方面有糾紛，也會和男性朋友、親人有糾紛。凡是害你的多半是男性。此運也會工作、事業受阻、不順利、失去工作或公司倒閉的現象，要先預防為佳。

丑宮

此運是天府居廟運：此運中是真正可積存財富、有餘錢、生活富裕的運程。此運中你會心境平和，做事一板一眼、按部就班、處事精明、精於算計，有點小氣吝嗇，但公平待人。你擅於理財存錢，節儉不浪費，對自己人大方。你外表是溫和的、正直的，會有些嘮叨，但能幹、十分會做事，故也操勞。此運中你像一個小銀行，絕不隨便借錢給人家，會問明原由，再估量別人的還錢能力，才會借錢給他。此運適合考試、升官、愛情、家庭等運，這是一個吉運。會富足、生活充實、心情愉快、待人溫和講理。

天府、文昌、文曲運：此運中文昌、文曲也是居廟位的，故此運中你是外表斯文、氣質特佳、長相美麗、討喜、桃花重、人緣好、口才特優、人見人愛的。此運中你過得很富裕、財多，生活品質高、享受好，也十分愛好享受。買東西都選美麗、精緻的物品，吃穿都是高級品牌。此運中你是精明幹練，也十分會存錢儲財。會存到一筆大錢財，生活得很快樂。此運在考試運、升官運上也很順利，一定會考中。你會在此運中多從事文化、藝術、演藝方面的活動。非常活躍，也能出名。此運更適合戀愛運和家庭運，是無往不利、和諧甜蜜的。此運也適合懷孕生子，會生到長相美麗、財多、討喜、成就好、才華多的小孩。此運要小心酒色之疾。易感冒、腸胃炎等病症。

天府、左輔、右弼運：此運中，左輔、右弼是同來相助天府得財、蓄財的。是故此運中你會得到許多的財富，生活富裕多金、物質生活好、生活愉快。此運中你也會精明幹練、有領導能力、朋友多、助力多、周圍所圍繞的人多，很熱鬧。此運不利考試運和婚姻運，要小心重考、再婚等問題。升官運是眾人推舉而成的。此運要小心胃、脾、腎和上火下寒及濕熱浮腫之症。

天府、擎羊運：此運是癸年生的人會遇到的運程。此是『刑財』的運程。天府是財庫星。故是財庫被刺破了、有了漏洞。此運中因天府仍居廟位，故雖漏財，財不算多了，但還是有財。只是不會太富裕得類似財主一般。此運中你會多煩憂、愛擔心，也會多計謀、較陰險。但不利身體，定會有身體上開刀、身體不佳，或傷災、車禍等血光之事。此運也會有眼目不佳、四肢無

力的毛病。此運中也有耗財、錢留不住的問題，賺錢也會少了，只有一般的生活之需的財祿。此運中爭鬥、是非多、工作辛苦、人緣機會上常受制，為人也會保守、常憂慮。此運不適合考試、升官、競爭激烈，會失敗。也不適合愛情運、家庭運，多生變故、易遭難。

天府、陀羅運：此運是甲年生的人會遇到的運程。此運亦是『刑財』的格局。此運中錢財會慢進，有拖延之趨勢，也會耗財多、存不住錢。此運是笨運。你會做事慢、思考慢、行動慢吞吞，容易惹人抱怨。你的計算能力不好、理財差、智慧差、又易惹是非災禍、更容易易賠錢。此運中易有傷災，有牙齒和骨骼的傷災。此運不適合考試、升官、愛情等運。家庭運中有耗財現象，但仍可平和度過。此運中因天府、陀羅在廟地，故財運仍不錯，只是耗財多、磨掉的多而已。

天府、火星運或天府、鈴星的運程：天府是財庫星，是溫和的星，凡財星、福星等都怕羊、陀、火、鈴來刑剋。因此有火、鈴和天府同宮時仍是『刑財』的格局。此運中會因衝動、急躁、火爆而耗財。聚財、進財也不多。

此運也易有傷災、車禍的發生，或突發事故而耗財、出狀況，例如突得急病入院，多花了醫藥費而破財等等。此運也易衝動投資而失利耗財。此運在考試運、升官運、愛情運、家庭運上都會因急躁、衝動而不吉。違背了天府原本一板一眼、有節奏的、按部就班的運作過程而失敗。但在財的方面仍有少許的餘存、但不多。

天府、地劫運或天府、天空運：此運是『劫財』或『財空』的運程。財庫被劫或財庫空了，都是無財的境界。故此運是虛有其表，實際無法有積蓄，無法有存款的運程的。不過你仍可過舒適的生活，只是沒存到錢而已。此運不適合考試、升官、愛情及家庭運，因為這些問題都是需要有結果的，但此運中你思想空空、頭腦空空，不會想到如何去競爭，也不會想到如何能圓滿達成人際關係的圓融，是故凡事都成空了。

天府，對宮有廉貞化忌、七殺相照的運程：此運中你依然是財運不錯，有積蓄、有餘存的，但大環境不好，有官非、官司在糾纏你，你也會有頭腦不清，易扯入別人的是非當中之現象，因此生活過得很辛苦。如果環境中有

是非糾紛可用金錢解決的，當捨財而平息之。如不能用金錢解決的，就要請得力的人幫忙解決。此運中你態度從容，一定會找出好的解決之道。但環境不佳，不適合考試、升官，會是非多，會有打官司的事件發生。

寅宮

在寅宮的運程是天機、太陰運：此運中天機居得地之位，太陰居旺，故此運中運氣多變化、財運還不錯。此運是聰明又奔波忙碌的運程。運氣上下轉變，最後會變好。此運中易有變遷。有職務上的變動、調職、還居等現象。你也會做奔波性、勞動性繁複的工作，每日馬不停蹄，十分操勞，南北或東西奔波。也有人會頻頻出國出差，到處奔波。此運中易出車禍、或有飛機、舟船等事故。但此運中要變才會好，有變、有動就有財。此運的財運是『機月同梁』格，屬於公職和薪水級的財運。奔波多、財運就會大。此運更要小心操勞所帶來的肝腎問題和常感冒、身弱的問題。此運在考試、升官方面，有百分之六十的把握。在感情方面，你在此運中會心情不定、情緒常波動、時陰時晴，讓人捉摸不定，但有異性緣，會碰到聰明、善解人意之人做情人。在家庭運方面，財運多變化、家人的心情也會因你而多變化，雖有磨擦，但不嚴重，家人仍會體諒你、愛護你的。

機陰、文昌運：此運中，文昌是居陷的，故此運中文昌對財運造成負面影響。會因不精明、理財能力不佳，而耗財多，或進財少了。此運中你是長相不太斯文，但有陰柔、軟弱氣質的人。你的聰明不足，但善變、喜歡搞怪，也會不討人喜歡，你會瘦弱、身體不好，有腸胃病。讀書讀不好、做事能力不強，但會東南西北的奔波不停，賺錢並不多。此運考試、升官皆不行。也會不利愛情運，會找到粗俗、瘦弱之人做情人。在家庭運方面，和家人相處不合諧，常吵架不合，但勉強能過日子。

機陰、文曲運：此運中文曲也是居陷的。表示你在此運中口才和才華皆不好，心情又起伏不定，很難讓人瞭解你。此運中你的人緣不好，易有是非，且易破財、耗財。精明度也缺乏，會賺錢較少。你比較悶、少講話、出口易惹禍。你會陰沈、略有陰險的狀況。此運不利考試、升官，也不利愛情運、家庭運，因不擅圓通之故。

機陰、左輔或機陰、右弼運：此運中左輔、右弼幫助機陰的是多變化的因素，在財的方面也有小助，但不太多。此運中你會有平輩貴人運，有朋友幫助得財。你也會東奔西跑的得財，人緣稍好。有變化才會有財路，因此你的朋友群也是多變化的。你常變換朋友來找財路。故你的交際廣，心思活絡，情緒多變，但你會選擇對你有利的境界來利用。此運中你也有合作精神，易於和人合作，尤其是奔波的事業型態，最適合和人合作，會有財利可圖。此運依然要小心車禍傷災，不利考試、升官及愛情、家庭運。

機陰、祿存運：此運是甲年生的人會有此運。此運中你會很聰明、性格保守、小氣、吝嗇、情緒多變、忽冷忽熱。在人緣關係上不太好，你會重視錢財，較勢利。會東奔西跑來賺錢。在財祿上有所得，但也財祿多變化，以防存不住。此運在考試、升官方面要多努力才行、成績不穩定。在感情上不利，因小氣、情緒不穩定，是個麻煩的人。除非是寬宏大量者，如太陽坐命的人會容忍你。在家庭運方面也不算很吉，因家中氣氛會因你而變化有起伏，但家中經濟會平順有餘存積蓄。

天機化祿、太陰化忌、陀羅運：此運是乙年生的人會遇到的運程。天機是居得地之位帶化祿，故化祿也在得地之位。太陰是居旺帶化忌，故化忌也在旺位。陀羅居陷。此運是『祿忌相逢』帶陀羅運。此運中是看似聰明，卻有時候很笨。在變化中會有財，但是你不會把握財、對財的敏感力不佳，並且和女人多是非、有災禍及耗財現象。此運中你是靠固定的薪水過活的人。但你會一時頭腦不清或一時不高興、情緒不佳而辭去工作而失業。總結起來，你還是財運不順的，有金錢是非的，耗財凶的。整個運程看起來是不聰明的。此運不適合考試、升官、愛情、家庭運，有機會你也不會把握，只會惹出是非、找麻煩、自尋絕路。要等此運過了才會變好。

機陰、火星運或機陰、鈴星運：此運中火、鈴居廟，但天機和太陰都是溫和的星，最怕火、鈴來刑，因此還是不吉。此運中你會性情多變、火爆、衝動，做事很急躁、粗率。天機是運星、太陰是財星，故此也是『刑運』和『刑財』的格局。故錢財不易留存、多破耗，但常會有意外之小財，但來去匆

匆，沒有留存。此運中最怕有車禍傷災，會很嚴重。也易有車禍血光、也易有突發事件造成災禍、要小心。此運考試、升官運會突變，小心應付，也可能會轉好。在感情運上不利。在家庭運中易有衝突、不吉。

機陰、地劫運或機陰、天空運：此運中，因對宮定有另一個天空、地劫星會相照，因此凡事成空。不論運氣如何起伏多變化，最後仍是空。此運凡事不利。此時你的頭腦聰明、靈感多，但是全不向財利看，你是有清高思想，不以利為出發點的人。雖有時也想賺錢，但沒有正確的價值觀、估計會錯誤，故沒有財利，也沒有積蓄。此運不適合考試、升官。也不想談感情。在家庭運方面，你會東奔西跑，少與家人相處，也彼此不瞭解近況和想法。家中的錢財少，也讓你背負了無奈的感覺。

天機化權、太陰運：此運是丙年生的人會走到的運程。此運中，你是掌握著機運變化的主控權，而且在變化中對所產生的財有絕對的控制權。是故你是靠運氣變化而得財的人。此運中你特別聰明，也對人、對財有敏感力。會藉由聰明找到財路來賺錢。變化對你來說是好的。變化愈多，你愈財多。

但這仍是普通的財運，不是大富的財運。在考試、升官運上會因機會變化而得到勝利。在愛情上、家庭運上亦可掌握機會而得愛人青睞，和在家中掌權，使家運變好。

天機化忌、太陰化權運：此運是戊年生的人會走的運程。此運也是『權忌相逢』的運程。此運中機會變化不多。但仍會變，會愈變是非愈多、愈變愈多災，但在財的掌握上還是不錯了。可是往往也要用財去疏難，因此也是耗財多的境況。此運程中是其人頭腦聰明出了問題，也就是自作聰明犯下錯誤，以致於有是非災禍。在這些是非災禍中，女性佔了上風、有主控權。所以你若請女性或女性長輩，有權力的人來替你疏通會有效，否則只有花錢、耗財來消災了。此運中仍可賺到錢，其他的事都不吉，且易有車禍傷災。

卯宮

此運是紫貪運：此運中紫微居旺、貪狼居平。紫微是帝座、主高尚、祥和。貪狼是好運星，居平，主好運氣只有一點點。因此此運是完全靠紫微來支撐局面，使一切祥和平順的。此運中你會有些驕傲。自以為高尚，也會相貌體面、著重穿著、人緣特佳、喜歡交際應酬。有時也好喝花酒、喜酒色財氣。此運中你生活平順，不見得有大財，但會裝扮自己、愛往外跑、做交際應酬，像花蝴蝶似的，喜歡別人誇獎你。此運中你也有些貪心、喜歡別人奉承。表面看起來運氣十分好，但只是生活平順而已。此運利於考試、升官運會高中，得財較不多。因紫微主貴、是官星。貪狼是運星，皆不是財星之故。在愛情運上，紫貪是『桃花犯主』的格局，戀愛機會多，但你不一定抓得住最好的機會，最好的對象。在家庭運方面合諧，但交際應酬多。

紫貪、文昌運：此運中文昌居平，但可形成『陽梁昌祿』格，只要再有祿星在子、午、卯、酉四個宮位出現，就能格局完整，有必中的考試運和升官運了，也會讀書致仕。此運中，你特別美麗、且有氣質、有文化修養、好文藝、讀書。但頭腦常有糊塗、政事顛倒的現象。不過你過得很舒適、生活品味高，自己也帶有高尚自傲的色彩。人緣還不錯、財運也還過得去，不會有大錢進，有豐裕的衣食之祿而已。此運利於愛情運、家庭運。

紫貪、文曲運：此運中文曲是居旺的，因此此運中的人口才好、有才藝、才華，也喜歡表現，常表演、精於跳舞、音律或身體上的運動、韻律感，或喜演講、口技、唱歌等等。有些人甚至所做的工作都與這些才藝有關。此運中你仍有糊塗、政事顛倒的問題。但外表美麗、人緣好、桃花強、內心自傲，但不會表現出來。你喜歡高尚、美麗、精緻的事物，也會不切實際。此運在賺錢方面只是一般運程，順利而已。是公務員、薪水階級的財運。在考試運、升官運上較強，但考才藝方面較強，考唸書較差一點。在感情運、家庭運方面，因桃花重、恐有外遇、或多角戀情，必須注意小心仙人跳。在感情方面你就不夠聰明，而有些貪赧了。

紫貪、左輔運或紫貪、右弼運：此運中左輔、右弼是幫助紫貪，高貴、美麗和貪心的，在好運方面也幫助一點點。此運中賺錢方面仍是不太多的，只是平順而已。在桃花方面就非常厲害了。會有多個戀情同時出現，也會有婚外情不斷、一個接一個。在考試運上，外緣太多、無暇讀書，容易重考。在升官運上也不算順利。因左、右是平輩貴人，是朋友、同事，而評等升級的事是由上司、長輩型的人做主的，故無用。

紫微化科、貪狼、祿存運：此運中，是乙年生的人會遇到的運程。你會較孤獨、保守、小氣、吝嗇。外觀看起來你十分氣派、美麗、有人緣、有氣質，但你會自閉、與人保持距離。因有羊陀相夾、孤居無輔、怕受欺凌之故。此運中你會賺薪水階級、公職的財祿、生活平順、自給自足，不依賴別人。但也怕別人來借錢。此運有利考試運，會考中。不利升官運，即使升官，也會加薪較多、職位不高，因機會不多，而你較重視財之故。此運在愛情運方面較保守，除非別人傾囊相助，一廂情願的對你好，處處牽就你，否則戀愛談不成。在家庭運方面是保守、祥和的運程。生活平順、桃花事件會少一點了。

紫貪、擎羊運：此運中，擎羊是居陷的，故此運中是『刑官』、『刑運』的格局，對事業上有妨礙，但會產生邪桃花，會因一時卑劣的想法而有淫亂行為，而自己遭難。女子有此運程易遭強暴、殺害。這是有凶煞小人當道欺主的運程。此運中，人比較險惡、多煩憂，錢財也不順，也易有車禍傷災，或因桃花事件起衝突。此運凡事不利，更不利感情運，會因妒嫉而傷人，或被傷害。

紫貪、火星運或紫貪、鈴星運：此運中，火、鈴在平位。此運有『火貪格』、『鈴貪格』之暴發運、偏財運，可暴發錢財。亦可操作股票或買彩券來暴發錢財。也會在事業上有發展而得利。此運你性情急躁，很忙碌奔波，但機會多，又都是突發的好運。可算出流年、流月、流日來，先預做準備，使暴發運發得完美。但此暴發運之錢財沒有在酉宮的大。此運適合考試、升官及事業上、錢財上的發展。不適合戀愛運，因太忙碌、無暇顧及。對家庭運是還可以的，會增加家中財富，但相處上會有衝突、火爆的場面。

紫貪、地劫運或紫貪、天空運：此運中所有平和、吉祥的好運都被劫空了，你只會具有體面的外表、桃花也少了。比較內向、保守，思想高超、空洞，不再重視人際關係和交往，但仍是有自傲心態的，喜愛美麗、不實際的東西，講話也無重點，自然財少。也存留不住。生活會在中下等的生活層次，有薪水就可過活。此運中凡事皆是霧裡看花，全掌握不住，故考試運、升官運、戀愛運全別談了，只有家庭運。少惹麻煩，明哲保身可平順度過。不過家中錢財不多，亦可能有斷炊之嫌，要保住工作才行。

紫微化權、貪狼運：此運是壬年生的人會走的運程。在此年中你會有強勢使一切平順的力量，可控制所有的壞狀況，使之變好。事實上有此運的人，在先前已產生了許多耗財、破敗、欠債的事，到此運時可用來做清償債務的一個關鍵時刻。此運中可掃除積欠，使一切平順。縱使問題嚴重，你可提出解決方案，對方也一定會答應配合。因為紫微化權有帝王般強勢命令的力量，會使你面容端莊威嚴、有說服力、使人信服。再加上好運星一點點運氣，凡事可成。此運一定會升官、考試也會中，在愛情運上所向無敵，會選中你喜愛又具有權威的人。在家庭運中也有力量平復先前的不愉快，而祥和、平順。

紫微、貪狼化權運：這是己年生的人會遇到的運程。因貪狼居平、化權也居平，是稍為有力一點的好運。此運中，你比較愛爭、誤以為自己有很多好運。也比較貪心、愛掌權、愛面子。但是這只是靠紫微星來平順一切問題的運程。你會因好爭、好貪權，而多是非、爭執或競爭，爭也可爭到手，但你多半是用人際關係和桃花來做手腳的，不是以真本事來贏得勝利的。此運適合拍馬屁而升官。在考試運上也有不錯的機會考中。在愛情運中會伺機而動，插入別人的愛情之中，成為第三者。在家庭運中，有與家人不和的現象，或因太霸道有爭執，但終究會平順的。

紫微、貪狼化祿運：此運中是戊年生的人會遇到的運程。此運中你的人緣好、機會多、進財的機會也多一點。你的交際應酬很忙，也喜歡裝扮自己、很體面、時髦。你會參加很多活動，有利資訊的傳遞。此運適合升官、考試，機會很高，會考中。此運更利於愛情運、家庭運，會心情愉快、生活無虞，但財祿只是一般充裕生活的財祿。

紫微、貪狼化忌運：此運是癸年生的人會遇到的運程。此運中你很保守、內向、人緣關係差，你也高高在上、不喜和人來往。活動力是很差的。自然機運就差。而且易引起是非。不過倒是沒有大災難發生，全靠紫微在強力撫平災厄、趨向平順。所以你只有和人不和，或是難相處、愛在家中靜守、不太動的問題、問題不大。但此運不適合考試、升官、愛情運，會沒有機會。

在家庭運中，也會有不和現象，但仍能度過。

辰宮

此運是巨門陷落運：此運極為不吉，是非多、爭鬥多，且頻遇災禍、財運不好、運氣極差。在此運中，你會心情極壞，事事不如意，又疑神疑鬼。也會懶惰沒有幹勁，但又怕別人講，頻頻做解釋，愈描愈黑。其實你的解釋和藉口都讓別人討厭。此運中你也會有不誠實的語言，欲蓋彌彰，更增加口舌是非的嚴重。是故很多是非也是你自己造成的。此運凡事不吉，只有忍耐度過、堅守『沈默是金』的原則會較好，以待下一個天相福運的到來。

巨門、文昌運：此運中，巨門是陷落的，文昌居得地之位。故此運中是非爭鬥多，但你仍有精明的頭腦、有文質的氣質，也有計算能力，是有些小氣的，亦可化解一部份的危難，但運氣仍不好。此運中可形成『陽梁昌祿』格。在申、子、辰、午等宮再有祿星，格局便會完整，適合讀書，具有考試運。但在升官運上並不十分順利，仍多是非口舌的問題。此運中你的財運會因精明的計算能力而理財不錯，可有衣食之祿，但不富裕，仍很清苦。此運不利愛情運、家庭運。

巨門、文曲運：此運中文曲居得地之位，你會有口才，也善於狡辯和騙人。此運中你也會有些才藝，並以此糊口。財運並不好，但你會在爭鬥中，是非口舌中，以口才為自己賺到利益。此運仍是不適合考試、升官運。也不適合愛情運、家庭運的。

巨門、左輔運或巨門、右弼運：此運中左輔、右弼幫助陷落的巨門的，只是騙術更高明、是非口舌更多、更奸詐。並且會找到同好、幫手來一同作亂。此運中麻煩不斷。此運中因對宮會有另一個右弼或左輔星和居平的天同福星同宮。所以此運氣是此人自己忙著出錯、搞是非，而周遭的人是一群福氣不多的人卻在忙著替他擺平趨福。這當然，搞破壞的力量大，想平安的力量小、災禍、不順仍是繼續發生的了。此運不吉，不適合任何事情，都不會成功。也不利家庭運。

巨門、擎羊運：此運中巨門是陷落的，擎羊是廟旺的，因此擎羊的力量較大。此二星皆為煞星，故是惡運。此運爭鬥多、好競爭，人會陰險、計較、多慮、口舌尖銳，愛報復，凡事不能忍耐，又衝動，頻惹是非。自己也心情悶，根本做不了什麼正事，多半浪費在與人的爭鬥之中。此運中，多傷災、血光、車禍，也易自殺。多半也是報復性的自殺，會身亡。巨門是暗曜，擎羊是刑星。故刑剋自己較重，有生命之憂。宜算出大運、流年、流月、流日、流時，三重逢合，必遭難身亡。此運也要小心水災滅頂及投水而亡。此運萬事不吉。錢財也不順，會困窘。

巨門、陀羅運：此運中巨門居陷、陀羅居廟，故是雙重是非災禍，且受陀羅的影響大。此運是笨而找藉口，或自作聰明以惹起是非來使事情複雜以脫身。此運是凡事拖拖拉拉，又悶在心中不說出來，像個笨陀羅自轉不停，什麼事也做不好、做不成。此運錢財慢進、不順、窮困，是非多、災禍頻仍，有血光、傷災、車禍嚴重，要醫很久、又耗財的運程。此運萬事不吉，也易自殺身亡。宜算出流年、流月、流日，以防災期。

巨門、火星或巨門、鈴星運：此運中，火、鈴皆居平陷之位，故災禍嚴重，是突發的事件。爭鬥多、火爆、傷災嚴重，三合宮位中有擎羊照守的，此運也會因一時氣憤而自殺身亡，這是『巨、火、羊』的格局，必有災難發生。也必有是非、糾紛無法解決。此運萬事不吉，宜多小心，要算出流年、流月、流日，以防災。

巨門、地劫運或巨門、天空運：此運中表面看來是非會少一點，但實際上，凡事都成空。你的運氣降至極低點、是非災禍依舊在，只是不解決罷了。此運你因頭腦空空，任其災禍發展，無力抵抗，要小心因是非災禍喪命的事情發生。此運萬事不吉，也要算出災期以防災。

巨門陷落化權運：此運是癸年生的人會遇到的運程。此運中巨門陷落，故化權也陷落，因此更增加了是非、災禍的力量。此運中，你會沒有能力卻又想掌權管事，亂插一腳。你也會用是非、糾紛或口舌便佞的方式來達成願望，說謊的能力更是一流。所以這根本是個惡運，但你不自覺，反而自以為聰明。所以你非常勞碌操勞，儘做一些吃力不討好的事情，自己也根本享受不到權力的滋味。此運你很頑固，自以為是，因此也不會有人勸你，繼續讓你做些沒意義又自找麻煩的事情。此運萬事不吉。你也會口舌尖銳、較毒，讓人怕你、懶得理你。

巨門陷落化祿運：此運是辛年生的人會遇到的運程。此運中有祿，倒是對原本低落的運程較有滋潤、提升的功能。你會人緣好一些，稍稍討人喜歡一點，但仍多是非口舌。此運中只要沒有火星、鈴星、劫空同宮，便稍可有衣食之祿，仍會賺到一些以口才得利的錢財。若有火、鈴、劫空同宮者，為『祿逢沖破』，便會窮困了。此運中你仍會藉由一些是非、夾帶著甜言蜜語來使自己得利。也就是說你仍會藉由一些小謊言來製造自己得財或沾好處的機會，但情況不那麼嚴重，別人也會原諒你小小的謊言。此運在『陽梁昌祿』格上，只要申、子、辰、午等宮再有文昌出現，使格局完整。此運仍有考試、升官運，也適合上進，增加學歷。所以這是弱運中不差的運氣。你在愛情運、家庭運中也會利用小問題、小是非口舌、小爭吵來增加感情親蜜度，使生活不乏味，更有趣。

巨門陷落化忌運：此運是丁年生的人會遇到的運程。此運是惡運，有雙

重是非災禍，運氣在最低點。此運中定有官非、傷災、血光、車禍事件的發生。因對宮會有天同居平化權相照，故此也是『權忌相逢』的格式，會更加重是非災禍的嚴重性。表示你內在是爭鬥凶、情況險惡、糾纏不清、鬥得一團亂的狀況。而外在是一群溫和又強力要你好的人在要求你。你自已都忙亂的應付不暇，那有時間和力氣來變好呢？是故你的運氣更向谷底墜落。也無法有絲毫聰明智慧來拉抬。此運中你會愈想辦法解決問題，但卻愈笨、愈弄愈糟，是非災禍更嚴重。倒不如什麼都不做、靜待下一個運程到來，讓天相福星來平順這一切的是非災禍吧！你只要預防傷災、車禍以自保便好了。此運錢財也會困窘，會有倒閉、欠債、被追債之命運。

巳宮

此運是天相運：此運中，天相居得地之位，表示是六十分的福運。天相是勤勞的福星，很會做事、也會理財，也會愛好吃、穿上的享受。此運中你的性情變溫和了、講理了，凡事會從公平合理的角度來看，也會做好好先生、服務別人，更會做和事佬、助人自助。此運中你會錢財順利，不富裕但有小康生活，也會存錢。在考試運、升官運上並不強，要多努力才有機會。在生活面是悠閒、舒適、步調慢、愛享受生活的日子。在感情上、家庭運上是十分平和、美滿的好運程。此運是修身養息的運程。

天相、文昌運：此運中文昌是居廟的，故此運中你是外型亮麗、端莊、氣質好、精明幹練、計算能力好，特會理財，會有較多積蓄的運程。但這不是發富的運程。此運中你生活舒適、富足、心情平靜、有上進心、喜好讀書和文藝活動。做人也穩重有禮，得人喜愛。這是一個吉運、利於讀書、升官也利於愛情運，會找到性情好、長相美麗、能幹的情人。在家庭運方面也幸福美滿。此運適合懷孕生子、有聰明、活潑聽話的乖小孩。

天相、文曲運：此運中文曲也居廟。故此運中你是口才好、外型端莊、美麗、人緣好、桃花多、人見人愛的。你的才藝好、才華多、善於表現、表演。也愛出風頭。在錢財方面順利，理財能力也不錯。此運外緣機會好，故忙碌應酬交際。在愛情、家庭運方面十分順利愉快。在讀書方面略差，在升官方面會有機會。此運適合懷孕生子，會有美麗、能幹、有才華的子女。

天相、左輔運或天相、右弼運：此運中左輔、右弼是來相助天相福星享福的。是故此運中你的態度悠閒、好衣食享受，也會有一票朋友一起到處玩樂、工作。你很會理財，也有幫手幫忙理財，故財運順利，生活富足，但是小康型態的富足。此運不適合考試、升官，會重考。在愛情運、家庭運中謹防第三者出現，擾亂安寧，自找麻煩。但在家庭運中，家人會相互幫忙、精誠團結，是好運。

天相、祿存運：這是丙年及戊年生的人會遇到的運程。此運中你很保守、內向、行為端莊，但內心小氣吝嗇。你很會存錢、凡事自保、自私心重。表面溫和，像是老好人，但對別人的事，你是不愛管的。此運中你的財運不錯，是薪水之資和儲蓄而形成的財。在考試、升官上，你不夠聰明，而且做事慢又操勞、情況不算好。在愛情運上，有機會，但你有時會放棄。在家庭運中保守過日子，會平順，但發展性不大。

天相、陀羅運：這是丁年和己年生的人會遇到的運程。此運中你是又慢又有點笨的人，但外貌端莊、內心是非多、不平靜。此運為『刑福』、『刑印』的格局。你會勞碌、又常遭人罵、遭人挑剔，因為做事慢、又不夠聰明。此運傷災多、有牙齒、骨骼的傷災，也會有車禍、血光發生，還可能會破相，傷及臉部、容易沒面子。此運也容易有是非口舌、常讓你心情不好。你的理財能力也不好了，容易破財、耗財，生活沒保障，手頭會拮据。考試運、升官運全不好。愛情運不佳，容易有失戀、退婚事件發生。家庭運也不吉、多災禍或遭騙、倒債之事，家中不和睦、相互怨來怨去。

天相、火星運或天相、鈴星運：此運也是『刑福』的運程。此運中你外表溫和，但內心急躁，常壞事、脾氣不好，做事不耐煩。錢財不順、不會理財、耗財多。頭腦看似聰明，但卻往往衝動而導致災害。此運車禍多、有傷災、血光要小心傷殘或病痛。此運也會愛時髦而耗財多。此運不利考試、升官，會考不上。也不利愛情運、家庭運，人緣關係不和諧、爭鬥多、不平靜，易與黑道來往。

天相、地劫、天空運：此運中，是福氣全被劫空的運程。你會什麼都不

想做，也不想抓住什麼。思想、頭腦空空、沒有目標，也沒奮發力，凡事做不成，只是浪費了時間。此運中你會有很多構想，天馬行空，但從不去實現。在考試、升官運上，你不會去爭取或努力。在愛情運上，你會放棄、猶豫。在家庭運中，你很操勞，但沒人感激你，同時你也根本想不到為家人做什麼。此運也易於出家、唸佛，會有宗教信仰。

天相運，對宮有武曲化科、破軍化權相照時：此運中你會積極打拚，對賺錢有一套，錢財較順利，但是公職、薪水族的財運。你也會理財，但也會花費多在衣食享受之上。你會生活平順、有上進心。

天相運，對宮有武曲化忌、破軍相照時：此運中，你環境中財少，且有債務問題要解決。你會努力工作賺錢，大致可平順，也可按時還錢，稍有儲蓄。生活是緊縮不富裕、閒錢不多的，你十分勞碌。

天相運，對宮有武曲、破軍化祿相照時：此運中你生活平順、愛花錢，有出有進、積蓄不多，環境不算富裕，但愛在衣食上多花費。

午宮

此運是天梁居廟運：此運是吉運。有好名聲、有升官運，也有貴人相助的運程。此運正坐『陽梁昌祿』格上，故會從事讀書、考試，會有好成績。此運不主財，但財也順利。是靠名聲、地位而得財。此運易從公職，是薪水族的財。生活平順、運氣旺。此運中你會有宗教信仰、有善心、多智謀、會上進。在愛情運上，你會與比你年紀大或比你年紀小很多的人談戀愛。在家庭運中，你會用很多心力和時間照顧家人和家事，因此家庭和諧、親密。但此運你會固執，只照顧自己人，有些霸道，對朋友有選擇性的交好。

天梁、文昌運：此運中因文昌是陷落的，是故你會霸道、粗魯、外形不佳，有草莽習性、心態也會奸險、多計謀。此運仍能形成『陽梁昌祿』格，故還是有考試運、讀書運，但讀得並不一定好，會用小聰明考上。在升官運上也會用智謀去達成，但不一定成功。在愛情運上不順利。在家庭運中財祿少，會引起糾紛、是非口舌，是表面還好、內在爭鬥的情況。此運財運不佳、

進財少、理財能力差、不精明、耗財多。是虛有其表、內在智慧差的運程。

天梁、文曲運：此運中文曲也是陷位的，故口才不好，會較沈默，或是愛說話引起是非、說話不好聽。此運中你依然有貴人運，但常是自己弄糟了，所以也會影響貴人運。此運中你的才華不好、讀書考試要很用功才行。在思想方面會有些小奸小詐的事情，會影響到你的工作和得財。因此財運並不好，名聲也有瑕疵。在愛情運方面不會很順利。在家庭運方面多口舌是非、有爭吵，但不算嚴重。

天梁、左輔運或天梁、右弼運：此運中你會特別固執，也會有霸道或自私的行為出現。你會和自己一幫較親密的朋友組一個小圈圈或小組織，只圖利自己人。表面看起來你是有長輩貴人和平輩貴人的雙重貴人運的，你也是足智多謀，有合作精神的，但你會劃地自限，只在小團體中活動。你的外緣機會也都在小團體中進行，因此你的發展性是不大的。思想是保守、內斂的形態、錢財有賺，但不多的。工作上像是有助益，但只是少數幾個人所共同決定組成的。左輔、右弼幫助天梁的，只是提供朋友幫助，但格局不大。此運在考試運上，不見得有利，可能你情報錯誤，要重考。在升官運上，朋友相助也許可成。在愛情運上，有人相助、反而成絆腳石。在家庭運中會有愛護你的人，相互親密結合在一起。但不利婚姻運，會有第三者出現。

天梁、祿存運：此運是吉運。也正在『陽梁昌祿』格的正運之上。此運還有祿，故可靠讀書上進，參考國家檢定考試而能得到公職、升等，可做官職，或具有高學歷而賺到高收入的錢財。此運亦可靠名聲大好而得財。此運中你會性格保守、注重名聲修養。也會聰明、才智高，得到長輩及上司的肯定。此運你會行為穩重、很會存錢，故會有積蓄，但這是薪水階級的財。此運必會升官、加薪。在愛情運上較保守，可能要靠長輩介紹，才會成功。在家庭運中是好運，夫妻和諧，會為家中增加財祿、名聲，使家族運氣很旺。

天梁、擎羊運：此運中擎羊是居陷位的，是故爭鬥多、多煩憂、多疑、心情較悶。此運是『刑蔭』的格局，表示貴人運有傷。貴人常會為你帶來煩惱，有時看起來是貴人，但實際上幫不了你的忙，更有可能對你制肘，造成麻煩，使你辛苦。是故此運並不吉。在考試、升官運上會遇到麻煩。在愛情運上不順利。在家庭運中長輩對你造成刑剋，也不順利。此運要小心傷災、血光、土石之禍，要小心。此運也要小心腎臟的毛病。

天梁、火星運或天梁、鈴星運：此運中火、鈴皆居廟位，故火、鈴很旺、力量強。此運中你會脾氣暴躁、衝動、多疑。心情不平靜，也會有自己的頑固、陰險、謀略。你會有急智，但也會做些不從正道、不合法的事。此運也算是『刑蔭』的格局，故貴人運不多，也幫不上什麼忙。你只是橫衝直撞，忽慢忽衝動、有時陰沈、有時火爆的在處理事情和過生活。此運不利考試、升官。會因忙中有錯，成績失利。在愛情運方面，會找到年紀有差距，但性格不穩定，脾氣暴躁的人做情人。在家庭運方面，家中常發生衝突、不和諧，父母對子女的照顧及夫妻間的感情用心是好的，但常不被接受。也就是說，被愛的一方得不到心中想要的關懷，彼此溝通不好。

天梁、地劫運或天梁、天空運：此運是『劫蔭』或『蔭空』，表示無貴人。此運中容易發生父母去逝的事情。此運中沒有考試運、升官運。愛情運也會不長久，或找不到愛情。家庭運中自已得不到良好照顧，也不會照顧人。

此運中你沒從想到拜神明、信宗教，也沒想發善心去捐款幫助別人。此運中你腦袋空空、自命清高，有些事只是空想，但卻無法確實執行。

天梁化權運：此運中天梁是居廟的，故化權也居廟。此運是乙年生的人會遇到的運程。此運中你有絕對的強勢及主控力，在考試運、升官運上，一定會考上。此運中你也具有頑固、霸道、愛指使人、愛照顧人的老大心態，使人受不了。你不太會去體察別人的內在心情，你只會自以為是長輩、老大、大哥、大姐的心態來照顧人，故你的照顧很可能不是別人需要的照顧，而被反抗或不接受。此運你也會有很頑固的宗教信仰，幾近迷信。此運不利愛情運、家庭運，你的情人和家人會愛的痛苦而抱怨。

天梁化祿運：此運是壬年生的人會走的運程。因天梁居廟、化祿也居廟，是故此運中，你喜歡信教，定有宗教信仰。也利於考試運、升官運，會考上。在愛情運，會找到年紀有差距的情人彼此相愛，且能得到對方的資助。在家庭運中，家人和你能得到良好照顧，彼此和諧愉快。但天梁化祿會有包袱，你會因過多的善心而自找麻煩。此運人緣好、外緣強，也容易有外遇。並且要小心撿到失物及突獲錢財，定有災禍後至。

天梁化科運：此運是己年生的人會遇到的運程。化科也居廟，但化科只能幫助其人會做善事之事，外型有氣質，其他方面並不強。此運也能有考試、升官運。愛情運和家庭運是平順和諧的。會找到年紀有段差距、氣質好的情人。

未宮

此運是廉殺運：此運中廉貞居平、七殺居廟。表示此運是智慧平平、不太聰敏，但十分努力打拚，必須流血、流汗，十分辛勞做事的運程。此運中你的智慧平庸、欠缺，沒有企劃和營謀的能力，只是蠻幹，因此在工作上沒有大發展。只會做些用體力的事情，情況不太好。此運中你的脾氣不好、較凶、人緣不佳，自顧自、不太想管別人，有時也是沈默的、排斥別人的。此運中賺錢很辛苦，又不多，雖然外界環境中多財，但你卻賺不到太多、性格衝動，也會胡思亂想。肯吃苦、小氣吝嗇，對人很保守。在考試、升官運上

很努力，但不一定會有好結果，因為不聰明、努力錯了方向。在愛情運上、家庭運上太頑固、愛多想、小氣吝嗇。自己付出的努力，正是別人不需要、不喜歡的事情，是不懂得經營感情而不合。故廉殺運不是好運，是有點笨，又自以為是，蠻幹、搞不清成果目標在什麼方向的運程。此運中易有血光、開刀及傷災、車禍等狀況，心情也不佳。

廉殺、文昌、文曲同宮運：此運中廉貞居平，七殺居廟、文昌居平、文曲居旺。此運中你外表溫和、內心較衝動，口才好，但依然不精明。且不在『陽梁昌祿』的格局上，因此只是外表較端莊而已，無考試、升官運。此運中你較愛說話、人緣較好、外型也漂亮、得人喜愛。此運考試運不強、升官運略有。愛情運較好，也喜歡有才華、文質的情人，更喜歡唱歌跳舞等活動。在家庭運方面很合諧，喜過家庭生活。此運要小心開刀的問題，會有肺部、大腸、婦女病、心臟、血液的開刀問題。

廉殺、左輔、右弼運：此運中左輔、右弼幫助廉殺的是凶惡、不好的事情。你會特別頑固、凶悍、做事不用大腦，卻自以為是。凡事強行要取得，要蠻幹、令人害怕。你也會偏向邪佞，與行為不良的人為伍。此運賺錢自然有，但朋友幫你賺錢、也幫你花錢，故不會太多。你會有合作精神，也會為虎作倀。此運不利考試、升官、會重考。也不利愛情運、家庭運、是非多、凶悍、頑固，有外人和朋友來愈幫愈忙、情況難料，易離婚、分手。

廉殺、**擎羊運**：此運是丁年和己年生的人會遇到的運程。此運正是『廉殺羊』、『路上埋屍』的格局，會車禍身亡或被殺身亡。要小心算出流年、流月、流日。流時正是未時。此運中你多思慮、陰險、身體不好、四肢無力、眼目有病、頭痛，也會有血液的病症。凡事多想而放棄。性情古怪、人緣不好。你也會內向、保守、不愛動。此運凡事不順、聰明、衝動而無持久力，錢財也不順。

此運只要努力保重身體、少煩憂、保持平順即可，等到下一個運程再說。此運考試、升官、愛情、家庭運，皆有煩憂。雖有時好競爭，但爭鬥多、麻煩、凶險多、拿捏不準就會多增困擾不吉。

廉殺、**陀羅運**：此運中也是『廉殺陀』、『路上埋屍』的格局。也要小心車禍、傷災、被殺身亡等事件。這是庚年生的人，會走的運程。此運中你是蠻幹但腦子笨、動作慢、又強悍的人。錢財不順、會慢進，又拖拖拉拉。做軍警業者此運影響不大。做文職、從商工作者，此運不佳。亦無考試運、升官運。愛情運、家庭運也都不吉，會有災禍、是非發生。此運會有牙齒、骨骼的傷災嚴重，要小心。

廉殺、火星運或廉殺、鈴星運：此運爭鬥多而嚴重、不吉。且有與黑道凶悍有關的爭鬥火拚。此運也要小心火災、車禍傷災。並要小心車禍中會火燒車，所帶來的火傷。此運車禍受傷易有併發症、傷勢嚴重，要小心。此運不利考試、升官、愛情、家庭運。人緣不佳，和人有是非、火爆的場面發生。

廉殺、地劫運或廉殺、天空運：此運中人會思想灰色、空茫、易出家。也易於自殺、尋求解脫。亦或追尋宗教依靠。此運不吉、萬事不成，也易於生癌症、絕症不治。此運最好使生活平靜，注意養生、多運動、多讀書，可平安度過。

廉貞化祿、七殺運：此運是甲年生的人會遇到的運程。此運中你會打拚、稍有財祿。你會有精神上的生活，亦可能有蒐集癖好、蒐集古董、錢幣、藝術品等等。此運的財是薪水族的財，財不多，但可平順。你會忙碌、稍有人緣，智慧不很高，但能圓融，和人交好。故還是不錯的運程。只是考試、升官上，希望不大。愛情運、家庭運要努力經營會有好結果。

廉貞化忌、七殺運：此運是丙年生的人會走的運程。此運中會有官非爭鬥、憂煩不已，也會有身體上的傷災、開刀，很可能造成傷殘現象，選擇醫生要小心。此運出車禍也會很嚴重，或有官司纏身。此運凡事不吉，要小心。

申宮

此運是空宮運，對宮有機陰相照：此運中，對宮相照的天機居得地之位、太陰居旺，是故此運多變化，但不太壞。亦有不錯的財祿。空宮運都是空茫的運氣。若空宮中全無大的主星，便是真的空宮運，也不算太壞。總比有煞星進入的運程好。此運中你會性情起伏不定、拿不定主意、思想空茫、做事不起勁，沒有目標，甚至於混沌過日子。但仍有衣食之祿、生活過得去，是薪水族靠薪水過日子的財，要有工作才有的財。如頭腦不清楚，辭了職，沒了工作就沒有財，生活就會拮据了。此運沒有考試運、升官運、運氣不強。會有車禍、傷災要小心。也得小心頭腦不清、空茫而帶來的耗財狀況。

文昌運，有機陰相照的運程：此運仍屬於空宮運，文昌是時系星，在此宮位居得地之位。故走此運時，依然有心情不定、情緒起伏、陰晴不定、多煩憂的困擾。此運中你是外表端莊、有文質氣質、有陰柔的美麗、略為精明、計算能力較好，會理財的人，做事做得不錯。文昌是時系星，有臨時貴人。貴人運短暫，是偶而碰到，只有一小時的好運。此運不強，但能形成『陽梁昌祿』格，只要辰、午、申、子等宮再有化祿或祿存，就能格局完整，可由考試運而升等、升級，也能具有高學歷了。此運是讀書運，會有好成績。在財運方面並不強，有財，是薪水族的財，要奔波多變化，能聰明應對則財多。在事業運上也能往好的方面發展，能精明幹練的從事文質的、用腦力的工作。在家庭運方面，能聰明的、運用柔情的力量，使家庭合諧。在愛情運方面，能有斯文的、浪漫的愛情，而且愛情中會起伏變化來增加情趣。

文曲運，有機陰相照的運程：此運仍是空宮運，文曲也是時系星，在此宮居得地之位。故走此運時，你也會有心情起伏不定，但會多情、多煩惱的情形。文曲運比文昌運桃花重，且對宮相照的又是機陰，此運有口才、辯才，也會甜言蜜語、適合談戀愛，但仍有感情起伏變化的情況，會增加甜蜜浪漫的氣氛。此運對家庭運也很適合、會運用多情溫柔的小點子，使家人更親密，但也會有小磨擦。此運在財運上仍屬薪水族的財，財不算頂旺、普通。在考試運、升官運上有機會，但也會有變化、起伏不定，要看對手強不強。在事業運上也屬普通有起伏的運程。

左輔運或右弼運，有機陰相照的運程：不論是左輔運或右弼運也都是空宮弱運，運不強，又有機陰相照，表示運氣變化多端，會有一點財，會是領薪水的財，財不多。因為在左輔運或右弼運本身的宮位無主星，故左輔、右弼很難有方向目標，對宮的機陰又影響它們起伏變化。是故在這種運程中，平輩貴人對你似乎有一點幫助，但又看不出來有多大的幫助（左輔代表男性平輩貴人運，右弼代表女性平輩貴人運）。此運程中，你在錢財上所得不多。

在事業上稍得朋友、部屬的助力，並不大。在考試運、升官運上都會滑鐵盧，要重考。在愛情運、家庭運中有第三者介入，使感情複雜、不佳。

祿存運，有天機、太陰化忌相照的運程：此運是庚年生的人會遇到的運程。此運中，你很保守、小氣、會存錢，也會賺到一些類似薪水族的衣食之祿，不算富裕，但會有些微存款。此運的外在環境是多變，有一點財，但會有錢財是非災禍發生的狀況，也會和女性不和、使財少得。故此運的財不多。在考試運、升官運上有機會。倘若辰、午、甲、子等宮，再有文昌進入，會有完整的『陽梁昌祿』格，對考試、升官都有利。在事業上也會有財利可賺，但不多，更會有財務上的問題要解決。在愛情運、家庭運上較保守，會平和發展，是吉的。

陀羅運，有機陰相照的運程：此運是辛年生的人會遇到的運程。此運是笨運，又奔波勞碌，外界的環境起伏不定，有財，但會拖拖拉拉慢進。陀羅是居陷的，有車禍傷災嚴重，會傷及手足骨骼、牙齒。在此運中你的內心多是非、計較，而心悶，又不喜歡說出來，外界環境中的變化多，使你難以應付，很痛苦。此運在錢財上不順。在事業上做不好，易失敗，或懶惰不想做了，愛放棄。在考試運、升官運上無望。在愛情運、家庭運中會被人嫌，被人挑剔、看人臉色，不吉。

火星運或鈴星運，對宮有機陰相照的運程：此運中火、鈴居陷位，不吉。會有車禍、傷災和突發事件造成的災禍，使你煩惱、痛苦。此運中你會性情衝動，也會情緒起伏不定，不好好做事，工作不長久，賺錢不順利。此運也不利考試、升官、事業運。更不利愛情運及家庭運，是非爭鬥多，災禍多，不吉。

天空運或地劫運，對宮有機陰相照的運程：此運中為天空運時，對宮是機陰和地劫同宮相照，此運為地劫運時，對宮定是有機陰和天空同宮相照。故有地劫、天空在寅、申宮相互對照時，就凡事成空了。這是由於外界的環境多變化而被劫、空茫的，因此在此運中你賺錢取財會困難，取不到。你容易失業，沒工作，或頭腦想不開辭職不做事了。這會造成你在錢財上的困窘。在考試運、升官運、事業運上全不吉。在愛情運、家庭運上也不吉。你會頭

腦空空、抓不住賺錢的機會。也根本不想去努力工作來賺錢或做事，更不會去參加考試，也不想升官之事。在愛情運上沒有機會，也不想談戀愛。在家庭運中，會與家人分離或思想不能溝通，各自為政。

空宮運，對宮有天機化祿、太陰化忌、陀羅相照的運程：此運為乙年生的人會走到的運程，表示你此運不強，外面的環境是多變化、笨的、起伏不定。為別人做事服務，會有一點財利，但仍有錢財上的是非不順，並且和女性不和的。故此運不是好運。是非災禍一定有，凡事都不吉。

※此運若是空宮運中無主星為以上之解釋。如果是文昌運或文曲運或祿存運或左輔運或右弼運，或火星、鈴星、地劫、天空運，則要以上述這些星的解釋加上此『空宮運，對宮有天機化祿、太陰化忌相照』時的解釋，一同來觀看了。

空宮運，對宮有天機化權、太陰相照的運程：這是丙年生的人會走的運程。此運表面上仍空茫，但外界環境中有強烈之變化，而且有因時制宜，有機運可掌握主控權，掌握變化而得財。因相照的天機居得地合格之位，故化權也在得地合格之位。而太陰居旺的關係。同時在此時外界的環境中也會有女性在變化多端的機運中助你生財、得財，及掌握主控變化的機運。所以這在同類型（同是有機陰相照的空宮運中）的運程中算是好的運程了。只要空宮中沒有煞星進入，而是純粹的空宮，或是有昌曲、祿存進入，都容易有考試運、升官運、事業運、愛情運及家庭運。空宮中有左輔、右弼及陀羅、火、鈴、劫空進入都是不利於考試、升官、愛情、家庭運的。

空宮運，對宮有天機化科、太陰化祿相照時：此運是丁年生的人會走的運程。此運是空茫的運氣，但外在環境中是薪水族的財祿。也是具有聰明才智，會做事，薪水還不錯的環境。此運中空宮為純空宮，無主星，或是有昌曲、祿存等吉星進入，仍算是吉運。會有考試、升官、愛情、家庭等運氣，有變化但趨吉。若有陀羅、火、鈴、劫空、左輔、右弼進入則不利考試、升官、愛情、家庭等運，會有重考、離婚或第三者介入，升官不利等現象。

空宮運，對宮有天機化忌、太陰化權相照時：此運是戊年生的人會遇到的運程。此運為空宮弱運，因對宮有『權忌相逢』來相照，表示外在環境不佳，多變、多是非、災禍，雖然能掌握財，但其他的問題不斷，而且智慧是有問題的，也會造成判斷錯誤而耗財。此運不佳，不論空宮中進入吉星或凶星，此運都不佳。更要小心嚴重的車禍傷災、危及性命。此運凡事不吉。有祿存在，也會為對宮之化忌沖破、不留存，為『祿逢沖破』而財少了。但仍可有衣食之祿，只是不順利罷了。

酉宮

在酉宮的運程是空宮運，對宮有紫貪相照的運程：此運中如果酉宮的空宮中無主星，也是好的，因為環境中是高尚、人緣好、桃花多的。但是最怕走空宮弱運，頭腦不清楚，被桃花糾纏不清，無所適事。在空宮中進入文昌星，便是文昌運。進入文曲星便是文曲運，進入祿存星、天空星、地劫星便是祿存運、天空運、地劫運了。這些運程都帶有對宮紫貪的影響，會有人緣、桃花、自傲、自以為高尚、好享樂、享福。財會有，但是衣食之祿、財不多。事業運、財運、戀愛、家庭運皆要看入主空宮中的星曜是何星而定。如果是純空宮、無主星的，運氣不強，也不壞，因為外界環境中是好環境，所以你也能平安順利。只要多外出找機會，也會受到禮貌的、運氣還不錯的對待。但在考試運、升官運、愛情運、家庭運方面是不能和正坐紫貪運來比擬的。

文昌運，有紫貪相照的運程：此運中文昌是居廟的，表示你此運中形貌端莊、氣質佳、保守、精明、桃花多，並且你喜歡和貌美、有氣質的人來往。此運中你會有糊塗、政事顛倒、有時懦弱的性格出現。你也會有些自傲、不喜和文化水準低、粗魯的人打交道。此運中你的理財能力較強、精打細算、計算能力好。生活平順、溫和、享福、衝勁不足。財運平順，但因計算精明、會理財，亦可有積蓄，但財不多。在考試運、升官運上是正坐『陽梁昌祿』格的四方宮位上，故可考上。在愛情運、家庭運上發展順利、和諧。

文曲運，有紫貪相照的運程：此運中文曲是居廟的，故你的口才好、才藝多、喜歡往外跑、交際、聊天、應酬、桃花重，也會有糊塗桃花出現。此運亦是政事顛倒、糊塗的運程，你會為桃花破財，你的計算能力雖好，但仍是怕糊塗桃花來敗事。小心有仙人跳之事發生。此運在升官運上靠口才可成。考試運則不見得有力。此運適合走演藝方面的路子。在財運上尚稱平順。在

家庭運、愛情運上因桃花泛濫，會引起情人和家人的煩感，或要為你擦屁股、料理後事、很麻煩。

左輔運或右弼運，有紫貪相照的運程：此運中左輔或右弼的貴人運是在人緣桃花的關係方面。此運中你會特別溫和、黏人，喜歡交朋友，和平輩的人處得好，處處喜歡和人合作，具有合作精神。也喜歡往外跑，和人建立關係。此運中最怕有桃花所產生的糾紛，或易造成感情問題，也易陷入別人的感情問題中。自己容易有兩個以上的戀人，也容易成為別人的第三者。此運在財運上只是普通、有衣食之祿、平順的財運。在考試運、升官運上不算好，會失之交臂而重考。在家庭運中也要甚防離婚、再婚等問題。

祿存運，有紫貪相照的運程：此運中你很保守，會守住自己的財，但外緣桃花仍強，你會被動的牽涉進一些感情問題之中，而無法自拔。此運中你以為自己很有魅力，但這實際是別人受財的吸引而向你示好、依附而來的。就你保守、自私、自顧自的性格來說，賺錢、儲財是第一要事，在桃花、愛情方面是順便沾一點便宜的，但往往也會引起是非和別人的遐想。不過只要有麻煩，你總是跑得最快、護財也最堅決的。此運你較重視自身的財利，升官要有利可圖，你才會去做，機會是有，也還不錯，可得到你想要的官位。在考試運方面，你會獨自努力。只要努力夠、考運也會大好。在愛情、家庭運方面，你會先確定對方對你好，才付出。此運中你要小心常感冒、身體虛弱不佳。

擎羊運，有紫貪相照的運程：此運中擎羊是居陷位的。故此運中你愛用心思、多智謀、陰險，也會保守，交際圈、交際範圍縮小。你會防人很緊，對人計較、自私、尖銳、凡事操心勞力、心境不得閒。你也要小心桃花事件來傷害你。此運中，有傷災、車禍、血光、左手左腳的傷災，以及常頭痛、眼目不佳、有病，及四肢無力等狀況。此運錢財不順、萬事不吉，有災禍發生。

火星運或鈴星運，對宮有紫貪相照的運程：此運是『火貪格』或『鈴貪格』的運程，有暴發運，會暴發錢財，也是有偏財運的運程。你在事業上也會有發展、利於考試、升官。但仍要小心車禍傷災。此運在家庭運、愛情運

上會因暴發運、偏財運過於忙碌而忽略情人和家人，但他們會對你容忍，因為大家都浸沈在你的旺運過程之中，而無暇計較了。此運你是脾氣急躁、說話大聲，有英雄氣概的人，也會對人大方豪爽、花錢、破耗豪不心疼，讓大家高興的。此運中你若有戀情也是速度快、來的快，結束的也快的局面。

天空運或地劫運，有紫貪相照的運程：此運中你的桃花變少了，愛情運被劫空了。所以你也會較正派、正直、少開玩笑、自命清高。和朋友之間只保持平順的交往方式，而不太黏了。此運中，你的頭腦超塵脫俗、不喜銅臭味，故不愛談錢。在收入上會減少或困窘，但能清高的過日子。在考試運、升官運、愛情運上你會無法掌握，也不想涉入或參與競爭，所以機會不好。你也會茫茫然的不想努力做任何事情。是故凡事都成空，沒有收獲。人也會忙來忙去一場空。

空宮運，對宮有紫微化權、貪狼相照時：表示在此運中雖然你的運氣不強，但外界環境中有強力趨吉及主貴的好環境，會讓你空茫不強的運氣、轉危為安。而且你仍有復建的力量，和可控制主控權威的力量存在，對你有利。

此運適合升官。

空宮運，對宮有紫微、貪狼化權相照時：表示你雖走的是空宮弱運，但在你的環境中仍有一丁點掌握好運的機會，也有趨吉主貴的力量，此運也會對升官有利。但空宮中有劫、空進入時，掌握好運機會的力量會被劫空不復存。

空宮運，對宮有紫微、貪狼化祿相照時：表示你的運氣不強，但外緣關係好，也會有稍許的好運機會來得財，使你可過平順日子。如有劫空進入空宮中時，是『祿逢沖破』，財利就沒有了，不多了。人緣桃花也消失了。

空宮運，對宮有紫微、貪狼化忌相照時：表示你較保守，你外界的環境是高尚的，但人緣、機會是不好的，而且常有是非災禍發生，雖終會平順，但運氣是不算好的、強的。

戌宮

此運是天同居平運：此運中你很忙碌、是非多，為是非而忙碌。你也比較懶，想過安逸的日子。你也會愛玩、愛休閒活動、不太做正事。凡事不積極，也會有常想放棄的想法。此運因對宮有巨門陷落相照，故外在環境中是非、災禍多，常會讓你忙的不得了。此運你也可能會生病住院而得清閒日子。此運不適合考試、升官。在愛情運方面也不積極，更可能引起是非糾紛，讓你奔波勞碌、不吉。在家庭運方面，也不算好。但你會溫和、沒脾氣，只會牢騷較多，愛碎嘴唸而已。此運在錢財上少賺，但有衣食之資，是耗財多的狀況。理財能力也不好。

天同、文昌運：此運中天同居平、文昌居陷，故你是看起來溫和，卻粗俗的、智慧不高，有點笨態的樣子。你的理財能力不佳、精明度、計算能力皆不好。也不利升官、考試。但有祿星在寅、午、戌、子等宮時，仍有『陽梁昌祿』格，成績不會太好，但可考上。在愛情運上會找到溫和但能力不佳

的人做戀人。在家庭運中，只是平和，但相處並不融洽。

天同、文曲運：此運中文曲也是居陷的，故此運中你是看起來溫和，但口才拙劣，不會講話、才華也不好的人。此運中你的智慧不高，常有是非、較難擺平，你會逆來順受，無法抵擋。此運不利考試、升官、愛情運。但在家庭運方面，仍可平安度過，只是家庭不平靜而已。

天同、左輔運或天同、右弼運：此運中，左輔、右弼兩個輔星是來幫助天同福星享福的。但因天同居平，故左、右二星的助力也不大了。

當你走『天同、左輔運』時，必有『巨門陷落、右弼』在對宮相照，這是正月生的人會走的運程。當你走『天同、右弼運』時，對宮必有『巨門陷落、左輔』在對宮相照，這是七月生的人會走到的運程。左輔、右弼是輔星，和什麼星同宮便輔助什麼星，故是助善也助惡的。因此這個在戌宮的天同居平和輔星同宮為運程時，都會明顯的有操勞的現象，在你周遭的環境裡有過多的是非、災禍發生。但是你身心懈怠、已無衝勁，只想找一個安靜舒適的地方休息一下，過過安靜平和的日子。你再無力氣和鬥志來支撐你去彌平禍端、排除是非、或是多做解釋、化解爭端了。所以這個運程只是懦弱、平和、吉事不多的運程。在吉事上沒有助力，在惡運災禍上也不會太嚴重的運程。此運不利考試、升官、感情等運，財運也很差，但有衣食用度。在家庭運方面倒是無大礙、平和的運氣，家人能相互合作、維持表面的平靜。但夫妻間仍要小心口角會離婚的現象。

天同、擎羊運：此運為辛年生的人會走的運程。此運為『刑福』的格局，故此運中你會操勞、煩悶、心裡不平靜，愛妒嫉、多疑、生氣、偶而有衝動的事件發生，有時也懦弱。此運中你凡事不順，財運不好，也會生病或開刀，極可能是心臟方面的開刀。亦會有酒色之疾或血壓、神經系統等毛病。更要小心耳朵和眼疾。還要注意車禍所帶來的傷害或傷殘。此為『福不全』。此運不適合考試、升官、愛情等運。凡事不吉，也不利家庭運，家中會有表面溫和，但會冷戰、暗鬥的情形。

天同、陀羅運：此運是壬年生的人會走的運程。此運中你凡事都慢吞吞的，常招惹責罵。你的腦筋轉不開、很笨，又悶、又內向，有事藏心底，不說出來。此運中財運不順、錢財賺的少、又拖拖拉拉的進不了財。替人做事，老闆發薪也常拖欠。此運也是『刑福』的格局。要小心傷災，為鈍器所傷，也要小心車禍問題。此運中你的牙齒變壞或有災。此運凡事不吉。也易生病住院。

天同、火星運或天同、鈴星運：此兩種運程中，火、鈴皆是居廟位的。因此這個運程會受火星或鈴星的影響深。這也是『刑福』的格局。你在此運中是有時溫和、有時火爆急躁的。你會多疑、好爭鬥，但爭不過別人，也會有陰險的思想。當別人很強硬時，你就會懦弱迴避。此運中錢財不聚、財少，又來得快去得快。此運也凡事不利，但不會像天同和擎羊、陀羅同宮時那麼嚴重。此運會有車禍傷災，亦要小心有擎羊同宮或在對宮相照，形成『巨火羊』，會一時衝動而自殺。此運你是大部份在勞碌奔波，但卻做不了什麼正事。

天同、地劫運或天同、天空運：此運為『劫福』或『福空』的格局。此運是白忙一場，勞碌又無結果的運程。因為你此運中的周圍環境中是爭鬥多、

災禍多的環境。故此運極差，小心會有傷災、住院或生命不保的狀況發生。此運也財窮，無福可享，凡事好運都被劫空，故只有呆呆傻傻的過日子，不要想太多是最好的了。

天同化權運：此運中天同居平，故化權也居平。故此運對於主控造福的力量不強，會有頑固，好逸惡勞，愛指使別人做事、自己享受玩樂、卻把責任推諉給別人，造成嚴重是非的狀況。因為對宮必有巨門化忌相照，是雙重是非災禍。故天同化權在戌宮的運程是根本不吉的，你只是懶惰成性，但又勞碌不停、忙一些是非之事、財少，都給消耗掉了。工作不力、考試、升官運都不強，且帶有是非口舌、問題很多。愛情運、家庭運也不是全然順利的。此運只有靜守、以待下一個運程。

天同化祿運：在戌宮的天同化祿也是居平的，故化祿不強，只是稍增人緣桃花而已。天同是福星，不是財星，故在財祿方面是很少的。對宮又有巨門陷落和陀羅相照，環境中是非糾紛不斷，而且是愚蠢、愚昧、不開化的是非口舌來困擾你，而你是以溫和、略帶圓滑、無力抵抗、有些懦弱的方式來應對。此運中你有工作薪水便有財，財不多、夠吃飯生活。在事業工作方面運不強，有愉懶、愛撿便宜、愛玩的性格。故考試、升官運皆不強。你的奮發力不足。在愛情運和家庭運方面會平順，但仍有是非口舌。

天同化科運：此運是庚年生的人會走的運程。此運化科也是居平的、不強的。此運只是外表斯文、溫和，但懦弱、衝勁不足、做事能力亦不強，再加上周遭環境是非多，故沒有發揮的空間。此運在考試運、升官運、工作運上只是偏安享福、沒有建樹。在愛情運、家庭運上是平順中帶有是非口舌的運程。

亥宮

此運是武破運：此運中武曲、破軍皆居平位。此運是窮運。是『因財被劫』的格式。武曲是財星，居平、財少。破軍是耗星、居平、耗財多。故此運中必有對金錢的耗敗，以至窮困。此運你會變瘦、性格剛直、衝動、智慧不高，缺乏遠見和企劃能力。此運因對宮有居得地之位的天相相照，是故在

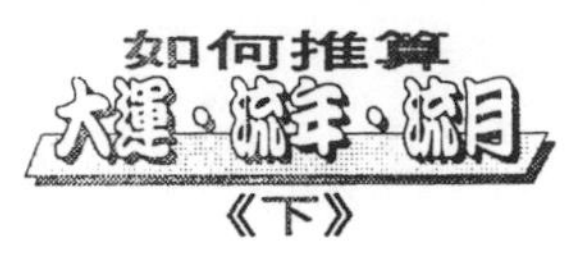

你的環境中是一種規矩的、有條有理的、緩慢而平和的環境。所以你雖不富裕，有些窮，但有些人仍能理財理得好，有衣食無缺的生活。只是沒有可積蓄存留的錢財罷了。此運中，你的資源少，不適合考試、升官等運程，也不適合戀愛運、會小氣、或找到財窮的戀人，結婚也很克難或先同居不結婚。在家庭運上也不算順利，因為財少，大家心情不佳，會產生磨擦。

武破、文昌運：此運更是窮運，因為破軍碰見文昌同宮或相照，定主窮困。此運比武破運更窮。這是打心眼裡就窮。你在此運中會喜文藝之事，唸書還可以，但不見得聰明。你在價值觀上會比較清高、背離財路，不懂得賺錢之道，但破耗花錢比較在行，但內心小氣，故也做不了什麼大事。所以此運是凡事不吉的。不過你會外表溫和、有點懦弱，看似好好先生，卻有些酸腐意味的人。此運中在錢財上所得很少。考試運、升官運無運，愛情運不強，即使有，也是找到外表斯文但較窮的戀人。家庭運還算平和，家人會窮困，頑固的守在一起。此運要小心水厄、傷災、破耗多、屋漏偏逢連夜雨。

武破、文曲運：此運亦是窮運。是破軍逢文曲為窮困、有水厄的運程。

此運中你會變瘦、口才好、好辯論。人較不實際，會背離現象、賺錢少。有時是你太堅持理念、身份而不去賺。此運在考試運上不佳。在升官運上會有一點機會，但會是無財祿的升級。此運中你會憤世嫉俗而好批評。在愛情運上會有機會，但會找到與你相同類型窮運的人來做朋友或戀人。在婚姻運上可平順、保守，但錢財少而辛苦，家人也會抱怨多。

武破、左輔運或武破、右弼運：此兩個運中，左輔或右弼能幫助武破雙星的助力不多，幫助耗財的部份較大。原本已窮困的運程中只是多了些窮朋友依偎在一起，依然很窮。此運不利錢財、不利考試、升官等運，會重考。也不利感情運、家庭運，容易離婚、再婚。這是一種幫助你把不好的、舊的惡勢力毀壞、搗碎再重新開始的運程，但復建的力量並不強。所以依然呈現破敗的景象。

武曲化忌、破軍、祿存運：此運中因武曲居平，故化忌也居平，破軍也居平。這是原本已財窮、又有破耗、又有錢財上的是非災害，雖有居廟的祿存，但祿存逢化忌為『祿逢沖破』，是故此運只是在有錢財上的困難（例如欠債被告）的情況下，稍有衣食溫飽的生活而已。在此運中，你會一方面發生財務危機，一方面可找到工作或已有工作來解燃眉之急。雖有飯吃，但煩惱也多，也不富裕，無法解決『窮』的真正問題。此運在事業上無發展，也不可開創新事業，否則有耗敗災禍。此運不利考試、升官運。也不利愛情運、家庭運，定有錢財是非在等著你，忙了半天，你只有吃飯的錢而已。家中會為錢財爭吵不休，你很吝嗇、小氣，說話刻薄，讓人吃不消。

武曲、破軍化祿、陀羅運：此運中耗星破軍居平帶化祿，就知道『祿』是何其少了。財星武曲又居平，根本沒什麼財。此運原本是『因財被劫』的格式，再加上『祿逢沖破』，陀羅居陷，可得的財祿就更少了。走此運的人最宜在軍警業中管財務，但也會有缺失、較不嚴重、賠錢可了事。一般人走此運，工作上爭鬥多、你又用的是笨方法，故稍進一點財，反而要賠很多錢。不進財反而好，少賠錢。此運多傷災，定有牙齒和骨骼受傷、車禍等事，受傷的會是右手、右腳及右半邊身體。此運愛花錢，即便借貸也要花，是破耗大於收入的運程。此運凡事不吉，你會太衝動，凡事都處理不好，也會因小失大，因貪心而賠更多。此運也不利感情運，會受騙失財、失身、失掉信用。更不利家庭運，會因耗財、愚笨拖累家庭。

武破、火星運或武破、鈴星運：此運中火星、鈴星居平位。故此運是爭鬥多、是非災禍嚴重、車禍也嚴重的運程。在此運中你會心情急躁、心窮，會做困獸之鬥、衝動、行為言語粗暴。常感不順、禍事、破耗又多。會有金屬器物的傷害，也容易和人衝突，為財爭鬥、打架鬧事。此運錢財不順，偶而稍有極小的意外之財，但財來財去走的很快，你還是常處在缺錢的狀況之中。此運最要小心不要發脾氣，否則禍事更多、耗財更凶。此運凡事不吉。

武破、地劫、天空運：此運中是破耗、窮困、四大皆空的運程。此運中人會思想脫俗、不愛談錢，也不想去賺錢。就是賺也賺不到，全被劫空了。而且會思想灰色、消極、有脫離塵世的想法，你會想出家，有人會想自殺，放棄這塵世間的一切。此運也要小心有『半空折翅』的命運，會遭災失去性命。會有車禍喪命的問題。此運什麼事都做不成，做出家人倒可平安度過。

武曲化權、破軍運：此運是庚年生的人會走的運程。此運最適合軍警業

的人士，利於爭鬥、愛掌權、搞政治。但武曲居平、化權也居平不強，故爭權奪利很辛苦，只是徒增頑固、好爭而已。此運用在選舉上也不太行，此運還是窮運，是窮兵黷武型的爭鬥型態，容易堅持要參選，而耗費很大、借貸很多，不能瞭解實際狀況，而失敗。而且還要面對債台高築的窘境。此運在升官運、考試運上也不吉，是勇氣十足、有勇無謀，又很頑固、失敗了也不知原因的結果。在感情運上會因太強悍、固執而失去戀人。在家庭運中，你愛管錢，但財少，自己管不好、又耗費多、無法收支平衡，在家中有困難和爭執，使家庭不和。

武曲化科、破軍化權運：此運是甲年生的人會走的運程，這是『權科相逢』的格局。表示你具有打拚的能力，也稍會理財，會做事，但財不多。在掌握爭鬥、競爭方面，你很強勢，也稍具政治的手腕。此運適合在軍警業中管財務部門的人，會在工作上極有發展。此運不適合做文職的人，會辛苦奔波愛管事，但爭鬥多、耗財多，無法真正賺到很多錢。此運中你會強力破耗、花錢很爽快，也會找錢來花，讓你周圍的人很煩惱。此運中你會在花錢的事

中具有愛做決策者的意念，與人爭權而引起是非爭鬥。此運有利打拚，但結果並不一定是好的。此運在升官運、考試運、事業運上皆是做得多、很勞碌，但所收獲的結果是不如預期的高的。此運在愛情運、家庭運中會因霸道、強悍而與情人或家人不和。

武曲化祿、破軍運：此運是己年生的人會走的運程。此運中武曲居平帶化祿，是故化祿也居平，故財不多。此運又是『因財被劫』的格式帶化祿，也是『祿逢沖破』了。是故此運若為人做事領薪水，會有衣食無缺，但也耗財多，不算很富裕，也不會有積蓄存款。但你在此運中人緣會好，做事也會順利一些。此運是雖然窮，但會有飯吃的運程。此運考試、升官不見得有利。在愛情運、家庭運上，你會小氣、吝嗇，是口惠財不惠的人。情人和家人也得不到什麼好處，會抱怨。

⑤『紫微在辰』命盤格式中各宮運氣詳解

子宮

子宮的運程是武府運。此運中武曲居旺、天府居廟。此運是財運極為順利，主富的運程。在此運中你會心態保守，很愛賺錢，對人講義氣、重承諾。但也精明幹練、精打細算，對人非常小氣、吝嗇，對錢財守得住，不會輕易借錢給人。此運中你對錢財很有敏感力，有賺錢的直覺，也很會存錢。做事一板一眼，很懂規矩，做事穩重，會給人信賴感，故在考試、升官上都有好運，一定會考中的。在愛情運，你比較剛直，桃花不多，別人是沖著你的財氣逼人而追隨依附於你的。在此運中你也會結交會賺錢帶財祿的朋友，不過大多數的朋友仍是沒有你會賺錢。在家庭運方

⑤紫微在辰

天梁(陷) 巳	七殺(旺) 午	未	廉貞(廟) 申
紫微(得) 天相(得) 辰			酉
天機(旺) 巨門(廟) 卯			破軍(旺) 戌
貪狼(平) 寅	太陽(陷) 太陰(廟) 丑	武曲(旺) 天府(廟) 子	天同(廟) 亥

面，你會富裕，也會帶給家庭中較多的財運，是故家庭和諧。此運適合開業做老闆。

武府、文昌運：此運中文昌居得地之位。故此運中你更是精明幹練、精於計算，人更小氣、吝嗇。但你的外表是溫和斯文的、富態的、剛直的，因此會招引人氣、人緣很好。此運財多、精明，每逢此運，你都非常有錢，而且會帶有自傲、勢利的眼光看人。此運雖不在『陽梁昌祿』格上，但是利於考試、升官。你也多半會去參加能使自己財祿增多的考試和升官檢定測驗。在感情運方面，你會目的明確的談戀愛或結婚，不會拖拖拉拉的戀愛很久不結婚，因為你是精明的，一定要達成完美的結果，不會與沒有結婚希望的人磨時間。在家庭運上生活可富裕、有氣質、重視高水準的文化活動、家人是內斂、保守，有大家風範、相處和諧的。

武府、文曲運：此運中文曲居得地之位。故此運中你的口才好、生意旺、精明幹練、人也會小氣、吝嗇，但會是有口惠的方式，說好聽的話，來代替給別人好處。此運中你的人緣好，有一些才華，自然也是你自身所發出的財氣來招引人氣的。此運你會比平常別的運程賺錢多，讓你很富足。在考試運、升官運方面機會很好。在愛情運方面，感情充沛、桃花強、愛情順利。在家庭運方面，家中熱鬧、財多、運氣好，會有喜事出現，其樂融融。

武府、左輔運或武府、右弼運：此運中，左輔、右弼就是來幫武府更增財利、富貴的。因此走此運的人必成大富。在此運中你非常精通賺錢之術，也精通達到賺錢目的的人脈、人際關係，你是能屈能伸，隨時具有良好的合作精神的，你本身又是財氣逼人，故朋友都來相助你、依附你，也對你錦上添花，使你更富有。此運適合開業做老闆，你會具有領導能力，對企業做統籌規劃的決策者。此運是強勢的、自立為王的運程。但不適合考試、升官為別人工作的運程。考試會成績不錯，但不合理念要重考。升官會被升到你不喜歡的職位，而放棄或辭職、自己做。在愛情運和家庭運上，慎防因富裕遭人覬覦、有第三者介入，或自己飽暖思淫慾愛上他人而轉移戀愛目標或離婚。

武府、祿存運：此運是癸年生的人會走的運程。此運中，武曲財星居旺、天府財庫星居廟、祿存是小氣財神也居廟。是所有的最強的財星都聚在一起

了。此運中祿存的財富格局是以武府為規模的。是故這是雙重財富的象徵，此運中你非常有錢，且是守財奴，會是有錢而保守的富翁。你不太和人來往，怕人覬覦你的錢財。因此運被羊陀所夾，故你也會懦弱怕事，只喜歡聚集、賺取財富，是偷偷的賺，怕引人注目。此運在考試運上要努力，因與人少來往，資訊不發達，有點笨笨的，但運氣很不錯，亦會有考運，但對太活用的考題會考不好。在升官方面你只重錢財的獲得，對官位的興趣不大。在愛情運方面，太保守、剛直、沒有人緣，要靠別人介紹，但不見得成功。在家庭運方面，會小氣吝嗇，讓家人抱怨。

武曲化忌、天府、擎羊運：此運是壬年生的人會走到的運程。當武府和擎羊同宮於子宮時，必有武曲化忌同宮。此運是雙重『刑財』的格局。此運中你依然會賺到一些錢財，但十分辛苦，工作上爭鬥多，且有金錢上的是非、災禍發生，因此有些時候，你更要花錢耗財來擺平這些是非爭鬥之事。此運中也多車禍、傷災、血光、開刀之事、身體上的破耗也多。此運不利考試運、升官運。你會多憂愁煩惱、競爭多、相互攻奸，什麼也得不到。在愛情運上也會出現錢財糾紛、不吉。在家庭運中更會因錢財不順或錢財糾紛爭吵不休、也不順。所以此運你是錢財不夠打發身邊所發生的眾多問題的。

武府、火星運或武府、鈴星運：此運中火、鈴居陷，也是『刑財』的格局。而且速度很快，錢財會有漏失及耗財現象。此運會賺到錢，但會因脾氣急躁、剛暴、衝動而耗財、漏財。只要按耐住急躁的脾氣，花錢時慢一點，多想一想，便能抵制破耗。此運你還很聰明，知道理財的方法，但情緒上的波動會影響大局。此運在考試運、升官運上都要防一時衝動而失敗。在感情運、家庭運中也要防突然發生之禍端，可用錢財來擺平。此運要小心車禍傷災。

武府、地劫運或武府、天空運：此運是『劫財』或『財空』的運程。因為武曲是財星，天府是財庫星，雙星同宮，財很多，只有一個地劫或一個天空時，你依然有錢、劫不完。只是有耗財現象。會因頭腦不實際、或愛做不實際的事而耗財。此運不利事業、考試、升官、愛情等運，會因偶發的錯誤而失敗，賺錢也不多，有平常衣食之祿。

武曲化權、天府運：此運是庚年生的人會走此運。此運中你會賺到大錢，很富裕。你能掌握到極大的財富，你也愛管錢。可借此運去要債，定能有所獲。此運你是財運旺、氣勢強的，也會具有政治上掌權的能力，可參加選舉，定能成功。此運凡事都吉。在愛情運和家庭運方面可能會太剛硬、霸道，財大氣粗引起情人和家人的抱怨。

武曲化祿、天府運：此運是己年生的人會走的運程。此運武曲居旺，是故化祿也居旺，此運實際是三個財星同宮，故極為富有、有富翁之資。而且此運人緣好、機會多。在升官、考試、愛情、家庭、事業方面都會有大發展，你會很忙碌生財、生活愉快。一切快樂都是從錢財多得和富裕開始的。

武曲化科、天府運：此運是甲年生的人會走的運程。此運中你很會理財，會做事，會得到許多錢財、收入豐厚，利於升官、考試，也利於愛情運、家庭運，凡事都吉。你很會運用錢財來打理人際關係。

丑宮

此運是日月同宮運：此運中是太陽居陷和太陰居廟同宮主運。因此是在錢財方面較可多得，在事業上，升官上較無法展現好運。此運中你會內斂，喜躲在人後，不喜歡在檯面上。與男性不合，也缺乏和男性的競爭力。你會心情起伏不定，情緒多變化。也會心情悶、事業沒有發展。但你如果把心放在賺錢上，倒可默默的賺錢得財。此運在『陽梁昌祿』格上，但太陽、天梁皆居陷位，適合讀書、儲存資源。考試運不一定會強、要努力才行。升官運機會不佳。愛情運還不錯，此運中你是個多愁善感、細膩、體貼但內向的人，也會找到同類型的情人，他也會是運氣不好、內向，但稍有財的人。在家庭運方面，由女性主導，也由錢財上主導，還算平和。

日月、文昌、文曲運：此運是『陽梁昌祿』格中重要的一環。但要在此丑宮的三合宮位或對宮如巳、酉、丑、未等宮有祿星出現，才格局完整。有『祿』才有升官、考試而得利的命運。沒有祿，雖有考上的機會，會得不到財，沒有實際效益。此運中你是有氣質、有文化水準、內向、口才好、才華多、精明、會理財的人。在財運上有發展，也適合讀書增加學歷和資訊。但升官運要看機會。在愛情運方面，你會喜歡漂亮、溫柔、氣質好、會說話的人。在家庭運方面，很平順，一家人注重精神生活，過得富裕、舒適，但不愛突顯招搖。

日月、左輔、右弼運：此運中，左輔、右弼幫助日月的是財的方面增多。在升官運、事業運方面並不強，但可平順。此運不利考試、會重考。也不利婚姻運，會容易離婚。在感情方面，易有他人干涉、插入，或有數個第三者來攪局、情況混亂。你也會反反覆覆的談戀愛、情緒捉摸不定，使愛情受損。

太陽、太陰化科、擎羊運：此運是癸年生的人會走的運程。此運是『刑財』又『刑官』的運程，對錢財不利，對事業也不利。此運中你是外表溫柔、內向、多思慮、多煩惱、心情常鬱悶、不開朗的。你的心思細膩，但愛計較、妒嫉心強，也易衝動，做事沒有打拚奮鬥之心，凡事常想放棄。在財運方面也不順利，雖會愛整理周邊的環境、好整潔，但大事做不好，也會反覆無常，難以做決定。故此運中，在你周遭的爭鬥多，環境不好、不平順，有窮困現象，考試、升官皆不利，也不利感情運、家庭運，有家庭不和的現象。此運中你會傷災多、車禍、開刀、眼目有疾、身體不好，常有病痛，醫藥費也花很多。且精神不佳，常有四肢無力的狀況。

太陽化忌、太陰、陀羅運：此運是甲年生的人會走的運程。此運中你與男性不合，事業無法開展，也會在工作上有是非災禍，此運在錢財上也不順利，常拖拖拉拉不進財。你在男性社會中沒有競爭力、害你的、對你不好的都是男性。此運不利考試、升官運。你會頭腦偏執、不聰明、又敏感、多是非，對自己不利。此運在愛情運上，若是女子則不易戀愛，不易結婚。若是男子則還好，只是笨一點，容易有是非、被人嫌，也容易找到沒有事業運、錢財少的戀人。在家庭運中，你會與家中男性如父親、兄弟、兒子不和，多爭吵、是非、糾紛。你會悶悶的，不與家人來往，家庭中是非糾紛多、不和睦。

日月、火星運或日月、鈴星運：此運中你會情緒起伏大，脾氣暴躁，和男性不合，且多是非爭鬥。此運也會『刑財』，影響財運的獲得。還會有突發事件和災禍，造成耗財現象。此運易有火災、燙傷事件，更會傷及眼目、身體不好。此運要穩定心情，才能有考試、升官運。在感情和家庭運上，會因脾氣衝動而與情人、家人有衝突。

日月、地劫運或日月、天空運：此運中是因心情多變化，有放棄的心態，而讓財運不順，或財運消失、消耗的。此運凡事不吉。你會情緒起伏、思想空茫，整日常發呆、不知道做什麼事好。也不知道如何做才會有前途方向。此運中還是有衣食之祿，但漸漸會窘困。此運不利考試、升官、愛情運，因不積極，想法又錯誤而失敗。在家庭運方面，你會呆呆的過日子，沒什麼變通，會十分保守、頑固的生活。錢財也很少。

太陽化權、太陰運：這是辛年生的人會走到的運程。此運中太陽落陷帶化權，故化權也是落陷不強的。此運適合做幕後及幕僚工作，在檯面下可掌權，並具有財利。此運在升官運上，以幕僚類的工作，如秘書、助理、顧問或副手級的職位，較有升官的空間，例如升任副課長、副廠長、副董事長較會成功，升任正課長、正廠長、正董事長較困難。此運在考試運上利於私下甄試的考試，不利於公開的考試，會考不上。此運你會內向、頑固，表面看起來人緣好，想掌權，但在上司眼中、男性眼中，你仍是有瑕疵，也不夠努力、奮發力不足的。此運在財運上還算順暢。在感情運上，你會較喜歡溫柔的、私下又能為你提供智謀對策的情人。在家庭運中，你表面溫和、好講話，但會暗中用技巧來說服及支配家人，大致還和睦。

太陽化祿、太陰化忌運：此運是庚年生的人會走的運程。此運也是『祿忌相逢』的運程。太陽居陷化祿，故化祿也居陷不強。況且太陽是官星，不是財星，此是事業的發展不太好，所有的財祿也不太多的狀況。並且你是以賺取財祿為主。在事業上的打拚並不很拚命，常有怠惰愛玩的狀況。此運也是『祿逢沖破』，祿被化忌沖破。是故有一點財，但是錢財上的是非災禍不斷、煩不勝煩。此運中你和男性在私下裡關係好，和女性不和、糾紛多。在檯面上你是和男性的競爭力不足的，也和女性有是非糾紛的。此運錢財會少賺，又有錢財糾紛困擾，凡事不吉，也會在感情上受創。在家庭運中，你和

內向斯文的男性親人感情好，和女性及陽剛氣重的男性感情差。

太陽、太陰化權運：此運是戊年生的人所走的運程。此運中你的事業運較暗淡和男性的競爭力不足，但會掌握財權。此運適合在金融機構工作，管錢一流。故此運中你的財運好，做女性用品及房地產可賺到大錢。做公職、官職會受制於女性，有女性上司，爭不過女性。此運特別適合女性，可掌權，有升官運。不利男性。此運在考試運上成績不理想，但有時也能考上。在愛情運上，你會重情不重理，不利男性，專利女性。在家庭運中，女子當道，家中女性會賺錢也會管錢，男性內向、內斂、畏縮，但可平順相處。

太陽、太陰化祿運：此運是丁年生的人會遇到的運程。此運中你較會賺錢、存錢，但在事業上無發展。你會特別敏感，情緒起伏不定，也會人緣好、桃花多、惹人喜愛。此運在考試運上，考商科、金融業為吉。考其他科目競爭不過。在升官運上不算吉，但女性對你有利，你也會在錢財上有收獲，但職位不高或不升。在愛情運、家庭運中都是和諧的。

寅宮

此運是貪狼居平運：貪狼是好運星，居平時，好運不多。因對宮有廉貞居廟相照，表示外界的爭鬥多、智謀企劃能力都很強，而你自己只靠一丁點的運氣是不足的。此運中你會智慧和活動力都不甚好。在人緣關係上也不太好，你會頑固、暴躁，自以為是。偶而你也會想運用智謀去結交人，但別人比你更厲害、多計謀，因此你會鎩羽而歸。此運表面上看起來是好運，但環境太險惡，故不為吉運。在升官、考試上運不強，有艱險的難題在等著你。你也不夠聰明、活動力也不足。此運在感情運上為邪桃花，會有非份之想。在家庭運中，與家人相互不瞭解，無法溝通的過日子。也會有衝突發生。

貪狼、文昌運：此運中貪狼居平、文昌居陷，故是好運不多，本身的精明度、智慧都不足，也不愛讀書、學習。況且貪狼遇文昌是糊塗、政事顛倒的格局，其人必有此現象發生，而貪狼和文昌在寅宮又都居平陷之位，糊塗的狀況會更嚴重，根本是思想、觀念上的頭腦不清了。因此在此運中你必定

犯下錯誤，讓家人和自己料理不完、手忙腳亂、心情煩亂的。此運不會有考試運、升官運。愛情運是糊塗桃花。家庭運是粗魯、混亂的局面，錢財也不多，會有耗財現象。你可能經常在混日子，工作並不用心，故錢財所得少。

貪狼、文曲運：此運中文曲居陷，故口才不佳，才華甚少。也表示智慧不高，學習能力差。並且『貪狼、文曲』的組合也是糊塗、政事顛倒、自做聰明、反受其累的格局。糊塗的狀況非常嚴重。此運不利考試、升官運。在感情運上是糊塗桃花，會為桃花破財。在家庭運中，你口才不好、無法溝通、吵架常輸。此運你也會懶惰、有藉口，故錢財少、耗財多。

貪狼、文昌化忌運：此運中因文昌是居陷帶化忌，故化忌也居陷。此運是辛年生的人會走到的運程。此運中你會頭腦愚笨、不清楚、招惹是非災禍。尤其是文字、契約或約定、承諾方面災禍是非。也是計算錯誤、有破耗、虧損方面的災禍，因此要小心有官非糾纏的事件發生。凡事不吉。

貪狼、文曲化忌運：此運中文曲也是居陷帶化忌、化忌也居陷，災禍深。這是己年生的人會走的運程。此運中，你常招惹口舌是非、口才不好、人緣差、出口必得罪人、並招災。你的才華會受到質疑，也容易引起糾紛和官非纏身。這時有人緣關係方面的糾紛，故不可逞強鬥狠、要虛心、溫和的解釋，以取得別人的信賴而平復糾紛。此運中你頭腦糊塗的厲害，還不知死活，要好強爭勝，因此災禍更嚴重。

貪狼、左輔或貪狼、右弼運：此運中左輔、右弼能幫助貪狼的不多，只是幫助貪狼貪心而已。幫助貪狼有好運的部份少。因為左輔、右弼是屬土的星，在寅宮屬木的宮位，兩星都受剋很弱。故助力不大。此運中你會貪念較多，但得到的不多，因此會很急躁，或用不好的手法去取得，但外界的爭鬥與惡勢力大，最後你也會妥協。此運在升官、考試、愛情、家庭運中全不利，你會要求別人較多，自已付出少，讓人有抱怨。故整個運勢不為吉運。

貪狼、祿存運：此運為甲年生的人所會走到的運程。此運中祿存所幫助居平貪狼的財祿，只是薪水格局的衣食之祿。此運對宮又有廉貞化祿相照，表示環境中有企劃經營、爭鬥的財祿，為『雙祿相照』的格局，此運會比一般的『貪狼居寅宮』的運程，財祿多一些，但要發大財還是不可能的。除非有火、鈴同宮或在對宮相照，會有『火貪』、『鈴貪』格的暴發運。但是也會『刑財』。是錢財來去都很快的格局。因此沒有暴發運的格局。財會持久一點。享受多一點，但仍是保守的，不喜和人多來往，有自閉傾向的運程。此運在升官運上不強，比較愛賺錢、重實利。在考試運上也不強，比較保守、笨和慢。在愛情運和家庭運中也不算吉，會自私、小氣、溝通不甚好。

貪狼、陀羅運：此運中陀羅是居陷的。此運是乙年生的人會走到的運程。此運也是『廉貪陀』、『風流彩杖』格，故此運中的人會因淫色之事而遭災，有緋聞或因酒色財氣、行為不檢點、非禮事件而惹臭名，亦會身敗名裂。因此這是一個笨運。此運中你會頭腦愚笨，專想一些投機取巧、佔便宜之事，人緣極差，又想證明自已的魅力，做些令人啼笑皆非的事情。此運凡事不吉，且有傷災、牙齒有齲齒或受傷、斷牙。身體手足、骨骼、斷裂或車禍傷害、要小心。

貪狼、火星運或貪狼、鈴星運：此運正是『火貪格』、『鈴貪格』的暴發運格。此運中貪狼居平，但火星、鈴星居廟，是故暴發速度快，此運以暴發錢財為主。也會暴發在事業運上，使人功成名就。但錢財易快來快去，不易留存。最好先算出暴發運的流年、流月、流日出來，預先做安排，把得來的錢財放到可信賴者的帳戶中過過手，再轉回，可稍能留存。此運在考試運、升官運、事業運上也會有好運。在愛情運上不顯著，因為人太忙，無暇顧及戀愛。在家庭運中也不見得好，你會脾氣急躁，不和家人溝通、造成鴻溝。

貪狼、地劫運或貪狼、天空運：當你走貪狼、地劫運時，對宮定有廉貞、天空相照。當你是走貪狼、天空運時，對宮定有廉貞、地劫相照。所以你皆是無運，為『劫運』、『運空』的格局。表面看起來你周遭的是非爭鬥少了，但是你也頭腦空空，什麼也不想做，也不想競爭，凡事都掌握不住，也不想去掌握。因此凡事不吉，也沒有人緣，亦沒有財運。錢財也容易耗敗、落空、留存不住，口袋空空。

貪狼居平化權運：這是己年生的人會走的運程。此運中你會很頑固、想競爭、想掌權，但是力量不強，反倒是周圍的力量壓倒你的力量，因此你只徒具強勢的外表，在好運的掌握上只有一點點，此運對賺錢來說是好的，在

政治上掌權方面，你可能還要學習更勇猛善戰才行。在考試運、升官運上，有稍許機會，但力量不大。必須要增加自己的實力才行。在愛情運、家庭運方面都不吉，長輩或上司會不明究裡，強勢愛管、愛插手，惹你抱怨，不合作。

貪狼居平化祿運：此運是戊年生的人會走的運程。此運中你的機會會多一點、人緣較好，自然財祿也會多一些。你周圍所處的環境依然是營謀多、爭鬥厲害的環境，不過你會應付得很好，完全不被所傷。你對財較貪心一點，也會用全心去取財。在考試、升官上你有百分之六十的機會，但仍需多努力才行，因為你的環境就是爭鬥多、競爭激烈，別人比你厲害的環境，所以你做什麼事都不可能有八十分以上的成績，是不能篤定的。在愛情運與家庭運上，你是油滑的，看似人緣好、桃花多，但你在情人或家人面前是表面功夫很好、實際上你很少真正關心他們，付出並不多的。

貪狼居平化忌運：此運是癸年生的人會走的運程。貪狼居平，故化忌也居平。此運中你的人際關係不好、桃花少、很保守，不太與人交往。你也會因為人際關係的是非，而造成對自己的災禍。譬如說別人的是非，會牽扯上你，而你根本與對方不熟，也沒吭聲、講話，平白掉落災害到你身上。此運你的運氣不好、機會受阻、你也不愛動，常待在家中。此運你對某些事有些貪心及非份之想，也是不實際，根本行不通的。而且思想扭曲古怪，讓人不瞭解的。此運凡事不吉，也會有傷災、病痛、有肝臟、腎臟方面的疾病，要注意。

卯宮

此運是機巨運：此運中天機居旺，巨門居廟。此運適合讀書、增加學歷，因為走此運的人很聰明、智慧高、口才好，適合在學術上發展。雖有是非口舌，但辯才好、吵架都會贏。此運基本上算是旺運，會增加知識，具有高的文化水平。但此運多變化、有愛耍聰明、愛搞怪，適合創作、走學術路線，也適合用口才來賺錢，錢財是薪水族的格局，也能有高薪。此運適合變動、還居、跳槽、愈變愈旺，是非口舌多，但能力戰群雄，也能聲名大噪。此運

你隨機應變的能力好，你也會利用是非口舌來得利。適合升官運、考試運（尤其有口試的考試最好），適合換工作、應徵工作，會有表現機會。在感情運和家庭運上卻不美。因感情和家庭不喜變動，也不喜有口舌是非。表示你是個多計較、愛嘮叨、挑剔、喜歡搬別人的舊歷史來嚕嗦別人，對別人嚴格，卻對自己寬鬆，讓人不能心服口服，會頻頻挑起是非來吵架。此運中你會愛吃零食、重口腹之慾的享受。

機巨、文昌運：此運中，文昌居平，機巨在旺位、廟位。此運中你仍會具有文質氣質，會有折射的『陽梁昌祿』格，會有讀書運、考試運、升官運。你的口才好、喜好文藝，做事中規中矩、說話斯文、口才好，但比較不愛爭了，吵架都是斯文型的。你的計算能力、精明幹練都略差了。你可能在此運中會成為迂儒型的人物。此運雖運氣不錯，但在錢財上是無法多得的。在愛情運、家庭運上會有是非、感情多起伏變化，要小心應付才是。

機巨、文曲運：此運中文曲是居旺的。此運中你的口才特佳，反應靈敏、才華好、才藝多。在生活中多彩多姿、常有變化，十分有趣。但也口舌是非多，因你的辯才好，很會講話，總是佔上風。你也會幽默，來改變氣氛，因此人緣很好，桃花多。此運讀書運好、考試運不一定、升官運佳。戀愛運吉，會因鬥嘴而產生戀情。家庭運為家中多拌嘴之事，但可增加情趣，轉危為安。

機巨、左輔運或機巨、右弼運：此運中左輔、右弼是來幫助機巨有較多『變』的因子，也會使口舌是非增多。但也會使你更聰明、能應變。此運中你常和平輩的朋友相處時間多，彼此吵吵鬧鬧常鬥嘴，也會有是非爭執，但一會兒又好了，又親密的在一起合作了。此運中凡事都要『變』，一有變局便有朋友出來幫忙你，雖然他們也會給你帶來是非和競爭壓力，但運用口才協調的方式，總會獲得圓滿的結果的。大致上這是個吉運，是個帶有是非麻煩、口舌爭執的吉運。此運不利於考試、升官、愛情、家庭運。會重考、升官會有競爭者相爭。愛情、家庭中會出現第三者來攪局，鬧了一場才離開、很累人。

天機化祿、巨門、祿存運：此運是乙年生的人會遇到的運程。此運為『雙祿』格局，表示財能多收獲一點，但這仍是為人服務、薪水階級的財。天

機居旺化祿，故化祿也居旺。此運中，你會態度保守，在工作上因努力而多獲財、財運不錯。你的心態也較富裕，雖保守，但人緣好一些，也特別聰明，會做事情、較勤快。而且會用較圓滑的方式去變通。此運雖仍有是非口舌，但你比較不惹事，而會解決事情。此運你的口才好、工作固定，會積存一些錢財、較富裕。你也會多增加知識、好唸書，在考試運、升官運上都十分順利。在愛情運、家庭運中會愈變愈好。你也會找到聰明、智慧高，有高知識程度、有能力的戀人。

機巨、擎羊運：此運是甲年生的人會遇到的運程。此運中爭鬥多、是非、災禍不斷。你也會心思縝密、多計謀、多陰險，自己也製造是非，讓自己辛勞不斷。此運中你很聰明、多謀略，但是常常往壞處想，愛競爭，但不一定爭得過了。而且口才好，但會有惡毒的言語，在人緣、機會上並不好，也會受人排擠。此運愈變愈有是非，也會小人多，使你遭災。此運你會心神不寧，有車禍傷災，會勞累身體不好。會常頭痛、四肢無力。也會怠惰，做不了什麼事。此運凡事不吉，也不適合戀愛、家庭運，會事事受阻，用腦用心過度，你會很小心、防人很緊，反而對自己不利。此運最怕三合宮位中有火、鈴照守，有自殺之虞。

機巨、火星運或機巨、鈴星運：此運中，火星、鈴星居平，有刑剋。此運中你的脾氣急躁，會有突發的災禍與是非，情況愈變愈不好，是非多。你的口才雖好，但不被別人接受。此運你會很聰明，但都想不好的事，也會心情悶。最怕三合宮位中有擎羊照守，此運會想不開，一時衝動而自殺。此運多車禍、傷災要小心。此運不利考試、升官、愛情、家庭運，宜修身養性。財運不算好，偶有意外之財。

機巨、地劫運或機巨、天空運：此運中，你很聰明、口才好，但不一定會用。你的思想清高、不喜賺錢，故財運不佳。此運是非會少一點，但仍舊有，機會也會明顯的變少了。變動也會明顯的少了。此運只適合讀書、考試或許有機會，但無升官運。愛情運無，家庭運普通。

天機化權、巨門運：此運是丙年生的人會走的運程。此運中，你很能掌握變動的因素，也很具有隨機應變的能力，能在物事變動中立即掌控情況，使對自己有利。此運你的口才好、好辯，但也具有說服力。狀況是愈會變愈好，不變才不好。你會有極高的智慧、掌握先機而勝利。此運適合選舉、考試、升官、愛情運及家庭運，你都是站在制高點上。

天機、巨門化權運：此運是癸年生的人會走的運程。此運中你特別具有說服力，口才特優，能將死的說成活的。也具有煽動力，會製造是非問題再運用口才來改變自己的處境。因此此運適合政治人物選舉造勢或大賣場以叫賣方式來得財的人。更適合做外交人才、所向無敵。你所說的話，都能得到別人信賴，使你有掌控一切言論、是非、專權的力量。此運你會很霸道，讓別人隨你起舞、受你控制。此運在考試上會遇是非，但能通過。在升官運上，運用口才得利。在愛情運上、家庭運中也會多是非，但能擺平。此運用口才賺錢會賺不少。不用口才則財少。

天機、巨門化祿運：此運是辛年生的人會遇到的運程。因對宮會有祿存相照，為『雙祿』格局。此運中，你的口才流利、討喜，會甜言蜜語，人又聰明、智商高，故人緣較好。此運中賺錢較多，以口才來賺錢更多。適合做老師、推銷物品等工作。此運中仍會有是非，但你會用口才來化解。此運適合考試、升官運有利。也對愛情運、家庭運有利，會因鬥嘴而增加情趣，展現機變聰明。

天機化科、巨門化忌運：此運是丁年生的人會遇到的運程。此運中你很會做事，但是頻惹口舌是非的災禍。這是『科忌相逢』的格式。化科不強，巨門化忌是雙重是非、災禍，故仍是口舌是非、災禍當道的運程。此運中凡事不吉，你還喜歡掀起口舌之災。要小心車禍、傷災。此運不佳，你會心情悶、易生病。

天機化忌、巨門運：此運是戊年生的人會走的運程。此運你是頭腦很聰明，但思想怪異，聰明的方法和別人不一樣。想事情不循常理，有時也會頭腦糊塗、頻惹是非。此運你的口才仍好，好辯、常說歪理。運氣不太好、沒有因變制宜的本領，只是災禍、是非更多而已，容易惹官非糾纏。也要小心車禍、傷災。此運最好安份守己，少出花樣、少變動，愈變愈不吉。凡事不吉。

辰宮

此運程是紫相運：此運中紫微和天相都是居得地之位的。故此運中你會態度溫和、較慢、穩重，凡事詳和平順。此運會理財故錢財順利、在升官運上有機會。考試運為平順，但競爭力不強。此運在選舉、強烈競爭下，就會顯得有奮發力、打拚力不足的狀況了。而且反應慢、應付不暇。此運在愛情運、家庭運上皆平和、順利、家運好。因紫微是帝座、天相是勤勞的福星，故享福趨吉的力量大，不喜爭鬥、愛做事、講公道，自命高尚、懂得自重及尊敬別人，會人緣特佳，樂於助人。是非常好的吉運。

紫相、文昌運：此運是午時生的人會有此運。此運中紫微、天相、文昌三星皆在得地合格之位，表示你會外表斯文、長相美麗、平和、精明、計算能力、理財能力特別好、智商高。此運中你會賺很多錢、生活非常富裕。你的事業經營得非常好，你很會精打細算，性格有些小氣。此運中你都喜歡最美麗、最精緻的事物、要求很高、眼界也高。你也會和斯文、有文化氣息的

人來往，討厭粗俗、沒教養的人。此運中凡事順利，升官運、考試運、愛情運、家庭運都是一流的好。你的知識水準會很高，精於學習、讀書、有文藝方面的修養。

紫相、文曲運：此運中文曲也是居得地合格之位，故此運中你的才華好、口才佳、才藝多，但外表仍穩重、討喜、人緣好。此運你的桃花多、異性緣強，你會忙碌於對外交際或社團活動。你喜歡唱歌、跳舞這些娛樂。此運中會因交際帶來升官運，但在考試方面，只算平順、成績不特優。在愛情運、家庭運方面仍順利，情人和家人都被你哄得很好。在錢財方面，平順富裕，生活愉快。

紫相、左輔或紫相、右弼運：此運中左輔、右弼是來幫助紫相更平順、更增高尚、享福、會理財、會做事、會氣度恢宏、有將相之材的。故此運中你的錢財會賺得多，地位會增高、做事得到眾人讚賞，也更有合作精神、領導力，也更能得到平輩的愛戴，有很好的左右手。此運中你會非常忙碌，把萬事都撫平、做好，但一直做不完，因為當你走『紫相、左輔運』時，對宮

有『破軍、右弼』相照。當你走『紫相、右弼運』時，對宮有『破軍、左輔』相照，表示你有領導力很會做事，但周遭也有競爭的惡勢力在成長，也會有一些不良份子，受到支持在和你對抗，因此你是比較累的，給終在收拾殘局、勞碌不完的。此運中你在升官、考試上不見得順利，因為是平輩的支持，不是長輩、上司的支持。考試會重考。愛情運和家庭運，皆因多重關係或第三者介入而複雜、不算順利。

紫相、擎羊運：此運中，擎羊居廟，故力量大。此運中你是表面高貴、平和，但會懦弱，易受欺凌。因此運是『刑印』的格局。擎羊是小人、悍將、紫微帝座也受到侵害。此運中你無法掌權做主，定會碰到凶惡小人來搶你的東西，和奪權。因此此運不算太吉，你也不會理財，錢財少賺、升官無望、考試競爭多、很驚險。此運中你環境中的爭鬥多，造成對你的刑剋，你會有傷災、車禍發生、臉上會破相、手足有傷。也會發生失去臉面之事，或有官非糾纏、不太順利、打官司也容易輸。在愛情運、家庭運上不順利，容易挨罵、受欺凌、多耗財。此運不平安。此運中多煩惱，但仍會有溫和、氣派的

外貌。

紫相、陀羅運：此運是丙年生的人會走的運程。此運也是『刑印』的格局。此運你會更頑固、更笨、做事慢吞吞，常挨罵、受遣責。此運不會理財，賺錢少，錢財也拖拖拉拉的不進財。你會看起來不聰明，受人欺凌。在考試運、升官運上不順利。在愛情運上會遭人嫌。在家庭運中不祥和、多耗財，此運不平安。

紫相、火星運或紫相、鈴星運：火、鈴都是煞星在辰宮落陷，天相是福星最怕煞星來沖剋，會享不到福。此運中你會脾氣古怪、衝動、勞碌、享不到福。此運中是穩重與急躁、衝動兩種性格的衝突，問題不嚴重。但仍要小心車禍傷災和因衝動、急躁而帶來的不順。此運你的理財能力會不好了，因衝動而耗財多。考試運、升官運也會差一點，而不中。愛情運、家庭運都會發生突然的事故而生氣不平安。

紫相、地劫運或紫相、天空運：此運中是『印空』或『劫印』的格式。你會凡事掌不到權力，或根本不想管，不想掌權。此運你只想要平安度過，頭腦中的思想也會不切實際或奮發力不足，不想競爭，理財能力也不佳，因此在錢財上雖仍可獲得、生活平順，但沒有留存及積蓄，是財來、財去的狀況。此運中考試運、升官運皆不強，倘能奮發則有希望。在愛情運、家庭運方面是平順的，但沒有大發展，情人和家人幫不上你的忙。

紫微化權、天相運：此運中紫微居得地合格之位，故化權也在得地合格之位。這是壬年生的人會遇到的運程。此運中你有使一切事物平順、祥和的力量。也能在政治鬥爭中站上高地位。但這種『紫微化權、天相』運是不及『武曲居廟化權』運在政治鬥爭中的爭鬥力量的。因為『紫微化權、天相運』中的紫微化權是和天相都只在得地剛合格之位，主要是具有主控力使平順、祥和，使其人享福的力量較強，也會使其人具有某些頑固的性格，來達成這個目標。而『武曲居廟化權運』是專注於政治鬥爭的力量，而且主控此力量。所以意義不同，自然有差別了，這兩個運程的人用來做政治性的爭鬥，則『紫微化權、天相運』必輸給『武曲居廟化權運』了。

此運中，升官、考試會考上。愛情、家庭運會由你主導而平順、溫馨，而且財運特佳，財富增多，很會理財，也會清除過去積欠舊債。

紫微化科、天相運：此運是乙年生的人會遇到的運程。此運中，你會高尚、有氣質、有理財能力，做事能力強，財運不錯。生活愉快，考試有高分，升官有望。愛情、家庭運平和順利。此運是一個溫和、有希望的好運。

巳宮

此運是天梁陷落運：天梁是蔭星、貴人星。陷落時，沒有貴人，因此在此運中你的運氣是差的。錢財少進，運氣不太好，尤其在升官運上是無望的，而且會在工作、事業上多遇困難。但此運是『陽梁昌祿格』上的一環。如果能發憤努力，仍可好好讀書，考試能過關。只是不會考得很好。此運中你不受長輩、上司、老師的青睞。你也會保守不喜和長輩來往，愛東奔西跑，閒不住，又做不了什麼大事。有時還好玩，留下一大堆事而後操勞不停。此運在各方面皆不積極，你也不喜歡照顧小孩、晚輩、牢騷多，不耐煩、懶惰，人緣也會不好。在愛情運和家庭運上，你付出少，不愛照顧情人、家人，使

人抱怨，情感不順利，此運也會有一些小傷災、病痛讓你不順。

天梁、文昌運：此運中天梁是陷落的，文昌是居廟的。是故你在此運中形貌瘦，但很健康。外形斯文，人很精明，善計算。但是此運錢財不多，只是會理財而已，衣食無缺。此運你會愛學習，利於讀書、考試運。但在升官運上希望不大。在愛情、家庭運中平和，你仍是照顧情人和家庭不力的人，只等著別人來幫你忙，照顧你。此運有臨時貴人運。是偶而碰到的，時間短暫，稍縱即逝，故而沒立即把握的就沒感覺有好運了。

天梁、文曲運：此運中也是天梁居陷，文曲居廟的。因此在此運中你的口才好、才華多，喜歡表現，人緣稍好，桃花多，異性緣強，但要小心因桃花破財。此運中沒有長輩、貴人運，大的貴人運不強。但有臨時貴人運。此運可由交際中得到升官運，但是職位不高。此運不利考試運，愛玩、遊樂而考不上。此運你喜歡東奔西跑，故不利家庭運，你不常待在家中。在財運上不強，有衣食而已。但可靠口才、才藝來賺錢。

天梁、左輔運或天梁、右弼運：此運中，左輔、右弼所能幫助陷落的天梁的方面不多。只會使其人更不和長輩來往，及不和，而只和平輩來往交好。如此升官運和考試運及讀書運會不好，會重考、休學重讀。升官升不上去。在愛情運、家庭運中，會有另類戀情出現，影響原有感情，易離婚或分手，另結新歡。在財運上，得財不多，可能要借貸過日子，在事業上，朋友、屬下、助手會幫不上忙。故此運不佳。

天梁、祿存運：此運中天梁落陷，故祿存所能帶給天梁的財就很少了。此運會有衣食之祿，但不富裕，生活仍緊縮才能度過。此運有考試運、讀書運，做公職、薪水族生活平順較富足。一般工作、軍警職仍不富裕。此運不適合做生意，財少，仍有破耗。此運升官運不佳。愛情運、家庭運，因太小氣、吝嗇、付出不多，得到的也不多。此運中你會保守、外緣差、桃花少，不喜與人交往，有些自閉、自卑，頭腦也笨一點，無法打開新局。這是丙年和戊年生的人會遇到的運程。

天梁、陀羅運：此運是丁年和己年生的人會走的運程。己年生的人還有天梁化科在運中，此運中天梁和陀羅俱陷落，化科也不強。故此運不吉，其人會笨得很，且又愛東奔西跑很操勞，有時也會自閉在家中，凡事懶惰做不成，心中的計畫很多，但無法實行。此運中多是非，也無貴人幫忙，人見人厭，易遭到批評、責罵。考試考不上，讀書讀不好，升官沒運。愛情、家庭運中是非多，情人、家人都離你很遠，故是壞運。此運中多傷災、車禍，有牙齒、手足、骨骼的傷害。也會失業、失職遭懲黜。事業容易失敗。

天梁、火星或天梁、鈴星運：此運中你會心情急躁、易暴怒，也會有不好的思想行為、邪念做惡事。此運中好事都不至，突發事故多，使你疲於奔命。也多車禍、傷災。你會有不合於正道的小聰明，或不走正途來得財，但財少，生活困難，但有時也偶有意外之財，財小不多。此運中凡事不吉，更會因衝動而壞事。

天梁、地劫、天空運：此運原已無貴人，不愛做事，又很懶惰了，又加上地劫、天空，更是什麼也得不到。錢財困窘。事業無成，且會破敗倒閉。此運中你的頭腦空空，或可說你的思想清高，灰色，凡事皆想放棄。有時會迷信宗教，逃避至宗教中去。此運你較孤獨，不喜和人來往，也有人在此運中出家。最要小心此運不要有祿存同宮，被羊、陀所夾。會有『半空折翅』、早夭之狀況。

天梁陷落化權運：此運是乙年生的人會遇到的運程。此運中你只會頑固，因對宮有天同福星居廟相照，故你此運很懶，卻東奔西跑，自以為是，凡事都要管，但都不管正事、愛管玩樂、無聊之事。你會意見多，不實際，想掌權，卻看不清真實情況，根本掌不了權。此運中你愛指使別人做事，但自己卻不能以身做則。有時你也想努力打拚，但後繼無力。故此運中你不見得會有什麼收穫。

天梁陷落化祿運：此運是壬年生的人會走的運程。此運中因對宮有天同、祿存相照，形成『雙祿』格局。因此此運仍是有一點財祿可進的，在你周遭的環境中是溫和、保守，只愛求財的環境。你要是能奮發努力也有讀書及考試運。升官運不強，有機會但沒結果。此運你仍然愛玩耍、遊樂，但人緣較好，略有桃花。在愛情運方面，此運你易找到愛玩、成就不高，但有衣食的情人。在家庭運方面，你很忙碌於外面的事務，不太管家中之事，家人會抱怨，但你依然故我。此運最怕撿到錢財、失物、或有意外獲利的好運，恐有是非及意外之災發生。天梁化祿都會有包袱產生。

午宮

此運是七殺居旺運：此運中你會拚命打拚，埋頭苦幹，很忙碌，愛賺錢。此運對宮有武府相照，表示外面的環境是財多富裕的環境，也很適合打拚努力去賺錢。七殺運並不聰明，但是肯吃苦、肯努力，因此也會有成就。而且七殺運是只進不出的，故也可積存錢財。但不可擴大投資，則有敗局。七殺運多傷災，和身體的耗弱，這是太過操勞、流血、流汗的結果。是故七殺運在考試運上，是死拚、苦讀，但績效並不見得好，考試是辛苦的。在升官運上是死命的做，但不會看眼色，不懂得向上司展現成績，而且凡事太慢，故升官運也不強，甚至被忽略。走七殺運的人都好爭、好強，被冷淡、忽略就會想跳槽。但此運你必須長期抗戰做一個結果，有了成果才是你與上司談判的籌碼。七殺運十分辛勞，要小心身體，會有開刀狀況、車禍等不吉。有些人在七殺運也是會有失敗的經驗的，那是因為身體不佳，以及擴展太大、太快，而造成周轉不靈。故要慎防此現象。七殺究竟是煞星，不是吉星。

七殺、文昌運：此運中七殺居旺，文昌居陷，故此運是不吉的。你會頭腦愚笨、頭腦不清楚，言行粗魯，計算能力不好及文化、知識程度低，也不愛讀書。此運中你很強悍，會不講道理，做事不賣力，讓人頭痛。此運考不上學校，升官無望，也不愛學習正經事，學邪門歪道的事倒是學得快。在愛情運、家庭運皆不吉。你很霸道，讓人不敢領教。財運也不順利。此運要小心腸胃病。要開刀。

七殺、文曲運：此運中文曲也是陷落的。故此運中你的口才不好，才華也很差，多惹是非。人又悶悶的、凶凶的，人緣也不好，財運也不順利。你所打拚的事都是不實際，沒有正確方向的事。在愛情及家庭運上會有不名譽的事發生。不利升官運，考試運。此運要小心上火下寒症、感冒、身體不佳。

七殺、左輔或七殺、左弼運：此運左輔、右弼是來助惡的。因此此運中你會特別忙碌，但頭腦不清、愚笨，做事找錯方向，卻又特別頑固不聽勸告。

此運很多事不吉，錢財不多，可有衣食。升官、考試、愛情、家庭運皆不利。此運要小心腎臟病。

七殺、祿存運：此運是『祿逢沖破』，也是『因財被劫』，祿存是財星，最怕與煞星同宮，皆會劫財，故此運中雖仍能得利，但不如想像中大。此運是丁年生的人和己年生的人會走的運程，其中以己年生的人，在此運對宮有武曲化祿、天府相照，形成『雙祿』格局，得到的財利會大一點。在走『七殺、祿存運』中，你會只愛賺錢，六親不認，像個守財奴、小氣、吝嗇、好爭、又凶悍，人緣不好，也沒有桃花。因此此運不易結婚，談戀愛。你會很保守、重視錢財，怕人來奪財，整日疑神疑鬼，是故也不利家庭運。在升官運和考試運上也不強。但獨自努力讀書，也會有其他的收穫，可增長學問，此運要小心身體不佳。

七殺、擎羊運：此運不佳、爭鬥多、陰險、傷剋嚴重。凡事不利，小人也多。此運有車禍傷災，嚴重時有性命之憂。也會有手足傷殘的痛苦或要開刀的問題。因擎羊是陷落的，雙星又都是煞星，宜到廟裡住躲過災難，或算出流年、流月、流日以防災。此運萬事不吉，賺錢很辛苦也賺不到多少，錢財會發生困難窘境。

七殺、火星運或七殺、鈴星運：此運中爭鬥多，常有突發事件或火爆事件發生。此運中你的性格也是剛直、衝動、用腦不多的，你會不務正業，對愛時髦、追求新鮮感的事物感興趣。例如年青人做追星族，不眠不休等等。此運年長時，喜與幫派份子來往，或運用此等關係，性格不受道德的約束。此運多車禍、傷災。也會和人起衝突被殺、或受到槍擊事件。此運也會使人的思想不正派，在財運方面，辛苦勞碌不聚財。但會有意外之財，也可能是不善之財，凡事不吉。

七殺、地劫運或七殺、天空運：此運中是勞碌又什麼都得不到的狀況。你也會頭腦清高、不實際，努力的目標方向朝向只要努力過，就可以了，不必一定有收穫，或者是你根本就不想努力打拚，凡事不賣力的狀況。七殺和天空、地劫全是煞星。『七殺、地劫運』是打拚、消耗後被劫走了成果。這是思想判斷錯誤。『七殺、天空運』是一開始就頭腦空空，價值觀怪異，朝向得不到利益，或沒有結果的方向打拚努力，自然也是頭腦、思想上的判斷錯誤。故此運凡事不吉的原因，來自自己思想上的問題，別人再怎麼替他著急也是沒用的。只有等他走下一個運程時自然會轉變了。

未宮

此運是空宮運，有日月相照（太陽、太陰相照）。空宮運都是弱運，代表運氣空茫，人的頭腦也會茫然不知所措。此時要看對宮相照的星曜來定吉凶。也要看空宮裡是否會進入羊、陀、火、鈴等凶星或昌、曲、左、右等吉星，一起來判斷吉凶。此運中有陷落的太陽和居廟的太陰相照，表示此運時你的外在環境是不開朗、悶悶的，情緒起伏不定的，和男性不和的，官運不強的，但錢財是可多賺的。外界的財還不少，只是屬於向上機會的運氣較差。倘若空宮中沒有主星。就可斷定你此運中是賺錢沒問題，也能存到錢，但競爭力不行，無法升官，也不太喜歡站在檯面上，喜躲在人背後或為幕後人員。此運與男性不和，與女性親密。你會內向、愛賺錢、存錢，對事業的打拚也不足。你會情緒起伏不定，多愁善感、不開朗。在升官運上沒機會，在考試運上有折射的『陽梁昌祿』格，但要文昌、祿存在巳、酉、丑宮齊全才可。在愛情運、家庭運中因頭腦空空、運不強。

文昌、文曲運，對宮有日月相照的運程：此運本是空宮運，但生於卯時，故有文昌、文曲進入未宮，故為昌曲運。此運中，你比較愛享福，因文昌居平、文曲居旺，故你是精明度不夠好，計算、理財能力不強，但口才好、才藝多的，也愛表現才藝。此運中你是溫和、態度從容有節奏，但有時情緒常會起伏不定，善變、拿不定主意，做事、決定常有模糊地帶、不實際，衝勁也不足。此運有考試運，能形成『陽梁昌祿』格，但巳、酉、丑宮也必需要有祿星存在，才能格局完整，你也才能真正繼續求得高學歷，否則你也不見得愛讀書的。此運升官運不強，但在愛情運，家庭運方面很美滿，喜戀愛享受的運程，而且也多情，桃花多，有異性緣。但要小心會遇到內向、事業有起落或失業，但稍有錢財的情人。

左輔、右弼運，對宮有日月相照的運程：此運也是左、右二星同宮入運。

此運是四月生的人會有此運。此運中，表示你平輩的貴人運強，男性及女性的朋友多，但他們的情緒是起伏不定的。同時你的情緒也是起伏不定，拿不定主意的。你處處想依靠別人，但不一定有人給你依靠。你的性格溫和，有些懦弱，意志也不堅定，常左右為難。此運中你的朋友、助手、屬下也多半是情緒不穩定的人，在事業上對你的幫助少，在賺錢上還可幫助，此運你很有合作精神，常向人請教、諮商，但別人會嫌你煩，此運在錢財上可順利，大家相助你生財。但是在升官運、考試運上全不吉，會考不上，要重考。升官也升不上去。在愛情運、家庭運方面，你會重感情，但不知孰重孰輕，往往對大家都好，很博愛，而造成感情糾紛。此運你也會有數個戀人，感情糾葛，或家庭中有第三者介入，夫妻反目，感情不順。

擎羊運，有日月相照的運程：此運是丁年、己年生的人會走的運程。此運中擎羊是居廟的，所以人走此運時，是氣勢強、好爭鬥、小氣、愛計較、霸道的，但情緒也是陰晴不定，讓人難捉摸的。此運中常有用腦過度，精神衰弱，四肢無力之現象。也會眼目不好，有眼疾嚴重，多傷災，有開刀狀況等現象。更會有車禍、血光，宜小心。此運雖競爭力強，但外界的環境對升官、事業不利，你也爭不到。在賺錢方面，因你意不在此，故也會少賺，有破耗、不聚財。在考試方面，也會有失誤，但此運利於讀書，可考第一名，因為愛競爭之故。此運不利愛情運、家庭運，你性情陰險，多變，有時也凶悍、霸道，讓情人和家人心中有些恐懼、擔心，故而不利感情。而且你還善妒、愛報復。此運中小心因感情事件傷人、殺人、被殺，非常不利。丁年生的人有太陽、太陰化祿在對宮相照此運，是情感豐富，賺錢較多的運程，也更要小心感情失利、自殺或殺人的問題。

陀羅運，有日月相照的運程：此運是庚年生的人會走的運程。此運中你比較笨，凡事慢吞吞，做事慢半拍，而且心情多變，情緒起伏大，心情悶，不開朗，你會話少，凡事放在心中盤旋，不說出來，也會多是非，常對人不滿，心生痛恨及報復之念。此運中傷災多，有牙齒、骨骼、右手、右腳的傷災。亦有車禍、血光等禍事嚴重要小心。此運適合軍警業者，為禍較不嚴重，且容易躲過。此運你會在思想上有好爭卻懶惰的心手不合一的想法。也會對事情判斷錯誤及吃虧上當的事情發生，自然更有耗財，財進不來，拖拖拉拉的事情，凡事不順。在感情方面更不順利。工作也會有阻礙，做不長或失業、離職、被辭退的狀況。

火星運或鈴星運，有日月相照的運程：此運中，火星、鈴星是居平的，再加上對宮有陷落的太陽和居廟的太陰相照，其實也是『刑財』的格局。此運中做事做不長久，常有意外之災，車禍、火災等等。也易有病痛發生。但是偶而也會有小的意外之財，但財很少。此運中眼目不好，有皮膚病，錢財不順利。在考試運、升官運、愛情及家庭運方面皆不順利。

地劫運或天空運，有日月相照的運程：此運中是『財空』及『劫財』的運程。太陽是官星，故此運也是『劫官』或『官空』的運程。因此在此運中賺錢不易，會沒有事業可能只有臨時的工作，有一搭沒一搭的做著，錢財不順，做事不積極，思想糊塗，頭腦不清，沒有大志，只是混日子而已的運程了。此運中什麼也掌握不到。有時雖聰明，但不實際。要等到下一個運程才會變成有用之人了。

申宮

在申宮的運程是廉貞運：此運是廉貞居廟運。表示在此運中你是個性強、好爭、愛表現、主觀強、較有衝勁、肯辛勞奮鬥，而且具有營謀、會計畫、喜歡暗中沙盤操練，做事慢慢來，會做一些檯面下的運籌帷幄的事情的人。在此運中你也會運用一些人際關係來得到利益。但是此運的外在環境並不是機會太多的，因此你在營謀上要使力更深，更辛苦才行。此運是一個強勢要達到目的的運程。利於爭鬥，因此也會賺到錢。在事業上有表現。此運你會對政治極感興趣，善於權謀，更可能做公職。你會外表沉穩，多思考，但思想和動作比常人慢半拍，給人老謀深算的印象。此運在升官運上你會好好努力。在考試運上需努力打拚，在感情上你也會用營謀的方式去得到。在家庭運中，你會用交換利益的方式和家人相處。

廉貞、文昌運：在此運中廉貞居廟，文昌居得地之位。此運中你會精明幹練，計算能力強，會理財。又會營謀，故主富，賺錢較多。一般人認為此運是富而好禮的運程。此運中你的氣質會較高尚，品行較好，不會粗俗，且注重文化素質。此運利於升官，在考試運上要努力才行，但利於讀書學習，成績會好。在感情運上會用精緻的手法表達感情，使人欣賞而愛慕。此運中你是外表穩重，注重穿著，儀態翩翩，但態度積極，做事又賣力的人，因此受人敬重。在家庭運中也十分美滿。

廉貞、文曲運：此運中文曲居得地合格之位。此運中你會是個口才好，但油腔滑調，為人好色。桃花多，人緣好，但不實際。你也會營謀、善於權術，但營謀的方向全朝往酒色財氣和淫色方面，也有不行正道，行為不端的狀況。此運程賺的錢財大多與異性有關。縱使富裕也不光彩，且你無法以此向人誇耀。如再有陀羅同宮，易有緋聞事件或因色情事件有官非糾纏。此運對升官運上或許有利。考試運則不一定，因外務太多，無暇念書。在愛情運、家庭運方面還算是好的。

廉貞、左輔運或廉貞、右弼運：此運中左輔或右弼是來幫助廉貞做奪權鬥爭或營謀企劃的。因此有利從政，在選舉或政治上有領導地位及掌權。在升官運上或許有利。但不利考試及感情運。會重考、或介入第三者而有再婚跡象。在財運方面是不錯的，自己有智慧，再加上眾人的幫助可得財、主富。

廉貞、祿存：此運是庚年生的人會遇到的運程。此運中，你會性格保守，錙銖必較，也會用盡營謀來賺錢。此運中你會奮力於工作上，努力打拚，賺到不少的錢財，也會積存財富，但是個守財奴，人緣不太好，也易遭人批評、苛責。實際上你周遭外界的環境不太好，是由你自己獨自打拚的，所以你也不想與他人分享。此運中升官運雖愛爭，但不見得爭得到。只是在錢財上會多得，你也會重視實際利益，不見得要升官。此運在人際關係上爭鬥多，而你是孤家寡人一個，顯得勢力單薄。在考試運上，偶而有好運，但思想速度慢、多思慮，也不見得對你自己有利。在感情運上和家庭運上，太自私、小氣、計較會引起情人和家人的反彈。

廉貞、陀羅運：此運中廉貞居廟，陀羅居陷。仍然是用心營謀，但思想笨拙又慢的運程。此運中爭鬥多、是非多，且時間長、拖拖拉拉的。而且你也沒有能擺平爭鬥及是非的才能。此運更是『廉、貪、陀』、『風流彩杖』格的格局運程，會有緋聞、風流韻事而遭官非、官司糾纏，而身敗名劣。此運中你是自己笨，還一肚子鬼胎，想要與人爭，輸了又要報復，自己陷自己於不義，自找麻煩。此運考試，升官皆不順。心情悶，心事多，計畫多，而不能實現。且有傷災、車禍、血光等事，也易開刀，或血液有雜質，或染血液方面之疾病，要小心。在感情運上，易有不倫之感情，與人同居，或與已婚者通姦之事，爆發開來，自毀前途，宜慎防。

廉貞、火星運或廉貞、鈴星運：此運中火星、鈴星是居陷位的。故此運是爭鬥凶惡，且是政治方面的爭鬥和事業方面的爭鬥，沒完沒了。此運中仍是『火貪格』、『鈴貪格』，有偏財運的運程，可爆發錢財，但不多。因火、鈴居陷的關係，錢財也快來快去，消耗得很快，甚至連你原來自己所賺的、所積蓄的錢財都耗光了。此運中也易有火災、燙傷、車禍等事件，造成傷災。也會有血液和牙齒問題的病災、傷災，要小心。此運不吉，升官多爭鬥，升不上去。考試也多遇是非，有困難。在感情運上、家庭運上多是非，火爆的場面、不和。

廉貞、地劫運或廉貞、天空運：在『廉貞、地劫運』中，因對宮會有『貪狼、天空』相照，在『廉貞、天空運』中，對宮會有『貪狼、地劫』相照，故此運是『劫官帶運空』的格式或『官空帶劫運』的格式。無論如何，都是外界的環境中無運，而你的事業也遭劫空的運程。因此你在此運中工作是沒有發展餘地的。運氣也不甚好的狀況。此運中你會在營謀上專想一些不賺錢，沒有實際效益的點子來做事，東奔西忙的，沒有收穫。像無頭蒼蠅一般，東闖西撞，辛苦而無代價。此運中你也會清高或思想固執在某一個層次，不肯突破，而造成自困現象。此運什麼也撈不著，凡事不利。

廉貞化祿運：此運是甲年生的人會遇到的運程。因對宮有『貪狼、祿存』相照，形成『雙祿』格局。此運中環境較保守，你會有精神層面之愛好，例如喜古董，或蒐集的僻好，也有喜女色或喜戀愛的僻好，因人而異。此運中你口才好，會拍馬屁，善於外交，人緣好，有交際手腕，也有政治手腕，喜從事政治活動，此運適合升官。對考試也有利。在感情運上較複雜，但有利家庭運。在錢財方面可多得，財運不錯，但仍是公務員、薪水族的格局。

廉貞化忌運：此運是丙年生的人會走的運程。此運中你會有官非和政治上的迫害。你也會頭腦不清，所做營謀、計劃看不清方向或與人情世故相違背，形成是非，造成對自己的災禍。此運中有車禍、血光，也會有開刀的情況，更易有血液的病變，要小心。還要小心火災、燙傷的傷災，不容易好。此運萬事不吉。

酉宮

此運為空宮運，有機巨相照：此運很可能會有昌曲、左、右、羊、陀、火、鈴、劫、空進入空宮，就以各星為主運。但大致上仍稱為空宮運。

倘若空宮中確無較大的星入宮，則為名符其實的『空宮運』，有機巨相照的運程。此時機巨的力量很大。此運中你雖運氣空茫，頭腦也會空茫一片，但外在的環境中仍是一個多變、是非爭鬥多，有災禍發生，但你會用口才去力戰群雄的運程。此運中你的口才好，外界的運氣多變化，只要稍加控制，會往好的方向變化。一定要運用口才去解釋、說明才有效，否則只有任人起是非、宰割、生氣的份了。此運利於讀書、求取知識和學歷，在升官運上不強，但有希望，只要沒有煞星在對宮沖剋才行。在感情運、家庭運上皆不利，易多是非、災禍。

文昌運，有機巨在對宮相照的運程：此運中文昌居廟，對宮相照的機巨也在廟位和旺位。故此運是精明幹練，智慧、才能卓越的運程。精於計算、會理財，故財運也不錯，最好是利用轉機，再加上良好口才的運用，相互配合以得財。此運中外圍環境的是非與競爭仍多，但變局也多，你也很聰明，善於掌握時機，凡事可順利掌握。此運也是『陽梁昌祿格』的運程，只要三方有祿來相會，得財、升官、考試，便會都有力。此運中你會態度嫻雅、多才多藝，有文藝氣息。在房地產的購置上，有打拚、有爭取，便能多得。此運在感情運、家庭運上，能解決家中紛爭與感情問題，也能料理家務及感情事務很平順，故算是吉運。

文曲運，有機巨在對宮相照的運程：此運中文曲也居廟。故此運中你是有機智、口才好，有才華表現的人。此運你的人緣好，雖環境中多是非與競爭、爭鬥，但你會運用人緣關係和口才來擺平，也會具有翻雲覆雨的本事，反敗為勝，能掌握先機。此運最忌有感情糾葛的是非，要傷透腦筋，辛苦奔波，安撫之後才能平息，但仍會有緋聞事件發生而丟臉、事業不順。此運在升官運上亦要競爭，要把握機會，才能反敗為勝。在考試運上運不強，要經過是非混亂、競爭，雖你的智商高，但仍不能定出吉度，一定要看當時的狀況而定，有機變者，大運好的人可成功。在感情運上多起伏，有是非、變化，要運用口才、才華來穩定。你自已會因緋聞或桃花問題三心兩意。

左輔運或右弼運，有機巨在對宮相對的運程：此運中，無論是左輔運或右弼運，運中都是多是非、有變化的。雖有平輩貴人運，但大環境的氣象萬千，變化多端，是非混亂、口舌多，朋友的幫助是有限的，亦或是多增煩惱的，故此運的麻煩多過好事。但幫助你的也是平輩的朋友。此運不利升官、考試、感情、家庭運，會升不了官，重考，休學重讀。也會同時愛上別人，有數個異性朋友，已婚人易離婚、再婚，家中多是非，易有第三者介入，情況混亂。

祿存運，對宮有機巨相照的運程：此運中你是保守的、小氣的，又有些自閉性的，自斂行徑，但外界的是非爭鬥變化激烈，讓你很煩惱。此運中你會只顧自己，無暇顧及他人。你會有固定的工作以求財。也能儲存自己的錢財，但是薪水族的格局，財不算多，但衣食無缺，有小富。此運中要小心身體不適，有小病痛，感冒等身體不佳的毛病。此運你性格保守，不會投資，也害怕別人來劫財，甚為小心謹慎。此運若再有文昌在卯、巳、酉、丑等宮出現，即有『陽梁昌祿格』，適合考試、升官，會考中，此運人際關係保守，較難向外發展，會在薪水不錯的地方做薪水族。也會在知識水準高或學術機構工作，工作環境中雖競爭多，是非多，但你仍能平安自制，平順生活。此運不利感情運和家庭運。會多是非，煩惱。

擎羊運，有機巨在對宮相照的運程：此運是辛年生的人會遇到的運程。此運中擎羊居陷，因此爭鬥凶，是非多、傷災多、病痛多，凡事不吉。在此運中你也會深沉、多煩憂、愛計較、小氣、有報復之心。因周圍環境中多是非，爭鬥而心境不能平靜。你的心中也常會起了招惹是非口舌之念。有時也

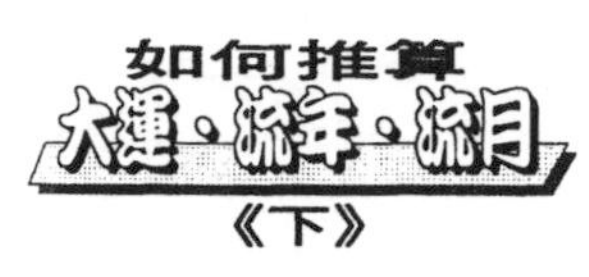

想借由是非而來佔先機，但往往對自己不利。此運你雖口才好，聰明多計謀，但不會用於正道。在錢財方面不順，賺錢不易。且有耗財，與錢財是非。在升官、考試上也不利。在感情、家庭方面會不順，你也會因報復心態有殺人和被殺的惡運。倘若火、鈴在卯、酉宮者，更確實。此運多傷災、車禍、血光，且帶有是非災禍，不容易解決。如果你是被害人，求償會困難，要經過多重官司才能解決。此運也要小心會自殺身亡。

火星運或鈴星運，對宮有機巨相照的運程：此運中，火、鈴在得地合格之位，也是爭鬥凶，火爆的運程，且帶有是非災禍。此運為意外突發的災禍，有車禍、傷災、火災、燙傷等災。如再有擎羊在對宮或三方之位，則有自殺之虞。另外火星運或鈴星運也會有意外之財，但有暴起暴落，容易耗財的結果。此運不算吉運，要小心身體有傷和皮膚病與小病痛。不利考試、升官、感情、家庭運。

地劫運或天空運，對宮有機巨相照的運程：此運中，會因你思想上的清高或空茫，不喜接近錢財，或做事做一半而無法完成，錢財少賺或根本無法掌握，而錢財不順。有固定薪水可拿的人，只要不隨便辭職，仍可有平順日子可過。此運你外界環境中多變化和多是非都影響不到你，因為你根本不想爭，也厭煩爭鬥。此運是無法積極進取的心態，而常有放棄的心態，故也會無收穫。什麼事都做不成。

戌宮

此運是破軍居旺運：此運中你會積極打拚，勇往直前，也會破耗、多花費，對錢財毫不吝嗇。此運中你喜歡除舊佈新，做一個改變。雖然此運仍是爭鬥多、不寧靜的，你也仍然忙碌，不停止，也不畏縮。並且你會以蠻不在乎的，大膽的，臉皮厚的方式來面對，或解決前來挑釁及找麻煩的人。此運你是狂放不羈的，也會有不同的眼界觀點，喜歡穿類似頹廢色彩，嬉皮裝，或破破爛爛的，或邋遢類型的衣服。在行為上也放蕩不羈，容易有不倫之戀，或言行大膽出軌的行為，此運不利考試、升官。但若長輩上司是『殺、破、狼』命格的人，此時又正需要你去打拚效力的，則會對你破格任任用。此運

不利感情運，正常的感情會破裂，但會有不倫的感情，容易再婚，也容易嫁娶到再婚之人。在家庭運中破耗多，不順，也容易有離散之事。

破軍、文昌運：此運是窮運。因文昌居陷，你的精明度很差，文藝素養也差，計算能力更差，而且多破耗，智慧也不足。思想又是專門朝向與財路背馳而行的方向，故而賺不到錢，又多破耗，因而很窮。此運中你會外表邋遢，言行不莊重。而且會爭鬥多，也會以粗獷頑劣的方式來對待你，你也有受欺凌的感覺。此運不利升官、考試運。也不利感情運和家庭運。你會心窮，對人凶惡，小氣，愛吵架，引起戰端，但無論如何都是對自己不利的。只會更窮，要小心度過。此運會易生腸胃病，有金屬傷災之破耗及開刀等事，及小心水厄，勿游泳，勿至水邊，就連颱風、下大雨也要小心防範。

破軍、文曲運：此運也是窮運，及要防範水厄之災的運程。此運文曲亦是居陷位的，故你的口才不佳，才華不好，比較話少、沈默，開口就有口舌是非。此運中你雖想要打拚，但破耗多，故打拚也無效，也不會有結果。只能靜守、等待此運過去。此運是東奔西跑忙碌的運程，但頭腦中的思想會朝向清高不聚財而耗財方向去思考，因此破耗多。容易失業、找不到工作，也易遇傷災、禍事。更要防範水災、水厄，勿游泳，或至水邊遊玩、遊船等，更要防颱風、淹水、土石流等災害，可能危及生命。

破軍、左輔運或破軍、右弼運：此運中，左輔和右弼是來助破軍破耗多，打拚努力，行為張狂、大膽，言行無羈的。在此運中因對宮有『紫相、右弼』或『紫相、左輔』相對照，故不但在你的良好、溫和、高尚的外在環境中有平輩貴人在幫助你，就是在你的身旁也有好朋友、兄弟、同事或部屬在幫助你、扶持你。你是正月或七月出生的人。此運中你的同輩好友、部屬會幫助你賺錢，也會幫你花錢，和你同樂，一同破耗。所以此運是讓你又高興、喜歡、又煩惱，不捨得離開這些朋友、部屬的運程。此運不利考試、升官、感情和家庭運。會考不上，要重考、重讀。升官無望，競爭多，朋友、部屬愈幫愈忙。在愛情運上會有不好的，幫助你耗財、玩樂的異性出現，使你耗財多，不走正路。並且也失去和規矩的，正派的異性來往的機會。在家庭運中，你的家人也有幫你耗財凶的人，讓你不甚唏噓感嘆。

破軍、擎羊運：此運中是辛年生的人會走的運程。此運中破軍居旺，擎羊居廟，故而此運是爭鬥凶悍，競爭激烈，多傷剋，血光、耗敗的運程。在此運中你也會性情凶悍、陰險、謀略、多煩憂，心境不平靜、容易精神耗弱，好競爭，有常失眠的困擾。此運錢財不順，賺錢不易，且會出現很多事要破耗花錢，窮於應付。此運有車禍、血光、開刀、跌傷等傷災。在升官、考試、感情、家庭等運上也辛苦異常，要小心家庭暴力及生離死別之苦。你只是頑固的，硬著頭皮在過日子罷了。此運宜修身養息，修禪過日子。減少爭鬥可平順，也會少傷災。宜多運動，讓運氣轉旺。

破軍、陀羅運：此運中破軍居旺，陀羅居廟。故此運陀羅的力量不小。此運是壬年生的人會走到的運程。此運是頑固的笨運。你會頑固的要做一件事，以為會賺到錢，結果耗費很大，損失很大，讓你很痛苦。此運你在心態上常會怨別人，而原諒自己。愛打拚卻不會估算勝算有多少，也不聽別人勸告，一意孤行。也會眾叛親離。此運是破散、瓦解、頹廢、無用的運程。在錢財和身體上的耗敗尤其大。故要小心錢財問題，要只進不出，也要小心傷災、車禍，有牙齒、骨骼的傷災。錢財會拖拖拉拉進不來，最後不見了，賺不到了。在升官、考試上無份。在感情運上，易被嫌棄，被拋棄或離婚、解除婚約。在家庭運中，也會由於你一時愚笨而造成分東離西。

破軍、火星運或破軍、鈴星運：此運中，破軍居旺，火星、鈴星居廟。是故此運中爭鬥多，激烈、火爆。你也會有不正的思想，會從事非法的勾當，或偶做非法之事。此運中，破耗、傷災多，會有嚴重車禍及突然災害出現。你也可能會有小的意外之財出現，但隨後的破耗更凶，讓你不勝負荷。此運不利考試、升官、感情運。會有競爭激烈，得不到好處、益處的情況。在感情上會有暴力傾向，場面火爆，不吉。在家庭運中會有突發事件而遭災禍。

破軍、地劫運或破軍、天空運：此運中所有的錢財、運氣都耗光、劫光、耗空了。有此運的人，若在大運與流年、流月三重逢合之時，最易出家，逃離塵世。也易有自殺、放棄生命之念。此運是頭腦思想清高，不在乎錢財，會散盡家財，或賭錢輸去家產，一敗塗地的運程。此運萬事不吉，手中空空，什麼也掌握不到。也會懶惰，不想工作，打拚能力差。此運也會家破人亡。

破軍化權運：此運是甲年生的人會遇到的運程。因破軍居旺，故化權也居旺。此運中你的打拚能力更強，會強制別人聽你的話，照你的意思來做事。你具有領導力，強悍能力，又特別頑固，凡是不聽你的話的人，都不會有好下場。你一定會和他奮戰到底，就連你的父母、親人、配偶也不例外。此運中你的能力強，自然會賺錢多一些，但你愛花錢、愛消耗的本領也不差，因此要看你所賺的到底有多少？會不會比你消耗的多，才能決定是否有盈餘。在升官、考試運上，有打拚就會有好結果。在感情運上，因太霸道，不一定順利。在家庭運中也是如此，會因太霸道、太專制，而讓家人痛苦，不順。

破軍化祿運：這是癸年生的人會遇到的運程。此運中破軍居旺，故化祿也居旺。此運中雖然有財可進，但破軍仍是耗星，耗費多，故此運你不過只是個善於花錢，消費的人，且人緣略好一點，但不適合投資做生意，否則仍有敗局。此運你適合做薪水族，有固定薪資，量入為出，否則仍有錢財不順的問題。在考試運上、升官運上有機會，但你不太注意、用心。在感情上，你會圓滑，做些瀟灑豪放，或不按牌理出牌，或不遵守正規禮教的行為來博取情人的感情。也會有不倫之戀或忘年之愛產生。在家庭運上，仍是破耗大於進帳的。家人是以隨便的，尊卑、長幼不分的嘻笑怒罵的方式來相處的。

亥宮

此運是天同居廟運：天同是福星，居廟時，福運隆厚。但此運中你會愛享福，一切平順，也沒有進取心。不過由於上一個運程很操勞，故此運中你想歇息一下了。此運中你外界的環境不佳，沒有貴人，也無人督促你，所以你以平順、安享為生活態度。此運中在考試運、升官運上，運不強，必須努力才行。倘若天性會自動自發的人，仍會考上、升官。此運中你的錢財順利，沒有意外事故。感情、家庭皆順利、平和，生活愜意。此運你是世故的，深通做人處事的道理，有穩定一切的智慧，凡事水到渠成，無須太操勞。但你仍會忙碌休閒活動，講究人生樂趣。

天同、文昌運：此運中天同居廟，文昌居平。故此運中你外表雖文質彬彬、溫和、有涵養，但實際上你的精明度和計算能力仍是不佳的，理財能力也不太行的。仍需多努力才能存到錢。此運中若巳、酉、丑宮再有祿星，可形成折射的『陽梁昌祿』格，就會有高學歷或考試運、升官運了。在愛情運方面，你會溫和、有禮、討人喜歡，但也會剛直，桃花不重，愛情運普通，但你在此運中也會找到溫和、不聰明、不精明，計算能力也不太好，也有點懶惰的人做情人。家庭運普通，平順。

天同、文曲運：此運中天同居廟、文曲居旺，故此運中你是溫和、口才好，桃花重，有異性緣的人。此運中你會過得很快樂，天天忙著交友，做人際關係。此運中你也會喜歡唱歌、跳舞，或與表演、表現和人際關係有關的活動。你的才華很好，會得到讚賞。你會有升官運，但在考試運上不強，要多努力會有希望。在愛情運上順利。在家庭運上幸福。

天同、左輔運或天同、右弼運：此運中，左輔、右弼是來幫助天同享福的。所以在此運中你會有許多同輩的朋友和部屬陪你玩、陪你工作，工作也像在玩一樣，輕鬆自在。自然朋友和部屬也會幫助你的事業平順，賺到錢。在此運中你很有合作精神，別人都希望、也喜歡和你合作事業，所以你找合夥人是非常容易的。另外，也會有朋友把事業的股份願分你一半，和你共同來經營，這種好運不是每個人都能遇到的，只有你走此運才能遇到。所以你的運氣非常好。但是此運不利考試運，會重考。也不利升官運，因升官需要長輩運，而你此運會有天梁陷落相照，表示無長輩貴人運，只有平輩貴人運（朋友運），故升官不利。在感情上，會有同時愛上兩人以上的人，或是有第三者出現，難抉擇而不吉。在家庭運中也易離婚、再婚也不吉。

天同、祿存運：此運是壬年生的人會遇到的運程。此運中因對宮有天梁陷落化祿相照，形成『雙祿』格局。但這個運程中雖有財，其財的規模並不很大，是薪水族、衣食之祿的財。只是人緣好、機會多，但保守，會存錢、儲財。仍要小心外在環境中所形成的包袱和壓力。此運中你會溫和、保守，發展較小，少與人來往，只是專注於自己份內的工作，數自己所賺的鈔票，不會向外發展。不過一切會順利、舒適。此運若巳、酉、丑、亥宮有文昌出現，就會有『陽梁昌祿』格，能有高學歷，喜讀書、學習，人生也會有大發展。此運的升官運不強，不會主動爭取，但會加薪。此運在愛情運、家庭運

上會保守，可守住現有的關係，無法開拓新的人際關係和戀情。

天同、陀羅運：此運中天同居廟，陀羅居陷。此運是癸年生的人會走的運程。此運是『刑福』的運程，你會很勞碌，有傷災。此運你會外表溫和、頭腦很笨，不聰明。做事慢又拖拖拉拉，做事辛苦，專用笨方法來做事，讓人挑剔責備。此運錢財不順，多耗財，全是頭腦愚笨的結果。你也會有破相、牙齒受傷、車禍、血光、手足等傷害，要小心。在考試運、升官運上，因愚笨被嫌棄而不中。在感情運上，也會被嫌、被挑剔，而不順。你的外表就是一臉笨相，讓人嫌。在家庭運中也與家人多是非、口角，不順。

天同、火星運或天同、鈴星運：此運中火星、鈴星皆居平陷之位，也是『刑福』的運程。是火爆、急躁而刑福。此運中你會做非法的事，不行正道，也會脾氣暴躁，不夠溫和，更要小心意外之災，車禍、傷災等事。此運萬事不吉。

天同、地劫、天空運：此運中為『劫福』、『福空』之運程，故錢財不容易賺到，勞累、東奔西跑，享不到福，錢財也不易留存，耗財凶。且會有多病痛，思想灰色、不積極，也會有放棄，逃世的思想。此運會窮困多災。也會頭腦空空、不實際、點子多，但做不到，言行不合一的狀況。此運萬事不吉，投資也會落空而賠本。在各種運氣上都會歸零。此運也易出家。在感情運上易落空，在家庭運上易家人分散，要小心。

天同化權運：此運是丁年生的人會走的運程。此運中天同居廟，故化權也居廟。此運有無比天然自成的力量。凡事自然水到渠成。此運中你是有領導力，是黃袍加身，為眾人推舉的力量使然，不用競爭，也沒有競爭者，自然形成的，因此權力結構很堅實。此運中天真無邪的力量依然存在，是故走此運的人，少年老成，也能英雄出少年。你在此運中會用純真的，自然的力量去領導別人。在錢財上也是自然的富裕平順。在事業上會有人來共襄盛舉，或自動讓出位置，把你拱上高位去。有一位做貿易的先生，走此運時，國外的客戶願意把股份送他一半，請他做他們公司的總裁，讓他合夥，共同經營生意。而且他在國外的三十幾個國際跨國公司都是這麼來的，十分離奇。足以顯示這個天同化權運的威力了。所以此運是大吉之運。利於錢財、升官、考試，在愛情運、家庭運上也自然有好運，都是別人來依附於你，鞏固你的地位，使你更平順、運好。

天同化祿運：此運是丙年生的人會走的運程。此運中你會人緣好，聰明，有自然而然享福的命。此運中因對宮有天梁陷落和祿存相照，形成『雙祿』格局，但這只是薪水族的財運，有豐厚、衣食之祿而已，此運你也會懶惰、保守、愛玩、愛享福，在工作上並不努力。若巳、酉、丑、亥宮有文昌進入，你會有『陽梁昌祿』格，易於讀書，有高學歷，及升官。在愛情運、家庭運上都平和、順利、有好運。

天同化科運：此運是庚年生的人會遇到的運程。此運中你會溫和、聰明，有辦事能力，有文墨，好學習、讀書，工作運會好，也易於讀書學習。在愛情運、家庭運上都會平順，有格調，有氣質。

⑥『紫微在巳』命盤格式中各宮運氣詳解

子宮

在子宮的運程是同陰運：此運中天同居旺、太陰居廟。故此運中你是溫和、美麗、多情、好撒嬌、有溫婉陰柔的一面。你也會有些孩子氣、天真、無邪、討人喜歡、異性緣強、桃花重。此運中你會生活平順、氣度嫻雅、重視感情。錢財富足。適合做公職或薪水族，能賺到、積蓄到錢財。此運中你愛享福，愛談戀愛。做事待人平和，守規矩。事事平順，財多，但不算積極，競爭力較差，你也不想競爭。考試有希望，升官也有望，在愛情運上你喜歡享受談情說愛的樂趣，故有甜蜜之戀情。在家庭運中也極美，家人會溫和、甜蜜、相親相愛的守在一起。

⑥紫微在巳

紫微(旺) 七殺(平) 巳	午	未	申
天機(平) 天梁(廟) 辰			廉貞(平) 破軍(陷) 酉
天相(陷) 卯			戌
太陽(旺) 巨門(廟) 寅	武曲(廟) 貪狼(廟) 丑	天同(旺) 太陰(廟) 子	天府(得) 亥

同陰、文昌運：此運中文昌居得地合格之位。此運中你會外表溫文儒雅、精明幹練、計算能力好，擅於理財，財運會更好，積蓄更多。工作順利，進財也順利。此運中只要寅、辰、申、子等宮有祿星進入，你便會有折射的『陽梁昌祿』格，便能具有高學歷、有考試運、升官運。在愛情運、家庭運中也能與有氣質、美麗、溫和的情人和家人甜蜜共處。

同陰、文曲運：此運中文曲也是居得地合格之位。此運中你是溫和、美麗、桃花重、人緣好、口才特佳、才華多的人。此運中你善於用人際關係來賺錢、得財。也會有升官運。在考試運上差一點，但也能考中。在愛情運上特別好，追求的人多。在家庭運中，會用溫柔的甜言蜜語聯絡感情，而且重感情於一切。此運錢財賺得多，較富裕平順。

同陰、左輔運或同陰、右弼運：此運中左輔和右弼是來輔助同陰得到享福和桃花多、人緣好，財運順利富足有積蓄的。因此此運中，你會有許多朋友、溫和有助力的來幫你賺錢，合作生財，也一同享福。此運主要在錢財方面會得到的多一些，但在考試運、升官運上助力不多，還是要多努力才行，會有重考之事出現。在感情運上因桃花多、追求者多，會同時出現幾個戀人，感情複雜、糾葛難解，也會有第三者出現，有是非麻煩。在家庭運上易離婚、再婚，不會美。

天同、太陰化科、祿存運：此運是癸年生的人會遇到的運程。此運中你會性格保守、溫馴、氣質優美、很能幹、會做事、也會理財、存錢，因此生活富裕，但有些小氣吝嗇。此運中若寅、辰、申、子宮有文昌進入，你就會具有折射的『陽梁昌祿』格，會具有高學歷、愛讀書、學習，有考試運、升官運。此運在愛情上較保守，但不乏追求者。你會心情起伏較大，但仍能享福，愛待在家中，少與人來往。此運在家庭運中會富足，對自己的家人好，守著自家人。

同陰、擎羊運：此運是壬年生的人會走此運。此運中天同居旺、太陰居廟、擎羊居陷。此運是『刑福』又『刑財』的運程。因此在此運中你會心情煩悶、多計較，也會小氣吝嗇，賺錢少一點，享福少一點，有勞碌奔波之事。此運中有傷災、車禍。你也易於嫉妒、想不開，有眼目之疾，以及四肢無力、頭部疼痛。此運中凡事不太平順，尤其錢財少得，又會耗財，不順。在感情上也不順利，會因嫉妒或爭執而自殺或被殺。情況不嚴重者，也易分手。此運中在賺錢或工作上易有爭鬥、競爭，且是惡劣、惡質的競爭，故有不利。在考試和升官上也有不利的情況。在家庭運中會表面平和、暗中爭鬥很凶的狀況。

同陰、火星或同陰、鈴星運：此運也是『刑福』和『刑財』的運程。你會外表溫和，但內心急躁、火爆而失去理智而耗財，或思慮不周詳而賺不到錢，損失錢財。此運不利考試、升官運。更不利愛情運、家庭運，也會有意外突發事件，引起災禍而不吉。

同陰、地劫運或同陰、天空運：此運中是『劫福』、『劫財』或『福空』、『財空』之運程。但因同陰俱在廟旺之位，此運中雖被劫福、劫財，還是會有一些財福的。只是有耗財凶，或是思想上偏向不實際或不重視錢財方面，而得財少了。此運你也會操勞不停，享不到福。此運的掌握能力不佳。對考試運、升官運也不強，有滑鐵盧之憾事。在感情運上的掌握也不好，多情用不對地方。在家庭運中耗財多，可用的錢少，而且家人的情感飄忽，對你的關心不夠，助力也不足。你也是同樣用這種方式對待他們的。

天同化權、太陰化祿運：此運是丁年生的人會遇到的運程。因對宮有祿存相照，形成『雙祿』格局加化權，故此運是自然而然就可享受到大福祿的人。此運中你萬事可成。生活富裕，氣度嫻雅，又有領導能力，人緣好、機會多又強，大家都愛你、擁戴你，你在此運會積存到大財富。也會有地位，有權位來生大財。此運利於考試、升官、愛情、家庭運，無不順利。此運會忙碌但心情愉快。

天同化祿、太陰運：此運中因對宮有擎羊陷落相照，故此運你會保守，因外界環境爭鬥凶狠、競爭激烈，你本身有財，但仍是『刑財』格局。只要外出便會耗財、有傷災，故你不喜外出，也與人少交際來往。你在生活上仍過得去，不會太有錢，也能富裕生活。在感情運上溫和、有情，但會用心機、有時也會有煩惱，但不嚴重。此運在考試運、升官運上能順利通過，但仍是經過激烈競爭後而通過的。

天同、太陰化權運：此運是戊年生的人會遇到此運。此運中會在錢財的方面和情感方面強而有力。但對宮有擎羊陷落相照，故外在的環境中多爭鬥、競爭，因此也不是全然順利的。此運中你會有心機，能掌握財運，外表、性格溫和，是袖裡藏針型的性格。你會對女性特別有影響力，也能有掌握、掌管錢財的地位。此運特別注重感情，對感情計較，是故對感情運上會比較霸道、愛控制。在家庭運中，你能掌握經濟大權，也會運用溫柔的法寶來主導家庭氣氛，大致上仍是和樂的。

天同化科、太陰化忌運：此運是庚年生的人會走的運程。此運中你是溫和、氣質不差，但感覺系統有問題，不會看臉色，但又多愁善感的人。常心情煩悶，生活大致平順，但常與女性有是非，偶爾也會有錢財上的困難與是非災禍發生。你的心情起伏很明顯，在讀書、考試、愛情運、家庭運中會不吉，脾氣彆扭，不好相處。

天同、太陰化忌運：此運是乙年生的人會走的運程。你也是個外表溫和，但性情彆扭、怪異，人緣有問題的人。而且有錢財不順、多錢財是非、心情不平靜，和女人常有是非糾紛，容易受人排擠的人。你心情悶，不會看臉色，對人的敏感力、對錢財的敏感力都差。要小心度過此運，要預防病災、傷災，凡事不順。

丑宮

此運是武貪運：此運中，武曲居廟、貪狼也居廟。武曲是財星，貪狼是好運星。故此運為『武貪格』具有暴發運的格局。此運中你會暴發財運、事業運，會獲得大財富。若大運、流年、流月等三重逢合，則是你一生中最大一次的偏財運及暴發運了。你要先算好時間，來迎接此運。並要預作準備，在暴發之後把錢財轉入可信賴之他人名下，過過手，則不易暴發暴落，否則有耗損現象。暴落時會又一無所有了。此運適合升官、考試、有意外之奇運，非常好。在愛情運、家庭運方面因太忙碌，無暇顧及，故不利家庭運和感情運。不過你富有了，對家人、情人很慷慨，情人和家人也會很高興的接受你了。

武貪、文昌、文曲運：此運依然具有強勢的暴發運，你也會具有文質彬彬的外表氣質。善文墨，也口才好，大有文武全才的氣勢。但是你常會頭腦不清、糊塗、政事顛倒，你會是個有點性格的老好人。此運中你對錢財是聰明的，擅於理財的，對其他的事情就不大靈光了。所以在暴發財運後，你會對錢財精明，但仍有暴起暴落的問題，故一定要有錢財過手這道手續，錢財較易保存。此運適合考試、升官，愛情運、家庭運也都和諧。你會性格剛直強悍，但人緣好，易聽信他人之言，這是你糊塗的地方。

武貪、左輔、右弼運：此運中，左輔、右弼是來幫助武貪，得財和創造好運機會的。因此暴發運更旺，暴發力量大。在錢財的獲得上更多一些，在人緣機會上更直接和迅速。不過這主要是平輩貴人（朋友、兄弟、部屬）的力量在輔助你，長輩、上司的力量較弱，是故此運在升官運、考試運上不吉。在感情運上不合諧，太強勢，又有第三者出現，會離婚、再婚，或與多人相戀，感情複雜。

武曲、貪狼化忌、擎羊運：此運是癸年生的人會遇到的運程。此運中擎羊居廟，貪狼化忌也居廟。此運中暴發運不發，你很保守，不喜與人來往，此運雖是『刑財』、『刑運』的格局，賺錢的機緣變少了，但你依然可過普通的生活，實際上比較起來，此運仍是比你其他的運程要來的富裕一些，只是多是非爭鬥，不和及災禍而已。此運中你保守、不愛動、喜待在家中，而且做事覺得份外辛勞。因為人緣不好，常起糾紛，增加你工作上的困難度。此運也會有傷災、車禍、開刀等問題。某些人也會有暴發運，但暴發運會夾帶災禍而至，讓你哭笑不得，所以不發為妙。此運考試、升官、進財全不順。感情運上也多是非、糾紛而不吉。

武曲化科、貪狼、陀羅運：此運是甲年生的人會遇到的運程。此運中你會性格慢吞吞，看起來粗狀、不聰明，有些笨。但你擅於理財、做帳，在錢財上有一套。但是錢財會慢進，拖拖拉拉的。此運依然有暴發運、偏財運，但有時會慢發或不發。此運適合軍警業，則一定會發。此運中會有傷災、牙齒、骨骼的傷災、車禍，要小心。傷災會促使偏財運快發。此運在考試運上、升官運上，以軍警業為佳，考軍校會考中。一般文職較不易考中。在感情運上不順利，會凶悍、莽撞而惹人嫌。其實你不太瞭解如何談戀愛，如何去愛人。在家庭運上，家中財多、很會理財，但家人少溝通、少說話，有事藏在心中不說出來。

武貪、火星運或武貪、鈴星運：此運是雙暴發運的格局。火、鈴在得地合格之位，故暴發運不小。此運是『武貪格』加『火貪格』或『武貪格』加『鈴貪格』的雙暴發運格。因此此運所暴發的錢財很大，或在事業上的暴發力更大。會有數百萬至數千萬元以上的偏財運。此運也可在事業上三級跳，登上高位。在大運、流年、流月三重逢合時，為一生最大一次的暴發運。可小心算出時間，好好加以利用。此運中你的運氣極旺，但你會做事粗糙、性急、速度快、講效率，性情有些火爆。對家人和情人凶悍，嫌他們笨和慢、不和睦，這是你要改善的地方。要知道常發脾氣的人，會減弱你的暴發運。因愛發脾氣的人都是運氣不好的人所愛做的事，故你實在是和好運氣背道而馳，豈有不減弱暴發運和偏財運之理？此運在考試運、升官運上都會有意外好運道。

武貪、地劫運或武貪、天空運：此運中暴發運不發。此運是『劫財』、『劫運』或『財空』、『運空』的格式，自然與錢財和運氣無緣。此運是寅時和戌時生的人會走的運程。但此運除了沒有暴發運之外，你仍有衣食之祿，會覺得比起你在其他運程上，此運是過得舒服，財運還不錯的，但是沒有積蓄留存下來。這是因為武貪俱在廟位的關係。你也會發覺此運比其他的運程賺錢略多。只是在考試運、升官運上不見更好的結果。在感情運上，你也保守，不太在乎，任憑感情的來去存留。在家庭運中，你和家人彼此剛直以待，相互不太瞭解和溝通，感情淡薄。

武曲化權、貪狼運：此運是庚年生的人會走的運程。此運中雖對宮有陀羅相照，表示環境中是愚笨、慢、拖拖拉拉、是非不明、混亂、強悍的世界，但你也是強悍的，對錢財與政治有主控力的，所以你是佔上風，有強勢領導力，能將一切操控、掌握、運氣十分好的。此運的暴發運、偏財運特強。尤其在錢財方面暴發金額很大，而且你是主導暴發錢財的力量。所以你一定會獲得大財富。或在政治上掌權，再得上大財富。此運適合選舉，或做軍警業

的大官。會三級跳的升官、掌握權力和錢財。此運你非常頑固、自有主見，不會聽旁人意見。而且你的主見都是對的。此運利於升官、考試、得財。不利感情運，會太霸道，用不對方法，不能溝通而使情人、所愛之人受委曲。但此運中你太忙了，根本無暇戀愛，或照顧家人，所以你對他們是疏忽的。

武曲化祿、貪狼化權運：此運是己年生的人會遇到此運。在此運中因對宮有擎羊相照，故你的環境中爭鬥多，而且很激烈，不過你自己的運氣旺，城牆都擋不住。你會具有無比好運，且能掌握好運，暴發大財富，可有億萬之資。此運中你的氣勢比人強，你也會圓滑，會運用權力結構的力量來主導別人。你有領導能力，又有財的吸引力，別人都會受你散發的旺運氣質來依附你。此運中你升官、考試、感情皆順利。雖然你並不真用心去瞭解別人或和別人溝通。但別人會容忍你、原諒你，因為你的財氣、旺運實在太強了，這些足以吸引人來投靠、依附，故感情也順利。你也能化解周遭的爭鬥。

武曲化忌、貪狼運：此運中，暴發運不發，且有錢財上的是非災禍之困擾，或有錢財困難的事情。這是壬年生的人會遇到的運程。因武曲、貪狼俱在廟位。故你大致上在此運中也會有生活之資、衣食之祿，但仍有錢財不順、欠債、倒閉，或錢財糾紛要解決。此運也會遇政治上的麻煩，或遭人陷害、坐牢等事。此運萬事不吉。你在此運中也特別會對錢財糊塗、理財能力不好，而造成自身財務困擾。但此運中仍有其他工作上之機會、做人處世的機會、機緣，只是和錢財有關的事較不順利而已。此運，考試運、升官運、感情運、家庭運全不吉。你會和情人或家人、家中有金錢糾紛、爭吵不休、感情惡劣。

寅宮

此運是陽巨運：此運中太陽居旺、巨門居廟。故此運中你是口才好、運氣還很旺，性格寬宏，愛講話，是少非，被人罵幾句也毫不在乎的人。此運中，你的錢財普通，適合做與口才有關的行業，好辯論，有驚人之語。大致上你是聰明、愛表現的，也不怕麻煩，愛去惹別人的，因此你會因逞口舌之快多惹是非，而又去安撫別人，很忙碌。此運你也會忙碌事業，活得很快活。只要寅、辰、午、戌四個宮位中有文昌、祿星進入，你就會具有『陽梁昌祿

』格，那你此運就有考試運和升官運了。大致上此運除了是非多，好爭鬥，多半是和男性的競爭，會得利之外，運氣算是不錯的。只要多花口舌，去解釋、解說，能平息口舌是非的災禍。此運在感情運、家庭運上都是吵吵鬧鬧很熱鬧，相互頂嘴，鬥嘴，但感情還不錯的。此運好吃食。

陽巨、文昌運：此運中，因文昌居陷，故此運中你是口才好、開朗，但外形粗獷的人。你也許外形邋遢、不修邊幅，但性格爽朗，好講話，聲音大、不精明、不會理財，財運也稍差。多是非、糾紛，也會多災禍。你是有點心機，但又少根筋的人，做事不太用心，常遭別人指責。倘若在你的命盤上寅、辰、午、未、戌宮再有祿星進入，你也勉強可考上學校，但升官較慢。此運中，你不太聰明，只有小聰明，會懶惰、貪小便宜。在感情運上機會不多，易遭人嫌，說話要小心謹慎，經過大腦想想再說較好。此運小心腸胃炎。

陽巨、文曲運：此運中文曲也是居陷的，故你不太講話，恐言語有是非。在心態上你仍是開朗的，不重言行規矩的。你的才華少而拙劣，大致上你只會小聲嘀咕、挑剔。此運好吃零食。此運是粗俗、普通的運氣，周遭環境中多是非，讓你應接不暇，你有時會大聲吵回去，有時會悶聲不吭，心中嘀咕，以度過此運。此運錢財不富裕，有衣食，但財少，沒有留存、積蓄、考試、升官無望。感情運也多是非，易有不倫之戀。

陽巨、左輔運或陽巨、右弼運：此運中左輔、右弼二助星是來幫助巨門、是非更多，爭鬥更凶，也來幫助太陽、心胸更開闊、寬宏的。太陽也是官星，故在事業上會得輔助增旺。事業運會變好，但會有更多的爭鬥、競爭在等著你。因此你原本是性格強勢（如殺、破、狼命格的人），便能孔武有力的在此發揮，得到助力而得財或事業大好。並具有口才、說服力，能服眾，有領導力。若你性格原本是溫和的（如機、月、同、梁等命格的人），你便會因太多的是非和爭鬥、競爭，覺得辛苦、不吉。最多只想找朋友合作一下，但也有是非口舌，讓你煩惱。此運你是具有合作精神的人，你會尋求協調的方式來解決紛端，也能有大量，能寬容別人。但爭鬥凶的時候，你還是跑得很快的。此運不利升官、考試，會重考、重讀、升不上去。在感情運上多是非，複雜，有數個第三者介入，一片混亂。在家庭運中亦是口舌爭執多，有他人介入，愈幫愈忙。

太陽化忌、巨門、祿存運：此運中，雖有祿存，但遇化忌，為『祿逢沖破』，故多是非糾紛，也影響財的收入不多。此運且是『羊陀夾忌』的格式，會遭災，有糾紛而造成生命危險。傷害你的是男性。此運是甲年生的人會遇此運。高雄市議員林滴娟被男友拐騙至大陸殺害，星象家陳景怡被男友所殺，皆是出生於甲辰年的人，並有此『羊陀夾忌』的惡格所致。故甲年生並有此格局的人要小心了。大運及流年逢此運的人，要注意周遭的男性，甚防此運造成性命攸關的災禍。此運中與男子不合，有是非爭端。而且事業運受阻、多爭鬥，錢財也不易容進財，只是保守的守著原有的財罷了。此運也不利考試運、感情運，會有災禍不吉。

陽巨、陀羅運：此運是乙年生的人會遇到的運程。此運中陀羅居陷，故你在此運中會顯得愚笨、不開朗，做事慢吞吞，思想也慢半拍。此運中大致看起來運氣還不錯，但是有是非、爭鬥，你敵不過別人，常生悶氣。此運耗財多，因為想不到、想的不多而吃虧上當。此運有車禍、傷災、破相。升官、

考試運不吉。感情運會是非多，被人嫌。不容易結婚。家庭運中，多口角、爭執，但大致可過得去。

陽巨、火星運或陽巨、鈴星運：此運多是非、爭鬥。火、鈴在此宮皆是居廟的。因此此運中你的性格衝動、火爆、脾氣大。表面上你是開朗的，實際上是毛躁、不穩定的。此運中也會有意外之財，但財不多，是小財，而且來的快，去的快。此運也會有意外之災害、傷災、火災、燙傷等，需要小心，並算出流年、流月、流日，夜裡睡覺也要小心，很可能火災發生在寅時。此運更要小心車禍血光。在考試運、升官運上除非你有『陽梁昌祿』格，才會有機會，否則仍是爭鬥多，不容易考上的。在感情運上也是火爆、是非多的、不順的。

陽巨、地劫運或陽巨、天空運：在『陽巨、地劫運』中，對宮會有天空星相照。在『陽巨、天空運』中，對宮會有地劫相照。故此運是有是非、爭鬥及災禍產生，而使得你什麼也得不到，掌握不到。你也會頭腦空空，對賺錢和做事沒概念，思想清高，不願去爭，故而賺不到錢，手中較拮据。此運凡事不吉，也無法在感情上有歸依。在家庭運中也是錢財不順，家人多口角，全是為了錢。

太陽化權、巨門化祿運：此運中太陽居旺，故化權也居旺，巨門居廟，故化祿也居廟，此運是辛年生的人會遇到的運程。此運的對宮會有陷落的陀羅相照，表示外界的環境不太好，是一種是非多又愚笨、破爛、莽撞的環境。而你正是運氣很旺，在男性社會團體中具有競爭力和影響力，更具有領導能力，口才好、人緣佳，你對一切事物具有掌控力，會利用你的特長來做領先示範的作用。周圍的人都喜歡接受你的領導，來與你共事。此運中雖是非口舌仍是有的，但你都會化解它們。此運在賺錢上是有利的，會賺得較多。在考試運、升官運上更旺盛，攻無不克。在感情運上，有豪爽、陽剛的男兒氣慨，口才又好、嘴又甜，因此有讓人信賴、依靠之感，故愛情運也極佳。在家庭運中你會言行氣派、有說服力，也有對家中男性的主控力，就算一家之主不是你，全家人也會以你的意見為意見，奉行遵守，家人雖口角多，但仍能在你的領導、控制下，快樂相處。此運做老闆之職、公職、業務人材為佳。

太陽化祿、巨門運：此運是庚年生的人會走的運程。因對宮有祿存相照，故會形成『雙祿』格局。但太陽是官星，不主財，雖帶化祿，表示以事業或公職得財。此運中在你的環境中是保守、閉塞型的，因此你多半會做公職和薪水族維生，不太會做業務開發、推銷之類的工作，即使做也做不好。此運中雖然你和男性友好親近，但爭鬥、競爭仍多，口舌是非也不斷。此運中你依然開朗，話多、口才好，而且更寬宏、圓滑，因此可賺到一些錢財。此運中若有文昌進入寅、辰、午、戌、申等宮，會有折射的『陽梁昌祿』格，就會有考試運和升官運了。此運大致上都不錯，也有利愛情運、家庭運，雖仍有是非口舌、爭鬥，但仍可平安的相處在一起。

太陽、巨門化權運：此運是癸年生的人會走的運程。此運中你具有極佳的口才和說服力，也擅於煽動人心，雖然在生活上、工作上競爭的爭鬥多，但你總會把握機會運用口才的特長致勝。此運中你在男性的社會團體中具有競爭力。也會製造是非、矛盾來得利。此運你性情開朗、豪爽，不怕是非糾纏，更可運用是非來得利。此運利於從事選舉或政治活動。在考試、升官上

有機會打垮別人，取而代之。在愛情運、家庭運上你有能力用良好的口才來掌控情人和家人。並能運用彼此的矛盾或心結，來達成你自己的目標。家人雖不和睦，但仍能生活在一起。

太陽、巨門化忌運：此運是丁年生的人會遇到的運程。此運中你的是非多、糾纏不清，你也會頭腦不清，內心糾葛。你的口才也不好、頻頻招惹是非災禍。要小心車禍、傷災和心情悶、不開朗。此運在錢財上也會少得。無升官運、考試運、愛情運，就連家庭運也不佳，家人在一起也多口角、爭執、是非災禍。

卯宮

此運是天相陷落運：天相是福星、陷落時便無福，會操勞不停，享受不多，凡事不順。天相也是印星，陷落時也無法掌權，易受人欺凌。因對宮相照的是廉破，表示你在此運的環境中就是聰明度不高、破破爛爛，等待收拾的殘局。而且破耗多、又窮、等待救援，故此運也極不佳，且沒有理財能力。

根本也無法收拾殘局。你是面對如此破落耗敗的景況，欲哭無淚的。此運你錢財不順，較窮困，也沒有任何的好運。包括考試運、升官運、愛情運都全無。在家庭運方面也操勞無所得，生活困苦。

天相、文昌運：此運中天相居陷，文昌居平，表示你在此運中智慧真的不高、不精明，也不會計算，更不會理財，而且勞碌奔波，生活辛苦困難。此運是窮運，對宮是廉破，表示環境不佳、破爛、窮困。而且對宮的破軍和文昌相互對照，也是主窮困的，且有水厄。要小心，勿到水邊，下大雨、颱風天都要小心，以防遭難滅頂。此運萬事不吉，且你是外表懦弱、怕事，做事能力也很差。此運中你根本無法改變環境，只有耐心熬過此運。

天相、文曲運：此運中文曲居旺，天相居陷，此運中你的口才好，但依舊是窮運，且帶水厄。因對宮有廉破相照，破軍和文曲相遇，也是主窮困和水厄的。故要小心不要落水成災。此運萬事不吉，但略有桃花、人緣。在感情運上，你會找到瘦小而口才好，聒噪的人做情侶。在家庭運上，你會利用口才來維繫窮困落寞的家庭。

天相、左輔運或天相、右弼運：此運中因天相福星居陷無福。故左輔和右弼，會增其人勞碌不停。左輔、右弼是助善也助惡的。所以二助星所幫忙陷落的天相的，只有勞碌不停了。此運中你會有一群和你一樣的窮朋友、苦難的朋友，緊偎在一起。會幫助你、支援你的，也仍會是這些窮困、苦難的人。而你也可能在此運前往災區、落後地區、饑荒、戰亂地區去做慈善、救濟、支援的工作。此運你在工作上不會有名位、職稱，也不會升官。亦不會參加考試，唸書會因事故休學。此運會發生災害、事故，讓你忙個不停。也許災害不在你身上，但會影響到你。此運感情運、家庭運全不吉，會分手、離婚、欠安。你的身體也小心會有病痛要住院開刀，受人照顧。

天相、祿存運：此運是乙年生的人會走的運程。此運中天相陷落，故祿存帶給天相的財，極少，只有生活之需、衣食之祿而已。此運中你仍是不富裕、心態保守、內向，像個小媳婦，處處怕人來欺負你。此運中因對宮有廉破相照，為『祿逢沖破』，故你喜愛存錢、拚命存錢，吝嗇小氣，但依然不富裕，多所破耗，因為環境不好，所賺的少，難以應付。此運中常有病痛、

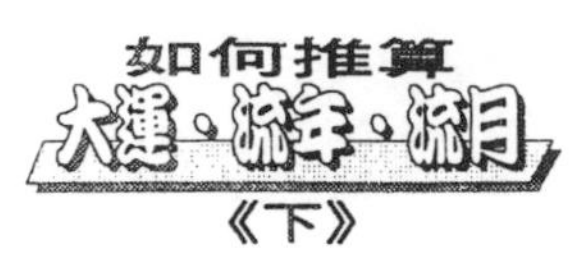

身體不太好，常跑醫院，生活也不安寧。考試、升官、愛情、家庭運全不吉，但家中稍有錢財進，可解決一時窮困的煩惱。

天相、擎羊運：此運是甲年生的人會遇到的運程。此運中天相、擎羊皆是陷落的。這是『刑印』的格局，並且都在陷落之位，故你是懦弱、掌不到權力，無法有自主權，也不平安。此運容易被人控制、綁架、脅迫、殺死。此運你也容易有惡毒、惡劣的想法，想要報復人而殺人。此運不吉，太極端，不是太懦弱，就是太衝動，全都造成對自己的刑剋傷害。此運，財運困難、窮困、愛多想、多慮、福不全，有開刀的問題，傷災、被殺害的血光之災。更要小心被性侵害。此運身體不好，有眼目及脾臟、糖尿病的疾病，也易有殘疾。

天相、火星運或天相、鈴星運：此運中天相陷落、火、鈴也在平陷之位，故也是『刑印』、『刑福』的格局。此運你會脾氣暴躁，思想惡劣、易朝向黑道的行為模式來生活。此運中你易傷殘，或有意外之災，車禍、血光等，也容易和人起衝突而遭災。更容易有天災人禍，要小心。此運也會有病痛、

易發燒、發炎、不易好，也是福不全的運程。此運萬事不吉，只有災禍。

天相、地劫運或天相、天空運：此運中天相陷落已福不全了，再遭劫財、劫福、劫印或福空、印空，真是一無所有，四大皆空了。此運小心遭災，有性命之憂。此運中，你的思想也超脫出塵，不重名利，也懦弱怕事。有宗教信仰、寄住佛寺，為吉。此運你也會有出家之念。此運錢財窘困、很窮，也想不出辦法來找錢生活。有些本命財少的人，此運會餓死。本命財稍多的人，也會經一番苦難。故要在前一個運程，預作安排，以防遭災、窮困。此運萬事不吉。

辰宮

此運是機梁運：在此運中，天機居平、天梁居廟，故你在此運中是智慧不高，但口才好、好講話、聒噪的。此運你好為人出主意，但不願負責任。有問題時，便躲得很快、撇清得很快。此運中你喜歡惹事生非，但也會看臉色，有小聰明，偶爾也會欺善怕惡。此運機梁不主財，故此運賺不到什麼錢財。但你主意多，會自做聰明做生意而虧本。此運是『機月同梁』中的主軸，故只宜為人服務得財，做薪水族最穩當。此運投資股票也會失利。是自以為聰明，但專業性不足的運程。此運若在命盤上的寅、辰、午、申、戌等宮有文昌、祿存、化祿等星，便會擁有『陽梁昌祿』格，可有考試運和升官運。在愛情運上，你在此運中會找到有小聰明、愛講話、外表瘦瘦的，長相不錯，但不太會賺錢的情人。在家庭運上，大致和諧，但家中財不豐。

機梁、文昌運：此運中文昌居得地之位。故你在此運中，外表斯文、有禮貌。智慧普通，但會理財、精於計算、小氣、錙珠必較。此運中你不會聒噪了，會穩重、有心機。此運中，若在命盤上寅、辰、午、申、戌等宮再有祿星進入，便會有『陽梁昌祿』格，此運就有很好的考試運、升官運。否則你也不太會向讀書方面發展。只是外表氣質還不錯而已。此運中大致平順，財不多，但會理財而平順。在愛情運、家庭運上也順利、平和。此運你會和長輩相處親密，得到長輩的照顧。你也愛照顧人。此運如談戀愛、結婚，會找到比你年紀小的配偶和情人。

機梁、文曲運：此運中文曲居得地合格之位。故此運中你極愛講話、口才好，也喜歡唱歌、跳舞的活動，生活愉快。此運中錢財仍是不多的，但你可用才藝來賺錢，例如教授鋼琴、唱歌、跳舞之類。此運你也喜為人出主意，人緣好，交友廣闊。此運考試不行，升官運有一些。愛情運及家庭運好。家人會快樂、幽默風趣的生活在一起。

機梁、左輔或機梁、右弼運：此運中左輔、右弼是來幫助機梁在小聰明與好管閒事上有較多發揮的空間的。因此人走此運，也會朋友多、善機謀、好管閒事、是非多，也會喜幫助別人，更會得到別人的幫助。這其中多少也會因此而得財，但此運仍是財不多的。以薪水族的財運為一個大致的格局。此運中你也喜歡和人合作事業、工作，和平輩的關係特佳，但在升官運上要碰機會才行。此運不利升學、考試，會重考、重唸、休學再讀。此運也不利感情和家庭運、感情會複雜、有第三者介入，或你成為別人的第三者。家庭中也易有外人介入，愈幫愈忙。

天機化祿、天梁化權、擎羊運：此運是乙年生的人所會走的運程。此運中你具有機謀、強勢、好爭。環境中也爭鬥多、競爭激烈，但你是為老闆去爭，為自己的工作表現來競爭，你善於謀略，會有世故的手腕、和強勢要贏的信念，故能爭得利益，也會給你帶來一些財利，是工作加薪之類、為人服務的財利。此運中你有很強的貴人運。而且你對老闆、上司、父母、長輩有影響力、主控力，會讓他們言聽計從。但這同時也是『刑蔭』、『刑財』的格局。很快的，在工作完畢時，你便不具有這種好的貴人運了，而且財祿也變少了。所以最好的是：事情不斷發生，而你始終是個重要人物，才不致被冷落、無財、無權。此運你對權力的需求若渴，倒並不特別重視錢財，因為只要努力做事便會有財可進了。此運要小心車禍、傷災，和小人暗害，使事業不順利，又多生枝節。此運你會因用腦過度而常頭痛，也容易四肢無力、酸痛，要小心肝臟、脾臟的毛病。這個運氣大致上只是勞碌，還算吉運。升官、考試辛苦有望。愛情運、家庭運較是非多、爭鬥凶，讓你煩惱。但你會有主控力來解決。

天機化權、天梁、陀羅運：此運是丙年生的人會遇到的運程。此運中你

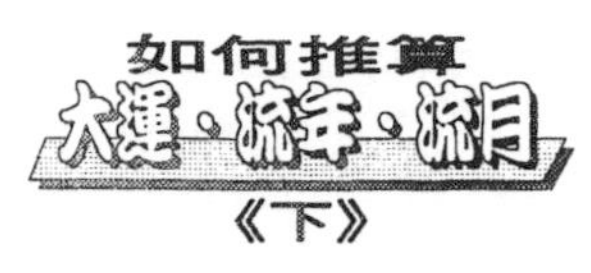

表面看起來聰明、強勢、多計謀，但實際上是愚笨的，言行不一，做事常不成功的。但是你有小聰明，能把握小的機會變化來掩飾自己的愚笨，你也會製造是非、問題來改變自己所處的景況。你更頑固、想掌握，但不一定會輪到你掌權，故此運常是成事不足、敗事有餘的，做正事拖拖拉拉，最好拖到最後就不用做了。做無聊及是非的事情很勤快去主導。此運錢財少賺、慢進，有拖延之勢。升官、考試全不行，但你也可能運用告密、拍馬屁去促成升官之事，結果並不好。在愛情運上，此運中你會交往到有小聰明、愛管事，但實際不負責任，有愚笨思想的情人。在家庭運中，家中多是非、有災禍，有笨人管事，管不好，最後由長輩出面擺平。

機梁、火星運或機梁、鈴星運：此運也是『刑蔭』格局。此運中你會脾氣暴躁、衝動、做事不求精、潦草、馬虎，也不喜人管。有反叛的思想，外表雖溫和，但內心煩惱多。此運會有意外之災，少人幫忙。因火、鈴居陷，你的聰明度也受到局限。會喜歡做邪惡、非法的事情，聰明用歪了地方。此運錢財不順，也少長輩幫助，在工作上，事業上皆有會不順利。在感情運上，要小心已有的感情，因你急躁、衝動的性格而生變。在家庭運中會有意外小災禍，讓你手忙腳亂很辛勞。

機梁、地劫運或機梁、天空運：此運中天機雖主聰明，但也算是運星，天梁是蔭星，有地劫同宮時是『劫運』、『劫蔭』的運程。有天空同宮時是『運空』、『蔭空』的運程。還好只有一個天空、地劫同宮，還不算太嚴重。此運中你能隨機應變的機會少，也少貴人來相助。你的思想方式和一般人不一樣，不喜歡用太多的權謀，也不喜歡人管，基本上是頭腦空空，自命清高式的，又搞不清自己到底在做什麼？此運在錢財上更窮困，在做人處事的智慧上更背經離道，不實際，看起來點子多，但毫不實際，也不會成功。什麼事都做不成。此運不利考試、升官、感情運。

天機、天梁化祿運：此運是壬年生的人會走的運程。天機居平、天梁居廟，故化祿也居廟。因此運的對宮有陀羅居廟相照，故此運中，你會在一個強悍，帶有一些愚笨、莽撞，有一些自困式思想、頑固、不開化的環境中，頭腦不聰明的做了一些事，而造成自己的困擾。這也是說，你在此運中，突然變笨，沒辦法認清事實，一時貪心，而讓自己背上包袱。例如此運中你會撿到錢財、因貪念，據為己有，以為發了筆橫財，但結果會引起另一件事情，失去更多，得不償失。也會因你貪功諉過，而收到另一種處罰。總之此運中，若佔到一時的便宜，最好心存正念，否則就會有不智的災禍在等待著你。天梁這顆星雖是蔭星，但在性格上有頑固、自私的成份在其中，有化祿相隨，就是得到好處。但也必須付出代價，故有包袱。此運若在辰、戌宮，有文昌（子、午時生的人）就會有『陽梁昌祿』格，以午時生的人有文昌在辰宮較好，會有高學歷，和考試運。一生較平順。無此運的人，只是市井小民。

天機化忌、天梁、陀羅運：此運是戊年生的人會走的運程。此運中你份外的頑固、愚笨了，不太動，凡事被動，頭腦古怪，思路和常人不一樣，心中悶、多是非，把別人都想得很壞，少與人來往，有自私、自閉的傾向。此運容易有傷災、有牙齒、骨骼上的傷災，也易有精神方面疾病的問題。此運凡事不吉，錢財窘困、頭腦不清，同時也『刑蔭』，沒有貴人相助，因自己頭腦的問題，父母、長輩想照顧都照顧不到。

天機、天梁化科運：此運是己年生的人會遇到的運程。此運中你會斯文一點，也會在文藝、文質工作上略有表現。說話、言行會有點文化、穩重，不那麼聒噪，自作聰明的狀況稍好一點了。但化科力量不強，也不主財，故此運仍是財不豐的。在讀書、考試上也不特別具有好運。這只是一般普通的運程。

巳宮

此運是紫殺運：此運中紫微居旺、七殺居平。紫微只是力圖平撫七殺這顆殺星，使其平順而已。此運中，你會特別忙碌，忙著工作、賺錢，喜歡打拚，大致看來運氣好，也賺錢比較多。生活平順、富裕而已，但不會大富。此運在你的命盤格式中是僅次於『武貪運』的第二等好運。因此你會很喜歡這個在巳宮的好運。此運中你會心態穩重、意志堅定，有一定的目標，頭腦雖不十分聰敏，但肯苦幹、實幹，故會有一定的收穫。此運在考試運上，大致會考得上，但成績不會很好，敬陪末座。升官運會有機會。愛情運，會因穩重、努力，讓對象有安全感而心儀。在家運中，會努力為家庭打拚，但會因性格頑固、霸道，而讓家人敢怒不敢言。此運仍有傷災。

紫殺、文昌運：此運中文昌居廟。在此運中你外表斯文、行動穩重、精明、幹練，對事情看得準，才下手去努力打拚，所以在賺錢上十分得利。你也善於理財，故錢財會大進。在事業上有發展。此運也利於讀書、考試，雖不在『陽梁昌祿格』的運上，但比較聰明，有文化素養，且打拚努力，可成功。在愛情運上，較剛直、一板一眼，戀愛機會少、桃花少，須有人介紹才行。在家庭運上，你很忙碌、精明，會影響家人一同努力。此運仍有傷災和腸胃方面的毛病。

紫殺、文曲運：此運中文曲也居廟。故此運中你的口才好、才華多、喜唱歌、跳舞，到處聊天，人緣好、桃花多，十分忙碌，也會用人緣關係去升官、發財，故錢財也會多賺一些，升官也有望。此運不利考試，因交際應酬多，無暇讀書。此運有利愛情運，你會交往到外表穩重、做事賣力、口才好、才華多，極愛表現又忙碌的人。在家庭運中，會因口才和人緣桃花強，使嚴肅的家庭氣氛緩和、平順一些，但仍是忙碌於對外交際和賺錢的。此運仍有傷災和身體下半部寒冷的毛病。

紫殺、左輔運或紫殺、右弼運：此運中左輔、右弼會助紫微尊貴、平順，也會助七殺強悍。因此在此運中會有好的事，也會有壞事發生。此運中爭鬥多、競爭凶，你也好競爭，會參與爭鬥，在經過一番廝殺之後，你會贏，更增加你的驕傲之心。在另一場爭鬥之中，你就不一定會贏了，這是定數。此運中你會自恃驕傲、目空一切，只會對能幫助你的人，或對你有利的人有好臉色。你也會與人有利益交換以換取勝利。此運中你極善打拚、不顧一切的想贏，故會得財較多。但在升官運、考試運上別人幫不了忙，故不見得吉。在愛情運、家庭運中也不吉，會因太凶悍，助惡、助不吉的人多，而感情不順，你又高高在上，一付六親不認的態度，故易分手、離婚，要小心。此運會有傷災、皮膚病、脾臟不好等問題。

紫殺、祿存運：此運是丙年和戊年的人會遇到的運程。此運中祿存的財，是辛苦打拚的財。祿存逢殺星，仍是『祿逢沖破』，故表面上看起來此運賺錢較多，實際上是紫微力圖平順的結果。此運是孤君無輔、被羊陀相夾的運程。故你會保守、小氣，只自顧自己，埋頭苦幹，賺自己所需的財，不會是大財。此運中你在心態上會高傲，不與人來往。人際關係差，又自私小氣，只做一定份量的工作，六親不認。是故機會是受限制的。此運在考試運、升官運上表面看是好的，實際是受限制的。有某種困難度的。在愛情運、家庭運中也會因為自身想法上受限制而與情人、家人有隔閡不吉，不能溝通。實際上此運難交到異性朋友。此運身體不好，常有感冒等病痛。

紫殺、陀羅運：此運是丁年、己年生的人會遇到的運程。此運中你特別強悍。是一種慢又笨，又蠻幹的強悍。紫微一下子要力撫居平的七殺，和陷落的陀羅，力量就略顯不足了。因此會有傷災、車禍等傷剋。而且走此運的人在性格上也會有頑固、悶聲不吭、多是非糾纏，做事不聰明、不俐落、拖拖拉拉的、智慧不高的現象了。此運適合軍警業，能突破此種禁忌。做文職的人，會更笨，能力更差，運氣也不好。此運不利升官、考試，會打拚能力差，智慧不足。也不利感情，會凶暴、頑固、多惹是非災禍。故不利愛情運、家庭運。錢財也會少進，有延遲現象，耗財也凶。

紫殺、火星運或紫殺、鈴星運：此運中火星、鈴星都是居得地合格之位的，故此運中，爭鬥多，而且是惡質爭鬥。紫微趨吉的力量也會減弱。此運中小心、殺星太多、太重，你會更辛苦、衝動、急於打拚，但速度快、潦草，做事做不好而失敗。此運不利財運，會來去都快。也不利考試、升官、感情等運。太衝動會壞事。你在此運中也會有思想不正的想法，會做一些讓自己後悔的事。此運多車禍、傷災和意外災害，要小心。

紫殺、地劫、天空運：此運是四星同宮運。你會終日忙碌，而無收穫。也會不忙正事，或忙些與財運、升官運背道而馳的事情。此運表面看起來運氣很好，也全然不知道運氣裡的財祿、工作成果會被劫空。其實這是由於你自己在思想上的偏差所造成的。此運中你最會用『只問耕耘不問收穫』這句話來自勉。但真正沒有收穫時，你又會洩氣，覺得不公平。此運升官、考試無望，也不想。在賺錢方面，錢財來去，沒有留存。在感情運方面，無緣。此運你也會出塵脫離俗世，皈依宗教、出家或避世，有孤獨、不想與人親近之感。

紫微化權、七殺運：此運是壬年生的人會走的運程。在對宮亥宮會有祿存、天府相照。故你雖強悍，有打拚使一切順利祥和的力量，但仍保守、自命高尚，又頑固、強勢的要主權專政。此運你的打拚能力強，會賺到很多錢。但其格局仍會在一個小框框之中，你會做公職或薪水族，錙銖必較的存錢。此運在升官運、考試運上，努力必有所獲，成績也會好。在感情運、家庭運上可掌握主導權，但必需付出極大的心力、勞力，在經辛勞而後得。

紫微化科、七殺運：此運是乙年生的人會遇到的運程。此運中你很會打拚，也會利用方法使自己的地位高升。此運你的氣質高貴、能力強、精明幹練、討人喜歡。但這是在工作上，在愛情運、家庭運中，你是強勢的，有點凶悍的，但會利用方法手段來使平順，此運你較有氣質和文質及文藝氣息，這會有助於考試運。

午宮

此運是空宮運，對宮有同陰相照的運程：若空宮中無任何主星，此運是空茫、模糊、運氣不明的狀況。但你仍會感覺到環境中有溫和、有情、溫柔、有人對你好、環境富裕的世界。此運中相照的天同居旺、太陰居廟。你周遭環境中財多，溫和、環境很好，所以此運你也會有溫和、陰柔、財運順利、富足、有積蓄、不愁吃穿用度的生活。此運你大致是在公職或薪水族的層次得財維生。你也可能從事文教職或醫療行業、學術行業。此運大致運氣還不壞。考試、升官運不強，但有利。愛情運、家庭運還不錯，但需對宮也無凶煞之星才會真正好。

文昌運，對宮有同陰相照的運程：此運中因文昌在午宮居陷，雖環境不錯，但你是個聰明智慧皆低，又粗俗、沒文化的人，精明度差、工作能力差，計算、理財能力差，故所得的錢財少。此運你不喜歡讀書、學習，有些頑劣，心中有奸謀，是小奸小詐，不成氣候。人緣關係也差，惹人討厭，故機會也少。此運不利升官、考試，也不利感情運、家庭運。此運小心車禍及腸胃炎。

文曲運，有同陰相照的運程：此運中文曲也居陷，故此運中你口才差，常惹口舌是非，雖環境中溫和、財不少，但你賺不到。你的才華不佳、人緣也不好，因此影響你得財和人際關係。此運沒有升官運、考試運、愛情運，在家庭運中，也是別人對你不錯，但你自己不能把握，常製造是非、混亂，讓家人傷腦筋。

左輔運或右弼運，有同陰相照的運程：此運中，你是外表溫和、秀麗，和平輩的人感情好，喜歡交朋友、重情義，也異性緣重，喜談戀愛。很黏人，也容易同時愛上兩、三人，難以抉擇。此運你不喜歡得罪人，在做事上很負責，但也會三心兩意、拿不定主意，愛找軍師出主意。此運沒有考試運、讀書運，容易休學重讀，或重考。升官運也不行。感情運較複雜，會有多角戀情或有第三者介入。在家庭運上容易離婚、再婚。在財運上還不錯，可穩當的、按步就班的得財。此財是『機月同梁』格，屬於做薪水族、固定上班所賺的錢財。也會有貴人助財。

祿存運，有同陰相照的運程：此運是丁年或己年生的人會走的運程。此運中，**若是丁年生的人，本運為祿存運，但對宮有天同居旺化權、太陰居廟化祿相照，**這是『雙祿』格局，且帶化權，故此運財運特佳。而且有自然天成的享福力量，可輕鬆得財，又對所有的事有主導力。並且可一面享福、享受，一面生財主富。生活富裕、心情愉快。此運利於升官、考試，一定會中。也利於愛情運、家庭運。雖然你很保守、小氣、會存錢，大家願意把錢讓你賺。此運中是天生的好環境，促成你主富的力量。若是**己年生的人，有祿存運，對宮有同陰相照，**同陰也是居旺、居廟的，此運就比前一種人的運程，財沒那麼多了。但依然生活穩定富裕。你的財是一般薪水族，生活平順的財，也可過得不錯。在考試運、升官運上有希望，但你會保守、孤獨、內向，對感情不利。在愛情運與家庭運上是被動的，須先有人對你好，你才會慢半拍的回報他。因有羊、陀相夾，故你是膽怯的，自怨自艾、小媳婦似的心態來承受別人關愛的眼光和心意。

擎羊運，有天同化祿、太陰相照：此運是丙年生的人會走的運程。此運

為『馬頭帶箭』格，因擎羊居陷，故在此運中多爭鬥、競爭，人走此運會陰險、狡詐、尖銳、敏感。因外在的環境是溫和，帶有財祿，又有情感充沛的，又是喜歡享福的世界，所以你只要用一點聰明、狡詐、陰險，就能所向披靡，賺到你所要的錢財了。但此運仍是『刑福』與『刑財』的運程，所以錢財不會太多，會是做薪水族、公職的薪水之資，而且是帶點愛享福、享受衣食癖好、帶點懶勁，不太積極的運程。此運有車禍、血光、傷災，也會有因享樂而造成的病痛，更會有血液循環不良的毛病，或淋巴腺等循環系統有問題，要開刀。並有常頭痛、常煩憂、四肢無力症。老年時走此運皆要小心有過不去、生命將終止的危險，此運財並不多。

擎羊運，有天同、太陰化權相照的運程：此運是戊年生的人會走的運程。此運也是『馬頭帶箭』格，此運比前者的運勢強，因對宮有太陰居廟帶化權相照的結果。此運你仍然多慮、多計謀，帶些陰險狡詐的性格，但喜歡掌權、管錢，也會利用感情及敏感力，帶有陰謀的方式來生活、賺錢。此運仍是『刑財』、『刑福』的格局，所以你也仍會勞碌、多操煩，比前者更甚。此運

中錢財不多，但過得去，因天生環境好，自己又喜歡爭，又容易掌權、管錢，此運比丙年生的人要好。此運仍是爭鬥凶、競爭激烈的，但升官、考試、愛情、家庭運皆不利。要小心開刀、車禍、血光、受傷等事件。也是老年時走此運易死亡的運程。此運亦有頭痛、精神衰弱、四肢無力、多病痛、有血液、淋巴等病變，要開刀的可能。

火星運或鈴星運，有同陰相照的運程：此運中你會脾氣火爆、衝動、性急、不耐煩。此運有意外之財，但快來快去。此運也有意外之災，也來的快，如車禍、傷災、血光，或水火無情等等。此運多半是速度太快所發生的事故。此運仍是『刑財』、『刑福』的格局。整體上講財運仍是不太好的。但會有衣食之祿，生活過得去。此運不利考試、升官、愛情等運。家庭運中也易不和。

地劫運或天空運，有同陰相照的運程：此運是『劫福』、『劫財』或『福空』、『財空』的運程。並會因思想上的空茫、不積極，或抓不住方向、目標，而得不到財、享不到福。更重要的，是你在天生的感覺系統上，敏感能力上失去作用，所以你會有新的想法和點子，很勞碌的去做一些與財背道而馳的事業。因此此運是你周遭的環境不錯，有溫和、多情對你好的人，也是財多的環境，但你仍無法掌控財、享到福。此運仍會有衣食，但財不多，也存留不住。做事也常白做。此運中做任何事業皆一場空。沒有桃花，也缺少緣份，故不利感情運。在家庭運上易分手、有事故，凡事也不吉。

空宮運，對宮有天同、太陰化忌相照的運程：此運是乙年、庚年生的人會遇到的運程。此運中，你的運氣空茫，且環境中是平和、懶散，有錢財上的問題、麻煩，也與女人不和的。而且也易生病、有車禍、血光、精神不繼、衰弱或歇斯底里的症狀。此運中你沒有目標，思想灰色，心情很壞，不想與人來往、交談，也易與人有是非。你對人的敏感力不佳，不會看人臉色，但又自覺敏感，容易受氣、生氣，像個小媳婦、可憐蟲。但這一切都是你心情上和思想上的問題。日子仍會過下去，這只不過是你人生中許多情緒、運氣上的低落點而已。過去以後，你就不再記得了。此運不利考試、升官、賺錢、感情等等。家庭運不強，但無大礙，只是你和家人略有不和，有小磨擦而已。

未宮

此運是空宮運，有武貪相照的運程：此運中若無較大的主星出現，大致上仍算是好的。也只要沒有化忌、劫、空出現在丑宮、未宮，你就會有暴發運、偏財運。但此暴發運和偏財運，不會比正坐武貪運時強。因為這是空宮運，有武貪相照的力量，自然比不上正坐暴發格的運程了。此運中，你也能多得錢財。因為在此運的環境中，就是財星與好運星同坐，財祿與機會都非常旺盛的緣故。此運你也會處在一個忙碌，周圍人都性格剛直、速度快、人情味較少的環境中，而你又是茫茫然，沒有目標，頭腦空茫的人，你也會看著別人、跟著別人一起忙碌。此運中你的環中也充滿著政治意味，好爭鬥、競爭的意味，你會隨著環境的氣氛而運氣波動，但狀況還不壞，只要你自己肯積極努力便可突破許多障礙，拿到你所想要的東西。此運在升官、考試上須加把勁才可成功。在愛情運上你會茫然，不具有桃花，新戀情很少出現。在家庭運上，你會頭腦不清、茫然、一板一眼，家人之間彼此冷淡。

文昌、文曲運，有武貪相照的運程：此運中文昌居平，文曲居旺，故你在此運中口才好，但頭腦不精明，計算能力稍差，還是會有。此運你是外表溫文儒雅，較喜歡享福，桃花重，喜男女情色之事和談戀愛。但會有頭腦糊塗、政事顛倒的問題出現。此運依然有相照的『武貪格』偏財運和暴發運，但沒有正坐武貪運時大。此運中你的環境是富裕、機會多的，故你會態度從容不迫，按部就班的來做事和生活。此運雖你不頂聰明，但會裝做聰明、愛計較的樣子，但仍要小心為桃花破財。此運在錢財上舒適、生活無虞。在升官上有機會，文武職皆佳。在愛情運與家庭運上皆有斬獲，可獲得長相美俊、氣質不錯、口才好、有才藝的情人。家庭中也會相處和諧愉快。此運有臨時貴人，但稍縱即逝，要好好把握，只有偶然碰到，在一小時之內的貴人，會幫你的忙。

左輔、右弼運，有武貪相照的運程：此運中你會溫和、有禮、有教養。並且有合作精神。與同輩的人感情好，也具有同輩的朋友、兄弟、部屬、同事的平輩貴人運。此運是在一個財運、機運都不錯的環境下，又有許多人的幫助而能成功。且此運的暴發運會較強，因有眾人協助之故。但此暴發運仍不會比丑年的強，因仍屬空宮運。此運你在人際關係上和同輩的人很有默契，但在長輩運上不見得使得上力，因此在升官運上看不見效果。在考試運上定會重考、重讀。亦不利愛情運，會有多個戀人或多角戀愛出現，你在此運中太博愛了，大家都是好朋友。此運也易離婚、再婚，對家庭運不利。

擎羊運，有武貪相照的運程：此運是丁年生的人會走的運程。此運中你沒有偏財運，而偏財運。暴發運全集合在丑宮的運程。此運中會爭鬥多、競爭激烈，影響你的財運，工作不順，多傷災。這些都會讓你頭痛。但你在此運中會多計謀、衝動、有奮發力，想殺出一條路出來，故此運多操勞、辛苦。此運多不吉，性格強悍、剛直、多疑、嫉妒、愛報負。如果計較得當，有考試運。但升官運和愛情運、家庭運則不吉，有不順、破敗、多破耗、花費的困擾。

陀羅運，有武曲化權、貪狼相照的運程：此運中你的偏財運有慢發、不發的趨勢。你也會頭腦頑固、強悍、自以為是，不接受別人的意見，而犯錯，

做下笨事。此運錢財慢進，拖拖拉拉。你也會有心情悶、不開心，有事藏心底，多是非口舌的麻煩。倘若大運是此運，逢丑年走武曲化權、貪狼流年運時，還是會有極強的暴發運，有大財可進。倘若流年是陀羅運，但流月逢丑宮走武曲化權、貪狼流月運時，也會有偏財運可進財，皆有不錯的收入。但大運、流年、流月都在未宮，走陀羅運時，較不會發。陀羅運都有傷災，車禍、口唇、牙齒、骨骼有傷災，宜小心。且不利考試、升官，亦沒有桃花運，人際關係不好。且愛情有變，情人易變心，也會有結婚結不成，被嫌棄之可能。在家庭運上，多是非紛爭，相互傷害，不理會。

火星運或鈴星運，有武貪相照的運程：此運為『雙暴發運格』。在此運中你的意外之財來得快速，且暴發力強，多半是在錢財方面有好機會爆發。但財會來得快，也去得快。若大運是此運，則丑、未年有暴發運。若流年是此運，則逢運行丑宮、未宮時有此偏財運。可推算出來，以利準備和料理財務。此運也要小心有意外之災、車禍等事，會阻擋偏財運的暴發或發得小，或災、吉同至。此運更要小心，勿衝動、發脾氣產生不吉反災的問題。此運有意外之考試運，升官運。但其正運在升官、考試上是不強的，有刑剋的。只能說是暴發運所帶來的好運罷了。此運不利感情運、家庭運，因脾氣急衝、火暴、不耐煩，而與情人、家人不和。

地劫運或天空運，有武貪相照的運程：此運中你沒有偏財運或暴發運，但在丑年，或大運逢丑宮有武貪的大運時，會有暴發運。流月運在丑宮也有，但在未宮正坐地劫運或天空運時沒有暴發運。此運中你頭腦清高、空茫，只會花錢，不會賺錢，花錢也不心疼，因為頭腦中的思想變得不實際了，價觀不重視錢財了。因此賺財少。但會因環境中仍富裕，故生活無虞，不會太困難。此運中你什麼都不想做，也會光說不練，是點子多，計畫好，但不會去實行。奮鬥打拚的力量不足。此運萬事不吉，生活目標在停頓呆滯的狀況。

擎羊、火星或擎羊、鈴星，對宮有武曲化祿、貪狼化權相照的運程：此運是己年生的人會遇到的運程。此運中你非常辛苦，脾氣愛計較，又火爆、衝動，容易做下後悔之事。此運爭鬥多，有意外之災。此運雖也是『雙暴發格』之運程。但在走未宮的運程時，會因暴發而帶來傷害，在走丑宮的武貪

運時，才會真正有好的暴發運。故此運在大運中也只有丑年會有較大的暴發運。在未年是意外財運有，但也夾雜著是非爭鬥，傷災、破耗等不吉。是有吉也有禍事的運程。此運若在流年運中，則在流月逢丑宮的運程是實際享受暴發運的運程。在行運未宮時亦是吉凶參半嚴重，有禍事和有些微意外之財的運程。此運考試、升官、感情全不吉。

擎羊、天空運，對宮有武曲化祿、貪狼化權、火星（或鈴星）相照的運程：此運也是已年生的人會走的運程。當你正逢未宮的『擎羊、天空運』時，你是沒有偏財運和暴發運的。你一定要走到對宮丑宮的『武曲化祿、貪狼化權、火星（鈴星）』才有偏財運和暴發運。也就是說在『擎羊、天空』運的大運裡，你沒有較大的暴發運，但是會在丑年暴發較大的偏財運和暴發運。倘若大運、流年、流月都逢到丑宮的武曲化祿、貪狼化權、火星（鈴星），就是一生中最大的暴發運了。但也不是每個人都碰得到的。

另外，在流年逢『擎羊、天空』運時，你會在流月逢丑宮有武曲化祿、貪狼化權、火星（鈴星）運，在流月上會有暴發運、偏財運。因為此流年運不是很好，有刑剋、多爭鬥，而且愈爭愈空，故流月有暴發運、偏財運，得到的錢財較少，也會快速消耗掉，沒有了。流年運的『擎羊、天空』，談的就是這一年總結的運氣是不好的。流月運談的是一整個月的運氣，以此而定。

在『擎羊、天空』的運程中，表示此運是爭鬥多、煩惱多、百事不順，最後會成空的，消耗多，或是收不到、拿不到很多收穫的。此時對宮有武曲化祿、貪狼化權、火星（鈴星）相照，表示外面環境中的運氣很好，財運特好，速度快，熱鬧滾滾，機會很多，是可以讓你來選擇掌控的。但是由於你自身的思想、計謀老是往不實際、清高、不積極的方向去想，故你有這樣好的環境，雖不致太窮，仍會有食祿，但基本上你已受到刑剋而賺錢少、消耗多，以至於成空了。此運中一定有許多是非、傷災，讓你沒有產生好運或暴發運。所以在『擎羊、天空』的運程中，你是不在乎財的。你是心口不一的，嘴上說要努力賺錢，但內心卻計較著許多小事、煩惱，而沒向賺錢、做事之路去努力。故此運凡事皆不吉。

空宮運，對宮有武曲化忌、貪狼相照時：這是壬年生的人會走的運程。

此運一生都沒有暴發運、偏財運。且逢丑、未年，或行運（無論大運、流年、流月、流日、流時）丑宮皆無偏財運。此運反而有金錢上的是非。在你外界的環境中是帶有錢財麻煩和困擾的世界，機會是有，但財運不好。並且還有政治上的鬥爭，所以你在此運，或在丑宮的運程，兩者都是具有不吉的進財運的。在工作、事業、升官、考試、愛情等運上也都不吉。

空宮運，對宮有擎羊、武曲、貪狼化忌相照時：此運是癸年生的人會走的運程。此運也不吉，這是『刑財』又『刑運』的格局，因此財也會少，因周遭的人緣關係壞、機會少、是非多、爭鬥凶，故你也賺錢少，凡事不吉。此運仍會有衣食之祿，不會餓死。

申宮

此運也是空宮運，對宮有陽巨相照的運程：此運中同是空宮，算是空茫的運氣。外界環境中倒是開朗明亮，看起來運氣不錯，比較陽剛，有寬宏的境況，你也與男性的關係好。但同時這也是個競爭激烈，充滿男性的競爭者，且是非口舌多，災禍也不少的運程。此運中你也會愛講話，不太用大腦，喜歡聊天和愛吃零食。倘若空宮中有天姚進入，那更是愛聊天、愛說、愛串門子，擺龍門陣的運程了。此運是正事做不成，慵懶，愛指使別人做事，自己是動口不動手的。所以此運是表面看起來不壞，但奮鬥力不足，也很難有表現的運程，不利升官運、考試運、感情運。

文昌運，對宮有陽巨相照的運程：此運中因文昌在得地合格之位。能形成折射的『陽梁昌祿』格，若再有祿星在寅、申、辰、子等宮出現，便格局完美，會有讀書運、考試運、升官運。且此運中你會外表斯文，有禮貌，有氣質。也會精明幹練，計算能力好。並且會理財，通文墨，雖然環境中多是非口舌的糾紛，但以你的聰明、才智可化解。運氣平順，算是中等趨吉的運程。此運錢財雖不多，但會以薪水族的薪資過活，算得很清楚，故生活平順、幸福。

文曲運，對宮有陽巨相照的運程：此運中你的口才好、才華多。外界的環境是開朗、好講話，也爭鬥多的，但你的人緣好、桃花多，嘴甜，可化解

許多紛爭。此運也能靠口才吃飯，生活平順充足。但考試運不強，升官運有，會帶著口舌是非周至，也必要以口才來維生。此運有利感情，但易招惹桃花是非、糾紛，或因桃花緋聞，有小耗財。家庭運大致還好，家中人喜鬥嘴，但生活還愉快。

左輔運或右弼運，對宮有陽巨相照的運程：此運中你會外表溫和、內斂、穩重、不張狂，但有點小媳婦的樣子，你周遭的環境是男性多、陽剛，表面爽朗、不拘小節、粗獷而爭鬥多、是非多的，你會有點擔心，害怕爭鬥會扯上你，你希望能平撫糾紛、爭鬥，希望能幫助大家心平氣和，因此你會做和事佬，以穿梭交際的方式，游走在朋友之間，建立良好的關係。此運中你的關係完全是平輩的關係，故你沒有長輩貴人運。也沒有考試運、升官運，唸書容易休學重讀，考試易重考，升官升不上去。做事易失敗重來。感情運易三心兩意，或發生多角戀愛。家庭運會有第三者介入。

祿存運，對宮有太陽化祿、巨門相照的運程：此運是庚年生的人會走的運程。此運也是『雙祿』格局，故在進財方面是較豐厚的，但是工作上、事業上的競爭力強，運氣旺，機會多而形成的。此運同時你也是身處是非糾紛多的環境中，你很保守、孤獨，但又不得不周旋在此環境中，心境上很辛苦。可是還算開心，很快就會忘掉不愉快，和口舌是非。你依然有寬容的心。此運中若再有文昌星出現在命盤中的寅、辰、午、申、戌、子等宮，你便會有『陽梁昌祿』格，那此運你的升官運、考試運也就很好了。此運的愛情運比較差，你會很保守，或內心爽直，也計較，會把異性朋友當普通朋友看，或是以哥們、兄弟來看待，因此愛情運很難直接形成。在家庭運中尚好，你很保守，但家中的人口舌是非多，仍可相處在一起，是熱鬧哄哄的場面。

陀羅運，有太陽化權、巨門化祿相照的運程：此運是辛年生的人會遇到的運程。此運中，陀羅是居陷的，表示會有一些傷災（牙齒、骨骼的傷災、車禍等），凡事也會有拖延之勢。但是在你周遭的環境中，會具備對男性有主導權，也會用口才來得利的好運。因為環境好，雖然你自己慢一點、笨一點，但狀況還不太差。只要你警惕自己不要煩惱太多、太頑固，凡事找人商量一下，有事要說出來，你便仍能掌握在說話口才上的優勢，以及和男性的競爭力了。此運用操勞可擺平不順。此運也只要命盤中的寅、辰、午、申、戌等宮有文昌進入，你也會有考試運、升官運，不過會稍為拖延一下，慢了一點。但只要你的才智夠，應該運氣還不算很低的。此運也會有進財慢，和稍為減少的困擾。在感情運上，也容易被人嫌，不順利的狀況。在家庭運中仍有是非、災禍發生，不算很嚴重。

火星運或鈴星運，有陽巨相照的運程：此運中火星、鈴星是居陷位的，較凶，故要小心火災、燙傷的問題，也要小心意外之災或車禍的問題。此運中你的性格急躁、火爆，做事快速、潦草、馬虎。在你周遭的環境中多是非、爭鬥，而且是男性間的爭鬥，有口舌是非，要小心。此運雖不吉，但小心過日子，也不會太壞。只是財運不見得好，升官、考試、感情上也都不順利。

地劫運或天空運，對宮有陽巨相照的運程：此運中，倘若是地劫運，對宮就有陽巨和天空相照。倘若是天空運，對宮就有陽巨和地劫相照。因此你在思想上是清高，對財不重視的，幻想多、不實際的。對事情也常有另類的看法，因此掌握不到對自己有利的機會或利益，在考試、升官運、感情運上都會做不成、不順利。

倘若是甲年生的人，有地劫運，則對宮有太陽化忌，巨門、天空相照：此運中你掌握不到任何好運機會，而且也會有男性與你作對，有是非災禍。在升官運、考試運上根本無機會可言。你會保守、內向，事業難開展。很多事情會因是非爭鬥而無疾而終。

倘若你是甲年生的人，有天空運，則對宮會有太陽化忌、巨門、地劫運：表示你會因思想上的不實際，也會因環境中的是非和多爭鬥，好運被劫走。此運你也是保守、內向，事業難開展的，很多好運、好事會突然被劫走而無疾而終。

空宮運，對宮有太陽、巨門化忌相照的運程：此運是丁年生的人會走的運程。此運中你的運氣空茫，環境中多是非爭鬥和災禍。這些問題會影響到你凡事不順。故做任何事都帶有是非糾紛的影子而不順利，亦要小心車禍、傷災或病災。也要小心與男性之間的爭鬥、是非問題。此運中升官、考試、愛情運會都不成功。

酉宮

此運是廉破運：此運中廉貞居平、破軍居陷。此運中你是頭腦智慧不足，沒有企劃能力，破耗多。凡事想打拚，性格剛強、頑固，但運氣極壞，一定會愈做愈撐，破敗愈凶、愈快。此運是惡運。最好小心、謹慎，不要太衝，也不要在此運中再做投資，以防破敗，否則會很慘。此運中很多人會倒閉、失業、情況很慘。此運不利升官、考試、愛情、家庭運。此運是窮運，是錢財少，又破耗多，入不敷出的運程。此運中你也會脾氣壞，不講理，言行舉止都很差，感覺倒霉到底了。

廉破、文昌運：此運中，雖廉破居平陷之位，但文昌居廟。依然是窮運（因為破軍逢文昌、文曲都是窮運）。此運中你是有氣質、有特別的堅持、固執的人。很愛打拚，但對錢財沒概念，有另類的價值觀。你會不計代價，喜歡美好的東西，會不顧一切的耗財。此運賺錢不易，賺得少。很多事你會顧及身份、地位而不顧去做，因此賺不到錢。此運你會有文化氣質、喜歡文藝、修養也較好，做事精明，但財運不好。此運為寒儒色彩的運程。此運即使有升官運，也是有名而無財利的清高職位，也可能升不了官。此運沒有考試運，會唸書辛苦，抓不住正確方向。此運在感情運上也會觸礁，因為人緣不佳，易剛直、衝動，凡事不順。此運要小心水厄、傷災。

廉破、文曲運：此運中，文曲也居廟。此運也是窮運。但你的口才好，說話大膽，有些狂妄，但略有人緣，才藝。但升官運、考試運不吉。在感情運與家庭運中因財不多，有寒酸之相而多口舌是非。家運會因財源窘困而口惠實不惠，而有抱怨之聲。

廉破、左輔運或廉破、右弼運：此運中，左輔、右弼是助惡而不助善的。故左輔、右弼幫助廉破的是：更大膽妄為和破耗更凶。在此運中你會和一些和你一樣大膽及運氣不好的人交往，或是具有一些窮困、無聊的朋友，相互無助益，根本無法幫助你，反而更拖累你。所以你是十分辛苦的。此運不利考試運，會重考，且成績差。也不利升官運。更不利感情運、家庭運，會破敗，也可能因離婚而家人分散。

廉破、祿存運：此運中是辛年生的人會遇到的運程。此運是『祿逢沖破』，故此運雖有祿，是有飯吃、有衣穿，是衣食之祿，但無法富裕，仍是窮苦的環境。此運你人很保守，打拚能力不強。所賺的一點錢只夠吃飯，沒有積蓄留存。此運在考試運、升官運、感情運上皆不強。在家庭運上也是家中財少，只夠糊口，家人各自顧各自的，感情並不十分親密，還會有嫌隙產生。此運多病，身體會不佳。

廉破、擎羊運：此運中，爭鬥多，是非災禍多，會破敗、刑剋，賺不到錢。此運也傷災多，十分辛苦。做生意的人逢此運定倒閉或虧損連連。軍警業的人逢此運會遇難殉國。此運會有車禍傷災，小心有性命之憂。政治人物逢此運，不是被鬥爭，便是要小心被槍殺。此運萬事不吉。

廉破、火星運或廉破、鈴星運：此運中，也是爭鬥多，是非災禍多，且有意外之災害產生。也會有相鬥火爆的場面。政治人物或與黑道有關的人物，都要小心被鬥爭或槍殺的危險。此運不吉，也會錢財困難、破耗多。

廉破、地劫運或廉破、天空運：此運中，你會看破紅塵、世俗的一切事物。因為運氣極低靡，家庭中發生很多不順、不愉快的事，有突變和生死的大事，因此你在此運中極易投身宗教，做一個信仰虔誠的教徒，又開始新生了。此運中你易萬念俱灰，不想再爭鬥、努力。這是一個極至，到谷底的運程。很多人在此運中拋卻俗物而出家。這也不算不好的。人走此運會窮途末路，破耗成空。也要小心，若遇車禍、傷災，或天災人禍，則性命不保，有惡死的可能。此運你會什麼事都看得很沒希望，常有要放棄的想法。所以也會有想自殺的念頭。此運什麼也抓不住、握不到，故也萬事皆空。

廉貞化祿、破運化權運：此運是甲年生的人會遇到的運程。此運中你會喜歡打拚，很有衝動、做事積極，但也破耗多，而且是執意，強力要破耗。（因破軍在陷位，帶化權，化權也居陷之故。）此運仍不能做生意，一定會有極大的虧損出現，或欠債。此運中廉貞化祿雖有祿，但廉貞是居平帶化祿，化祿也居平，故祿不多、不強，是公職、薪水族的衣食之祿。廉貞化祿有特別的解釋，是在精神上的享受，表示有艷遇或喜好古董、蒐集等特殊的愛好。故此運中的打拚能力也許看得到，但是打拚的結果並不是很強，很有用的。

而且會為自己喜好的東西或事物，投下大筆經費或精力，也是另一種極嚴重的消耗。此運更要小心為桃花破財或有一夜情而付出慘痛代價的經驗。此運程中你也會強力的喜歡一些叛經離道的事情，及做一些大膽妄為的言行。此運會對你的人生有突破，但往好的一方或壞的一方的可能性都有。這要看你本命的命格中是好的，還是邪惡的才能論定了。你若是走正道的人，逢此運雖賺錢不多，運氣稍差，但你會開創新局，也不是不好的。若你不積極又不走正道，此運會更助長了為惡的本質，在酒色財氣、破爛之事，黑道中闖蕩了。此運不利考試運、升官運，在軍警業有可能，在文職較不可能。在文職中，老闆會請你吃吃喝喝、玩玩，來獎勵你，不見得會給你升官。在感情運上，小心有不倫之感情、婚外情，或與品格不佳、環境複雜、低下的人有不正常的關係。在家庭運中，財不多、破耗多，且有大錢要出去，但有窘境無錢可付的狀況。此運要小心傷災和生病，而享受清閒。

廉貞化忌、破軍運：此運是丙年生的人會遇到的運程。此運中，會有傷災和開刀的問題，是身體、精力破耗了。此運也要小心是非紛爭多，和官非嚴重的問題。你在此運中會頭腦不清，做下笨事而破財或遇難。此運也會有官司糾紛而破財消災。此運萬事不吉。此運你會很窮，且多是非災禍。

廉貞、破軍化祿運：此運是癸年生的人會走的運程。此運中你是頭腦智慧及策劃能力平平，但會有一些小錢來讓你破耗。你想花錢就有得花。但花完了也會窮困的。此運中你不富裕，境況是窮的，但能找到錢來花。也許是借的，也許是用不好的方法或態度去要的。此運也不宜經商，你會東拉西湊一筆錢，開辦事業，但都會虧損掉。此運在考試運方面，雖有稍許努力，但運不好，也可能有意外的愛好而放棄。在感情運上，會有意外不正常的感情出現。在家庭運中，你也是寅吃卯糧、東拉西湊的來花錢。

戌宮

此運為空宮運，對宮有機梁相照的運程：此運為空茫的運程。因為相照的機梁也不主財，故此運財少、拮据，會有些窮困。但你若有工作則可靠薪水之資而有衣食之祿。此運也極易因一時聰明，而辭職，或因一時貪戀更好的工作而跳槽，結果新工作沒著落，舊工作又失去了，兩頭不著邊而失業，無財可進，造成生活拮据。因此在此運中最要多思考、多聽聽別人的意見，保守行事，以不變應萬變。你在此運中常會因價值觀不符現實，或多幻想，而不腳踏實地。此運沒有什麼好運氣。天梁雖在旺位相照，貴人運只是救你於急難、困頓的人，而且是相照的，運氣不強，也無法為你的財運帶來更多、更大的機會。故此運，雖不至太惡，但也不算吉運。此運中你腦袋空空，積極打拚的力量也不足，只要不出錯，好好過日子，謹慎守規矩，也能平安無事。此運不可投資貪財，會有損失不吉。

文昌運，對宮有機梁相照的運程：此運中文昌是居陷位的。故在此運中你是頭腦不聰明、精明度也差，計算能力也差，不會理財。而且外表不斯文，多話，經濟能力也差。此運中錢財困難拮据。讀書能力差，學習能力也不好。但是在命盤中的寅、辰、午、申、戌宮有祿星（化祿或祿存）進入時，你依然有『陽梁昌祿』格，故此運仍能低分考上。在升官運上就不見得有效了。在愛情運上，你會因小失大，眼光有問題，原以為對方是有財、有福的人，但交往、戀愛之後，才發覺對方是空心大老倌。在家庭運上，財少，家人相處不愉快，且有粗俗的言行。

文曲運，對宮有機梁相照的運程：此運中文曲也居陷，表示你在此運中口才差，講話不得體，也會話少一點，會有是非。你的才華也差，做事不積極、成就差，有工作能溫飽，但財運不好，得財少，生活會清苦。此運沒有考試運、升官運、愛情運。此運的人緣較差，機會也少，會碰不到像樣的對象。因為你本身的程度，在此運中也是顯現最差的，而你的眼光高，思想不切實際，故愛情運也差。即使碰到了可交往的對象，也是口才差，聰明才智不高又財少較窮的對象。此運在家庭運上，多是非口舌，你會沈默，不溝通以待家人，主要是因為你賺錢少，不敢吭氣所致的。

左輔運或右弼運，對宮有機梁相照的運程：此運若是左輔運，則對宮一定有機梁、右弼相照。此運若是右弼運，對宮一定有機梁、左輔相照。這是正月或七月生的人會走的運程。在左輔運或右弼運中，你的性格內向、保守，喜歡和同事、朋友、同輩的人來往。你和兄弟是不和的。但是你周遭同輩的

人也是和你一樣具有小聰明，但錢財不多的人。此運中你也愛說話、談天，喜歡到處找人合作事情。左輔、右弼的助力是有，但幫助機梁的是略增小聰明，在生活上有些助益。但因機梁不主財，主小聰明和蔭福。所以此運中找貴人會快一點，有效一點。但天梁的蔭福是要在發生困難，有災的時候才顯現的。所以一般平順的生活中，很難見到天梁的威力。此運你會重感情、重義氣，但沒錢幫助人，對別人只是口頭上的鼓勵。別人對你也只是口頭上的鼓勵，也不會出資幫助你。此運不利升官、考試運，會重考、重唸，有留級的問題。此運在感情運上，會有多角戀愛，亦會左右為難，難以取決。在家庭運上，會擔心有第三者介入，而產生是非或分離。此運也易有婚外情，影響家庭。

擎羊運，對宮有機梁相照的運程：這是辛年生的人會遇到的運程。此運中會爭鬥、競爭多，你會多煩惱，或陰險、強悍、好爭、嫉妒、計較，雖有利競爭，在讀書上有利，可考第一名。但在升官運上不強、無利。此運有財運困難的問題。這也是『刑運』、『刑蔭』的格局。因此在貴人運方面也完全享受不到好處了。此運有傷災、車禍、血光、開刀、眼目不佳、四肢無力、頭痛等問題，要小心度過。此運在考試運上會辛苦，在愛情運上無運，會碰到陰險、多計謀，會整你的對象，讓你不順。或根本你自己愛計較，也遇不到想愛的人。在家庭運上，家人相互磨擦深，相互剋害，爭吵不順。

陀羅運，對宮有天機、天梁化祿相照的運程：這是壬年生的人會遇到的運程。在此運中，你會是非多，凡事慢吞吞，做事拖拖拉拉，又會自做聰明，做一些搬石頭砸自己腳的事，是故麻煩多。此運有傷災，有牙齒、骨骼的傷災，有車禍、血光。錢財不順，拖延慢進，且耗財。考試，考不上。升官亦升不了。在工作上亦不吉，環境中會衍生出意外的包袱，讓你心情不愉快。此運心情悶，內心不平靜，有精神上之苦悶和痛苦。凡事不順，思想是頑固且笨的，執意要和人或當時的景況對立。人緣不佳，有事不能開展。此運也會結婚受阻，被嫌棄，感情受傷。在家庭運中，也和家人多咀嚼爭執，你會用頑固、強硬的態度來對待家人，因此不和。

火星運或鈴星運，對宮有機梁相照的運程：此運中火星或鈴星是居廟的。

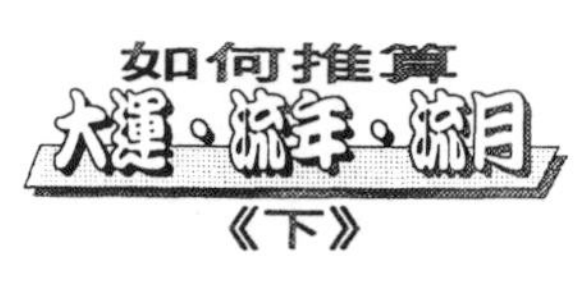

故你在此運中有意外之財會出現，也會有意外的災禍發生，例如車禍、血光等事。因外界環境中是不帶財的環境，故你在此運中錢財不多，僅夠衣食而已。此運中你的性子急躁、聰敏、快捷，但做事馬虎、好動口不動手，喜指揮別人做事。此運仍會耗財很快，喜時髦、流行的資訊，注重時髦穿著，從事先進的思想、科技，故耗費多，要小心火爆、衝動所帶給你的不吉。此運生活過得去，不會有大錢進來。但也並不太富裕。此運，考試運、升官運全不行，感情運會因急躁、衝動而錯過了。家庭運中，還過得去，小心意外之災，或和家人有衝突。

火星、天空運，對宮有機梁相照的運程：此運中會因急躁、火爆、衝動而萬事皆空。此運無財，會窮困，多災禍，有意外之災，而無意外之財。無考試運、升官運及愛情運。在家庭運方面，會快速的耗財，有災禍，讓家中很窮，沒有餘錢。

空宮運，對宮有天機化祿、天梁化權相照時：空宮中無主星時，此運中你會空茫無運，完全看你所處的環境好壞而有差異。此運中，你會有固定工

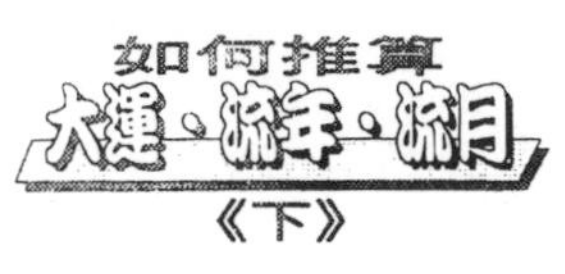

作領薪水，有稍許的財，能得到貴人之助而成功。在考試、升官方面，亦可能有機會，但運氣不算很強。此運財祿不多，僅夠衣食，但工作會賣力，故不會太窮。若空宮中有羊、陀時，你仍會打拚、爭鬥、競爭，環境是多變化，你也能受到照顧的，但這是讓你並不太舒服的照顧。但仍對你稍有利的。倘若空宮中進入火、鈴，此運則會有意外之機會，快速掌權或得到貴人之助而有利，但時間很短。倘若空宮中進入地劫或天空，則思想清高，不切實際，得不到貴人運，也無祿可進。空宮中有文昌、文曲時，是你自己不精明、笨，而利用不好貴人運，只能賺些糊口之財了。

空宮運，對宮有天機化權、天梁運：這是丙年生的人會走的運程。此運中天機居平，故化權也居平相照。你在此運中仍是空茫的，但環境中會變化多，有好機會，但財仍不多，可有衣食，你在事業上喜抓權，但不一定能掌握到，故不算強運。

空宮運，對宮有天機化忌、天梁運、陀羅相照：此運是戊年生的人會走的運程。此運中你凡事不吉，頭腦有問題，又笨，又困頓。周圍景況不佳，多是非爭鬥，但你無法離開此環境，只有默默忍受，挨過此運就好了。此運易有官非，和頭腦糊塗、不聰明。也會有突然而至的麻煩。一定要至谷底很糟很慘了，天梁復建的作用才會出現。但有時也會不出現，因此運也是『刑蔭』、『刑運』的格局。

亥宮

此運是天府運：此運中天府是在得地合格之位。此運中你是一板一眼、中規中矩，很會存錢，善於計算、小氣、錙銖必較的。因此會存到錢。在此運的外界環境中是有很利於打拚的環境。只要付出辛勞，便能得財，故財運較好，會有積蓄。此運中你的積極力足夠，對人公正，不循私，穩重，心態上也較富裕，雖在錢財上對人計較，但在感情上是溫和，對人好的。此運考試運、升官運都機會好，容易考上。在感情方面，運氣雖好，但不一定有桃花。如果有小的桃花星如天姚、咸池、沐浴、喜神、臨官等聚集的多的，會有桃花運，可遇到好情人。且會遇到長相討喜，皮膚白，財運不錯、富足的對象。無桃花星者，則不一定有對象會出現了。在家庭運中，你會溫和、公正、講理，和家人相處和諧。女子走此運，會為家人付出的多。

天府、文昌運：此運中文昌居平，表示你在此運中雖較富裕，但精明度、計算能力仍不好。你外表的長相斯文度也不高，但仍會有一點。你在文藝方面的才華也不算好。此運中你會穩重、平順的過日子。考試運不特別強，不一定會考上好學校。升官運也不強，最多在財運上稍多一點，但財運不是最好的。只是普通生活一般的狀況。不太會為錢財窮困、憂煩而已了。此運在愛情運上也不強，會遇到喜儲蓄存錢，但無特別理財能力的對象。在家庭運上，只是表面生活無虞的一般生活。家人相處上仍有不精明、不同心之處。

天府、文曲同宮運：此運中文曲居旺，表示你在此運中會有口才、才藝，而且生活富足，人緣好，桃花多，有異性緣。此運對考試運沒有太多的助力。但對升官運有助力。在感情運上，會遇到賺錢多，會存錢，口才好，討人喜歡，還算正派的對象。在家庭運上，家中熱鬧、富足、生活愉快，家中常有喜事，或口舌幽默的對象，而增加家庭樂趣。

天府、左輔運或天府、右弼運：此運中左輔、右弼是來幫助天府儲財、存錢，增加財庫收入的。故此運大好，會更富裕一些。但也不會立即成為大富翁。此運只是財運好，多收入一些，多儲存了一些而已。且有平輩貴人（例如家人）相助生財（例如家人中也有會做事的人幫忙一起賺錢了）。此運你有合作精神，會找到朋友或親近的人一同合夥做事，而賺得多。此運有利財運。但不利升官、考試運。也不利感情運。表示此運感情豐沛，會有多個戀人，但會自私，一個也不願放棄，最後仍不見得抓得住任何一個。在家庭運上，易離婚或分居，有第三者介入。財庫也有損。

天府、祿存運：此運是壬年生的人會走的運程。此運中，因對宮有紫微化權、七殺相照。是環境中強勢趨吉的力量，讓你財祿好。此運中你會保守、小氣，是個守財奴。脾氣固執，一味在存錢、賺錢、數錢。根本不管別的事和人，所以你除了賺錢厲害之外，什麼都不會做。你喜歡掌財政、主導財的用度，很吝嗇，只入不出，故此運會存到很多錢。但在其他的考試、升官上，全無好運，因你無暇顧及，若去考，也會有機會考中。在愛情運上，會因你的孤獨保守，別人會遠觀而不會靠近，你會話少、沈默，人際關係不好，愛情的機會少。在家庭運上，家財會變多，但家中人會有怨言，太小氣了，錢不捨得花，讓人受不了。

天府、陀羅運：此運是癸年生的人會遇此運。在此運中是『刑財』的格局。你的財會進得慢，有時也會不見了，進不了。此運且有耗財、傷災出現，景況不算好。此運中你的理財能力不佳，賺錢也少。你會比較笨，用笨方法來賺錢。也會是非多，內心不平衡，有事藏心中，不說出來。此運不利升官、考試運。也不利感情運，會被人嫌棄。這只是個有衣食溫飽的運程。財少，有刑耗，也遇事有困難、災禍。家庭運中也必定有麻煩存在，很難解決。且會有錢財上的麻煩。

天府、火星運或天府、鈴星運：此運中也是『刑財』的格局。此運中，火、鈴居平，你會因為急躁、火暴的脾氣，而失算，理財能力有瑕疵，錢賺少了，或耗財多了，不會精打細算。此運中還有意外的災害，會消耗錢財。此運也要小心傷災、車禍問題。此運不利升官、考試、愛情等運。在家庭運

中亦會有意外的災禍而耗財、花錢。家中也會有是非衝突、不穩定。

天府、地劫、天空運：此運中是財庫被劫空了。故此運中，你是表面上看起來是心態富裕的，但實際上你是頭腦清高，對金錢沒概念，花錢無度，也與錢財背道而馳，賺不到什麼錢，也存不了錢財。是一個兩袖清風的運程。此運什麼事也做不成，也沒有結果和收穫。在感情運上，你也會沒機會或屢次錯過。在家庭運中，你也會沒建樹，窮困，付出少。

⑦『紫微在午』命盤格式中各宮運氣詳解

子宮

此運程是貪狼居旺運：貪狼是好運星，又居旺，故你在此運中會有許多機會好運。並且人緣好、桃花緣份多，喜交際應酬。此運中你的外表裝扮也會時髦美麗。貪狼運也是貪心的運程，故你愛找機會賺錢。性情急、做事快而馬虎，會東奔西跑，在家裡閒不住。因外面機會多、運氣好，故你喜歡外出。此運中若對宮（午宮）和子宮有火、鈴進入便有偏財運或暴發運。沒有也無妨，仍然是進財多，財運好的。在升官、考試上有異外的好運。在感情運上也機會多，應接不暇。在家庭運中因太忙碌，和家人無法常溝通而冷淡。

⑦紫微在午

天機(平) 巳	紫微(廟) 午	未	破軍(得) 申
七殺(廟) 辰			酉
太陽(廟) 天梁(廟) 卯			廉貞(平) 天府(廟) 戌
武曲(得) 天相(廟) 寅	天同(陷) 巨門(陷) 丑	貪狼(旺) 子	太陰(廟) 亥

貪狼、文昌運：此運中，文昌在得地合格之位。故此運中你會唸書、對錢財精明，計算能力好，相貌也有文質氣質，但會有政事顛倒、糊塗的問題。在工作上及思想觀念上會糊塗，讓人不敢苟同。也可能會因一時糊塗而被人攻擊。此運中，錢財仍是多的，也能形成『陽梁昌祿』格，會在唸書、考試、升官上有發展。在愛情運上也不錯，會遇到斯文、人緣好、外表美麗、穿著高尚，但糊塗的人。在家庭運上是家人彼此尊重，但感情冷淡，較少溝通。

貪狼、文曲運：此運中，文曲居得地之位。在此運中，你的口才好、愛講話聊天，也愛發表高論。人緣很好，桃花多，交際應酬也多。此運你的才華好，喜歡表現，但也會出現政事顛倒糊塗的狀況。此運有升官運。考試運亦好，但無前者強。在愛情運上桃花較多，機會較多，會找到聰明，有才藝，人見人愛的對象。在家庭運上，你也會因忙碌、圓滑、糊塗，與家人有溝通少、冷淡的狀況。此運你會耗財多，愛花錢，賺錢也不少，但大出大進，還是要小心收支平衡的問題。

貪狼、左輔運或貪狼、右弼運：此運中左輔、右弼幫助貪狼的是使好運的機會更多。此運中，你的內心是具有合作精神的人，你也對外界環境中充滿機會而躍躍欲試，你是貪心的，希望在事業上更有發展。故此運中也會有許多與你性格相同，目標一致的人來幫助你，完成大業。此運財運不錯，做老闆或主管都有利。也會有人幫助你賺錢。但在升官運、考試運上並不順利，有重考，或因想賺錢而休學的境況。在感情運上，亦不利，會找到聰明、態度油滑、不負責任的對象。而且有多角戀情，不順利。在家庭運中也會有第三者介入，而使你與家人冷淡、溝通不良。

貪狼化忌、祿存運：這是癸年生的人會走的運程。此運中你是態度保守、內向，少與人交際應酬、來往，人際關係不太好的人。這也是『祿逢沖破』的格局。故只有專業的薪資可用，衣食無虞，但不會有大財進。此運你的好運機會也變少了，沒了。你的個性固執，只守住自己的工作，不會變動。此運對考試、升官全不利。但在唸書方面仍會有還可以的成績。此運中是非、競爭較多，讓你煩心。在感情運上，機會少，所認識的人也會是個言行保守，沒有什麼情趣，只是個公務員或有固定薪資者的對象。在家庭運上，你和家

人感情冷淡，溝通不良，你會活在自己的世界之中。

貪狼、擎羊運：這是壬年生的人會走的運程。此運中因對宮有紫微化權相照，故你在此運中充滿競爭力。而且多爭鬥。這也是『刑運』的格局。幸虧對宮有紫微化權來相救，因此你只是保守、操煩一點，凡事倒還過得去。此運你會有專業技能，也會有固定薪水，但不宜投資，會血本無歸。此運在考試運上會辛苦，但仍可考上。在升官運因你的環境地位已很高了，爭鬥也多，雖有力量，但是無官可升。在感情運上，你會保守、多慮、多疑，故不利感情。在家庭運上，你和家人相處不和諧，也難溝通。

貪狼、火星運或貪狼、鈴星運：在此運中，火、鈴皆居陷位，但你依然有『火貪格』或『鈴貪格』的暴發運，可暴發數十萬元至數百萬元之間的偏財運。也可能在事業上有好運，能升官，創造功績。再得到財祿。此運是你最好的旺運機會。大運、流年、流月三重逢合就是你一生中暴發最大偏財運的一次機會了。每年行運逢此月（子宮）時也會有偏財運。在此運中，你急躁、衝動、東奔西跑，停不下來。做事更馬虎、潦草，運氣雖也往上衝，但

亦要小心有車禍、血光。有傷災、血光就會像洩了氣的皮球一樣，也看不到好運了。這是必須注意的事。此運在考試、升官上皆有好運。在感情運上會馬虎、注意力不在愛情上。家庭運中也急躁、火暴、忙碌，用心少，溝通不良。

貪狼、地劫運或貪狼、天空運：此運是『劫運』或『運空』的格式。因此你會表面看起來運氣很好，機會很多，就是抓不住，摸不到。這是因為在你的心中、思想中有清高和不切實際的想法所致的。你會更不會理財，耗財更多，花錢如流水，賺進的少，花的多，常有入不敷出，拮据之感。此運也容易被人借錢不還。此運考試運、升官運一定要堅持爭取才行。你會不積極，凡事不在乎，所以抓不住機會、運氣。在感情運上尤其如此。在家庭運上，家人和你會感情冷漠，話少，也不溝通。

貪狼居旺化權運：此運是己年生的人會走的運程。因貪狼居旺，故化權也居旺，故你有極強的競爭力，只要去爭，都拿得到、獲得到利益。你對好運具有主導權，能控制好運、抓住機會。也能創造機會。此運的對宮有紫微、

祿存相照，故在此運中你是有孤君霸道，強勢的性格，會賺很多錢。也會在事業上大展拳腳，有大發展，成就很高。走此運的人，若是帶兵打仗，也一定能掌握好運、打勝仗的。故此運利於升官，創造基業。此運也利於考試，有必勝的機會。此運在感情運上，有目標對象，你便會手到擒來。若無特定對象，因為自傲貪心，所以反而會延遲婚姻運，想要找更好的。在家庭運上，你因為霸道強勢，並不關心家人心中真正的需要，而不太和諧。

貪狼居旺化祿運：此運是戊年生的人所走的運程。此運中貪狼和化祿都是居旺的。此運中你十分圓滑、桃花多、人緣好，但你是表面的友好親密，你不會把心事與人分享。此運中你會靠人緣交際來得財。因此在財祿方面很富裕，賺錢多。此運利於考試、升官及愛情運，機會多，容易成功。在家庭運方面，你會很圓滑，雖不是真的關心，但會用言行來表露愛意，營造甜蜜氣氛。

丑宮

此運是同巨運：此運中，天同和巨門雙雙居陷。表示你在此運中是溫和、不努力、多是非、有災禍麻煩，常感不順，一身不舒服，但又說不出是什麼原因的。此運中，你心情悶，也容易搞出感冒、頭痛等小病出來。你常意興闌珊，不想做事，提不起勁來。此運口舌是非最多，也無法平息，一波未平，一波又起，讓你疲於奔命，都是為了這些口舌是非在忙碌。此運沒有考試運、升官運、愛情運。在家庭運中，也會與家人多爭執，有是非或頂嘴，造成不愉快。要忍耐以過。此運三方宮位中有火、羊時，要小心會逢此運自殺或有禍事。

同巨、文昌、文曲運：此運中同巨居陷，而昌曲居廟。故此運適合讀書，會有好成績。但考試運則不一定。升官運也是表面不錯，有氣質，但事實上競爭力不足，提不起勁來，又有些閒言閒語，而無升官運。在感情運方面，桃花強烈，愛享受、多口舌是非，你自己是溫和難以抵擋抗拒是非口舌的。

此運一定有緋聞、流言，但聰明者，可利用此運的緋聞、流言而出名。在家庭運中，你愛享受、喜魚水之歡及衣食之樂，在家中多口角，但大致而溫和，過得去，是一般平凡過日子，小老百姓的運程。

同巨、左輔、右弼運：此運是十月份生的人所會遇到的運程。此運中左輔、右弼幫助同巨的是更溫和，無用，是非口舌更多。在此運中，你會和平輩的朋友、同事交情好，會在吃喝玩樂上在朋友之間具有領導力。你吆喝一聲，大家都跟你一起去玩了。但在正事上，你想要靠朋友和同事的幫忙，因你周遭人的程度都不高，因此也根本幫不上忙。你每天忙碌於朋友和同事間的是非口舌，正事做不了多少。此運的財運不佳，是有點懶惰，喜用口舌來找可幫助你求財的人，但你周遭都是懶惰不求上進的人，故很難突破，此運不利考試運、升官運普通。成績差，要重讀重考。此運也不利感情運，會反反覆覆，多是非，也會有多角戀愛，一堆人攪在一起，頭腦不清，沒有結果。在家庭運中，運氣也不佳，會不發生爭吵、溫和安靜的離婚。

天同、巨門化權、擎羊運：此運是癸年生的人會遇到的運程。此運中，你周遭環境中是非爭鬥很凶，爭吵很凶，你也善於應付是非爭鬥，但你會用不吭聲來做回應，其實你的口才好，說話很有力，在必要時你會以言語反擊，而制服對方。此運中的巨門居陷，故化權也居陷，力道不強。此運有傷災，可能會有傷殘的情形。而且會住院多時，不容易好。此運也會多煩惱、愛多想、多思慮、多計謀。天天在想該以什麼話語把別人所說的話語頂回去。所以很憂煩。此運凡事不吉。會在爭鬥和麻煩中，更增加麻煩和爭鬥，忙上更忙。有車禍傷災，也會有糾紛糾纏不清，官司纏身的痛苦。此運會窮困無財，多是非，傷災、破財等事。在考試運、升官運上無望。在感情運上，因口舌之爭，彼此怨恨。在家庭運上，多災難、刑剋，家人彼此怨懟，相互埋怨，沒有好日子過。

同巨、陀羅運：此運是甲年生的人會遇到的運程。此運中你是具有雙重是非、懦弱、無用、愚笨，內心還不服氣，有一肚子埋怨別人想法的運程。此運，錢財拖延不進，手中拮据，凡事不順利，無考試運、升官運。在感情運上，會受嫌棄、分手或退婚。此運無桃花運，又相貌愚蠢，故無法結識新

的異性朋友。在家庭運上，家中是非多，爭執不休，家人的頭腦都有問題，搞不清楚什麼是正事、正理，家中財少、窮困。

同巨、火星運或同巨、鈴星運：此運中，火、鈴居得地之位。此運會因意外事故而產生災害，也會有爭鬥凶、競爭多，口舌是非凶悍，而導致對你的不順。此運中，你會表面像溫吞水，而內心急躁、衝動，凡事不順利。且多傷災、車禍，很嚴重。倘若在此運的三合宮位和對宮有擎羊出現，則你在此運也很可能會一時衝動而自殺。此運不利考試、升官，會考不上，升不上，做事懶惰馬虎，惹人厭。在感情運上，也會遭遇挫折不順。因突發的是非而分手。在家庭運中，要小心意外的災害，讓家人蒙難。你與家人的關係也緊張、不和。

同巨、地劫運或同巨、天空運：此運中，你是懶惰，提不起勁來，腦袋空空，什麼都不積極，也不想做，對錢財不重視，有是非口舌，也能不理不睬，做不了什麼正事的運程。此運沒有考試運、升官運。在感情運上也無法有機會結交異性。在家庭運中，因賺錢少、多是非口舌，家人彼此冷淡以對。

此運，財運不順，有困窘之境。

天同化權、巨門化忌運：此運是丁年生的人會走的運程。因對宮（未宮）會有擎羊相照，故此運中要小心車禍、傷災、血光和氣憤自殺等狀況。此運中天同居陷故化權也居陷不強。但天同是福星，居陷福少，但仍是會有福存在的。巨門化忌為雙重的是非口舌。故此運中你會深陷是非口舌的爭鬥之中，過得很辛苦，但仍過得去。只是更要小心身體上的傷災、車禍和開刀不順等事，會讓你心情更壞、更煩惱，災禍更多。此運萬事不吉，你也會保守、內向，明哲保身，縮著腦袋來過完此運。

天同化祿、巨門運：此運是丙年生的人會走的運程。此運中，雖多是非、口舌，但你的人緣稍好，你也更喜歡享福。這是享福較多一點，懶惰、愛玩的心更多一些的運程。故此運無大發展，進財也不見得多，但夠衣食。你會終日忙碌無聊、玩樂、享福的事，別人罵你、管你，你也全不在乎。此運對考試、升官運仍不佳、考不上。在感情運方面，雖不順利，但你也不會多做解釋。會自顧自的享受快樂。在家庭運中，你和家人雖有口角、爭執，但能

溫和相處，親密度稍好一點。

天同、巨門化祿運：此運是辛年生的人會走的運程。此運中，你的口舌是非多，你喜歡瞎掰，運氣雖低瀰不佳，但你仍能以不佳的口才來開展人際關係，終究能打開僵局。此運你是懶惰的，動口不動手，專以嘴巴來叫別人做事，支使別人的。所以此運是在笨運中，會賣弄小聰明、小智慧的運氣。此運在考試運、升官運上仍不強，很弱。在感情運上，愈多口舌爭戰，與是非往來，反而更有利，這是因誤會而相識、結緣的運程。在家庭運上，你和家人的關係不佳，但可用小口角來增加彼此感情。此運財運不佳，但可靠口才，巧言令色而小有收穫。

天同化科、巨門運：此運是庚年生的人會走的運程。此運中你是溫和內向，穩重，稍有氣質的人，但仍多是非口舌，可是你有方法去解決它們。此運是弱運中能謹守分紀，少出錯，乖乖的，小心翼翼，以完成平安度過此運的際遇過程。此運在考試運、升官運上仍無望。在感情運上，仍多是非口角、爭執，你能以溫和、不理睬的方式對付。在家庭運中，家中是非爭鬥多，但你不會正面回應爭吵，會以溫和、平順的氣度去戰勝它。此運財運不佳。

寅宮

此運為武相運：此運中武曲居得地之位、天相居廟位。故此運中你的財運不錯，會勤勞努力而享到財福。此運中你愛衣、食上的享受，打拚能力，奮鬥能力雖好，但你是適可而止的，並不會一直拚命下去。因為天相是福星，以享福為主，故此運你只要打拚六十分，合格就好了，並不會把心思全放在工作上。此運中你所賺到的錢是足以富足生活的錢財，是普通多的錢財，不會大富。也會是薪水族或公務員的薪水之資。此運在考試、升官運上算吉運，但因愛享福，不一定去考。此運在感情上是剛直、平順，有愛心、公道，對人好，有點嘮叨、多管的。能把愛情維護得很好。但在結識異性朋友的機運上並不強，除非有天姚、沐浴、紅鸞等桃花星同宮才可能有。此運在家庭運上，財物富足，家庭平順，家人中合諧、勤勞。

武相、文昌運：此運中，文昌居陷。故在此運中，雖你的財運不錯，能

享福、舒適的過日子。但是你的理財能力不佳，計算能力不好，是有可能會讓你的財運多所破耗的。也會影響到錢財的多得了。此運中，你外表較粗，沒有文藝修養，唸書不行，也要小心錢財上的問題，損害利益。此運升官運、考試運弱。在感情運方面，機會也不佳。在家庭運上，你破耗多，愛享福甚過愛賺錢，故家中財稍少，不算很富裕，家中的人氣質也不高。

武相、文曲運：此運中文曲居陷，故此運中你的口才不佳、才藝不好，沒有才華。這也會影響到此運你賺錢稍少一點。但仍可平順過日子，有衣食之祿。此運中也會有小的口舌是非。你在此運中很靜，少講話。在考試運、升官運上，機會不多。在感情運上，機會也不算很好，但仍有。在家庭運上，大致平和，但會有口角紛爭。

武相、左輔運或武相、右弼運：此運中，左輔、右弼是來幫助武曲財星生財的，也是來幫天相福星享福的。故此運中你會財運順利，有平輩貴人相助生財，也會相助享福，生活更舒適。此運會幫助你賺錢多，但不會發大財。它是以創造舒適生活的環境為界線的幫助模式。此運中你會稍具領導力，有合作精神，適合和人合作、合夥，一起來賺，收入不錯，又能享到福的財。此運不利升官、考試運，恐亦會重考、重讀。也不利感情運、家庭運。會有第三者介入，以幫助財運的方式，賴著不走，也一同享福了。

武曲化科、天相、祿存運：此運是甲年生的人會走的運程。此運中，你人會很保守，會用有格調、氣質的方法來賺錢。你會小氣、吝嗇，只賺自己的財，享自己的福，不願和人分享。此運中你也會存錢，理財有一套，會生活富裕充足，心態平衡、溫和、一板一眼。但人際關係不是很好。此運在軍警業工作的人身上，也會做文質的工作，亦會存到錢，過很平安順利的生活。此運在考試運、升官運上有機會。在感情運上，太保守、自顧自，是結識異性的機會會減少。在家庭運中，你會小心翼翼的過日子，生活平順，有積蓄。

武相、陀羅運：此運是乙年生的人會走的運程。此運適合做軍警職的人，比較刑剋少。此運中你的頭腦慢，有些笨拙。你是有錢進，有福享的，但會有錢財慢進，有拖延之勢。此運是『刑財』、『刑福』的格局，故你的頭臉小心有破相、傷災。也易有車禍發生。會操勞奔波不停，享福較少了。故此

運在考試運、升官運不強，你自己根本不想去考。在感情運上，你會剛直、懦弱、頑固，有自己的固執，會拒絕別人好意為你介紹異性朋友。此運中你心中多是非，會把別人想得不懷好意。在家庭運上，會和家人不和，有磨擦發生。

武相、火星運或武相、鈴星運：此運也是『刑財』、『刑福』的運程。但火、鈴在寅宮居廟，故你有時也有意外之財。同時也會有意外的災禍發生，速度都很快。此運中你所賺的錢財仍是算少的，脾氣也會衝動、暴躁，也常會做錯事。此運是奔波、勞碌的運程，心裡不平靜會更招災。更要小心車禍的問題，要算出流年、流月、流日以防災。此運不利考試、升官運，也不利感情運，你會脾氣暴躁，急性子，讓人受不了。在家庭運上，家中爭鬥多，是非多，災禍多，而讓你疲於奔命。

武相、地劫運或武相、天空運：當你走武相、地劫運時，此運的對宮有破軍、天空相照，當你走武相、天空運時，此運的對宮有破運、地劫相照。因此你在此運中是『財空、福空』、『劫財』、『劫福』的運程。表示你外界的環境中爭鬥多，都搶空了，而你自己又是思想不切實際，對錢財沒概念，想賺錢卻找不到方向，做事也不積極的人。因此財福享受得少，而且也沒有留存和積蓄。此運中你會終日忙碌，卻忙些無意義的事，或收穫少的事，也會做事沒結果，常無疾而終。此運不利考試、升官運，會不想參加競爭。在感情運上，也會機會少，或錯過異性緣，而結婚渺茫。在家庭運上，與家人相處和諧，不主重視金錢，耗財多，花錢不在乎，而積蓄少，錢財會有窘境。

武曲化權、天相運：此運是庚年生的人會走的運程。因對宮有破軍、祿存相照，故此運適合政治人物選舉，會有必勝的把握。台北市長馬英九，即是在虎年以此運選上市長寶座的。因為武曲化權也代表政治上的主導權、掌控權之故。同時也代表在錢財上的主導和掌控權。此運你非常會理財，而且賺錢多，掌控權強，能享到財福。是在平順的環境中打拚賺錢。此運在考試、升官運上都會有好運，會考上。在愛情運上，會有智慧、技巧，來促進愛情和諧。在家庭運中，你主導家庭中的經濟大權，也會具有使家庭祥和的力量。家庭運很好。

武曲化祿、天相運：此運是己年生的人所走的運程。此運中是以賺錢為主，而天下太平的運程。你非常會理財，並且以理財致富，生活富裕、享福、快樂。此運中對考試、升官有利。對感情運也有利，你會運用方法來追求心儀的人。在家庭運中，你與家人過著幸福、快樂、享福的日子。也能造福周遭的親朋好友，讓人艷羨。

武曲化忌、天相運：此運是『刑財』的運程，也間接『刑福』了。此運中你會有財務上的是非災禍，會有錢財不順，而影響到衣食之祿的享福運氣。此運中也要小心有政治上的爭鬥、災禍產生，會有官非問題。更要小心車禍或被鐵器所傷。此運不吉，考試、升官無望。你會保守、懦弱，少與人來往，故在感情運、家庭運皆不吉。家中有錢財問題，不平靜。

卯宮

此運為『陽梁運』：此運中太陽、天梁全是居廟的，故此運大好。並且此運是『陽梁昌祿』格中最重要的二星，故你在此運中，心地寬宏，運氣旺，有貴人運，受人提拔照顧，你也會照顧、提拔別人。你在此運中會有名聲響亮、受人尊崇。此運在考試運、升官運皆為至上的好運，一定會考中的，會升高官的。在感情運上，你會博愛，喜歡照顧人，性格爽朗，討人喜歡，桃花運很強，戀愛也會成功。在家庭運上，家庭會注重名聲，努力向上，家人有向心力，且相互關愛、鼓勵，家運蓬勃上揚，運氣十分的好。

陽梁、文昌運：此運是『陽梁昌祿』格的本運，運氣會比前一個運程更好。但最好要有祿星出現在子、午、卯、酉宮及未、亥宮，則有好名聲之外，才會有財祿可進，運程更佳，生活會更舒適。否則只利於升官、考試、理財能力不好，賺錢少，只是有理想、有名聲但生活不富裕的運程。在工作上會有好發展，卻賺錢不利，所享到的財福少。此運中文昌是居平的，故在精明方面、計算能力、理財方面是弱的。此運在愛情運上由長輩介紹會成功。會找到比自己年紀大、性格陽剛、寬宏，理財能力不佳，但有前途的對象。在家庭運上，家庭中會重視讀書及文藝修養。你也會受長輩喜愛及照顧，是父慈子孝的好運程。

陽梁、文曲運：此運中文曲是居旺的。故此運中，你性格開朗、快樂，對人仁慈、話多、口才好，愛照顧人，會關心別人。此運中你的運氣好，亦有貴人相助，使你的事業蒸蒸日上。此運在考試運、升官運上都有吉運。在感情運上，會有良好的口才、幽默的話語，得到情人的青睞。你會找到比你年紀大的、性格豪爽、不計較、口才好、有趣的對象。在家庭運上，家人感情親密，有長輩疼愛，家運蒸蒸日上，運氣不錯。在財運方面，也會做公職或薪水族，財運順利，生活平順。

陽梁、左輔運或陽梁、右弼運：在此運中，左輔、右弼幫助陽梁的是地位的增高，名氣增大增強，慈善、寬容的心增多。因此在此運中，你會得到長輩貴人與平輩貴人雙重助力而升官。你也具有領導力，會攏絡別人，受人仰慕、敬愛。此運不利考試運，會有小人擋道，不順利。此運不利愛情運，會有第三者出現，或同時愛上數個人，太博愛，使你的情人受不了而分手。在家庭運上，會易離婚、分手，可能是因對錢財不重視，對家人忽略，而造成有第三者介入。在財運上，此運會有人幫忙生財，但財不多，是衣食之祿而已。小心腎臟、皮膚病、泌尿系統、內分泌失調等病症。

太陽、天梁化權、祿存運：此運是乙年生的人會遇到的運程。此運中你的前途大好，事業順利，有名聲，並且有強力的貴人運幫助你把事業推向高峰。此運最容易做公職、做官、高職位等，升官機會特好，也會有高薪。此運是『陽梁昌祿』格中最有力的運程了。因此升官、考試有必勝的把握。但是此運仍要看文昌是否在命盤中的子、午、卯、酉、未、亥等宮內，才為格局完整。可以考試晉等，名聲響亮。若上述格局中無文昌，則格局不完整。此運依然有官運、事業運，但是異途顯達，不經考試。經由人提拔而有官位的運程了。此運中的財，是貴人幫助你發展事業，再由事業上得財。很可能是貴人介紹你做好的工作，有好的薪水而得財。此運在感情運方面還不錯，但你會性格陽剛、霸道、小氣、愛管人，喜把情人管得嚴嚴的，聽你的指揮、控制。此運你會由長輩介紹對象成功而結婚。尤其是男性長輩幫助最大。對象會是比你年紀大很多的人。此運有自私、霸道的成份在內。在家庭運中，你也是以高高在上，保守的、霸道的心態在照顧家人，也帶給家人好名聲和舒適的生活。但要小心家人有反彈。要小心有高血壓、感冒引起的併發症，常生病。

太陽化忌、天梁、擎羊運：此運是甲年生的人會走的運程。此運中太陽是居廟帶化忌，故化忌仍在廟位，很旺。此運是『刑官』、『刑蔭』的格局。因此你的事業上會有波折，受到打擊，會和男性不和，在工作上會受到男性的制約。幫你的人很少，女性會幫你，但成果也是不佳的。此運中你在環境中或工作上的競爭、爭鬥凶，在男性社會、團體中多是非，或招災、運氣不佳。此運有傷災、車禍、血光，也有病災。有眼目不佳、頭痛、腦溢血，血壓高，或腦部、心臟要開刀的毛病。你也會四肢無力，精神不好，要小心。此運不利考試、升官、感情等運。會在情感上多計較、好爭、嫉妒、愛報負人，多是非，讓人煩感，不敢接近。此運桃花少，不利相親，否則定有不愉快。在家庭運上，家中多爭鬥，你與家中男性不和，有爭鬥、口舌是非，是家宅不寧的運程。

陽梁、火星運或陽梁、鈴星運：此運中火、鈴居平、陷之位。此運中火、鈴還是會對陽梁的好運造成一些刑剋的。此時要看命盤中的文昌、祿星是否能形成『陽梁昌祿』格？若是有『陽梁昌祿』格的人，此運會比較旺，有考試和升官運，但會因急躁、火暴的性格，減低考試的成績。但依然考得上。若無『陽梁昌祿』格的人，在此運中，考試運不強，也不見得會去參加考試，或升等考試。升等、升官就會無望了。此運中你會因性急和意外發生之事件而在事業上有小不順，也會一時沒有貴人運而衝不上去。所以運氣有起伏，不是完全好的。更要小心意外之災，車禍等問題。更要小心火災、燙傷等問題，會造成更大的虧損。此運在財運上亦可能偶獲小財，但會損失更大。在感情運上，你會爽朗、豪邁、性急，會突然有長輩介紹對象給你，但也會突然無疾而終，必須你自己積極把握才行。在家庭運中家人彼此和諧親密，但要小心意外突發的火爆場面而不悅。亦要小心突發之災害，讓你措手不及。

陽梁、地劫運或陽梁、天空運：在此運中無論你是否具有『陽梁昌祿』格，此運你都要小心會因自己的思想上，不想拜託人，或不想上進，而造成失去貴人運，或不積極努力，而事業運不佳。此運表面看起來是好的，前

途明亮的，但你會有不切實際的想法，而抓不住好運。因此運中只會有一個地劫或一個天空出現，所以情況不嚴重，你會很容易突破這種境況而找到方向、目標努力。前途仍會大好。此運雖是『劫官』、『劫蔭』、『官空』、『蔭空』的格局。只要立志衝破這種關卡，努力奮鬥，還是會有成的。但此運在錢財上不多，可有衣食溫飽。事業運不算頂強，是普通略好的狀況。在感情運上，你會寬宏，愛照顧人，但心中無桃花，故對愛情沒感覺，會抓不住戀愛機會，以長輩介紹為佳。在家庭運上，你性格淡泊，不太表示對家人的關愛，故也接收不到和家人相互照顧的親密感。

太陽化權、天梁運：此運是辛年生的人會遇到的運程。此運中在對宮會有祿存相照。故此運你會在環境保守的情況下，在事業上得到發展，名聲大好，升官升得高，並具有領導力，對男性有主導權、控制權，對男性有說服力。更重要的是有貴人相助，使你掌握到權力。此運中有考試運、升官運特強。在感情運上也較強勢，會吸引外型和性格陰柔的對象來戀愛。此運你的性格剛強、豪邁、爽朗，意志力堅定，受人仰慕和喜愛。你又會照顧人，不但自己有貴人運，也會做別人的貴人。但會有些霸道、強勢。不過運氣太好了，大家會容忍而拚命依附於你。此運會有一定的財運，這是公職或薪水族，有高薪的財運。在工作、事業、學業上都能掌握到好名聲。在家庭運上，一切圓滿順利，男子當家主事，家運亨通，名聲大好，家中的事業也是發財的好事業。

太陽化祿、天梁運：此運是庚年生的人會遇到的運程。此運你會在男性社會或團體中人緣特好，貴人運強，大家來幫助你，也較具有財路。但是此運對宮有擎羊相照。表示你是在一個爭鬥多，競爭激烈的環境中生存、游走的。是故你的人緣機會和努力會較辛苦一點，所賺的錢財和機會，是受到某些限制的。你也會在保守的環境下，帶有人緣去攏絡男性製造機會。此運基本上仍是『刑官』、『刑財』、『刑蔭』的格局。故此『太陽化祿、天梁運』的財運並不多，是薪水之資。官運、考試運皆辛苦才能達成。貴人運是有，但有時不顯著。在愛情運上，會圓滑、寬宏，機會多，而不太在乎，不用心。在家庭運上能和諧相處。

太陽、天梁化祿運：此運是壬年生的人會走的運程。此運中你的前途大好，貴人運多，會幫助你，也會有交換條件。天梁化祿都是有包袱的。故此運中男性對你有利，但也會有自私的行為，讓你有包袱，受制於他。此運有考試運、升官運，會必中。也會有異外獲得拔擢任用的機會。在財利上必不多，是薪水族、公職性的財祿。在感情運上會自私霸道多一點，由長輩介紹易成功。你和對象的年紀有差距。男子會娶到比自己年長的妻子。女子會嫁比自己年輕之夫婿。家運上，幸福快樂，會為自己家中造福，你有自私護短的行為。

辰宮

此運為七殺運：在此運中七殺是居廟的。表示你在此運中會埋頭苦幹，略帶一點笨拙，但固執、堅持、愛打拚，會流血、流汗的努力，故會有一定的成果。此運是積極努力、身體力行的去做，也不顧一切困難或艱辛的去做，有苦幹、實幹的決心，故事情大致會成功。但此運的聰明度不算太好，故工

作努力辛苦，其實和收穫是不成正比的。此運在錢財上會有一定程度的獲得，但不算多。是只進不出的形式。倘若大環境不佳，亦會耗財或倒閉。在考試運、升官運上要很努力才能達成。在感情運上不利，桃花少，凶悍、固執，不易找到對象。在家庭運上，家中多衝突，不吉，宜多容忍為佳。此運中你的性格凶悍、好競爭，不聽別人意見，一意孤行，也要小心破耗之事。此運你也會小氣，只專注於事業，賺錢上的打拚，對家人忽略，不溝通。此運你只重視事業和賺錢，對於會妨礙你、阻擋你的，你會毫不留情的與以剷除。此運要小心傷災、車禍、開刀等事。

七殺、文昌運：此運中文昌居得地合格之位，故你在此運中會以有氣質、有格調、態度穩重、聰明、精打細算的方式來打拚。而且打拚的都是屬於文質的工作，例如作帳，和金融、文件、文藝有關的工作。此運中你精明幹練，會讓人敬服。工作能力是好的，但不一定會升官。工作是辛苦勞碌的，理財能力很好，學習能力也很強。在考試運上有利，但要辛苦才能達成。此運對感情運來說，你會特別喜歡有格調、有文化水準的人，對比你程度差的人不屑一顧。故在找對象上很挑剔且頑固，眼光高，機會相對的少了。在家庭運上，你會精明、小氣，又只顧忙自己的，對家人付出少，彼此感情緊張。在此運中，你會遇到文質性的爭鬥，但你有實力，會克服。此運要小心傷災、車禍，以及大腸開刀等身體狀況。

七殺、文曲運：此運中，文曲也居得地之位。此運中你的口才好，也有才藝，但很忙碌，人緣較好，喜到處開講、聊天。你依然在工作上很打拚，會有升官運、考試運並不好。你亦會忙碌於交際應酬或跳舞、娛樂之事。此運在感情運上稍有利，會有機會認識新對象。但你會固執自己的喜好，故不一定相親會成功。在家庭運上，你會與家人有磨擦不和，也會有轉圜的餘地。此運要小心傷災，更要小心下半身寒涼之病、膽病、痔瘡、腸炎等毛病。

七殺、左輔運或七殺、右弼運：此運中若是七殺、左輔運，則對宮有廉府、右弼相照。若是七殺、右弼運，則對宮有廉府、左輔相照。表示在此運的環境中是會有一些不聰明，但會存錢、幫助你生財的人來相助的環境。而你也得到助益，十分辛苦勞碌，凶悍的在打拚賺錢。左輔是助善也助惡的，在此助七殺之惡較多。故此運你十分辛苦、勞碌，但頭腦不聰明，也常有傷災、損失等損耗的災禍產生。此運你會具有領導力和合作精神，會自私，利用別人賺自己的財。也會為富不仁。但錢財並不多，此運不利考試運，會辛苦而考不上再重考。不利升官運。不利感情運，會凶悍、計較、強悍、桃花少，令人不敢接近。在家庭運上也不利，會多操勞，所得少，家人不和諧。

七殺、擎羊運：此運是乙年生的人會走的運程。此運中雖七殺、擎羊皆在廟位，但仍是凶運。會多傷災，有性命之憂，此運和對宮形成『廉殺羊』，有車禍致死的危險，要小心算出流月、流日。流時就在辰時。此運凡事不吉，不利考試、升官、感情、家庭運。此運中多爭鬥、競爭，而且是以命相爭的爭鬥。此運中也易遭人殺害，要小心。此運中你在心態上也會陰險、凶狠、好鬥、愛計較、愛報復人，也因此招災。錢財不順。

七殺、陀羅運：此運是丙年生的人所會走的運程。此運是笨運，且多招是非口舌及災禍。此運的對宮有廉貞化忌、天府相照。表示外界環境中就是官非多、糾結不清的環境，同時也是一個笨又多是非，沒腦子的環境，而你

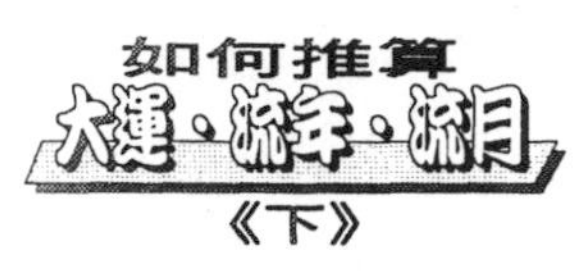

自己也會心中多是非，愛自找麻煩，故而糾纏不清，災禍頻至。此運是『廉殺陀』帶化忌的格局，有死於外道（車禍）之災，還帶有官非拖延，不能解決。有此運者車禍死亡後，想要得到賠償都不容易，會官司打很久，很麻煩。此運輕者有手足、牙齒、骨骼的傷災。此運不吉，凡事會拖拖拉拉，做不成。在感情運、家庭運上也會因你本身愚笨，又強勢頑固的要做，愛打拚而造成對情人或家人的傷害。

七殺、火星運或七殺、鈴星運：此運中你會心地不佳，有邪惡的想法，或投機取巧的想法而招災。此運中多意外之災害、傷災。也會與人火爆、有衝突。此運也錢財不利，有很小的意外之財後，接著大禍而至。此運是笨又行動快速，不用腦子多想，就快速動作的運程，因此出錯連連，讓自己損失、耗財、招災。此運不利考試、升官，感情運、家庭運，會情緒火爆，或與黑道來往。是運程不好，或自作聰明的結果。

七殺、地劫運或七殺、天空運：此運是愈打拚愈被劫財，愈無效果的運程。通常你都不會再打拚了。此運你會思想清高、灰色，凡事不積極，有放棄的念頭。在錢財上也不看重。此運極易出家，或有出世的念頭。故此運多半萬念俱灰，什麼事都不想做，也做不成，有財也不想去拿。這是思想上遭劫空的關係。亦要小心此運有車禍、傷災，有頭腦意識不清的問題。

巳宮

此運是天機居平運：此運中你的活動力、思想力都慢，也會不聰明，不用腦子，或有小聰明和自作聰明。運氣不太好，常愈變愈往下滑，凡事不順利。也會惹人討厭，多是非。更會手腳不俐落，偷懶塞責，做一些畫蛇添足的事。此運不佳，不利考試運、升官運、愛情運、家庭運，同時也要小心手足的傷害。

天機、文昌運：此運中文昌居廟。故此運中，你還不太笨，由其對理財、文質事物、計算能力很好。你雖外表笨笨的，但有氣質，只是手腳慢而已。在運氣的變化上雖有下墜趨勢，但在文藝、文職、商業、經濟方面是好的。此運機會不是很多、很好，但你仍能規規矩矩，一板一眼的很會做事，故也

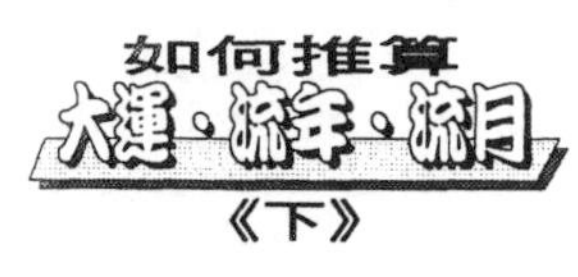

可平順過日子。此運在讀書、學習上有利，但並不一定能升官。在感情上，喜美麗、高尚，但清高，財不多的對象，挑選嚴格，故不易找對象。在家庭運上，能保持格調的生活，運氣雖不十分旺，但能清楚過日子。此運錢財不多。

天機、文曲運：此運中，文曲居廟。故此運中你的口才好，人緣佳。喜歡唱歌、跳舞等娛樂。你會有小聰明，靠人緣關係來改變運氣，此運不利考試運。但升官略有一點，不強。在愛情運上有機會認識對象，但你會認識運氣不甚佳，但有口才、有才華的人。在家庭運上，家人之間能相處，但仍多口舌是非。你在此運中錢財不多，只有吃飯的錢。是以薪水之資過生活的。

天機、左輔運或天機、右弼運：此運中，因天機居平，故在左輔和右弼是幫助天機變化不多，會有小聰明，有衣食之祿而已，但是非多，順利度真不高的。也可說是助不大的。此運中錢財不多，有飯可吃，生活可過，但不富裕。在工作、事業上也無大發展。故升官考試運不佳。在愛情運、家庭運上都不佳。你會找到有小聰明的朋友，工作並不賣力的朋友聚做一堆，無所

視事，打混過日子。家人中有偷懶姑息者，讓你頭痛。

天機化權、祿存運：此運是丙年生的人會走的運程。此運中天機居平，故化權也居平，力量不強。只有勞祿頑固的色彩。但此運，你會辛苦勞碌，運用不多的聰明，努力去賺衣食之祿。此運財不多，也不適宜投資或做生意，只適合為人服務，拿薪資過活，才會平順。此運你是性格保守，頑固之人，想要變又不愛變的人，心情矛盾。但仍能謹守分紀，賺屬於自己的財。此運考試運、升官運不算強，但有機會。在感情運上，太保守，機會少。在家庭運中，與家人多是非、計較、小氣，會有衝突。

天機化忌、祿存運：此運是戊年生的人會走的運程，天機居平帶化忌，又有祿存，是『祿逢沖破』，仍會有衣食之祿，但辛苦，無留存，有時也會拮据。此運又是『羊陀夾忌』的格局。小心在大運、流年、流月、流日，三重逢合，即有性命之災，要小心，更要注意車禍性命之災。此運有突發的災禍、頭腦笨、小氣又自私，外援少，一切不吉，沒有考試、升官運、愛情運、家中多是非，與家人不和。

天機、陀羅運：此運是丁年、己年所生的人會遇到的運程。丁年生的人還有天機化科和陀羅同宮，表示是頭腦不聰明，但外表有稍許氣質，或有一丁點做事的方法。但此運不強，凡事有拖拖拉拉的狀況。

天機和陀羅同宮的運程，就純然是笨的，會拖延，找藉口，做事做不好，錢財慢進，有錢財困難，拮据等問題的狀況了。此運有手足傷災，有車禍、血光、牙齒的傷災，要小心。此運不吉，不利考試、升官、感情等運。也不利家庭運，家中多是非、衝突、災禍不斷。小心辭去工作，沒飯吃。

天機、火星運或天機、鈴星運：此運多意外災害，亦有傷災、車禍等事。此運你的性情急躁、衝動、脾氣不好，應變能力差，運氣也不好。易遭意外之災，或有火爆的場面發生。不利考試、升官、感情等運，錢財也不順，來去很快，無法留存，偶而有意外之財，但更有意外災禍在等著。在家庭運中，家人多衝突、是非、災禍，相處不愉快。此運你是一時聰明，一時又笨的狀況，聰明和笨都不是時機。小心辭去工作，沒飯吃。

天機、地劫、天空運：此運中，你是頭腦思想清高，有特殊的聰明，但是沒有用的聰明，對工作、事業、賺錢都沒助力。此運你什麼都抓不著，掌握不了，運氣空空，你根本看不見運氣在那裡，不過倒也清靜，平靜過日子，也不想打拚了。此運錢財不順，賺不到，考試、升官全不想，也不想學習或讀書上進。在感情上無運結識對象，也不易結婚。在家庭運上，小心有禍事產生。只要不是戊年生的人，則不會有生命之憂。戊年生的人，走此運，定遭災喪命。

天機化祿運：此運中天機居平化祿，故化祿也居平，不強。此運中你略有人緣，但以薪水為主，有衣食之祿，財不多。此運雖不很好，考試、升官有希望、不強。在感情運上，有變化，但有桃花，稍好。在家庭運上，家人尚稱和諧，不持久。

午宮

此運為紫微居廟運：此運是這個『紫微在午』命盤格式中最好的運程。此運中萬事吉祥，在錢財上順利多得，享受高級、平順。在考試運、升官運上，都考得上，亦可升上高位。在愛情運上，可遇到地位高，長相好，條件好的人。在家庭運上，幸福美滿，家運亨通，家人相互幫助，能使家運更上一層樓。此運中你會態度高貴、穩重，讓人敬重，喜接近你。你的品德也會高尚、正派，讓人仰慕。穿著也會整齊，注重品質，有格調。這是最好的吉運了。

紫微、文昌運：此運中紫微居廟、文昌居陷。表示你在此運中是外表氣派、體面，也可受到別人在某些方面的尊重，但是氣質較粗俗，有些土氣、類似草莽人物，土紳，或黑道大哥似的氣質（有時沒那麼嚴重）。你不精明、計算能力不好、理財能力也不佳，但能錢財平順，這完全是靠紫微趨吉呈祥的力量所形成的。也可能此運收入還不錯，但也耗財凶。此運中你不善文事，在契約、文字上有差錯、要小心。此運你的人緣也並不太好。但是子、午、卯、酉四個宮位有祿星出現時，你照樣有『陽梁昌祿』格，能有考試運、升官運，及高學歷。並能走官途，做公務員，得到財祿。此運中本來有最高的財運，會因文昌陷落而打折扣。但依然還算不錯。在感情運上，因桃花減少

了，機會也會變少。此運中你會遇到好的對象，是外表尚稱穩重、氣派、地位高，但氣質較差，聰明度不高的人。在家庭運方面，家中大致祥和，不過仍有小磨擦，不平靜。

紫微、文曲運：此運中紫微居廟、文曲居陷。此運中你是外表穩重、氣派，受人尊重，但口才差、較沉默，少說話，也是才藝和才華不好的人。此運中，你會較保守，人緣也不佳，內向，別人不太接近你。你的聰明才智也會較差。此運雖大致是吉運，但收入會減少。考試、升官機會不錯，但你的表現尚待增強。在感情運上，也會有不順，會孤高、自傲。在家庭運中，家中大致祥和，但會有口舌是非，令你煩惱。

紫微、左輔運或紫微、右弼運：此運中左輔、右弼幫助紫微的是：地位、官位增高，或趨吉呈祥的力量加強。此運中你會在工作上、生活上得到左、右手的幫助。使你在生活、做事上更從容不迫，在升官之途上扶搖直上，非常順利。在錢財上也能得到更多，運氣是一流的好。但是在考試運上是不由正規考試，是由人情或別人幫忙來考上的。倘若沒有熟人幫忙，你就功課再好也考不上。或有刁難，或自持能力強，重考再考上更好的學校。在感情運上，有人會幫你介紹對象，但最後會成為你倆感情的絆腳石。此運亦可能生活過舒適了，飽暖思淫慾，有離婚、再婚的打算。在家庭運中物質生活會高級，但感情生活有出軌現象，有外人介入。

紫微、祿存運：此運是丁年和己年生的人會走的運程。此運中，你會保守、吝嗇、小氣，會孤君奮鬥，財運不錯，但是薪水族，收入不錯，不會是富翁級的財。因為紫微是高級、高位的官星。而祿存是保守的財星之故。所以你會具有高位的薪資。此運中你一切順利、祥和，但發展不大，是按部就班型的步步高陞。此運有升官運、考試運。此運也容易形成『陽梁昌祿』格。會喜讀書，有高學歷。此運在感情運上太保守，不容易認識好對象。如已有對象，要結婚的話，此運是結婚的好運年。此運在家庭運上，亦富足祥順，但家人小氣，彼此在感情上付出的少。此運以己年生的人運氣最好。因在對宮有貪狼居旺化權相照，出去在外面可掌握好運機會。此運亦可幫助『紫微、祿存運』有打破保守性格，人緣較好，賺錢的環境能擴大，掌握好運機會更多。

紫微、擎羊運：此運是丙年及戊年生的人會走的運程。表示此運的運程看起來還不錯，但爭鬥多，競爭凶，波濤洶湧，而且是高級、高位的競爭。讓你很頭痛。此運是『刑官』的格局。你倘若是戊年生的人，在此運的對宮有『貪狼化祿』相照，運氣好一點，競爭再多，外界環境中機會多，人緣好，能幫助使你參與高位的競爭，很可能得到利益。而丙年生的人較無此好運了。此運中你會較陰險，喜鬥智，有邪惡的思想，也可能升官升不上去。在考試運上很有希望，但爭鬥凶。在愛情運上，表面看起來不錯，但有外來力量介入，起是非、爭鬥，而不順。此運有意外災禍、傷災、車禍等。此運你周圍也多小人挾制你，使你不順。在家庭運上是表面祥和，但家中暗中爭鬥凶。此運如果要開刀要小心，會經過驚險狀況，戊年生的人有利會成功，丙年生的人，要看當時狀況及有無貴人，才會成功。

紫微、火星運或紫微、鈴星運：此運中你是表面氣度穩重、氣派、有高貴的氣質，但脾氣急躁、火爆的人。你會因一時衝動做些會後悔的事。也會

因一時性急，脾氣不好，常罵人，人緣不好，讓人害怕。此運雖紫微能治火星、鈴星之惡，但仍不吉，是『刑官』的格局。會因衝動使事業、工作上不順或耗財多，但問題不大。此運也會有意外之災，但能逢凶化吉。此運中之火星、鈴星和對宮之貪狼形成『火貪格』、『鈴貪格』，會暴發偏財運和暴發運，因火、鈴皆在廟位，暴發力量大，得財也很多。有百萬、千萬元之譜。故此運在錢財上亦可多得。此運會造成精神上的緊張，要小心在考試運、升官運上有瑕疵。在感情運上是不佳的，因你的脾氣頑固，高高在上，衝動、性急、火爆、不利感情的營造。桃花運會少，人緣會稍差。結識對象不易。在家庭運中，大致祥和，有耗財多、衝突等現象。

紫微、地劫運或紫微、天空運：此運中，你會思想清高，主貴，對錢財看得淡。會自命清高，自以為高尚，做事不實際，也會注重道德，很多事不能做。此運大致上仍是吉祥的，只是對財，對感情，對競爭都失去興趣，競爭力不強而已。所以戀愛會無運，錢財仍不錯，有錢可花，但存留不住。考試運好，但你不一定會去參加考試。升官運亦然，起先運好，有希望，但會無疾而終。在家庭運上也是和諧，生活舒適，但沒有遠景、目標，錢財無留存。

紫微化權運：此運是壬年生的人會走的運。此運有使一切事務逢凶化吉的強勢力量。什麼事情都能圓滿平順的解決。此運中因對宮有『貪狼、擎羊』相照，故外界的環境中，是運氣稍差，而爭鬥多，勾心鬥角的環境，而你會具有帝王般的權威，強制壓制，使其和平，爭鬥結束。故此運你雖具有權威，有地位，有能力，能高高在上，你講話對別人有說服力，對方一定會聽、會接受、會臣服，但你十分勞碌、辛苦。此運也多半是在解決以前所留下來的財物、債務問題。所以只是一般平順的運程。倘若你先前無債務及糾紛，專以此紫微化權運，就可升高官、掌大權、大財，平步青雲，有大成就了。此運適合參加選舉，可高票選中。在考試上也必中。在感情運上能修補以前的破碎感情。在家庭運上，能強力主導和順，凝聚家庭力量。

紫微化科運：此運是乙年生的人會走的運程。此運有利考試運、升官運，一定會考中。此運你會態度穩重、優雅、有氣質，受人敬重，喜愛。會讀書，

有文化氣質，工作能力好。在事業、錢財上也有一定高水準的發展。在感情運上，十分和諧、相互寵愛。在家庭運上，家人都是有高貴品格和做人世故通達的人，一切順利、幸福。

未宮

此運為空宮運，對宮有同巨相照：此運因對宮相照的天同、巨門俱陷落。空宮運本是空茫的運氣，再有同巨相照，運氣更差，會有一些是非災禍發生。大體上是溫和，小是小非的問題糾纏不斷。此運易生病，心情不佳，多煩惱，和家人、朋友、同事有口角，只要空宮中沒有羊陀、火、鈴進入，對宮也不能有巨門化忌相照，就會運氣低空飛過，尚稱圓滿了。走此運的人，若是生於三月、五月、九月、十一月的人，就會有『明珠出海』格，此運反而成為貴運。有貴人相助，考試可考上、升官有份，運氣不錯了。若不是這些月份生的人，則運氣不佳，工作不力，懶惰，藉口多，打混過日子，錢財也不順利。凡事不順了。

文昌、文曲運，對宮有同巨相照的運程：此運中文昌居平、文曲居旺。此運中你是喜歡享福，桃花運強，亦有桃花是非的人。你的精明力不足，計算能力不算好，有些懶惰，但口才好，喜玩樂，做事不力。你的外表討喜，喜賣弄風情，不做正事。有吃穿，衣食之祿，財不多，可糊口，賺錢不易，易賺桃花風月的錢財。此運你不太想做事，但此運適合讀書，能形成『陽梁昌祿』格，考試有希望考上。升官運不見得很好，也會有希望。在感情運上較佳，喜情色生活，能遇到戀愛對象。在家庭運中，大致平順，有財少的困難。

左輔、右弼運，對宮有同巨相照的運程：此運中你是溫和，喜歡黏別人，有合作精神，不想獨立做事，凡事都要找個伴，才想做的人。雖然環境不好，是非口舌多，但你仍然不能離開朋友，此運小心有緋聞纏身的困擾，會有朋友幫助你度過錢財不多的日子。此運不吉，只要沒有羊、陀、火、鈴同宮，便無大災，可安然度過。此運不利升官運、考試運、讀書運，會重讀、重唸、重考。也不利感情運，你會把多個情人都看做朋友來對待，一視同仁，引起糾紛。在家庭運中，也要小心外人介入而引起是非。

擎羊運，對宮有同巨相照的運程：這是丁年、已年生的人會走的運程。丁年生的人，對宮相照有天同化權、巨門化忌，是『權忌相逢』的格式，故更凶。此運內外夾攻，都是爭鬥多、陰險狡詐的運程，使你很累，而且傷災特多，有開刀的問題。血光、車禍，有性命之憂。此運你像小媳婦一樣，被擠壓，心情很悶，多思慮，有失眠、精神衰弱等問題。此運三合宮位中再出現火、鈴，會有想自殺、意外死亡的危險。此運凡事不吉。你會小氣、愛計較、愛爭、保守，利於讀書，但成績不一定好。努力的話，考試也可考上。但此運不利升官運、感情運。更不利家庭運。家中多爭鬥、吵鬧、不平靜。

陀羅運，對宮有天同化科、巨門相照的運程：這是庚年生的人所會走的運程。此運你會笨和慢，是非更多，表面看似溫吞水，但心情悶、不開朗，內心多煩憂，憂愁的事不是不聰明的，多此一舉的事。此運凡事拖延，慢半拍或無疾而終。此運錢財不順，慢進、財少，耗財卻又多。凡事不利，也不利感情、家庭運。小心會被退婚，嫌棄。

火星運或鈴星運，對宮有同巨相照的運程：此運中，火星、鈴星居平，此運不吉，多意外災害。要小心車禍、傷災、火災、湯傷，發高燒等事。此運偶爾也會有意外小財，錢不多。此運不利考試、升官、感情運。若有擎羊同宮或在對宮出現，要小心會因一時想不開自殺。此運中你性急，脾氣壞，是非多，凡事不順。

地劫運或天空運，對宮有同巨相照的運程：此運什麼也抓不住、看不牢，而且你思想清高、脫俗。外界的環境是溫和、是非多，愛講些風風雨雨的小話的，但你也不是很煩，因為你頭腦空空，愛發呆，根本不在意。你在賺錢方面更不在意。故此運中財少、工作不力、懶惰，你會打混過日子。此運凡事不利，也沒有成果可收穫。

申宮

此運是破軍運：此運中破軍是居得地剛合格的旺度。因此你在此運中的打拚能力並不是特強的，反而是破耗多、花費較大的。因對宮是武相相照，

武曲也是居得地之位，故此運中你是賺錢不多，夠衣食溫飽的運程。此運要小心車禍、傷災、破財、離婚等事。你在此運中也會態度開放、豪爽、凡事毫不在乎，衣著隨便。但此運爭鬥多，你也善於爭鬥，說話毫不顧忌，有大膽言辭。此運花的比賺的多，理財能力不好，有寅吃卯糧的問題，不可開業做生意，有倒債、負債的危險。此運不利考試、升官運，也不利感情運、家庭運，會有行為放蕩、不倫之情、婚外情產生，影響婚姻。

破軍、文昌運：此運是窮運。但你會外表斯文，有寒儒色彩，此運中你大致是精明、幹練的，但所思想的，所做的事會清高，與賺錢無關，也沒有賺錢的敏感力。此運你比較重名聲，好名不好利。此運有水厄，勿到水邊。此運你喜歡忙碌文藝方面的事情。讀書運會好，但考試運不行，升官運也不行，你會不實際。在愛情運、家庭運上，你會小氣、吝嗇、付出少，又大膽予取予求，故讓情人、家人都厭煩。

破軍、文曲運：此運亦是窮運和有水厄。此運你會口才好，大膽說話，沒人攔得住你。你外表圓滑，有異性緣，但是光說不練，而且內心小氣、吝嗇，也會讓人有微言。此運你很忙碌，不切實際，專門忙一些無法得財，卻耗財多的事，十分辛苦。此運沒有考試運、升官運，在愛情運方面，情況不樂觀，你也會找到小氣、窮困，但有才氣的對象，在此運結束後，很可能便結束關係。這是可共患難不可共富貴的關係。在家庭運中，家人不和，多是非口舌。

破軍、左輔運或破軍、右弼運：此運中，左輔、右弼是來幫助破軍破財多、破耗多，強力打拚，卻強力破耗的。因此是助惡的。此運錢財不多，但有錢花，借貸多。你也會做些不仁的事。競爭力稍強，爭鬥也凶，此運不利考試、升官、感情、家庭運。也不利朋友運、事業運或可發展，但破耗仍多，不算吉。此運你在感情上左右搖擺不定，沒有道德觀，會介入別人的感情，成為別人的第三者，或別人也成為你的第三者。

破軍、祿存運：此運中你是『祿逢沖破』，故錢財不多，但仍能賺到錢，是衣食溫飽的錢財。此運中你保守、小氣，錢只花在自己身上，打拚不會太積極、太用力。花錢仍很多，但會小心翼翼。此運你不會太大膽了，常會有孤寒，寒酸之相，也不怕別人瞧不起。因對宮有武曲化權、天相相照，你比較會理財，而且喜歡抓權、抓錢，不信任別人，凡事都要自己管，也會很辛苦。此運在考試運、升官運上有機會，但不是很有把握。在愛情運、家庭運上也太固執、衝動、好爭權奪利，而招惹不愉快。

破軍、陀羅運：此運是辛年生的人會走的運程。此運中你是又笨、又愛做錯事，破耗多，是非不斷、爭鬥、競爭多而不利。要小心車禍傷災嚴重的問題。此運萬事不吉。

破軍、火星運或破軍、鈴星運：此運中爭鬥多、火爆、凡事不順、有車禍、血光傷災，有意外災害、耗財多，進財不順。凡事不吉，也無考試運、升官運、愛情運，小心衝動被騙，或被人煽動而耗財。此運在家庭運上要防意外之災，或突然離婚之事。

破軍、地劫運或破軍、天空運：當你是『破軍、地劫運』時，對宮必有武相、天空相照。當你是『破軍、天空運』時，對宮必有武相、地劫相照。故此運是財空、福空及劫財、劫福全破耗成空的運程。此運你會懶惰不想打拚，打拚能力不強。也會破耗多，思想清高，不實際，不會理財，只愛花錢，不會賺錢。此運凡事不吉。更要小心車禍、傷災，有性命之憂，或成為植物人。此運有出世的思想，會皈依宗教，或出家。

破軍化權運：此運中破軍居得地之位，故化權也居得地之位。此運是甲年生的人會走的運程。此運對宮有武曲化科、天相、祿存相照，表示在此運的環境中是理財能力好，會存錢，會過太平日子的環境，你在這樣的環境打拚，自然具有主控力。但此運中你會強力破耗，而且主掌花錢的高地位和權力。也有除舊佈新、改變一切，打倒舊傳統、舊習慣的力量，所以此運具有強力的革新力量及反叛力量。此運也會有不合禮教、不合常現、一意孤行的情況。考試、升官有另外的方法可形。在感情運上，你會違反平常道德觀、不畏人言，而有不倫戀情。在家庭運中，你與家人的關係是任性的、霸道的，感情不佳。你在此運中會態度大膽、放縱、霸道、沒教養、沒禮貌，天不怕地不怕，講話很刺人，完全不怕別人受傷的方式，強力達成自己的願望。此運小心受傷、開刀也很嚴重。

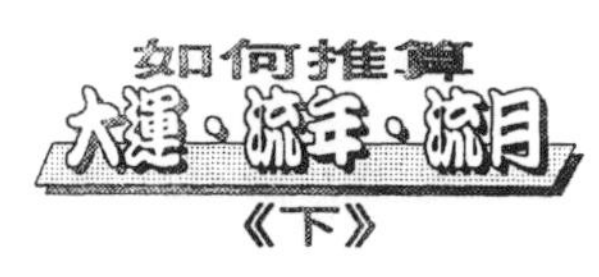

破運化祿運：此運是癸年生的人所會走的運程。此運中破軍居得地合格之位，故化祿也在得地合格之位。此運中也是『祿逢沖破』，財不多。這是打拚了就有一點財，是衣食溫飽而已的財。此運仍多破耗，不宜投資或做生意。此運只是人緣稍好，找得到錢來花費、破耗而已。此運你也會用婉轉、賴皮的方式來處理事情，找到能讓自己利用的機會和利益。此運對考試、升官有利，但不一定考得上。在感情運上，你會有些人緣，也會嘻皮笑臉的和人交往，容易以非常手段、欺騙的方式得到感情。男女走此運易先上車後補票。家庭運中是借貸多、花費多，靠借債過日子，私下家人不同心協力，表面為利相守在一起。

酉宮

此運為空宮運，對宮有陽梁相照的運程：此為空茫的運程，因對宮相照的陽梁俱在廟位，故運不差。只要空宮中沒有羊、陀、火、鈴進入，對宮也沒有太陽化忌，便能有中等左右的運氣。運氣倒不壞了。此運中你仍具有讀書運、考試運，機會很好。在感情運上，你也能性格寬宏，不計較別人的是非，對人很大方、熱情、照顧。喜歡做老大的樣子。此運也會有名聲，在工作上有一些發展，但財運不佳，理財能力不好，須小心度過。

文昌運，對宮有陽梁相照的運程：此運中，文昌居廟，亦為『陽梁昌祿』格相對照的運程，因此定會讀書，精打細算，考試、升官運氣特好。但要看這個格局的四方三合宮位是否有祿而定富貴。沒有祿的人，就不會走官途，也不會具有高學歷了，因為不能用讀書考試賺到錢財，你就不一定會用讀書的方式去得財，你會直接去賺錢。此運中你的外表文質彬彬，氣質好，精明幹練，也較會理財，雖進財不多，但仍能平順，身心愉快。此運桃花有一點，但並不特別強，你是性格開朗、豪爽，粗中有細的人，感情順利。家庭運也不錯。

文曲運，對宮有陽梁相照的運程：此運中文曲居廟，故此運中你的口才好、才藝多，才華不錯，也喜歡講話、聊天，性格寬宏、爽朗。但錢財不一定多，會用口才來賺錢。此運在考試運、升官運上有機會。在感情運上，桃

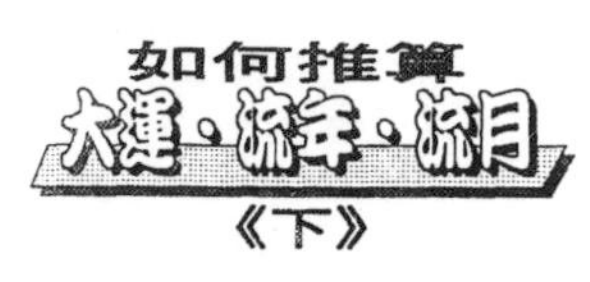

花多，桃花事件不斷，會有貴人來幫助你、照顧你。在愛情運上，也易找到比自己年紀大、脾氣好，會照顧自己的人。在家庭運中，家人和諧相處，且有幽默、有趣、不計較的言語，會有生活情趣。

左輔運或右弼運，對宮有陽梁相照的運程：此運中，你是脾氣好，對人博愛、寬宏、爽直、有人緣的人。同時你也具有領導力及合作精神，在人際關係上手腕很高。同時具備了平輩貴人和長輩貴人雙重力量。你在男性競爭的社會中也頗具力量。你會有很好的幫手來助你完成大事業。此運中你的錢財不多，以主貴為主。理財能力也不算好。此運在考試運、升官運上，會不由考試而任用。在感情運上，太博愛，會戀愛多，拿不定主意，不容易結婚。在家庭運上，太忙碌，與家人相處時間少，家務事會請人代勞。

祿存運，對宮有太陽化權、天梁相照的運程：此運中你是保守、小氣，但環境不錯的人。你會做公職或薪水族來賺錢生活，財運不錯，且生活愉快。此運有考試運，和較小的升官運、升官幅度不大。在感情運上，你會喜歡對你好、對你寬容的人，會領導你、幫助你賺錢或在工作上有助力的人。在家庭運上，生活穩定，家人各自保守，但能平安、平順的過日子，家中有男性長輩掌權管事。

擎羊運，對宮有太陽化祿、天梁相照的運程：此運是庚年生的人會走的運程。此運不吉，是刑官、刑祿、刑蔭的格局。此運中擎羊居陷，多傷災、有眼目不佳、四肢無力、精神衰弱等毛病。此運也錢財不順，工作受到阻礙、挾制、不順。此運中爭鬥、競爭多，常在工作上有陰險之人會暗害你，要小心。此運不吉，不利考試、升官、愛情運，會有災禍發生。此運車禍嚴重要小心。在事業上也易倒閉、欠債、生活不舒適。

火星運或鈴星運，對宮有陽梁相照的運程：此運中，火、鈴居得地之位。故此運中有意外之財，也會有意外之災，小心火災或燙傷的問題，會很嚴重。此運在升官、考試上運不強。在感情運上，會急躁、粗糙，用情不久。做事馬虎、草率，運氣就不十分好了。在家庭運中尤其要小心意外之災，如火災、車禍等，會讓家人忙碌，心中不好受。

地劫運或天空運，對宮有陽梁相照的運程：此運中錢財賺不到，也無法

留存，這是由於理財能力不佳、思想清高，不爭名奪利的關係。故此運中沒有考試運、升官運、愛情運。倘若是天空運，則為『萬里無雲』格，會有清高、大公無私、博愛的思想來為國家、百姓謀福利（國父孫中山先生有此格局及運程）。會做慈善事業，有宗教情懷。此運不會有太多的錢財，兩袖清風，但生活愜意。此運你也會拒絕官位，不為五斗米折腰。此運在感情上尤其大公無私，沒有特別的男女之情愛。易出家或入宗教之中。

空宮運，對宮有太陽化忌、天梁運：此運為甲年生的人會走的運程。此運運氣不好，與男子不和，沒有競爭力，也沒有貴人運。反而容易多災，小心頭部眼睛有災，也要小心高血壓、腦沖血、中風等問題，走此運的人會懶惰、不想努力，生活沒勁。

戌宮

此運是廉府運：此運中廉貞居平，天府居廟。表示你不必用太高的智慧營謀，只要用儲蓄的，工作努力的，即可存到錢，生活滿富裕的。此運中你具有交際手腕，人緣很好，會利用人緣來賺錢。也能賺的不少。你會非常忙碌，而覺得生活有意義。但此運不適合和人做強力的爭鬥或競爭。因智力不足，營謀的方式不夠好之故。此運也不利選舉。但用檯面下、暗中進行，不計名投票，則有希望。此運考試、升官運平平，有希望，但力量不強。在感情運上，會太計較、小氣、保守而吃虧。在家庭運上是平順、祥和的。

廉府、文昌運：此運中廉貞居平、文昌也居陷。故此運中是頭腦智慧不佳，形象不好，外表較粗俗，但能靠做職位不高的收入儲蓄來存錢的。但是理財能力很差，計算能力也不好，仍有破財、耗財的問題。錢財是並不十分富裕的。此運，你不會做文質工作。即使做也做不好。你較會做勞力得財的工作。此運沒有升官運、考試運。感情運也不佳，你是個小氣、吝嗇之徒，頭腦不佳，會有投機取巧的思想，對人和事務的標準也不高。會物以類聚，找到笨的、能力不佳，但有小財，只夠衣食溫飽的情人。家庭運上，也財少，家人相處有口角，關係不十分好。

廉府、文曲運：此運中文曲也居陷。故在此運中你很靜，不太說話。此

運中你會沒有才華，口才差，有口舌是非，多招麻煩。此運中錢財少，升官、考試皆不利。人緣也會較差。在感情運上，機會少，外表很笨，不討人喜歡，相親不易成功，在家庭運上，可勉強過日子。

廉府、左輔運或廉府、右弼運：此運中左輔、右弼幫助廉府的是外交人緣更寬闊、更好。也幫它生財更多。此運中你會有左、右手來助力，事業有成，得財較多，生活富裕、滿足。此運也稍具領導力，會做主管，但升官運並不強，考試運也不見得好，會重讀、重唸。在感情運上會有多個感情對象，無法擇一確定下來。此運也會有婚外情，不倫的感情。

廉府、擎羊運：此運是『刑財』、『刑官』的運程，故在工作、事業上爭鬥多，競爭激烈，對你有刑剋，事業、賺錢都不順利。此運還有一個最大的問題，是和對宮的七殺形成『廉殺羊』格局的問題。會有死於外道，有重大車禍之傷災，會性命不保。在大運、流年、流月、流日、三重逢合，必有大難，要小心。此運你也會多憂愁、煩惱、與人有衝突，人緣不佳，重要的機會把握不住等問題，更會身體不好，有重大疾病、開刀等問題。

廉府、陀羅運：此運是『刑財』、『刑官』的運程。此運是笨運，凡事拖拖拉拉，智慧不足，又頑固、強悍要表現，在交際手腕上也展現笨拙，讓人討厭的手法。故此運人緣不佳。做事不順利，財賺不多，會拖延、進不了財。此運亦是『廉殺陀』的格局，小心有車禍嚴重死亡的事故。此運你也多煩惱，和人有是非衝突、不順。機會無法把握，常有後悔現象。身體不好，有傷災、有重大疾病。開刀等問題。感情不順，易被退婚、分手。

廉府、火星運或廉府、鈴星運：此運中爭鬥多，會讓你心情不平衡，脾氣急躁、火爆，智慧更不高，人緣不好。同火、鈴居廟，故有意外之財，也有意外之災。此運要小心火災、燙傷、手足傷殘、血光等事。此運你會有另類聰明、搞怪的想法，但不利財運，或有暴落也很快的問題。此運也不利考試運、升官運、愛情運，會有不倫的愛情。

廉府、地劫運或廉府、天空運：此運為『劫官』、『劫財』、『官空』、『財空』之格局。因此你在工作、事業、賺錢上打拚能力不足。也不想打拚。此運會賺錢少、消耗多。也會思想不切實際，對錢財不注重。此運在

升官、考試上無運，若堅持努力，可衝破此運的束縛。在感情運上也不用心。此運小心傷災、血光。容易漏財，存不住錢。

廉貞化祿、天府運：此運是甲年生的人會遇到的運程。此運中你生活富足，有精神上的快樂。喜歡蒐集物品、古董等，也會有好女色、好淫色的特殊喜好。會小有升官機會。考試運也有機會，但會被一些興趣影響，不一定考得好。在感情運上，靈性合一，十分順暢、幸福。

廉貞化忌、天府運：此運為丙年生的人會遇到的運程。此運中會有官非之事，財運小可，不會太富有。也會有血光、開刀、生病的問題，是和血液有關的病變。此運中你也會頭腦不清，做錯事，和人有是非，遭到排擠、陷害等災禍，人緣不佳。是智慧上的問題。在感情運上也不順利，多是非。

亥宮

此運是太陰居廟運：在此運中你是溫柔、氣質高尚，有陰柔之美，敏感、多情，善體諒人，善於察言觀色，有異性緣，容易掉入愛情漩渦的運程。此運你的情緒也容易起伏不定，如月之圓缺。此運財運好、豐滿圓順，有儲蓄，生活舒適，愛享福。此運在工作上是『機月同梁』格，必會以薪水族來賺生活。此運你還喜歡買房子、佈置家庭，談戀愛。生活是富足快樂的。但要小心常感冒，以及下半身較寒，腎水不足等問題，小毛病不少。此運在考試運、升官運上有機會。在愛情運上機會多，一定會墜入愛河。在家庭運中，家人溫柔和順，多情義、富足。

太陰、文昌運：此運中你會外表斯文儒雅、秀麗，長相美麗，注意穿著，也精明，善於理財。因此財運尚稱不錯。此運也喜歡買房子，定契約。你會在賺錢的事業上有一些成就。此運你會做文職性的工作，與文藝、學術接近。此運有考試運、升官運。在感情上，你會穩重、體面，用合情合理，重視人情世故的方式來說服別人。在家庭運中，你和家人和諧，家人都是氣質高雅的人，此運要注意感冒、腸胃、肺部氣管的毛病。

太陰、文曲運：此運中你溫和柔美，口才好，會講話，人緣好，桃花多。會將溫柔的心意用口才表達出來。此運你的靈感好、敏感力強，賺錢運也好，機會多，更能以才藝、才華來賺更多的錢財。此運在考試運上、升官運上機會好，很容易。在感情運上，異性緣佳，又幽默風趣，甚得人心，會有很好的收穫，認識多情，有才華的對象。在家庭運上，家人也能和諧、風趣的生活在一起。此運也適合學命理。

太陰、左輔運或太陰、右弼運：此運中，左輔、右弼是幫助太陰來存錢，房地產增多，或增加它的陰柔美麗、溫和，以及財運的。故而走此運時你會財多、愛買房子，性格柔順，會體諒人，愛幫助人，有領導能力，會設身處地的為人著想的。但此運在愛情運上會三心兩意，腳踏兩條船，會有困擾。在家庭運中，家人能和順，且相互幫助。在考試運、升官運上不太有利，會出現有人愈幫愈忙的情況。

太陰、祿存運：此運是壬年生的人會走的運程。此運中你會內向、保守、性格柔順，但會像小媳婦似的，怕受欺凌，有自閉現象。此運所儲蓄的錢財很多，而且小氣、吝嗇，有點像守財奴。此運在考試運、升官運上，機會、努力都不錯，希望很大。此運在感情運上保守，有機會，但你防範甚嚴，能找到合適對象的機會不多。家庭運中可和諧相處。

太陰化科、陀羅運：此運是癸年生的人會走的運程。此運中陀羅居陷。故傷災多，有牙齒和手足、骨骼之傷。此運中財運會不順，會拖拖拉拉、慢進。此運中你也會性子慢，氣質好，但也會有些笨，會做些笨事而後悔。此運在考試、升官方面都會拖延。在感情運上也會不順。有事藏心中，不說出來，會和人有是非，亦有一些災禍，但不嚴重。

太陰化權運：此運是戊年生的人會遇到的運程。你可在錢財上掌握力量，賺錢較多。但對宮有天機居平帶化忌相照，這是『權忌相逢』的格局。也表示外界的環境不好，多是非變化，易遭災，要小心。故此運在錢財上得利，在考試、升官運上也有利，但要小心事情有變化，或是非的產生，而帶來不吉。在感情運上，你會有強力的敏感力，有主導權，去主導愛情的發展。在家庭運中女性當道、掌權，生活舒適、有地位。

太陰化祿運：此運是丁年生的人會遇到的運程，對宮有天機化科相照，為『祿科相逢』的運程。此運中，你會具有做事能力，再用人緣、敏銳力配

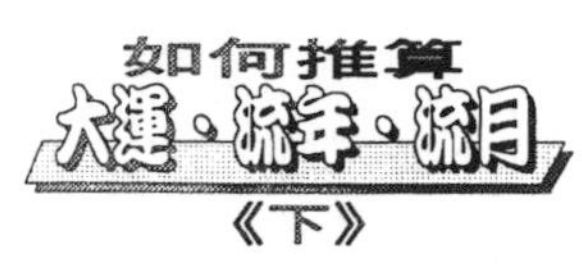

合，故能賺很多錢。生活舒適愜意。在考試運、升官運上，機會大好。在愛情運上，機會多，能找到溫柔多情的對象。

太陰化忌運：此運是乙年、庚年生的人會走的運程。乙年生的人會有天機化祿在對宮相照。是『祿忌相逢』的格式。此運中『太陰在亥宮有化忌不忌』之說，但在錢財上仍有麻煩、官非，困難是非仍有，還有和女性的不和是較嚴重的。可是此運中錢財仍是多的。只不過精神上有鬱悶、不開朗，多是非，心中多怪異想法，人緣不好，情緒不穩定，思想保守、不聰明而已了。此運凡事不吉，但錢財仍有，要以薪水族得財。

三分鐘算出紫微斗數

實用紫微斗數精華篇《全新增訂版》

⑧『紫微在未』命盤格式中各宮運氣詳解

子宮

此運為巨門居旺運：在此運中你的口才甚佳，有辯才，也多是非口舌。可以利用口才及是非口舌來賺錢。做公教職最適合。行商做生意，做推銷工作也會有利。此運因為巨門是居旺的，縱使有是非、爭執，也可用解說、說服的方式來解決爭端。此運中還是要小心有些災禍發生。倘若此運的三合宮位中有擎羊、火星出現，此運就要小心有氣憤自殺的惡運了。還要小心車禍、傷災，夾帶著官司纏身，拖很久。此運在升官運、考試運上有機會，但要小心有是非口舌的問題，會帶來不利。在感情運上，多是非爭執。在家庭運上多災禍、爭執。此運中你會具有競爭力，

⑧紫微在未

巳	天機(廟) 午	紫微(廟) 破軍(旺) 未	申
太陽(旺) 辰			天府(旺) 酉
武曲(平) 七殺(旺) 卯			太陰(旺) 戌
天同(平) 天梁(廟) 寅	天相(廟) 丑	巨門(旺) 子	廉貞(陷) 貪狼(陷) 亥

也會面臨爭鬥多、競爭多的局面。

巨門、文昌運：此運中文昌居得地之位。故此運中你會口才好，有氣質，出口成章，說話有禮貌，言行高尚。此運你會精明強幹，口才銳利，計算能力好，理財能力好，很計較挑剔。此運有『陽梁昌祿』格，具有考試運、升官運，考試會考中。在感情運上，你會對交往的對象要求嚴格，希望他是有格調、文化氣質高的，而且彼此是有口角的。在家庭運上，你和家人的運氣不錯，注重文化水準，但會有爭執。此運中的財運還不錯，會以文職工作來賺錢。但屬於薪水階級的財。此運在健康上要小心腸胃炎、感冒、氣管炎、氣喘等問題。

巨門、文曲運：此運中文曲也居得地之位，故此運中你的口才特別好，才藝多，才華好。尤其是在口才上的才華特別有利，可以口才、口技來賺錢，從事演藝工作的人員，此運最有利。此運賺錢也會較多。但此運仍有是非口舌，要小心。此運在升官運上有把握，在考試運則不一定，會有是非。在感情運上，桃花多，機會多，也會用是非口舌來增加感情，但仍會有爭執。在家庭運中，會有爭執，也會因爭執而更親密。此運要小心感冒，下半身寒冷的問題。

巨門、左輔運或巨門、右弼運：此運中左輔、右弼是幫助巨門在口才上得利，也會幫助把是非口舌增多，或是非麻煩增多。故此運不算太吉利。此運中你的口才甚佳，在言語上有領導力、協調能力，但周遭是非災禍也很多、麻煩多，讓你很操勞。此運在考試運、升官運上不利。在感情運上不順暢，有第三者介入多是非。在家庭運上，多爭執、麻煩多。

巨門化權、祿存運：此運是癸年生的人所會走的運程。此運你是行為保守，又具有極大的說服力的人。你也會明明可運用口才的特質來說服別人賺很多的錢，但卻不利用自己這項特優的本領，而少與別人來往，待在家中，等待別人來找你，給你生意做。因此你所賺的財祿是少的，也空有化權的力量了。你必須打破自閉孤獨的心態，儘量發展巨門化權的強勢的掌控力與說服力，才能多得財祿，不能被『祿存』拘限在一個小圈圈環境之內。否則巨門化權就無用了。此運如果要考試、升官，必須努力，還要多瞭解當時的實際情況，周遭會出現的變化，才會有希望考上。在感情運上會孤獨、專制、霸道，不易親近，發展新戀情的機會少。在家庭運上，用強烈的爭吵、說服過程，可使保守的家人聽你的話。此運中你也是處在一個小圈圈、保守又爭鬥很凶、競爭激烈的環境之中的。

巨門、擎羊運：此運是壬年生的人會走的運程。此運中，你會面臨爭鬥激烈、競爭頑強的局面。此運是非災禍多、傷災多，讓你頭痛欲裂。你也會多煩惱、多思慮，用盡心機，陰謀來對付外敵。此運中傷災多，心情鬱悶、陰沈，有車禍、血光的問題，也可能喪命。若三合宮位中有火星出現，此運更有會自殺的可能，要小心。此運亦可能有官非纏身。即使是車禍死亡後，亦會官非不斷，官司久久不能了結。此運萬事不吉，只有嘴巴厲害，有口才，說話惡毒，但對事、對人都無好處，只會令人討厭。

巨門、火星運或巨門、鈴星運：此運中你是心情急躁、很悶、頑固，凡事想不開，愛鑽牛角尖的人。也喜歡鑽到是非口舌、災禍之中，而不自拔。你會把一些看法、想法來扭曲別人的意思，而衝動的想報復，或用自殘的手段來強制別人認同你或順服你。此運是是非多、爭鬥多，競爭激烈，沒有理性，瘋狂的、衝動的，想與石俱焚的、有毀滅性衝動的運程。是故此運會災害多，有意外之災、車禍、及有自殺事件（而且多半是報復性的自殺事件），並且延續著官非、官司的問題，要鬧一陣子才會結束。此運萬事不吉。

巨門、地劫運或巨門、天空運：此運中是非災禍明顯會少一點了，但仍是會有。而你的口才也會減弱。此運中你比較清高，對錢財不重視，也較不切實際。賺錢少，錢財留不住，也會常說些廢話、無用的話。此運只有一個天空或地劫同宮，影響還不大，你的競爭力還是有的，只是打拚能力不太強了而已。如果能突破心理障礙，持續努力，仍有可為。此運要小心車禍傷災，或官非，失去一些東西。此運考試、升官的運氣要參與競爭，有機會。在感情運上會多是非或感情漸淡。家庭運中，沒有積蓄，存不住錢，彼此不關心。有心結、少講話。

巨門化祿運：此運是辛年生的人會走的運程。此運中巨門居旺、化祿也居旺。故此運可靠口才或是非口舌的問題而得財。此運中你也會言語圓滑，

刁鑽，善用口才技巧，愛套別人的話。或利用口才來賺錢。此運中口舌是非對你反而是有利的。此運有升官運、考試運。在感情運上，你可利用此運來製造新戀情。也可用此運來甜言蜜語，鞏固戀情。在家庭運上，你與家人會多口角、爭執，但能以此相互瞭解，更增親密。

巨門化忌運：此運是丁年生的人所會走的運程。因對宮有天機化科、祿存相照，故是『科忌相逢』的格局。此運中你的外界環境是保守、斯文聰明的，但你自己是糊塗、多是非的，故還是不吉。你會心裡悶，愛多想、多思慮、煩惱多，更多惹口舌上的是非。此運你也會保守、挑剔，容易嫉妒、生氣、憎恨別人。更容易惹是非災禍或官非上身。要糾纏很久才會結束。此運也易有車禍、傷災，也易有死亡之虞。因對宮有相照的『羊陀夾忌』之故。此運萬事不吉，即使死後亦牽連官非，很久不能解決。

丑宮

此運為天相居廟運：天相是溫和的、勤勞的福星，也是印星。故此運中你會理財，也能掌權管事，萬事吉祥。具有升官、考試、感情、家庭皆順利之運氣。但對宮不能有羊、陀、火、鈴、劫、空出現，否則也會對此天相運造成或多或少的傷害，也會形成『刑福』、『刑印』的格局，情況就完全相反了。其人也會懦弱被人欺負。

天相、文昌、文曲運：此運是極愛享福，又長相美麗，氣質好，文學才藝、才華都很高，生活優雅，錢財順利，人很精明，理財能力又佳，口才好，討人喜歡，桃花人緣又多，是快樂幸福的好運程。此運有考試運、升官運，感情運、家庭運皆順利。但此運若有羊、陀、火、鈴、劫、空同宮則為『福不全』，會依次福氣有刑剋。其中以擎羊同宮刑剋最凶，又為『刑印』格局，其人會懦弱，桃花變色，為邪桃花，女子逢此運會下海為娼妓，男子逢此運為從事色情討飯吃之人。此運便不吉了。

天相、左輔、右弼運：此運是良相輔佐的運程。故有極強的好運，能掌權、掌錢，萬事平順、吉祥。理財能力好，精明能幹，有領導能力，助手多、朋友多，相互幫助，而把你推上高位。此運會有升官運、財運，很旺。但在考試運上，太多助力會愈幫愈忙，或心意左右搖擺不定，錯失良機，而且重考。亦會有重讀的問題。在感情上，亦是有多個對象讓你舉棋不定，難下決定。或已有固定對象，但又出現新的好對象，讓你猶豫不決。在家庭運方面，家人會相互幫助，但你的婚姻有問題，需要解決。

天相、擎羊運：這是癸年生的人會走的運程。此為『刑印』的格局。表示你會懦弱，掌不到權力，也容易被人欺負。此運中，大人小孩都會對你沒禮貌，家中和外面的人也容易輕視你，不看重你，故意忽視你。更容易搶奪你的利益、錢財和機會。此運在升官上、考試上都沒有希望，競爭多，爭鬥凶，沒人把你放在眼裡，你的成績也不太好，也容易出錯。或別人出了錯，賴上你，使你吃虧。在感情運方面，感情易出問題，你也會很氣憤、計較，有可能傷人、殺人或被殺害。在家庭運中，家人不和，會欺侮你，會有搶奪你的家產和錢財，或讓你為家人做牛做馬，不給你好臉色看。此運不吉，你容易心靈受創傷。更會有計較、報復之心。此運也會有傷災、車禍、開刀等問題，為『福不全』。此運理財能力不好，賺錢也少，耗財多。此運小心受騙、遭竊及有殘疾。

天相、陀羅運：此運為甲年生的人會走的運程。此運中你會比較強硬、頑固，也比較行動慢一點、笨一點。此運理財能力不好，錢財少，心中悶，常不順利。也會有『刑印』的問題。會遭人嫌棄、討厭，是非多，不得安寧。此運也會傷災多，有頭面破損，牙齒、手足、骨骼的傷害。更會操勞不斷，沒有結果或好的成績，亦為『福不全』的運程。此運考試、升官希望不大。感情運亦不順。家庭運裡是非多。

天相、火星運或天相、鈴星運：此運中天相福星為火、鈴所『刑』。因此無福有災。此運中多病災，或意外之災害所造成的傷病、傷殘之現象。尤其要注意車禍所造成的後遺症。此運你脾氣暴躁，凡事做不成，被困住了。更是『福不全』。勞碌不停，所得不多，錢財也會不順，耗財多。不利考試

運、升官運、感情運，你會外表慢、內心急、衝動、口不擇言、引發事端，而有是非。在家庭運中，也是爭端不斷，是非多，不能平靜過日子。

天相、地劫運或天相、天空運：此運是『劫福』或『福空』、『劫印』或『印空』的格局，故此運中你掌不到權力，對事情沒有主控力，也享不到福氣。此運中考試、升官無望。感情上會碰不到好對象，或和情人、配偶日益冷淡。在家庭運中，你的家庭會財少，過得較窮。也會災禍多，使家人忙碌，享不到福。家人的感情也會日漸冷淡。

寅宮

此運是同梁運：此運中天同居平、天梁居廟。所以此運是操勞、勞碌一點，但有貴人運。是一種比較奮發有為的溫和運程。此同梁運注重的是休閒生活，所以操勞的也是休閒生活中玩樂享福。但仍然會工作，或一面工作一面玩樂，這是和在『申宮的同梁運』不一樣的地方。此運中考試、升官運不強，但努力可達成，且有折射的『陽梁昌祿』格的人，考試、升官則必中。

在感情運上，有時間，有心情可培養感情，為吉運。在家庭運上，為家人操勞，照顧他們，也得到照顧，一切平順，為吉運。此運錢財平平，但生活愜意，不計較，一切平順可過。

同梁、文昌運：此運中，文昌居陷。故此運你會操勞不斷，賺錢少，理財能力不佳，頭腦不清楚，外型較粗，不重衣著服飾，穿得邋遢，也會沒有文質修養，言行較粗俗。此運若在命盤上之寅、申、子、辰等宮，再有祿星（祿存或化祿）就會有『陽梁昌祿』格。此運的考試運、升官運也就篤定會考上了。在感情上，你會小氣，有機會，卻吝嗇付出，對情人或配偶斤斤計較，不大方。在家庭運中也會稍窮、忙碌，還平順。

同梁、文曲運：此運中文曲居陷。此運中你會操勞不停，話少，口才不好，才華不佳，所賺的錢略少。也會人緣不佳，桃花少，在愛情運上略有不順。在認識新對象方面，機會減少。此運在考試運上需奮發努力才行。在升官運上機會不多。在家庭運上稍窮、忙碌，不算很和諧。但無大礙。

同梁、左輔運或同梁、右弼運：此運中，左輔、右弼是來幫助同梁，更積極勞碌、奮發，更具有貴人運，得到襄助機會的。此運中你比較忙，工作多，能得到長輩、上司的青睞。也具有同輩朋友或同事的友情，人緣很好。也具有領導力，故會升官。但在考試運上不佳，會因事重考、重唸。在感情運上，因人緣太好，外緣機會多，東奔西跑，會同時有幾個對象交往，而無法做決定。在家庭運上，你會太忙碌，小心有第三者介入，家庭生變。

同梁、祿存運：此運是甲年生的人會走的運程。此運中你是保守、內向、小氣、吝嗇的。所以你會勞碌奔波，完全是為了錢財。故此運賺錢稍多，但是薪水族格局的財祿，不會大富。此運在考試運、升官運上機會很好，大有希望。在感情運上，太保守，人緣受阻，認識對象的機會不多。在家庭運上平順、錢財順利，有積蓄。此運為吉運。是溫和少惹事，顧自己比較多的好運。

天同、天梁化權、陀羅運：此運是乙年生的人會走的運程。此運中，天同居平，陀羅居陷，天梁化權居廟。故此運中你是頑固、強悍、勞碌，外表大致還溫和、穩重，卻強制愛管事的人。凡事都愛管，故會更操勞。此運中你也同時具有最強的貴人運。在考試、升官上有強勢的主導權，可成功。在感情運上，有長輩的介紹，必有圓滿結局，會結婚。但你會霸道、固執，犯些小錯，讓情人、配偶不舒服。在家庭運上，你會以自己的想法照顧家人，或以帶點霸道的心態和家人相處，不是很得到家人的認同，會有是非、爭執，但大致還平順。此運在錢財方面有長者的賜與，和介入你的金錢理財之中，你會得到一些錢，又會耗財耗掉一些錢。

同梁、火星運或同梁、鈴星運：此運中，火、鈴居廟。算是『刑福』、『刑蔭』的格局。此運中會有意外之財，也會有意外之災，尤其要小心車禍的災害，也會有破相，福不全的狀況。此運，錢財不十分順利，易多病，賺不到錢。也因急躁、衝動，耗費多，耗財快。此運在考試、升官上亦可能有意外的好運考上，也可能意外落榜。這要看放榜的時間點來定了。在感情運上，會因衝動、心急，而有奇怪的動作，在認識新對象時造成負面影響，不吉。在家庭運中，有小磨擦，無大礙，可平順。

同梁、地劫運或同梁、天空運：在『同梁、地劫運』時，對宮有天空星

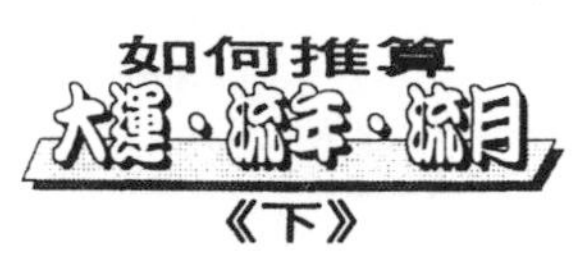

相照。在『同梁、天空運』時，對宮有地劫相照。此運是『福、蔭全空』的運程。在此運中，你會思想清高，不重視錢財，做事不實際、不積極，故賺錢不多，也會花錢較多，沒有餘存，較窮困。此運在考試運、升官運上無希望。在感情運上為真空期，機會少，無法認識新對象。在家庭運中家人的感情淡薄，相互依存度不高。但表面仍是溫和平靜的。家中的錢財少，有些窮困。

天同化權、天梁運：此運是丁年生的人會遇到的運程。因天同居平、化權也居平，故不強。此運中你愛享福的意願較高，喜歡管玩樂、享福之事。考試運、升官運雖有，你不一定想努力爭取。要爭取也會有。在財運上平順，有衣食溫飽之資。在感情上，此運有平和的力量，使人對你有信心、有信服力，認識對象能成功。在家庭運上，與家人和諧相處，能得到長輩的照顧而享福。

天同化祿、天梁運：此運是丙年生的人會遇到的運程。此運中你稍有財運，是工作、薪水上的多得，而生活平順。此運重享福，在考試、升官上，也能有運氣。但你不見得積極。在感情運上最好，你會世故、圓滑，讓人喜愛，機會多，人緣好，平順。在家庭運上，可過快樂幸福、錢財順利的生活。

天同、天梁化祿運：此運是壬年生的人會走的運程。此運中你大致平順，但會招惹是非，對你形成包袱，揮之不去。此運中你愛多管閒事，有意外的好運，也有意外的收獲和包袱，無法解決。此運考試、升官運好，會考中。在感情運上多所牽扯，是非多，會惹麻煩。在家庭運上尚稱和睦，但有外力或外面的事務介入，吹皺一池春水。

卯宮

此運是武殺運：此運中武曲居平、七殺居旺，是『因財被劫』的格式。故此運中是財少，賺錢辛苦、勞碌、有傷災的運程。此運不利考試、升官。做武職，多勞碌可升官。考軍事學校，努力打拚，也可考上。此運適合軍警武職。在感情運上，你脾氣剛直、強硬，不喜歡別人為你介紹，喜自己找對象，但機會少，談不上戀愛。在家庭運中，要小心夫妻或家人為錢財之事爭

吵或打架，感情不佳，此運多傷災、車禍、開刀等事。

武殺、文昌運：此運中文昌居平，表示此運中錢財不順，理財能力不好，頭腦又不聰明，思想不實際，只是外表還斯文而已。此運不利考試、升官。也沒有桃花，人緣並不太好，機會少，故在感情運上也不見得順利。在家庭運上，財少，辛苦，家人彼此剛直以對，不和諧。此運多傷災、車禍和病痛，宜注意肺部、氣管、大腸等病變和開刀等事。

武殺、文曲運：此運中，文曲居旺，表示在此運中，雖財窮，但你的口才好、才華不錯，仍有其他的機會賺錢，略有外快可收入。此運你也略有人緣桃花，長相不會太慳吝，可有機會認識對象。但戀愛成功率不高。家庭運上仍不和，有口舌是非上的爭鬥。此運宜注意車禍、開刀及肺部、氣管、下半身寒冷等事。

武殺、左輔運或武殺、右弼運：此運中左輔、右弼是來幫助武殺窮凶極惡、賺錢辛苦，財不多，耗財凶。用凶煞之氣去賺錢會有一點進帳。此運不利考試、升官、感情運。也不利家庭運，家中不平靜，會有家庭暴力產生。

此運多傷災、車禍、血光、開刀等事。

武殺、祿存運：此運是乙年生的人會走的運程。此運中是『祿逢沖破』的運程，雖有祿，但財不多，為薪水族、薪水之財祿，可溫飽。此運你只要有工作可做，就可平順。但你是保守、小氣、吝嗇的，也會為財和人發生爭執。此運在考試、升官上辛苦，成功率不高，在感情運上小氣保守、吝嗇，機會不多，運氣也不好。在家庭運中略有小財滋潤，家人雖有衝突，但仍可相處過日子。在此運中你易生病，身體不好，多感冒、腸胃、傷害、車禍等問題。

武曲化科、七殺、擎羊運：此運中爭鬥多、競爭凶，萬事不順。此為甲年生的人會走的運程。此運多傷災、車禍、血光、開刀。有膀胱、肺部、氣管不好的現象。此運你會十分辛苦，賺錢少，財窮，而災禍多。此運也會有事業倒閉、不順，或失職的苦惱。考試、升官，無望。在感情上，你會計較、陰險、多慮、煩惱，四肢無力，或四肢受傷。更會因為錢財之事與人有衝突，因財持刀。此運也容易因欠債而自殺。此運仍是理財能不佳，有虧空的運程。

在家庭運中也不吉，會吵架、打架，家人因財持刀相向，家宅不寧。

武殺、火星運或武殺、鈴星運：此運中火、鈴也居平。故此運中爭鬥多又凶，人緣不好，錢財少，窮困，脾氣又暴躁，性急、衝動，會有意外災禍，為財遭災。此運考試升官無望。在感情運上不順利。在家庭運上，家人相處火爆，小心家庭暴力。更要小心車禍傷災、血光所帶給家庭的不幸。此運小心車禍傷災會傷殘。

武殺、地劫或武殺、天空運：此運不吉。此運為窮運，災禍多，賺不到錢，不想打拚，努力，競爭力不足，會被別人操控，好運會沒有了。此運你會偏好宗教，想出家遁入空門，或做傳教士，此運萬事皆空。小心車禍傷災，和其他的災禍會發生。

武曲化權、七殺運：此運是庚年生的人會遇到的運程。此運中因對宮有擎羊和天府同宮相照。武曲居平，故化權也居平。此運利於政治鬥爭。但在賺錢上仍是少的。在主控錢財、財運上仍是少的。因環境中是『刑財』的格局，所以你所掌控的錢財，和所掌控的權力就少了。此運是窮兵黷武的運程，置之死地而後生，反而能得錢財。此運在考試運、升官運上有一些好運，亦有機會考上。在感情運上不佳，會霸道、無智慧，人緣不佳，桃花少，也會用強制的力量，讓對象不高興，感覺不受尊重。在家庭運中，你與家人的關係仍在錢財中打轉，不和諧，在爭權奪利。此運要小心車禍害命之災。

武曲化祿、七殺運：此運是己年生的人會遇到的運程。此運中你略有小財可進，但仍不富裕。你也會略有人緣和略知做人做事的方法，稍為圓滑一點。此運的打拚力量較強。對政治活動有利。在考試、升官上仍不太樂觀。在感情運上，會剛直、強硬，但有商量的空間，可以討論彼此利益上的得失來攏絡對象。在家庭運上，家人相互仇恨的心可減輕，略有財祿，也可化解因財衝突的問題，此運若有欠債可稍還一點，以減輕債務。

辰宮

此運為太陽居旺運：此運中，你的運氣旺盛，心地寬宏、博愛，性情爽朗、開懷，覺得運氣好，心情快樂。太陽是官星，故此運在事業上有發展，自然在錢財上富足，生活愉快。此運利於考試運、升官運，會升官。也利於感情運，你會交際多，有吸引力，尤其對性格陰柔的異性吸引力很強。因為此運中你是性格陽剛的人，故會找到溫柔多情的對象。在家庭運上也十分美滿，家人相處愉快、不計較、爽朗、快樂的生活。

太陽、文昌運：此運中文昌居得地之位，故此運中你會運氣好，理財能力好，精明強幹，聰明，做事積極，外表文質彬彬，有氣質，有升官運。考試運也一流，會考上，且有好成績。此運的學習能力強，人見人愛。在感情運上也順遂，會找到和你一樣有氣質，文化水準高，運氣好的對象。在家庭運上，家人相處是知書達禮、相親相愛有團結力量的生活方式。

太陽、文曲運：此運中文曲也居得地合格之位，故此運中你會事業順利，錢財也順利，心情開朗、好講話、口才好、才華多，喜往外跑，參加唱歌、跳舞等活動，外緣多，人緣、桃花強，認識異性的機會多，在感情上很順暢。此運有利升官，一定能升。在考試運上希望很大，仍需努力。在家庭運中，相處和諧，喜聊天、抬槓，重視生活情趣。

太陽、左輔運或太陽、右弼運：此運中，左輔、右弼是來幫助太陽在事業上發展更大、更好。在運氣上更旺、更開懷、愉快的。因此，此運是事業愈做愈大，賺錢多、外緣多、機會多、好運多的狀況。此運你也具有領導能力和協調能力，在升官運上也是十分順利的。在考試運上也不錯。但在讀書運上仍可能因運氣太好，想賺錢做事，而放棄讀書，有休學的念頭。在感情運上會腳踏雙船，或因朋友太多，太博愛，對象多，反而錯失戀愛、結婚的良機。在家庭運中，家人能相互扶助增運，但小心外人介入而不和。

太陽、擎羊運：此運是乙年生的人會走的運程。此運中你的事業會受阻，錢財會少得，有眼目之疾，也會有高血壓、頭部有病，有傷災、車禍、頭部、心臟開刀等問題，要小心。此運中你仍有時會鬱悶，也要小心自殺。此運中爭鬥多，競爭凶，且是和男性的爭鬥和競爭，也是事業上的競爭。此運不利升官運。在考試運上，會辛苦，但仍能努力達成。在感情運上，不順，會計較，且多是非、災禍，影響感情，易分手，在家庭運中，和家中男性亦有衝突、爭鬥、不和。此運會煩惱多，太操勞，身心俱疲。

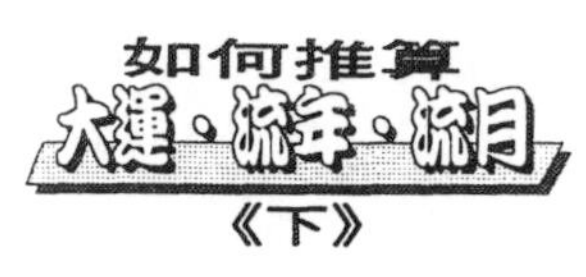

太陽、陀羅運：此運是丙年生的人會遇到的運程。此運中運氣看起來是有，但是不開朗，慢吞吞。你也有笨的事件發生，常有些事想不到而遭災。此運多傷災、車禍，易傷及頭部或心臟，也會有牙齒、骨骼的傷災，要小心。此運錢財慢進，有拖延之勢。在考試運、升官運上，皆不強，若用操勞、打拚可平順。在愛情運上，亦逢對象嫌棄、挑剔、是非多。而你會寬宏的忍受。在家庭運中，家人也是是非多，讓你操勞不停，但大致平順。

太陽、火星運或太陽、鈴星運：此運最要小心火災的問題，及受傷發炎，或生病發燒的問題。此運意外災禍多，因火、鈴居陷的關係。此運也會有車禍、血光，會帶有火燒車的問題，要小心防範。若發生火災，即會發生在辰時（早上七、八點鐘的時候）。此運在升官、考試上會有小問題，受到影響。在感情運上，會衝動、有衝突產生，脾氣急、脾氣暴發得快，又厲害，但會快發快過。在家庭運上，家中易有火爆之事，意外之災，家人相處仍有衝突，相處不全然和順。

太陽、地劫運或太陽、天空運：此運你會表面看起來運氣很好，但是你抓不住運氣，覺得運氣空茫。錢財少，不容易賺到。你也會不積極，思想不實際，對錢財沒概念，耗財凶。此運你仍會勞碌不停，但獲得的少。此運在升官、考試上不容易抓住機會，但多努力打拚仍可成功。在感情運上，你不想經營，意願不高。在家庭運中，家人表面和諧，但感情冷淡、不熱絡。

太陽化權運：此運是辛年生的人會遇到的運程。此運中太陽居旺，故化權也居旺，你會在事業上有大發展，有利於政治選舉和做公職，會升官。此運財運也好，能掌握好運而得財。在感情運上，比較陽剛，有主導地位。女性有此運，可利用機會、職權來創造與異性接觸或相戀的機會。男性有此運也具有競爭力、領導力，可用此運掌握主控權，使戀愛進入熱戀，有成果的時期，步向紅毯。在家庭運中，你會在家庭中具有主導地位，並負擔家庭之經濟，使家庭和順。

太陽化祿運：此運是庚年生的人會遇到的運程。此運中太陽化祿是居旺的，故你在此運中和男性的關係是和諧、交情好的。此運你的事業會平順，做的好，有財利可圖。但此運仍要小心錢財上和女人的是非問題。在升官運和考式運上大大有利。在感情運上機會多，此運對女性較有利，可找到事業好，稍有積蓄和財利的對象。男性在此運中仍要小心和某些性格較陰柔的女性不和，並會製造煩惱。在家庭運上，家庭中和諧、親密、快樂。

太陽化忌運：此運是太陽化忌居旺的運程。也是甲年生的人會走的運程。此運你的事業上會遭受麻煩、是非，或一些災禍，雖不甚嚴重，但也讓你不好過很久。此運眼目有疾，會有心臟病、頭部毛病纏身。此運也要小心車禍、傷及頭部。此運對考試、升官、感情全不利，是非多，很麻煩。害你的人會是男性。在家庭運中，你會和父、兄、子不和，有是非、固執，此運賺錢也會較少，但勞碌、奔波可破除一點化忌的困擾。

巳宮

此運是空宮運，對宮有廉貪相照的運程：此運中運氣低瀰不佳，也要小心人緣不好所帶來的是非災禍。你也會因運氣不好，而懶惰、塞責。此運凡事不利。機會少，人緣不好，這也是窮困的主因。此運很多人會倒閉、失業、

財運不順，或事業遇到困難，經營不善。因為本運空茫、相照的廉貪俱陷落的關係，表示外面的環境是人緣不好，智慧低落，又沒有運氣、機會的環境，自然各方面的影響之下，你會什麼都把握不到。故此運不吉，要小心朋友、親戚相拖累的災害。此運中也易逢到別人倒帳、倒會，而使你受到連累的災害。此運萬事不吉。

文昌運，對宮有廉貪相照的運程：此運中文昌居廟，故你在此運中是斯文、精明，但人緣不甚好的人，你會小氣、吝嗇，處處顯出精明而討人厭的樣子出來。此運中，你會理財，計算能力好，但大環境不好，故錢財不多，但有衣食之祿。此運有一些讀書運，但不見得有考試運、升官運。在感情運上，桃花不多，機會少。在家庭運上，尚能平順相處，但相互計較，會有不和。

文曲運，對宮有廉貪相照的運程：此運中文曲也居廟。此運中你是口才好、桃花多，盡是些爛桃花的人，會有緋聞纏身的問題。此運你的錢財還順利，多以口才和男女情色有關的交易為得財重點，這種財你才賺得多。否則

你只賺到衣食溫飽之財祿而已。此運除非有與財利可多得有關的升官機會，否則你是不會去爭取的，在考試運上不佳。在感情運上，異性緣好，但皆為不正當、不正常的戀情。在此運中你也會找到只求肉慾滿足、放蕩形骸的伴侶和對象，情感不常久。在家庭運中，家人相互之間口舌是非多，感情不深，但仍會相處在一起。

左輔運或右弼運，對宮有廉貪相照的運程：此運中有運氣愈往下墜的情況。你會懦弱、無用，什麼事都不想做，想拉朋友、兄弟一道，窮就窮在一起，壞就壞在一起，反正大家都不好，也沒什麼關係了。此運你很黏人，好像與人滿合作的，但只與運氣壞的人合作，找不到好運的人合作，所以此運你與人合夥、投資，是必遭虧損賠錢命運的。此運也是製造窮困最厲害的運程。此運凡事不吉，不利考試，升官運。也不利感情運，你會腳踏數條船，而搞出緋聞事件，自找麻煩。在家庭運上，易有第三者介入而家庭分散、離異。

祿存運，對宮有廉貪化忌、貪狼相照的運程：此運是丙年生的人會走的運程。此運中你會保守，有衣食之祿，可溫飽，但不富裕。周圍環境中有官非問題，情況很壞，而且你也會有頭腦不清，人緣不佳，可憐兮兮的境況。此運仍是窮的境遇，問題很多，不能解決，要小心災禍多，此運會有『羊陀夾忌』的狀況，要算出流年、流月、流日出來以躲災。時間就在巳時和亥時，要防性命不保。

祿存運，對宮有廉貞、貪狼化祿運：此運是戊年生的人會走的運程。此運中，你會保守、小氣，但仍有一些小的人緣、機會。周圍環境雖運氣低落，但排斥你不算太嚴重。所以你略有財祿，可衣食溫飽。此運仍不見得有升官運、考試運，運氣仍在低落的地方。但你會謹言慎行而自保。在感情運上仍運氣不佳，碰不到好對象。在家庭運上，有衣食充足的生活，家人相處不算愉快，但勉強可過。

陀羅運，對宮有廉貪相照的運程：此運是己年生的人會走的運程，正是廉貪陀，『風流彩杖』格的運程。此運定有桃花笨事發生，有緋聞公開，名譽受損。此運中你的智慧不高，解決事情的手法不高明，事情會愈弄愈糟，一發不可收拾，會拖延很久。此運也會耗財，不進財，賺不到錢，凡事不順，頭腦又頑固不化，不求進步，也不聽親近的人的勸告，一意孤行。此運傷災多，會有車禍及骨骼、牙齒的傷災，再加上原本的桃花禍事，會讓你心胸鬱悶至極，感覺運氣跌到冰點。但過了此運就會好了。此運雖笨，但不會有人在此運自殺的。

火星運或鈴星運，對宮有廉貪相照的運程：此運是『火貪格』、『鈴貪格』暴發運、偏財運的運格。貪狼是居陷的，而火、鈴居得地合格之位，故所暴發的錢財還不少。若是暴發的是升官的機會，也會大大出名，有英雄式的，連升三級的機會。此運你是脾氣急躁、火爆、做事潦草，不精細，人緣不好，蠻橫，眼中無人的。故此運好運的時候別人不會對你怎麼樣，在運氣下滑時，你會被人打擊、追擊你了。此運在考試運、升官運會有意外的好運。也要小心意外之災、車禍等血光問題。在感情運、家庭運皆不順利。此運是爭鬥多、競爭激烈、火爆的運程。

地劫、天空運，對宮有廉貪相照的運程：此運真是空無一物，完全沒有好運機會，什麼事都無法掌握，全部被劫空。此運賺錢困難，有失業或倒閉的問題，有欠債的問題，窮困的問題。外緣的人際關係也很差，也得不到支援、救助。此運是頭腦空空，金錢觀、價值觀都異於常人。你會在別的方面聰明異常，但對賺錢或有意義的事情反而愚笨、做不好，讓人訝異。此運考試、升官無望。感情運上無機會，你也不想有感情牽扯。在家庭運上家人易離散、窮困。

午宮

此運是天機居廟運：此運是一個轉機的運程，因為經過前一個弱運運程，現在運氣往上揚了。此運中凡事有轉機。你會有聰明，善於應變的智慧，使運氣愈變愈好。此運中只要有變化，就會得利。你會在錢財上因變生利。也會具有升官的機運。在考試運上因聰明、智慧對升官有利，但你不一定會參加考試。在讀書運上是好的、聰明的。在感情運上，會有變化，但人緣不見得好，是非也多，機會也多。此運會認識聰明、善變、是非多的對象。在家

庭運上，家人皆聰明、靈巧，但是非多。

天機、文昌運：此運中天機居廟、文昌居陷，表示你雖然很聰明，但精明度是不夠的，計算能力不佳，理財能力不佳。而且沒有氣質，沒有文化素養，在文書工作或讀書方面是不行的。但若在命盤上的寅、午、戌、辰宮有祿星出現，你仍有折射的『陽梁昌祿』格，仍會具有考試運、升官運，也可有高學歷，此運你也可考中學校，繼續升學了。此運中其實你的聰明度會受到打折的。你會手腳動作快、勞碌，但錢財不多。要小心身體不佳，有肝臟、肺部、大腸的問題。此運在感情運上不會太順利。在家庭運中，是非多，爭執會粗魯。

天機、文曲運：此運中文曲也居陷。故此運中你是在口才方面拙劣，但內在思想上較聰明的人。此運沒有考試運、升官運，常惹是非，人緣不佳。會自做聰明，惹人討厭。在感情運上不順利。在家庭運中，家人多是非，有口舌爭執，但吵不起來。此運易聰明反被聰明誤。

天機、左輔運或天機、右弼運：此運中左輔、右弼幫助天機的就是『多變』和『聰明』了。此運中運氣的變化更快，更具有聰明機智，善於應變，而且急中生智。會有更好的方法來解決事情。此運中你會結交到一群智商高，智慧高深的朋友，相互合作來發展事業。因此事業有轉機會變得很好，但也是非多。此運錢財會多進。在升官運和考試運上會因智慧高也有助益。在感情運上，感情多變化不佳，也會有第三者介入，多是非、分手或離異。在家庭運中也會變化多，家人有分散，或離異的情形。

天機、祿存運：此運是丁年生的人和己年生的人會走的運程。而丁年生的人，此運中有天機化科和祿存同宮。天機化科只是增加氣質、聰明度，和做事的方法、應變的方法而已。

此運中，你仍是保守的、聰明的，只賺自己的財，以薪水階級的財為主要取財之道。所以此運只是衣食之祿而已，有儲蓄。此運你會小氣、吝嗇、人緣不佳。聰明都用在小地方，不會向外投資，故不會賺大錢。在考試、升官運上雖有希望，但仍需努力。在感情運上，會保守、自戀，對人挑剔，機會不多。在家庭運中，平順、有財，也有是非口舌。

天機化權、擎羊運：此運是丙年生的人會走的運程。此運中爭鬥多、競爭激烈，事情發生的狀況會上下起伏很大，十分驚險，但你在最後一刻卻可反敗為勝，扭轉乾坤，扳轉回來。此運是大起大落、敗中求勝的運程。所以走此運的人都有堅定的決心，不到最後一刻，絕不放棄，因為隨時會有轉機發生。天機化權就是具有掌控轉機的力量。有主導變化的掌控力，但這要見機而行才成，不是隨你想變就變的。此運在考試運、升官運上有意外機會錄取。在感情運、家庭運上不吉。此運只適合挽回感情，但不長久，是非仍在，也多。

天機化忌、擎羊運：此運是戊年生的人會遇到的運程。此運天機化忌雖居廟，仍然不吉，是聰明度受到限制，機變能力受到限制的情況。而且人走此運是機運不佳，多是非爭鬥，而自己又頭腦不清楚，還用陰險、陰謀的方式來做事，自然會不順利的。此運是非爭鬥多，傷災多，容易四肢傷殘，會有車禍傷災，要小心。此運凡事不吉，考試、升官無望，在感情運上，內心多是非、計較、感情不順。在家庭運上也是家人全頭腦不清，爭鬥多，不能平息。

天機、火星運或天機、鈴星運：此運中也是爭鬥多、聰明不走正途的運程。此運中火、鈴居廟，會有意外之財，也會有意外災禍，要小心突發事件，車禍、傷災等。此運你非常聰明，有奇智，能創造新思想、新潮流，用在正事上則好。用在邪事則會有禍。此運也會有意外的升官運、考試運。在感情運上不利，你會聰明、脾氣火爆、多是非、難相處。接觸異性的機會不佳。在家庭運中家中人多是非、爭鬥，有意外災禍。

天機、地劫運或天機、天空運：此運中你特別聰明，有奇智，但不適於平常生活之需。你耗財多，賺錢不易，錢財留不住。在金錢的價值觀上異於常人，不重錢財。此運是『劫運』、『運空』的格式。因此在運程的變化裡，會愈變愈空，什麼都抓不住。你也抓不住機會、人緣。凡事也容易成空。此運考試、升官、感情運皆不順利。家庭運中容易財窮，多災。

未宮

此運是紫破運：此運紫微居廟、破軍居旺。此運是旺運。你在此運中奮鬥衝刺的精神旺盛，而且愈衝愈高，開疆擴土，非常有成就。紫破運是非常努力，有打拚的原動力的運程。而且你會氣度雍容，花錢大方，豪爽，不皺一下眉頭的硬拚。此運賺錢不少，但花的更多，結帳總計帳時，就會頭痛了。此運會有破耗的後遺症。此運利於升官運。考試運，努力可成。在感情運上，此運是淫奔大行的運程。會有婚外情，或不倫之情。在家庭運中，破耗多，花費大，但表面富裕，運氣還不錯。

紫破、文昌、文曲運：此運是窮運。你會具有文藝、文學修養，會口才好，才華出眾，但不重錢財，不會賺錢。此運適合讀書，在考試運上或有發展，但就是不會賺錢。並且自命清高，對某些粗俗、粗重的工作，不屑一顧。此運你只喜歡好看的、體面的、好聽的、精緻的、享福的、貴的人、事、物。對於粗糙的、醜的、辛勞的、不體面的，聽起來不高級的、便宜的人、事、物很排斥。所以你不會太花時間去工作賺錢，寧願窮著，也要待在家中享福。此運中你會利用口才，去叫別人賺錢給你花，你也會找到可指使的人為你服務。此運桃花強，也會有婚外情，或不倫的感情。在家庭運中，家中窮，不和諧，口舌是非多。此運有水厄，小心，勿到水邊。

紫破、左輔、右弼運：此運中，左輔、右弼是來幫助紫破做高級的花費和往上衝的力量的。此運你會勇於奮鬥、打拚，具有領導力，能做政治鬥爭，爬上高位。此運中你也會用很大的利益交換，使自己得到高位和權力、利益。此運在升官運上是好的，在考試運上，你因打拚事業的關係而放棄讀書，會重考。在感情運上，你的對象太多，感情混亂，分分合合不停止，感情運不順。在家庭運中，易離婚、再婚，家人會離散，不吉。

紫破、擎羊運：此運是丁年和己年生的人會遇到的運程。此運中你周遭的爭鬥多，競爭激烈，因『紫破羊』皆在廟旺之位。故你是凶悍的，競爭力強的，多智謀、陰險的，也會逢凶化吉，在爭鬥中致勝的。此運中多傷災，有車禍血光。此運在考試運、升官運上會用腦過度，有希望。在感情運上不利，小心因分手事件傷人或被傷害。此運，因擎羊與對宮之天相形成『刑印』格局，也有別人故意不給你面子、欺負你的狀況發生。在家庭運中，家中多爭鬥，不和，有得有失。此運也易有開刀的血光。是勞心勞力的運程。

紫破、陀羅運：此運是庚年生的人會遇到的運程。此運中爭鬥多，競爭激烈，但你會慢和笨，只是用頑固抵抗來代替爭鬥。此運你的智慧不高，凡事有拖延的趨勢，錢財虛耗的多，進財慢，且多是非、災禍糾纏。此運你心情不開朗，常有鬱悶煩心，放在心底，不說出來。此運傷災多，有牙齒和骨骼的傷災。此運不利升官、考試、愛情等運，易遭人嫌。家庭運中也是口舌是非多，外華內虛，問題重重，家人相處不睦的。

紫破、火星運或紫破、鈴星運：此運程爭鬥多、競爭激烈，你雖然具有競爭力，但也會煩惱、勞碌、辛苦。此運中多意外之災，你也會脾氣火爆、衝動易怒。要穩住，才會有必勝的把握，穩不住的人會有意外之災。此運不利考試、升官運、感情運，會驕傲、霸道、衝動，人緣不太好。在家庭運方面，破耗多，是非多，家中多爭鬥及意外之災。此運花的比賺的多，且耗財速度快，也會不富裕。

紫破、地劫運或紫破、天空運：此運中會破耗多，吉事少。但紫微有趨吉、平撫的能力，因此不算太嚴重，表面可撐得過去。內裡是空虛無財的。此運花的比進帳多，有錢也存留不住，而且不太想去賺錢。在考試運、升官運上較無望。在感情運上為空窗期，較無桃花，也不想談戀愛。在家庭運中此運較窮，萬事皆空，也會家人離散四處，少來往。此運容易出家。

紫微化權、破軍運：此運是壬年生的人會走的運程。此運中你非常能幹，有衝力，愛打拚，會得到權力，抓住權力，登上高位。此運是主貴的格局，一定會得到你想得到的東西。此運賺錢也多，萬事祥和、順利。是真的心想事成的運氣，但仍要小心耗財多的問題。

紫微、破運化權運：此運是甲年生的人會走的運程。此運中你十分有幹勁、衝勁，會突破萬難，打拚奮鬥，適合開創新事業。此運也會一切順利，具有除舊佈新，打倒舊事物、重新建立新事物的主控力。此運也適合做改朝換代的重新定位的做法。此運雖好，但必付出極大破耗、花費的代價，才會成功，因此在心力的付出，金錢的付出上代價上是相當大的。很可能會是一個恐怖的數字。也可能是得不償失的破耗，但目前是好的吉運，以後就吉、凶難定。

紫微、破軍化祿運：此運是癸年生的人會走的運程。此運中你是喜歡打拚，也喜歡血拼花錢的。而且你會有錢可花，專買高級品，就算是借貸你也要花錢。此運是目前很快樂，以後就難說了。在事業上你會一面打拚努力，一面也注重娛樂休閒。此運仍不可做生意、投資，必有敗局。此運在感情運方面，會有任性的不倫之愛或婚外情。在家庭運中，家人愛花錢、不拘小節，沒大沒小，不注重規矩，也沒有界線。

申宮

此運是空宮運，對宮有同梁相照的運程：此運中是空茫的運氣，對宮相照的天同居平、天梁居廟，故此運仍是勞碌、多奔波，稍具打拚能力，但溫和、愛玩，注重休閒、娛樂的運程。故此運你是一面工作、一面玩樂的。此

運沒有其他的主星進入反而是好運的。你會溫和、忙碌，愛管別人家的閒事，自己家的事不愛管。周圍環境中多貴人，有助力。在考試運、升官運上有機會，若命盤中的寅、辰、戌宮出現祿星和文昌星，你就會有必中的把握了。在感情運上，你有時會空茫，不知所措，但有天姚、紅鸞、沐浴這些桃花星出現時，你的桃花緣份就會增強，找對象的機會可增多，在家庭運上是平順，問題不多的。此運的錢財尚可，有衣食之祿。

文昌運，對宮有同梁相照的運程：此運中文昌居得地合格之位，表示你在此運中稍具氣質，溫和有禮，也會精明幹練，有理財能力，計算能力好。在文藝文書方面有才能。此運有考試運、升官運。在感情運上也會順遂。此運你會找到精明、氣質好，溫和，有教養的對象。在家庭運上，家中持家有方，財運順利，家中有規矩，家人相處和樂。

文曲運，對宮有同梁相照的運程：此運中文曲也居得地合格之位。表示你在此運中會口才好，才藝多，才華不錯。也會利用口才來增加人緣機會，增加收入，財運較好。此運中你的人緣好、桃花多，得人喜愛，在感情運上順利，在升官運上有機會，在考試運上要多努力才行。在家庭運上也十分和諧。

左輔運或右弼運，對宮有同梁相照的運程：此運中左輔或右弼只是來幫助同梁，得到更多的貴人幫助，或增高名聲、地位，會操勞較多，也會幫助它東奔西跑，玩樂也多的狀況。此運中利於交朋友，東拉西扯，會認識很多人，各行各業都有，你也會由朋友的助力來發展事業或略微得到一些錢財。但此運中只有衣食之祿，沒有大財富。朋友之間在吃喝玩樂上相聚在一起的時間多。此運就是展開外交手腕的運程，但朋友不一定有力。此運在升官運、考試運上無利。在感情運上，會腳踏多條船，對象皆以朋友關係對待。感情不深，易分手或離異。在家庭運中，感情也不深，易離易、分散。

祿存運，對宮有天同化科、天梁相照的運程：此運是庚年生的人會遇到的運程。你會有固定的收入和工作，會存到錢。但你生性保守、溫和，恐易遭人欺負。此運會勞碌賺錢，但與人少來往。在考式運上有機會。升官運不一定有機會。在感情運上保守、內斂、機會不多。若要有一個對象，便能守住。在家庭運上，財運充足，有積蓄，家人保守，但和順。

陀羅運，對宮有同梁相照的運程：此運是辛年生的人會遇到的運程。此運中是笨運，你會外貌溫和、笨笨的，是非多，頭腦不聰明，思想慢，做事慢，也會自做聰明。你會凡事放於心中，糾纏不清，不說出來，心中是非多，不寧靜。也會心情悶、不開朗。此運常做錯事，進財不順，會拖延不進財。在考試運、升官運上無望。在感情運上也不順利，容易被人嫌、退婚，或延婚期。此運也不易結識新對象。在家庭運方面，家中多是非、災禍。此運有傷災，傷及骨骼、牙齒，會破相。

火星運或鈴星運，對宮有同梁相照的運程：此運中多爭鬥，有意外之災，有車禍傷災，不平順的運程。此運在考試運、升官運、感情運上全不吉，亦會有病災要小心。此運耗財凶。

地劫運或天空運，對宮有同梁相照的運程：此運對宮定有另一個天空或地劫星會和同梁同宮相照過來。故此運，是『福空』、『蔭空』的運程，真是萬事皆休了。你會頭腦空空，不實際，掌握不了賺錢的機會或任何機會。

考試、升官運沒有。感情運也會空無，你根本不想涉入感情。在家庭運中也會財少、窮困、懶惰，等人來救濟，或是家庭離散。

酉宮

此運為天府運：此運中天府居旺，表示財庫中有錢，是有財可儲存，有積蓄、富足的運程。此運中你會精明、計較，做事一板一眼，很會理財、小氣、不隨便借錢給別人。此運財運好，事業順利，做事有方法，會規規矩矩，注重規則，規律化，按部就班的把事物整理出頭緒來。此運利於考試、升官。也利於感情運。你會態度嫺雅、保守、忠厚、老實、可靠，得人欣賞。在家庭運上，也是富足、和諧的。

天府、文昌運：此運中文昌居廟。故此運中你更是精明強幹、錙銖必較，會理財、計算能力一流。外表也溫文、儒雅、老實、可靠、會賺錢。此運錢財賺的更多，積蓄的更多，使人艷羨。此運在考試運、升官運上有機會。在感情運上也順遂。你也會找到精明、強幹、財多的對象。在家庭運上，很富足，家人生活品質高，有氣質。

天府、文曲運：此運中文曲也居廟，故此運你很富足，且富有口才、人緣、桃花，和其他的才藝及才華。你具有升官運，考試運要多努力。感情運也有利，會機會多，戀愛順利，可找到富有、有才華、口才佳的對象。在家庭運中也富足，有情趣，生活快樂。

天府、左輔運或天府、右弼運：此運中左輔、右弼就是來幫助天府增多財富和儲蓄的，使財庫更豐滿的。是故此運中你賺錢很多，無人能比，會有很多人幫你賺錢。你具有領導力，又會精打細算，用人得當。因此財富成倍數成長。此運只利財運，不利升官運。也不見得利於考試運，要多努力才行。在感情運上，感情豐沛，但會有多個外人介入，做不了決定。也會有分手、離異的問題。在家庭運上，家中富足，但有是非，有外人和外力介入，會離婚或分散。

天府、祿存運：此運是辛年生的人會遇到的運程。此運是守財奴的運程。祿存幫助天府積存到很大的財庫，錢財多的花不完，但為人保守、小氣、視

錢如命，人緣很差。此運考試、升官運須努力以赴才行。在感情運上不利，太小氣、吝嗇，會造成口角是非，也會機會少，不順利。在家庭運上很富足有積蓄。但家人吝嗇、彼此感情付出較少。

天府、擎羊運：此運是庚年生的人會走的運程。此運是『刑財』的格局。同時在對宮有武曲化權、七殺相照，表示爭鬥多，財並不多，但你強制在謀取，最後仍能賺到錢，但不會太富有。此運多傷災、刑剋，有車禍、血光，及為財拚命、持刀的危險，小心為財害命，性命不保。此運也有病災，身體不好、頭痛，或肝腎虧損之病症。此運你會勞碌辛苦，勞心勞力來賺錢，留存不住，財庫破了洞。

天府、火星運或天府、鈴星運此運也是『刑財』的運程。此運有意外之災。也會有意外之財，但存不住，會很快花光。此運你會脾氣急躁，多車禍傷災或病災。賺錢快來快去，不易存留。此運考試、升官有機會，但小心脾氣暴躁而失去機會。在感情運上也不利，會一時衝動而分手。在家庭運上，小心意外之災而耗財。大致家中和諧，但會有是非爭鬥。

天府、地劫運或天府、天空運：此運是『財空』、『劫財』的運程。表示財庫空了或被劫了。此運中雖看起來有富足的財運，但易破財或被耗光了。此運無法積蓄存錢。財守不住，你本人也會思想清高、不重錢財。賺錢、做事不積極，而花錢較容易。此運什麼運氣全掌握不住，表面看起來不錯，實際內裡是空殼子。因此在考試運、升官運上你也掌握不住，在愛情運上，你會任由感情自生自滅，漸漸冷淡而分手。在家庭運上，存不住錢，家中會空虛，家人感情也較冷淡。

戌宮

此運為太陰居旺運：此運中你會錢財順利，有積蓄，好買房地產來存錢。你本人也會溫柔、多情，喜談戀愛。此運你會外表陰柔、溫和、敏感，也會多愁善感，具有異性緣，桃花多。此運在考試運、升官運上還不錯，有機會。在感情運上更是一帆風順，戀愛運佳，機會多，你也會遇到溫柔多情，有積蓄的對象。在家庭運方面，家人和諧、相處親密、多情義。

太陰、文昌運：此運中文昌居陷。故此運你會不精明，計算能力不太好，理財能力不佳，也會進財少，有『刑財』的狀況。在此運中你也會多計較，沒氣質，溫柔度不夠，敏感力不足，人緣不佳，愛情變色。在文字、契約上有瑕疵。對文書和文質工作能力不佳。此運最要小心支票和契約上的錯誤。此運你也會多病災，有感冒多、肺部及大腸、以及下半身寒冷，腎功能不佳等毛病。此運不利升官。但在命盤上，寅、午、戌、辰等宮有祿星在位時，仍會有『陽梁昌祿』格，有考試運，可考中。此運在感情運上不利。在家庭運中會賺錢少，家中略有不和現象。

太陰、文曲運：此運中文曲也居陷。故此運中你是外表溫和柔美，但話少，很靜的人。你會才華少，才藝不精，但你仍敏感、情感起伏大。此運適合學算命。此運你的錢財略少，賺錢不多，也無法留存，積蓄不多。此運沒有升官運、考試運。此運人緣也較差，異性緣不甚佳，在感情運上機會不多。在家庭運上，家人少溝通，話少，但溫和，家中財少。

太陰、左輔運或太陰、右弼運：此運中，在對宮會有另一個右弼或左輔

星和太陽同宮相照，故此運中，左輔、右弼就是來幫助太陰賺錢多，事業好，有錢財可積蓄，買房地產買的多的。也幫助太陰情感更豐富、戀愛多。此運中你會有朋友幫助，賺錢多、存錢多，很富足，也會買很多房地產來存錢。此運你在感情上多彩多姿，但也嘗遍苦果，會有多個戀人，或有第三者介入你的感情之中，讓你感情不順利，會多次分手或離異、再婚。在家庭運中也要小心有第三者介入，會分財、分手、離異，家人分散來住。

太陰、擎羊運：此運是辛年生的人會遇到的運程。此運你會敏感，多計較，人緣不好，此運是『刑財』的運程。因此會賺錢略少。因對宮有太陽化權相照，故你在事業上的爭鬥、打拚，仍是十分強勢的。你會對男性具有主控力，對女性較爭不過。此運有傷災、車禍、病痛、心情鬱悶、想自殺的念頭。也要小心眼目不好，身體不佳，有腎水不足、虧損的問題。此運不利升官、考試、感情運，會有愛情生變，分手、離異之苦。在家庭運上，家中財少，爭鬥多，不和睦。

太陰、陀羅運：此運是壬年生的人會遇到的運程。此運中你是又敏感、又笨的人。你會煩惱多藏在心中，不顯露出來，外表也是悶悶的，話不多。此運是非多，亦有傷災、車禍，會有牙齒、骨骼的傷災。此運也是『刑財』格局，錢財會慢進、拖延不進，也會耗財凶，沒有留存。此運不利考試、升官，更不利感情運，易被退婚，或分手，在家庭運上，家人會是非多、敏感，相處不佳。

太陰、火星運或太陰、鈴星運：此運中火星、鈴星是居廟的。但此運仍是『刑財』的格局。此運中會有意外之財，也會有意外災禍，要小心車禍、傷災。此運財是快來快去，耗財多的情形。此運你也會聰明、愛時髦，但不喜讀書走規矩的路子，會喜歡找捷徑來一步登天。結果是耗財又無法成功的。此運不利考試、升官運，也不利感情運，你會一時興起談戀愛，但很快會轉移注意力。在家庭運中，錢財存不住，家人脾氣不好，相處不佳，爭鬥、是非多。

太陰、地劫運或太陰、天空運：此運是『劫財』、『劫空』的運程。故此運存不住錢財。你也會不實際，做事不積極，耗財多，而使錢財不順或留不住。此運會流於空想，你會敏感，點子好，但不去實行。此運不利考試運、升官運，一定要努力才行。在感情運上，也機會少，或容易變淡。在家庭運中，財少、耗財多，家人容易感情變淡薄。

太陰化權運：此運是戊年生的人所走的運程。此運中你會掌握財運，掌握錢財的主控權。你也會具有對女性的主控權，對女性有領導力、說服力。此運你會很有錢，事業也完全以錢財為主。此運你也愛買房地產，對房地產有主控權。此運你還能對戀愛有主控權，你會找到溫柔、多情，且具有能力的人為對象來談戀愛。此運運勢大好，凡事皆吉。

太陰化祿運：此運是丁年生的人會走的運程。此運中你的錢財多而順利，會存很多錢。你與女性的關係親密。事業主要以賺錢為主。此運人緣好、戀愛機會多，你會溫柔、多情、圓滑，有外交手腕。此運適合考試、升官跟戀愛。在家庭運中也十分美滿，家人相互寵愛，感情親密。

太陰化科運：此運是癸年生的人會走的運程。此運中你會有理財能力、辦事能力。你的外表溫柔、有氣質。此運利於考試、升官，戀愛運。家庭運

也和諧、美滿。

太陰化忌運：此運是己年和庚年生的人會走的運程。此運太陰是居旺帶化忌，故你仍會有財力，但也會有金錢糾紛，及和女性不和的問題。此運你會保守、敏感力不佳，多煩惱、鬱悶、頭腦不清楚，愛胡思亂想，是非多，不順。也會遭小人暗害，害你的都是女性。此運多耗財。錢財借貸出去會拿不回來，也容易被人倒債。以及房地產有糾紛或是非麻煩。此運在戀愛運上易觸礁，易多枝節，有是非災禍發生，不順利，在家庭運中會財少，財產有糾紛，家人不和諧等問題。

亥宮

此運是廉貪運：此運中廉貞、貪狼俱陷落。故此運不佳，沒有人緣、沒有機會，也沒有智慧和營謀、企劃的能力。多講少做，不實在，喜歡酒色、財氣。有桃花運也是邪桃花。此運是衰運，人見人厭。你也會財運不好，常鬧窮，失業或開店倒閉。此運萬事不吉，更不會有考試運、升官運了。感情運也不吉。戀愛易告吹、分手。新戀情很可能是邪桃花。在家庭運中，此運也不佳，會窮困，家中多無用之人，相互拖累，無法改善。

廉貪、文昌運：此運中文昌居平，廉貪陷落，故此運中你是運氣不好，又糊塗，智慧低落，能力很差，外表也不算美麗的人。你的理財能力差，也無財可理，較窮困，還會自做聰明，打拚能力又不強。故此運不吉，沒有考試運、升官運，愛情運也不吉。此運你會小氣、吝嗇，人緣更差，家庭運也是不吉的運程，會窮困，還糊塗遭災。

廉貪、文曲運：此運中文曲居旺。這表示你在此運中口才好，有一些桃花、人緣，你會利用邪桃花來賺錢。同時你在此運中油嘴滑舌，不實在，略有升官運，但是用不正當的手段得到的。此運沒有考試運。在感情運上，是糊塗桃花，情色糾結，會遭禍。在家庭運上財不多，家人多口舌是非，不和諧、相處惡劣。

廉貪、左輔運或廉貪、右弼運：此運中左輔、右弼是助惡不助善的。故此運中你會更不實在、運氣更壞，更無人緣、更惹人討厭的。此運你的智慧

不高，會物以類聚，結交一群窮困、運氣不好的朋友一起作惡。此運你也會沒錢、窮困，卻貪心的不得了，因此容易做惡事有幫手，此運不吉，沒有考試運、升官運。感情運也不佳，會感情紊亂，胡攪蠻纏，也沒有結果。已婚者走此運易離婚，也會有第三者介入而離婚、分手，家庭分散、破碎。

廉貪、祿存運：此運是壬年生的人會走的運程。此運中你會有衣食之祿，財不多，可溫飽，此運你會很保守、小氣、吝嗇、運氣不好，只賺自己的財祿，很辛苦。你也會人緣不好，少與人來往，有些自閉。此運不利考試、升官、感情運，會沒有機會結識對象，在家庭運中尚有衣食之資，但運氣不好，家人相處不和睦。

廉貞、貪狼化忌、陀羅運：此運中三星俱陷落。此運是癸年生的人會遇到的運程。此運正是『風流彩杖』帶化忌的格局。故此運必有因男女色情之事而遭官非等災禍。此運你人緣不好，又好色，會做一些糊塗事情，有緋聞或和異性有不正當的行為，被抓到，影響聲譽，會丟臉。此運是又笨、又蠢，還無自知之明，硬要犯下惡事，而遭人抓到，繩之以法的運程。此運萬事不

吉。

廉貪、火星運或廉貪、鈴星運：此運有『火貪格』、『鈴貪格』之暴發運、偏財運。因火、鈴和廉貪皆在平陷之位，故所得錢財少。最多也只有數十萬元之譜，平常也可能在幾千元之譜。此運中你會性子急躁，人緣不好，做事潦草，愛吹牛虛誇，但有偏財運，在窮困的日子裡會有一些貼補，但也會暴起暴落，錢財來去都很快。此運仍對考試、感情運不吉，可有意外升官之機會，或出頭之機會，但不長久。

廉貪、地劫、天空運：此運是根本無運可談，全部都成空的運氣。你會比較窮困，靠借貸過日子。你也會打拚奮鬥的力量薄弱、不積極。思想更是不切實際，非但賺不到錢，而且耗財多。此運人緣不好，什麼都掌握不到，什麼好運全沒有，境況很差，只有期待下一個運程來改善了。

⑨『紫微在申』命盤格式中各宮運程詳解

子宮

此運是廉相運：此運中廉貞居平、天相居廟，表示智慧和營謀的能力不佳，但能平順。是用勤勞、努力，會理財而平順的。此運中你的考試運不算好，升官運也不強。此運的錢財會平順，雖不太多，卻充足、夠用。此運在感情運方面，也會平順，少波瀾，是非。在家庭運上，家人能和諧相處，但家人智慧不高，人緣尚可。此運中你是好好先生的模樣。

廉相、文昌運：此運中，文昌居得地之位。故此運中你不算特別聰明，但深具理財能力，也精明幹練，對於文藝、文書方面的事物較精通。你的外

⑨紫微在申

太陽(旺) 巳	破軍(廟) 午	天機(陷) 未	紫微(旺) 天府(得) 申
武曲(廟) 辰			太陰(旺) 酉
天同(平) 卯			貪狼(廟) 戌
七殺(廟) 寅	天梁(旺) 丑	廉貞(平) 天相(廟) 子	巨門(旺) 亥

表會氣質好。此運你善讀書，考試有機會考中。升官運也不錯。在感情運上，你會平和，得人喜愛，情感順利，也有機會認識對象。在家庭運上，家人有氣質，懂禮儀，進退得宜，相互和諧。

廉相、文曲運：此運中文曲也居得地之位。此運你會口才好，油滑，有時會騙人。你的才藝也多。此運你在賺錢上有一套，靠口才賺錢會多一些。此運有升官運，但考試運則不見得好。在感情運上，桃花多，言語油滑，喜說甜言蜜語，有利感情，機會多。在家庭運方面，尚稱和諧、平順。

廉相、左輔運或廉相、右弼運：在這些運程中，左輔、右弼是來幫助廉相，更有福氣、智慧、營謀也稍好一點的。此運中你的財運會很好，會理財，更有朋友幫助生財，因此賺錢會多一點，比較富裕、多財。此運你還稍具領導、和合作精神，比一般的廉相運是更會做事，更有協調能力，更能服務人群，具有『掌印』的能力，故此運是升官順利的好運。在考試運上也有機會，但你不一定會去考。在感情運上，你會三心兩意，想坐享其成，想享齊人之福，最後還是有人要分手離開的。在家庭運上，家人還和諧，但會有離婚事件，或第三者介入而不平靜。

廉相、祿存運：此運為癸年生的人會走的運程。因對宮會出現破軍化祿相照，故為『雙祿』格局，此運中你會保守、話少，少與人來往，凡事自顧自，自己賺錢自己花，性格自私、小氣、吝嗇。這種進財的格局，表面看起來有雙祿財多，其實只是生活充裕一點，並不見得會成為大富翁，因為天相是福星、印星，不是財星。廉貞是官星、囚星。破軍化祿是帶有破耗性質的財祿，本身財的成份少，也算是『祿逢沖破』了，故『廉相、祿存運』的運程中，只會是生活充裕而已。此運升官運、考試運皆不強。感情運因保守、內向而機會少，家庭運尚可平順。

廉相、擎羊運：此運是壬年生的人會走的運程。此運是『刑囚夾印』的格局，你性格上會懦弱，做事沒主見，易遭人欺侮，且此運你會糊塗，會有官非，會凡事受制於人，自己掌不了權，沒有辦法自己做主，此運無升官運。考試運若發奮也能考上。感情運不順，會遭人拋棄並侮辱。女子逢此運小心遭強暴。在家庭運中，此運多災，不寧靜，必有禍事，財運也不佳。此運不但刑印，也刑福，故財運也不好。此運還傷災多，有車禍、開刀等血光問題，或左手左腳傷災及病災，亦是『福不全』的運程。

廉相、火星運或廉相、鈴星運：此運中，天相福星也最怕火、鈴刑剋，因此在此運中多病痛，會開刀，或因意外之災有殘疾，此運中火、鈴居陷，特凶，此運也會『刑印』，你會因脾氣急躁、火爆而顯出懦弱的樣子出來。此運財少，不平安，故無福。此運不利考試、升官、感情運，會因病痛多，有殘疾而讓戀人、配偶離去。在家庭運中會因意外事件而不安寧，有災禍發生。

廉相、地劫運或廉相、天空運：此運中是『劫福』、『劫印』、『福空』、『印空』的運程。故此運中你會操勞及思想清高，不重錢財，也不會理財，賺錢少，也存留不住。此運中你的智慧不高，又有另類不實際的想法，因此享不到財福，並且你也不想爭權管事，喜聽人吩咐做事，故也無權無地位。此運易放棄，而不競爭，故升官、考試、感情運全都無望。在家庭運中，財少，沒有積蓄，會有意外之災，福也空。

廉貞化祿、天相運：此運是甲年生的人會走的運程。因對宮有破軍化權相照，故是『權祿相逢』的格局。此運中你的打拚能力是很強悍，但你注意的是精神和肉體的享受。你會好色，或是喜蒐集古董、古畫、錢幣等有價值的東西，此運你是富足享福的，是經過勞碌、打拚之後而享受戰利品的。此運略有升官運、考試運，但不很強。在感情運上易出軌，有婚外情，或精神上有出軌行為。在家庭運上，會富足、和諧，但小心有桃花是非纏上，惹氣。

廉貞化忌、天相運：此運是丙年生的人會走的運程。此運的對宮會有擎羊相照，故此運是『刑囚夾印』帶化忌，非常不吉，此運會有官非事件，也會有傷殘、開刀事件，更可能死亡。尤其運程三重逢合在子、午宮時，最嚴重。死亡時刻即在中午午時。此運輕者傷重，重者即死。凡事不吉。此運你也會頭腦不清，容易做錯事，無法分辨好壞，更使自己陷入災禍之中。

丑宮

此運是天梁居旺運：此運是有貴人運的運程。你會有名聲、有善心，有人助運。此運也在『陽梁昌祿』格的主運之上，故你也有考試運、升官運，天梁不是財星，是蔭星，故你的財運只是一般的順利。你會因考試、升官或名聲響亮，做文職而得到豐裕的錢財。故錢財也十分順利。此運中你會講義氣，正義，愛管別人家的閒事，自己家的事不愛管，也會略做一些慈善事情。此你也會有宗教信仰，有靈動，祈禱更靈，事業、人生更順利。此運在感情運上，你會照顧與結交比自己年紀小的對象。在家庭運中，家中和諧，並有長輩主事，你會受到照顧。

天梁、文昌、文曲運：此運中，文昌、文曲皆在廟位。故此運中，你的長相美麗，討喜，氣質高尚，受人疼愛，你也會愛享福，倍受長輩關愛。在性格上你也會有較高尚的思想。此運中你善理財，精明強幹，也懂得照顧人，心地寬容，才華多、口才好，適合做慈善事業。做文職也會很旺。此運有『

陽梁昌祿』格，定能考試考中第一名，也有升官運。在錢財上很順利，會有財富。在感情運上更美滿，會得到寵愛、照顧。在家庭運上，家中是美麗、氣質好、高尚、有名聲的家庭。

天梁、左輔、右弼運：此運中左輔、右弼是來幫助天梁，使貴人運更強，名聲更大，蔭福更大的。因此在此運中，你會具有領導能力，官階會升高官，位高權重，也會名聲響亮，運氣極旺，但此運中要考試需排除一些干擾才行，否則會重考。在感情運上，同時出現多個戀人都對你好，使你拿不定主意，有感情困擾。在家庭運上，有長輩干涉，易離婚。

天梁、擎羊運：此運為癸年生的人會走的運程。此運為『刑蔭』的格局。表示貴人運不十分完美，但仍有一些。此運中你會多煩憂，杞人憂天，更傷害蔭福。所以不能煩，要穩住過日子。此運影響官運、事業運，會名聲受阻，無法出頭，運氣有阻礙。此運在考試運上多競爭、爭鬥凶，考試艱難，不易有上進機會。也容易中途輟學、重唸。此運不利感情運，你會小氣、計較、陰險，找對象的機會少，也不容易得到寵愛和照顧。此運會有離婚、分手的情況。在家庭運中，家中長輩或女性當權主政，對你不利，有刑剋。家中財少，多爭鬥、破耗多，也不易得到照顧，家中不算幸福。此運有傷災、車禍、開刀等狀況，身體也不佳，有肝、腎機能不好等問題。

天梁、陀羅運：此運是甲年生的人所走的運程。此運中你會性子慢吞吞，動作不靈敏，看起來笨的樣子。你非常頑固、話少，心事藏心底不說出來。你會凡事強硬抵制，沒有原因。與人有不合作的行為。此運也是『刑蔭』的格局，故升官運會不順暢。此運沒有考試運。在感情運上也不順利，易被人嫌。有分手、退婚的情況。在家庭中，家中不和諧，有是非、災禍。此運也有傷災、病災要小心。

天梁、火星運或天梁、鈴星運：此運中你是外表穩重、內心火爆急躁的人。此運中你也容易起非份之想，有意外之災，需要復健。這依然是『刑蔭』的格局，要小心多病痛。此運在考試、升官運上會有一些，但會有意外突發事件而落榜，小心、努力則可成，情況不嚴重。在感情運上，不算很順利。在家庭運上，家人較衝動，相處情形時好時壞，財務不穩定。此運在錢財上有不穩定的狀況，可能會有意外之財，但耗財也凶又快，起伏不定。沒有留存和穩蓄。

天梁、地劫運或天梁、天空運：此運中，你易皈依宗教、思想清高，超脫世俗，你在價值觀的認定會和別人不一樣。此運是『劫蔭』、『蔭空』的格局，表示沒有貴人運。此運中你會錢財少，也不想賺錢，對宗教或出世的生活熱衷，你會兩袖清風，朝霞夕靄，接近大自然的過日子。因此此運你什麼也掌握不到，也不想爭權奪利。此運不想升官、考試，也會沒有愛情，感情淡泊。在家庭運上，家中長者容易逝去，有丁憂之痛。

天梁化權運：此運為乙年生的人會走的運程。此運天梁化權居旺，對宮有天機居陷化祿相照，故此運蔭福很強，也有主掌權利的慾望，有主控力可稍獲財祿。此運是頑固的運程，仍是靠薪水階級而得財，但有領導力，人緣也稍具，故可做主管，此運有升官跡象。也具有考試的好運。感情運上定能得到愛情，及照顧別人的機會。若是女子，你的對象年紀會比你小，若是男子，你的對象年紀會比你大。在家庭運中，會有長輩、或長兄、長姊來當家主事。

天梁化祿運：此運是壬年生的人會走的運程。此運中你的人緣較好，也會有財祿可進，但要小心意外之財會造成你的負擔和包袱。此運中表面是吉運，但內藏是非、災禍要小心，會麻煩不斷。此運利於升官、考試運。在感情運上會有婚外情或與已婚者戀愛，不能有結果。在家庭運上，家人能和諧相處，但仍會有是非口舌，讓你不舒服。

天梁化科運：此年是己年生的人所會走的運程。此運中因對宮有天機陷落和擎羊同宮相照，故此運中外界環境中爭鬥多，競爭激烈，環境惡劣，而你是能幹，會做事，有氣質的人。此運仍是『刑蔭』格局，故你的競爭力有，但會爭不過。故在考試運、升官運上會打折扣。此運也要小心在外面的傷災、車禍、血光、開刀等問題。在感情運上，尚稱順利。會找到年紀比你小、又能幹的對象。在家庭運中平凡、和諧。

寅宮

此運是七殺居廟運：此運是『七殺仰斗格』。此運你會十分努力的打拚，性格堅定、強悍的要做到最好，此時你外圍環境中是平和穩定、高尚、富裕的，大家也會支持你所認定的目標，所以你是具有必勝的決心和機會的。此運中你會勞心勞力賺到很多錢，但這是悶著頭，死命打拚，蠻幹的，仍要多用智慧，和注意周遭事物的變化才行。此運仍有傷災、車禍、血光等問題，也會有耗財或金錢投資的損失。這要注意此運同宮或對宮相照的煞星多寡來定。在考試運、升官運上要非常努力可成。在感情運上，桃花少，而且你的注意力多半放在事業和賺錢上，對感情的事較不關心，你也會性格強悍、堅持己見和情人有磨擦。已婚者會因忙碌而忽略伴侶。在家庭運上，不算順利，你會和家人有衝突磨擦，也會因太剛直、固執，和家人處不好。

七殺、文昌運：此運中文昌是居陷位的，故此運中你比較笨，理財、計算能力不好，你對有關文書方面的事務不精通，你也會氣質較粗俗，氣質不夠旺。此運你會賺錢略少一點，也存不住錢。此運不利考試運、升官運。在感情運上也不順利，會剛直，直接了當，表達方式不夠圓滑，因此感情維繫不佳。在家庭運上，會財少，家人相處不和諧。此運多傷災、開刀之事，小心大腸、肺部、氣管有問題。

七殺、文曲運：此運中文曲居陷。故此運中你的口才不好、才華少，你會打拚，但辛苦，是做流血流汗的工作。此運沒有考試運、升官運。此運你的人緣機會也不佳。桃花少，故認識對象的機會也少。此運也會認識結交脾氣硬、固執、內向、口才差的對象。在家庭運方面，家人相處不和睦，少溝通。

七殺、左輔運或七殺、右弼運：此運中左輔、右弼幫助七殺的是更勇猛的打拚能力，付出更多的血汗，勞碌更甚。內心也凶悍、頑固、倔強、不認輸、不承認失敗。左輔、右弼在此是助惡不助善，故更增七殺的凶性。此運有傷災、車禍、病災、開刀等血光問題。此運不利考試運、升官運，必重考。也不利感情運，會結束舊戀情或再婚。在家庭運方面，家人不和，會因外人介入而爭吵，不愉快。此運在錢財上有多得，也會有人幫你花，耗財也凶。

七殺、祿存運：此運為甲年生的人所會遇到的運程。此運中你會性格保守、小氣，喜歡打拚賺錢，而且埋首於努力賺錢，別的事都不愛管。此運中自然是能存到一些錢，但不會太富有，你的身體不好，多病，錢都花在看病上了。此運更要小心有開刀之虞、傷災、車禍等事件。在考試運上不算很有利，升官運因保守，人緣不好，機會少。在感情運上不易認識對象，或新朋友。在此運中你的樣子會凶凶的，臉色黑臭，形單影隻，獨來獨往，別人都很怕你的這種『酷勁』。在家庭運方面，家人少講話溝通，家中人丁稀少，沒有人氣。此運也是『祿逢沖破』，故祿不多之故。

七殺、陀羅運：此運是乙年生的人會走的運程。此運是笨運。又頑固又堅持，頭腦轉不開，不相信自己家中的親人，喜相信外人，或常天真的相信第一次見面認識的人。常常因為動作慢，思想方式慢，考慮慢，而什麼都沒做，浪費了時間。走此運的人會想很多無關緊要、沒有重點的事情，並找籍口，逃避責任不做事。此運不利考試運、升官運，你會懶、笨、動作慢，根本沒參加考試，連報名都沒有去。在感情運上，此運不吉。你看不清事實，也碰不到好樣的人。你會幻想多，相信初識者，易受騙。在家庭運上，你與家人不和，家人之間是用一種強悍、不講理、笨的、粗俗的方式相對待。此運錢財不順，慢進，或根本不進，因你動作慢又笨，故賺不到錢，只是靠家中接濟度日。

七殺、火星運或七殺、鈴星運：此運中，爭鬥很凶、競爭激烈，有意外之災。此運火、鈴是居廟的，也會有意外之財，但不多。災禍比較顯著。此運中，你會脾氣暴躁、衝動、凶悍、不耐煩。做事馬虎、潦草、不精細，也會因此而遭災。此運易受傷，可能有身體傷殘之憂。也會有其他的天災人禍發生。此運賺不到什麼錢，反而因傷災或其他災害耗財凶。此為不吉的運程。不利考試、升官、感情運。情人和家人會相互反目成仇，爭鬥激烈，兩敗俱傷。家庭運中不是災禍多，有傷亡，就是爭鬥不停的局面。

七殺、地劫運或七殺、天空運：在七殺、地劫運中，對宮是紫府、天空相照。在七殺、天空運中，對宮是紫府、地劫相照。因此這兩種運程中，都

是拚命打拚，卻一場空的狀況。因為環境中的財庫被劫空了。所以你忙也是白忙。此運你是頭腦空空，對金錢沒有概念。不會理財，也不知如何去賺錢，只會死板的做薪水族領薪水，有時此運也會失去工作，找不到工作，機會變沒有了。此運耗財多，只出不進，頭腦也笨，什麼機會、好運都抓不住。在考試、升官感情上都沒希望。此運戀愛機會少，也不容易認識異性。卻容易出家，或有虔誠的宗教信仰。在家庭運中，此運財少，有災禍，入不敷出，會窮困、辛苦。

卯宮

此運為天同居平運：此運中你會溫和、慵懶、愛玩，凡事不積極。因為周圍的環境好，能體諒你，故你也真懶得起來。此運是休養生息的運程，不會做什麼大事，也不會發生什麼大事，故可平順的過日子。此運你喜愛休閒生活，生活愜意，麻煩少，也少用腦子。你若忙碌，則肯定是為了吃喝玩樂的事情了。此運雖好，但不利考試、升官等進取的運程，因太懶、不積極。

感情運會順暢，你在此運也會找到性格溫和、不積極，懶洋洋的情人。倒也親密愉快。在家庭運上，家人都溫和、世故，因此相處和諧。

天同、文昌運：此運中文昌居平。此運中你外表溫和、有氣質。你具有折射的『陽梁昌祿』格。故此運中你的考試運、升官運都不錯。你非常得人喜愛，外表、穿著都美麗、整潔、高尚、文質彬彬，很優雅，沒有窮凶極惡競爭的心，反而讓人欣賞，自動送好處給你。此運你雖不是特別聰明，但有親和力，在做人處事上都世故，有條理。在感情運上有好的發展。在家庭運中，財運小康，但生活愉快，生活品質還不錯。

天同、文曲運：此運中文曲居旺。此運中你是溫和，人緣好，桃花多，口才好，才華出眾的。此運你較愛玩，或一面玩，一面工作。或者根本把玩樂融入工作之中。此運不利考試、升官運（根本想不到），但對感情運有利，你會圓滑，手腕好，溫和、世故，機會多，情人多，讓你選擇。你會像花蝴蝶一般穿梭在追求者之中。在家庭運方面，家人溫和、風趣，會用口才較勁。

天同、左輔運或天同、右弼運：此運中，左輔、右弼是來幫助天同享福

的。故此運中你會更懶惰、好玩耍，依賴別人。你會有合作精神，因個性軟弱，故無領導力，會有別人助你生財。別人也會送錢給你花，照顧你。此運不利升官、考試運，要重考，也不利感情運。別人會因同情你而生戀情，但後來會分開。在家庭運中，家人心地慈善，喜幫助你，但你會躲避，另起爐灶，重新生活。會有二次婚姻。

天同、祿存：此運是乙年生的人會走的運程。此運中你是保守、孤獨，人緣不好，敏感力差的人。你只守住自己不多的財，很辛苦、勞碌、認命的生活著。內心仍很悶、不開朗。此運因對宮有太陰化忌相照，故與女性、以及錢財都有是非，也是『祿逢沖破』的格局。故財少。此運有折射的『陽梁昌祿』格。考試努力有望，升官因人際關係受阻。在感情運上不順利，愛多想，有自卑情懷。在家庭運中，財不多，可過活，勉強順利，尚稱幸福。

天同、擎羊運：此運是甲年生的人所會走的運程。此運是『刑福』的運程，故沒有福氣。此運會有爭鬥、競爭，你會抵抗不過。此運也會有傷災、血光、車禍發生，容易傷殘。也容易生病、開刀。一定有眼目之疾。頭部疼痛，四肢的傷災等。此運你會勞碌、奔波、辛苦，享不到福。在錢財上所得也少，亦會失業、不順。此運也容易遭到小人暗害，有官非，此運凡事不吉，必有禍事發生，要小心，此為『福不全』。

天同、火星運或天同、鈴星運：此運中有爭鬥之事及意外之災。亦是福星受刑剋之運程。此運中你會思想較邪，會用其他的法門來對付爭鬥，但你不見得鬥得過，卻易遭災。此運小心有傷殘的禍事，或因脾氣暴躁、衝動，而惹禍事。此運不吉，做事易半途而廢。

天同、地劫或天同、天空運：此運是『劫福』、『福空』的運程。因此多操勞、享不到福。而且一切的享受少，你也容易放棄利益，或根本思想空茫，沒有概念，不知如何是對自己好的。此運若與其他的凶運，三重逢合，易遭災、死亡或傷殘，無意識行為，成為植物人。或生癌症等不治之症即將死亡。

天同化權運：此運是丁年生的人所走的運程。在卯宮的天同化權運是居平的天同化權運，故化權力量不強。此運中你還是對玩樂之事有主見，對正事則不強。化權會增加天同的積極力量和掌控力量，也會增加享福，得利的力量。但因天同化權是居平的，這些力量也卻在略有、略無之間了。此運在考試運、升官運是機會較大的。在感情運上也能掌握戀愛的機會和享福的機會，感情順利。在家庭運中，家人愛享福，也都很世故，會致力於使家運福氣多而努力。此運易得財，財運不錯。

天同化祿運：此運是丙年生的人所走的運程。此運也是居平的天同化祿，故財祿不算多，只是平順的錢財，有衣食之祿而已。也是薪水族格局的財祿。此運最重要是在人緣關係、機會方面。你會做人圓滑、世故，手腕好，交際、應酬多，也會以此得財。此運考試、升官、感情運皆有機會。你也會找到溫和、人緣好、世故、圓滑的對象，相處甜蜜。在家庭運方面，家人和諧，生活有情趣，相互有助益。

天同化科運：此運是庚年生的人會走的運程。因對宮有太陰居旺化忌相照，故此運為『科忌相逢』的運程。此運中你會溫和，有氣質，但懦弱，頭腦不清。你仍會有與女人和金錢上的是非災禍發生。此運你也會在一個有感情問題複雜，有是非的環境中生活，雖你想明哲保身，但也不容易，總會吵到你身上來，讓你煩心，此運仍要小心在外的車禍、傷災，受牽累。

辰宮

此運是武曲居廟運：武曲是正財星，居於廟位，故此運財多，此運正坐『武貪格』暴發運格上，會暴發極大的財運，使你致富。此運三重逢合時，是你一生中之最大偏財運的格局，可算出時間來小心期待。此運不但在財運上多有所得，也會在政治鬥爭上掌權，此運有升官運、考試運，在感情運上會剛直、一板一眼，守承諾，較沒有桃花，但人緣很好，別人是被你的財氣吸引而貼著你的，並不是被桃花吸引去的。是故你在感情上也會精打細算，看那一個人最適合你。在家庭運中，家中會富有、地位高，但家人也會為錢財而斤斤計較，利益分明，較無人情味。

武曲、文昌運：此運中，文昌居得地合格之位。故此運中你是頭腦精明、計算能力好，小氣、錙銖必較，太會理財了。對錢財把握主控的是滴水不漏。

此運中你是文武全才，什麼都會做，不假他人之手，因此很操勞。此運你更喜歡凡事和人家訂契約，和人約法三章。或想以文治的方法來約束管理別人。此運有暴發運，你所得到的錢財會更多，有億萬之譜。此運有利考試運、升官運。在感情運上，因太計較、小氣，而不見得順利。在家庭運上，你會治家有方，錢全花在刀口上，家人易被軍事化、刻板的管理。此運你仍有某些地方糊塗的傾向。

武曲、文曲運：此運中文曲居得地之位。故此運中你也會頭腦精明，口才好，有辯才，也會人緣較佳，及才華較好的狀況。你在做人上稍圓滑，沒那麼剛硬、直爽，讓人受不了的脾氣了。此運你也有偏財運，會暴發大財。在考試運上也還順利。在升官運上大有機會，會升官。在感情運上，桃花多，但仍有糊塗情況，也可能會有糊塗桃花纏身要小心。在家庭運上，家中富裕、熱鬧、交際多，人來人往，但流於浮華假象，在感情上仍孤獨無依靠。

武曲、左輔運或武曲、右弼運：在『武曲、左輔運』中，對宮會有『貪狼、右弼』相照。在『武曲、右弼運』中，對宮會有『貪狼、左輔』相照。

因此這兩種運程中，左輔、右弼就是來助財、助運的。故而此二運中，會錢財暴發更大、更富有，機會更多，更圓滑順利。此運你很忙碌，忙著賺錢，機會好，事業愈做愈大，彷佛坐順風車，非常順利，會因財多，有其他的第三者出現而複雜，有分手，再婚的狀況。此運也易孤獨，守鰥寡。屬於一般的朋友多，也會幫助你賺錢得財。但在感情上，都不見得有好伴侶隨你過日子。

武曲、擎羊運：此運是乙年生的人會走的運程。此運是『刑財』的格局。因此會財少一點。但此運也是『武貪格』暴發格，依然會發，有幾百萬之多，沒有格局完整的人多。此運中你周遭的爭鬥多，競爭激烈，尤其是在事業上，或與工作有關、權力有關的競爭多，讓你很頭痛。此運你也較想不開，容易到賺錢少、凶險、有血光的地方工作。例如在醫院做與血光為伍的工作。此運要小心金屬的傷災，車禍的傷災尤重。也要小心肺部不好，或開刀之事。此運在考試、升官運上不利，爭鬥多，在感情運上小氣、計較、保守、桃花少、機會少，此運也會找到小氣，財不多，性格陰險，能力不強，愛爭鬥的對象（若對象為軍警職可少刑剋）。在家庭運中，家中爭鬥多，多為金錢紛爭，鬥爭激烈，不會平息。你享受不到家庭溫暖。

武曲、陀羅運：此運是丙年和戊年生的人會走的運程。戊年生的人因對宮有貪狼化祿相照，人緣較好，機會較多，暴發運較大，錢財也較多，一切機會、好運都多的多，因此『武曲、陀羅』的笨運，對戊年生的人來說，問題並不太大。只是自己悶悶的、笨笨的，也會暴發，但會慢發，拖拖拉拉。有時就拖沒有了。此運中，你會性格硬梆梆，不通情理，不會變通，處處顯出笨樣。做事也不聰明。你又會想的多，心境不清靜。此運雖不利考試、升官，但仍有希望。要小心傷災、耗財，誤信外人造成傷害。在家庭運上，會與家人金錢是多非，感情不好。

武曲、火星運或武曲、鈴星運：此運中，火、鈴居陷。此運為『刑財』的格局，但此運為『雙暴發運』格，是『武貪格』和『火貪格』或『鈴貪格』等雙重的暴發格。會暴發財富，而以戊年、行戌宮的運程暴發財運較多。此『武曲、火星運』或『武曲、鈴星運』仍有『刑財』的問題，財會快來快去，無法存留。也易有意外災禍，麻煩較多，不平順。此運爭鬥凶，競爭激烈，對升官運、考試運皆不好。此運也會性格較邪，不正派，或因衝動而耗財遭災。在感情運上太火爆、剛直，沒有機會或易分手。在家庭運上，家人易為錢財有衝突、火爆的場面。

武曲、地劫運或武曲、天空運：此運是『劫財』、『財空』的運程。此運會表面上富裕，實際沒什麼財進，有坐吃山空的感覺。此運你也會腦筋聰明，想出好點子或因時機不對，或因不實際，種種原因，賺不到錢而耗財。此運做生意會倒閉、賠本，或虧大錢。反正消耗的都與財有關。此運在考試、升官上無機會，或眼高於頂，不去赴考。在感情上，會不實際，易為空窗期，沒有戀人。桃花運也絕跡。在家庭運上，家中財少，進帳不易，有成為空殼子，被掏空的狀況。

武曲化權運：此運是庚年生的人會走的運程。此運的暴發運格非常強烈，一定會發，會暴發大富貴，財富可達數十億元。此運在政治上也會掌權，是權位與財富並得之運程。陳水扁先生在庚辰年逢此運選上台灣總統，此即為

強勢的暴發格所致。此運在考試、升官上有必勝把握。在感情運上太剛直、霸道，較不順利，而且桃花少，是財氣逼人的吸引力。在家庭運中，家中富裕，可賺到大錢，一家人都忙碌，少溝通，感情以金錢來聯繫。

武曲化祿運：此運是己年生的人會走的運程。對宮有貪狼化權相照。故此運也有極強的暴發運。並且是由掌控了許多好運機會而得到大財富。此運財富大，但是由機會變化掌握中所得到的。也是由營謀攫取而獲得。此運利於考試、升官，也利於感情運。在感情上你會較圓滑，不那麼剛硬了，人緣好，有桃花，會有戀愛機會。在家庭運中，家人富裕、財多，家人相處和諧，會有錢財往來，相互支援做生意。

武曲化科運：此運是甲年生的人會走的運程。此運中你會理財有辦事能力，會在銀行或金融機構做事。會有暴發運、偏財運，能暴發錢財。在考試運、升官運上有機會。在愛情運上，一板一眼，桃花少，機會少。在家庭運中，家中富足，善於理財，生活會舒適、幸福。

武曲化忌運：此運為壬年生的人會走的運程，對宮會有陀羅和貪狼相照。

此運中錢財不順，有金錢是非。也易遭政治上的迫害。有車禍、傷災、開刀等問題。萬事不吉。你也會頭腦不清楚，多惹是非。無論什麼事都會扯上錢財，最後以賠錢了事。此運中耗財多，買東西都貴，要小心。

巳宮

此運為太陽居旺運：此運中，你會事業發展大，覺得運氣很好。你的心情也會好，性格寬宏、爽朗，不計較別人是非。此運你在男人的社會團體中有競爭力，與男性的朋友也交情好。也會在某些方面具有領導力。此運的財運很不錯，最容易從公職，是薪水族的生財格局。此運在考試運、升官運上極旺。在感情運上也順遂。在家庭運中，家人都是開朗，運氣好的人，也多慈善之心，會共同為家運而努力。

太陽、文昌運：此運中文昌居廟。此運為『陽梁昌祿』格，故考試定會考上，升官也有希望。在財運上，你精明、善理財、計算能力好，故錢財順利，不為財愁。在感情運上，你會穩重、理智、精明、注重氣質，喜歡長相體面俊美的對象。在家庭運中，家人知書達禮，相互尊重，生活幸福。

太陽、文曲運：此運中文曲也居廟位。此運中你是活潑、開朗、豪爽，口才好，才藝佳，喜表現才藝、才華的人。此運有利升官運。考試運也不錯，進財會多，財運順利。在感情運上，人緣好、桃花多、機會多，你會找到愛講話，口若懸河，有辯才，風趣，性格大方開朗的對象。此運中你的家庭也十分和諧，有情趣，生活快樂幸福。

太陽、左輔運或太陽、右弼運：此運中左輔、右弼是來幫助你有事業運的。因此你的事業會較發達。會升官至高。但對考試運、唸書運不利，會重考、重唸。對感情運也會太多人幫忙而告吹。也會有第三者介入而分手。在婚姻運上會有再婚的跡象。此運的財運不錯，幫助你生財的是男性平輩朋友。

太陽、祿存運：此運是丙年或戊年生的人會走的運程。此運中你會保守、小氣，人緣不佳。但性格上還算寬宏、不計較人之是非，只計較錢財多寡。此運能形成『陽梁昌祿』格，有考試運、升官運。但自己做生意、做事業者，會綁手綁腳、施展不開。因為你會凡事自己做，得不到別人幫助，發展力量較小。此運在感情運上較保守、孤獨、驕傲，難與人相處，感情不順，機會少。在家庭運中，有財祿，生活普通，有衣食、工作。家人少相互關懷。

太陽、陀羅運：此運是丁年、己年生的人會走的運程。丁年生的人還會有巨門化忌在對宮相照，更不吉。

此運中太陽是居旺的，陀羅是居陷的。表示事業的發展是停滯不前，原地打轉，有些刑剋，發展不開的。同時也表示在你的環境中是和悶聲不響而內心多是非的男性是有不和狀況的。此運大致看起來是旺盛的，但內有瑕疵，有是非、糾紛等問題。你也會外表寬宏、豪爽、傻呼呼的，實際內心也真有點笨。做事會慢半拍，也會不切實際、頑固，與人多是非、不和，和別人不能合作。也會不服別人，自己又沒有太好的能力等等問題。若是丁年生的人，逢此運，因環境中就是多是非災禍密集的環境，再加上自己心智不高，傻呼呼的、愚笨的，因此多災，會有較大的災難發生。總之車禍、官非，嚴重傷災是逃不了的了。要細算流年、流月、流日不好。此運己年生的人在考試運、升官運上，考軍校或武職升官有利，一般則會拖延、考不上。此運在丁年生

的人不利，難考上。在感情運上，己年生的人容易被人嫌，是略有不利，尚好。丁年生的人，感情不順，且多是非爭鬥，或有官非發生。在家庭運上，也是己年生的人，與家人有小磨擦口角，關係還可以。而丁年生的人，與家不和，家中有遭災現象。在財運上，己年生的人易耗財，仍有財，財慢進。丁年生的人財少、耗財，且有錢財是非、災禍，進財慢且難。

太陽、火星運或太陽、鈴星運：此運中多火災、燙傷的問題，也會有意外之災，例如車禍、傷災。且車禍中易有起火燒傷，傷災中也易有火燒、燙傷並見的情況。此運正是火旺的運程。倘若你的八字喜用神正是木火格局，則此運必定大發。有意外高起之好運，例如中榜、升官、有意外之財、中彩券等等。倘若你的八字喜用神正是金水格局的人，則此運會受煎熬了，你缺水缺的嚴重，奄奄一息，要倒大霉了，小心傷災、車禍、開刀等事，也要小心腎病、眼目之疾。金錢上並不見得太難過。

太陽、地劫、天空運：此運表面看起來好像運勢大好，實際上你什麼也抓不住，掌握不了。此運中你的頭腦空空，想得多，計畫多，但只是空想，

不積極，也不努力奮發，懶洋洋的，總覺得還早。此運你的價值觀會模糊不清。也會不重錢財，看清錢財，賺不了太多的錢。更會耗財多，千金散盡，兩手空空。此運什麼事皆做不成，自然沒有考試運、升官運，會考不上。也是感情空窗期或感情落空、分手的時運。在家庭運上，家中財少，不富裕，家人相互冷淡，各忙各的過日子。

太陽化權運：此運是辛年生的人會走的運程。此運中你的運程大好，因為此太陽化權在巳宮是化權居旺。故你在事業上掌握極強大的主控力量。事業大發，不可一世。你具有強勢的競爭力，尤其在與男性的競爭中會得利，並握有對男性的主控權。在說話與做事上，份外有力。此運適合與男性或任何人談判，也適合選舉或政治鬥爭，升官職，考試運。在感情運上你會爽朗，有氣魄，有陽剛的迷人氣質，會吸引較陰柔的人或戀愛對象來依附，故感情順利。在家庭運上，家運蒸蒸日上，家中有男性長輩當家主事，具有無限威權，你要乖乖的，意見不要太多，日子才會好過。

太陽化祿運：此運是庚年生的人會走的運程。此運中太陽化祿是居旺的。

故此運中你會在事業上具有財利，也具有人緣，機會，運氣十分好，一直往上升。此運你具有『陽梁昌祿』格，定有考試運、升官運，會考中。你在感情運上也份外順利、桃花多，會找到溫柔、嫻淑的對象。在家庭運上，家人心胸開闊，生活快樂、幸福。

太陽化忌運：此運是甲年生的人會走的運程。此太陽化忌是居旺的化忌。故此運你在事業上雖有是非、麻煩，且是工作上和男性有不合而遭致的麻煩，是非是多，但是仍可解決的。你還是會有一些好一點的旺運，也會有一、兩個貴人來幫助排憂解決的。此運在財運上還不差，只是在工作上、升官、考試上有是非，希望不大。在感情運上，你的心地不夠開朗，多計較、愛找別人麻煩，難相處。此運，女子不易有對象，不然也會與對象分手。男子心中多是非，對女性挑剔，也容易找不到老婆，或與對象分手。在家庭運上，此運家中有災禍，與男性有關。家中男性有病變、死亡。家運不好，家財變少，或因家中爭鬥多，家產被盜賣，或有官非發生。

午宮

此運是破軍居廟運：此運中你會忙碌打拚，非常勤奮努力，開疆拓土，也會開始做新行業，是開創期。此運你喜歡投資，無論是金錢上的、體力上的、血汗上的，你都不遺餘力的拚命投資。此運你好競爭，在工作上、錢財上的爭鬥多。此運你也會花費大，對錢財的概念寬鬆，耗財多，不會理財，會使信用額度膨脹，還債辛苦。此運你也容易說謊話，說大膽的話，狂妄，不畏人言。你在穿著打扮上也會喜著奇裝異服或邋里邋遢，穿嬉皮裝或大膽配色、花紋，言行開放。此運中你也會賺到錢，但會財來財去，沒有留存。在考試運、升官運上你也會全力以赴，但結果要看你努力的程度，跟不跟得上環境中的標準。在感情運上，你會大膽追求。此運易與已婚者，或結過婚，而再婚的人發生戀情。也易與人有不正常超友誼關係，或有婚外情、同居等事。在家庭運上，此運耗財多，家人忙碌，在相處上沒規沒矩，也會有不和，爭鬥的情形發生。

破軍、文昌運：此運是窮運。此運文昌居陷。在此運中錢財會賺不到而窮困，且有水厄，你會心高氣傲，外表不斯文，沒有文藝氣息，有窮酸相，此運你不屑於為五斗米折腰，也不耐勞苦，可是還是會奔波忙碌一些沒意義的事，有時財窮，也會一時想賺錢而賺不到。此運不一定有利考試運，很可能考不上。也不利升官運。在感情上你也會吝嗇、小氣，只對自己好，肯花錢在自己身上，對別人不管。故情感上也是窮的。此運不易找到對象。你的理財能力差，計算能力差，在感情投資上的計算能力也差，故感情不利，也會因貪赧別人的錢財而自己吃了大虧。此運不利家庭運，家中財少，家人不和，且有怪癖。

破軍、文曲運：此運中文曲居陷，此運亦是窮運。且有水厄，要算出流年、流月、流日，勿到水邊，或有豪雨時也要小心淹水、土石流所造成的水厄死亡。此運中你沒有才華，口才不好，較靜，說話多是非，因此少說。在錢財上耗財多，賺的少，寅吃卯糧，窮困，不富裕，生活辛苦。此運不利考試、升官運。也不利感情運，會人緣不好，惹人討厭，找對象不好找，亦容易找到和你一樣財窮，有錢財困擾的對象，此運在家庭運上，財少，家人感情不佳。

破軍、左輔運或破軍、右弼運：此運中，左輔、右弼是幫助破軍更增加打拚的能力與除舊佈新的決斷力。同時也會幫助破軍破耗更凶。此運中你奮勇向戰，好爭鬥，肯拚，因此錢財賺的多一些。也會更剛直、不屈，敢於對抗強權，做一些反傳統、反道德規範的事情，也會大膽革除舊勢力、舊規格、體制，或丟掉舊有的用具，重新佈置、裝飾，具有新氣象。但也會破耗多，花費大，入不敷出。此運在升官、考試運上皆不利，在感情運上也不利，會有多次不倫戀情，會再婚多次。在家庭運上，家人東分西離，難聚首。

破軍、祿存運：此運是丁年、己年生的人會走的運程。此為『祿逢沖破』的格局。所以祿不多。只為衣食之祿而已。此運中，你會保守、小氣、吝嗇，愛存錢，但又存不住錢，情緒、生活上皆有矛盾之處。此運人緣不佳，脾氣不好，說話大膽難聽，與人不善。沒有考試運、升官運，在感情運上也不順。在家庭運中，家中不富裕，家人分東離西，常留你一人孤獨。

破軍、擎羊運：此運是丙年和戊年生的人會走的運程。此運中爭鬥多，生活辛苦，賺錢不多，且多傷災、車禍、血光、開刀、破財等問題。此運是『刑囚夾印』的格局，你會懦弱怕事，有官非，或因傷災有官司事件，會拖很久，心情不平靜。丙年生的人，且有廉貞化忌、天相在對宮相照，是『刑囚夾印』帶化忌，問題更嚴重，傷災會有死亡事件發生，且後續的官司會打更久，也可能無法得到賠償。此運做任何事都辛苦，都不利，結果與收穫皆不佳。在感情上你不但懦弱沒擔當。此運你也無法掌權管事，沒有領導力，不能駕馭屬下，在朋友間也沒有公信力，容易遭人欺負。故感情運也不順利。在家庭運上，財少、窮困，家中爭鬥多，家人不和，且會相互傷害。

破軍、火星運或破軍、鈴星運：此運中爭鬥多，且會和黑道或不法的事物掛勾。也會有意外之災，很嚴重。此運要注意車禍、傷災，或政治性的鬥爭。也會有幫派爭鬥，影響到你的問題。此運你會脾氣火爆，不能自制，會因衝動遭災，有官司纏身。此運錢財來去太快，你根本無法掌握。此運萬事不吉。

破軍、地劫運或破軍、天空運：此運中耗劫、劫空的境界，只有災禍，沒有吉運。此運你易出家，喜歡清高，不帶銅臭氣息，凡事看淡，人生易較灰色，有逃世、離世的念頭。你可能醉心宗教，以求解脫。此運小心有車禍、傷災，而讓生命被耗劫奪去成空。

破軍化權運：此運是甲年生的人會走的運程。此運中你的奮發力特別強，你也能掌握奮發的力量，而抓住利益。此運你也強力要破耗，具有投資的主控權，由自己來做主花錢。此運做改革，做除舊佈新的力量十分強大，而且獨斷獨行，堅持要做，結果就會有兩極化的黑白、勝負與吉凶了。在錢財上會賺的多，也花的多，如果大膽、任性、眼光準就大賺錢。如果賠錢，也會是賠得凶，讓你很久也爬不起來。此運有衝動的特性，大吉、大凶就在你一念間。

破軍化祿運：此運是癸年生的人會走的運程。因對宮會有祿存相照，故是『雙祿』格局。此運雖有雙祿，但仍不宜經商做生意，還是會因衝動耗財，而有失誤。此運的祿是保守的祿，錢財是小康，並不見得很富裕。會以薪水

族不錯的薪資生活會愉快富足。此運在考試運、升官運上不見得有用。在感情運上，易有不雅的嗜好，或有婚外情，或會和離過婚的人發生關係，此運也容易同居不結婚。在家庭運上，家人相處無拘無束，也不會以規矩來限制你。

未宮

此運為天機陷落運：此運中天機是運星，表示在運氣上的起伏。陷落時，運氣愈變愈往下落，會至谷底，而且會停滯不動。此運凡事不佳，只宜讀書，有『陽梁昌祿』格的人，仍有考運。但其他方面不行，此運財運不好，錢財困難。環境中易出現小人暗害的狀況。人緣不好，你是笨又自做聰明的人，往往更令人討厭。和人有衝突是非發生，會遭受欺負。此運不利升官，沒希望。不利感情，易分手告吹。在家庭運上亦是家人不和，多是非口舌、衝突。

天機、文昌、文曲運：此運中天機陷落、文昌居平、文曲居旺。表示你的運氣和聰明度不高，計算能力及理財能力皆差。不夠精明強幹，但口才好，

好辯，有其他方面的才藝。你會偷懶，喜歡享福，好色，有異性緣，做事的能力不高，但外表文弱，我見猶憐。也會形成折射的『陽梁昌祿』格，可有考試運。升官運則不一定。在感情運上，比較得心應手，但仍會找到和你一樣運氣不太好，又懶，又愛享福的人。在家庭運中，財少，有是非，但不嚴重，運氣不開。

天機、左輔、右弼運：此運中天機是陷落的。左輔、右弼來幫助陷落的天機星的是賣弄小聰明，或運氣更往下墜，好早日探底，再反彈回來。此運你也會結交一批光說不練、有小聰明，但不努力的朋友。他們幫你賺小錢可以，做大事不行。你也會遭受朋友拖累，有運氣再往下落的危險。此運不利考試、升官、感情運。會有離婚、再婚、分手、第三者介入而導致家庭破裂。

天機、擎羊運：此運是丁年生的人和己年生的人會走的運程。丁年生的人尚有天機居陷化科和擎羊同宮。此運中，運氣極壞，爭鬥凶，且是和一群胡攪蠻纏的小混混、小嘍囉一起爭鬥，很煩，但又不能不爭。此運中運氣愈變愈壞，且爭鬥更凶，凡事不宜，且有傷災、車禍、血光、開刀等事。此運

會生病，有手足傷災、破相、身體長期不佳，有病逝的危險。

天機、陀羅運：此運是庚年生的人會遇到的運程。此運中運氣不但愈變愈往下落，且原地打轉，形成低氣壓，久久不變好。此運你會心情悶，又笨，躲在家中或角落，不願走出心中的陰霾。你也會多是非，自己製造是非，把自己纏得動不了。此運是笨運，萬事不吉，也不聽勸，此運會拖很久，無法改善。此運財窮，窘迫，也多傷災，車禍等，有牙齒、手足骨骼的傷害，破相。在感情上易被人遺棄。家庭運中，多是非、爭執，不順，家人感情惡劣。

天機、火星運或天機、鈴星運：此運中爭鬥多，有意外之災。你會運氣不好、衝動、火爆。有傷災、車禍。也會有自做聰明的災害。此運不吉。

天機、地劫運或天機、天空運：此運中天機陷落已至谷底的運氣，再逢空劫，更是無運，這是連基本的聰明度與運氣都沒有了，故此運易遭災，或因車禍傷災等成為植物人，或是精神喪失等病症，腦袋空空，殘障，或喪失性命。

天機陷落化權運：此運是丙年生的人會走的運程。此運化權不強。只會有頑固，不聽人勸，運氣壞還想做主搶權威，自然會不服眾，惹起爭端。此運事情皆做不成。也不利感情運、家庭運，皆有是非爭端。因聰明才智也不足的關係。

天機陷落化祿運：此運是乙年生的人會走的運程。因對宮有天梁居旺化權相照，在環境中有貴人強力扶持、輔助，而你本身也略有人緣，智慧也稍圓滑，所以運氣沒那麼糟了。此運中你有『陽梁昌祿格』，用功讀書有考試運。有貴人強力推薦、提攜，你也有升官運。在感情運上也會稍順利，你會找到瘦型、智慧普通，但略有人緣的對象。此運在家庭運中也會稍有財進，不那麼窮了，更有長輩會救助、支援你，生活會改善。

天機陷落化忌運：此運是戊年生的人會遇到的運程。此運中運氣是愈變愈壞，多是非纏繞不去。而且你也會較笨，不聽明，無法躲避是非和災禍。此運要小心傷災、病災、車禍，還有突發的災禍。凡事不吉。

申宮

此運是紫府運：此運中紫微居旺、天府居得地之位。故此運是平順、吉祥多一點的運程，但在財祿上並不比你想像的多。此運你會富足，凡事順利。有考試運、升官運。感情運也平順，會找到外貌氣派、財力雄厚、穩重、老實、一板一眼、規矩的對象。在家庭運上也是富足，家人感情好，且會對你有經濟支援的。此運中你仍會有些小氣、吝嗇，也有些傲氣，會存錢，有豐餘的儲蓄，理財能力、計算能力好。生活舒適，心平氣和。

紫府、文昌運：此運中，文昌是居得地之位的。因此你具有文質彬彬的氣質，外觀保守，卻聰明幹練，理財精明，智識，文化水平都高。此運中你賺錢會賺的多，富足多金，儲蓄也多。在考試運、升官運上希望大好。在感情運上順利。你會找到外觀忠厚老實，長相好、氣質好的對象。在家庭運中，家人都守矩、守份，氣質好，相處和諧。此運中你會小氣吝嗇，會識大體。適合投資，必有盈餘之利。

紫府、文曲運：此運中文曲也居得地合格之位。此運中你的才華、口才皆佳，但不見得愛讀書，考試運還不錯。升官運亦有。此運你會人緣較好，異性緣較多，財運也很不錯，能積存錢財。在感情上順遂。在家庭運中，家人和諧，生活有情趣，言談風趣。

紫府、左輔運或紫府、右弼運：此運中左輔、右弼是來幫助紫府，更增高尚、權威、財富、平順、吉祥的。因此此運是旺運、大吉運。此運是帝王得輔佐之臣，因此你有領導力、主控力，有人幫你做事賺錢，此運放高利貸都會無風險。在升官運上有機會，但怕遭嫉。在考試運上你會愛賺錢而放棄，說不定還會休學、再重唸。在感情運上，有自傲心態，也會有第三者介入而有離婚、再婚現象。在家庭運上，家中富足，但有第三者介入而導致不和。

紫府、祿存運：此運是庚年生的人會走的運程。此運中你更保守、小氣、吝嗇，是個守財奴。財很多，非常富有，有億萬之資，但不捨得花。此運有考試運、升官運不強，人緣上有瑕疵，別人靠近你，是因你的財氣逼人，吸引而來的。此運在感情運上，太內斂、固執，不見得有機會認識新對象，不太順利。在家庭運中，你太吝嗇，又有錢，家人對你是敬又怕。

紫府、陀羅運：此運是辛年生的人會走的運程。此運中，你的錢財富足、財運好，能有儲蓄，但也會有些耗財。你在一切順利的運程中也會出現一些是非麻煩，但很快能復原，還原變好。此運你有點笨，不頂聰明，但對財的感覺仍較敏銳，只是做事有慢吞吞、拖延之勢而已。此運在考試運上，有進退得失，要小心。在感情運上有是非、麻煩。在家庭運中，稍有耗財和是非，但大致順利。

紫府、火星運或紫府、鈴星運：此運為富足的運程中仍有意外之災，例如火災、車禍、傷災、小損失、耗財等，因此是吉帶凶的運程。此運在存錢上有漏洞或因衝動耗財，財庫會有漏洞，要小心，在考試運、升官運上要注意會有意外滑鐵盧之狀況。在感情運上會急躁、衝動、火爆，略有不順。

紫府、地劫運或紫府、天空運：在『紫府、地劫運』中，對宮會有七殺、天空相照，在『紫府、天空運』中，對宮會有七殺、地劫相照。故此運是劫財、財空的運程。但無論如何，你還是會有錢花的，財劫不完。只是沒有留餘，錢留不住而已。此運你也會有清高的價值觀、金錢觀，不重錢財，會為別人墊錢，或借錢給人而不還，最後造成自己的損失。這些都是由於你自己腦袋不夠用，太相信別人所致。也是掌握不住錢財，財庫有漏洞所形成的原因。此運沒有升官運、考試運、感情運。你會不想交朋友，也不想結婚，因此沒有對象。原先已有對象的人，也會感情冷淡或分手。在家庭運中，家人對你很好，但你仍覺得冷淡，不親密。

紫微化權、天府運；此運是壬年生的人會遇到的運程。此運中你對一切事物都有掌控力。也會得到掌控權力的地位和財富，此運中會賺很多錢，會還去以前積下的債務。此運平順、趨吉的力量很大，你是有領導力，任何事遇到你都能擺平，運氣真是太好了，在感情運上，你會主動追求愛情，會安排一切事情羅致你的對象，而達成結婚的目的。在家庭運中，家運好，會賺到億萬家產，也會有高地位的長者支持你、照顧你。

紫微化科、天府運：此運是乙年生的人會遇到的運程。此運中你是外表氣派、氣質好、穩重、有能力、會做事、賺錢能力也很好的人。因此你會有富足的生活、理財能力好，生活細節也井井有條，整齊有次序。此運適合考試、升官、愛情運。會找到相互寵愛的對象。家庭運中，家人和諧，能共同使家庭蒸蒸日上。

酉宮

此運是太陰居旺運：此運中你是外表溫和、柔美、感情細膩的人。此運財運順利，會存錢，善理財，喜買房地產來儲存。你的人緣關係好，也有異性緣。此運有考試運、升官運、賺錢運。在感情運上尤其順利，喜談戀愛，易墜入情網。此運你也會找到溫柔、多情、敏感，會體貼你、寵愛你、瞭解你的對象或情人。家庭運中也富足多金，家人和諧、親密。

太陰、文昌運：此運中太陰居旺、文昌居廟。故此運中你是特別精明、會理財。外表又美麗、有氣質、高尚、有教養的。你會具有學習能力，文化水平高，有文藝氣質，讀書讀得好。有考試運、升官運、財運也大好。在感情運上，你會找到外表、身材一流，氣質好，高文化水準，家世好的對象，

家庭運中也會富足多金。家財多、家人相處和諧。都具有高尚的氣質，家教好。

太陰、文曲運：此運中文曲也居廟。故此運中你是外表美麗、陰柔，桃花多，人緣好，口才佳，善談天說地的人。你的才華也好，喜交遊，有考試運、升官運。在愛情上，機會多。此運中易找到外表俊美、溫和、陰柔、口才好的對象。此運財運不錯，有存款、房地產。家庭運中，家人和諧、風趣，亦懂生活情趣。此運宜學命理，精通得很快。

太陰、左輔運或太陰、右弼運：此運中左輔、右弼是來幫助太陰有更多儲存的財，或更多房地產，或更多柔美、纖細的、多情、多愁善感的情緒思維。也幫助太陰更有靈性。故此運中你會結交更多的和你同類型的朋友。而朋友也和你相互幫助賺更多的錢財。或買更多的房地產，增加財富。此運你心性柔和，和人有商有量，有領導力，也有合作協調的能力。在事業、錢財上是無限好運，但在感情上會有無法割捨的愛情，會有多角戀情或不倫之情。會離婚、再婚。家庭運中，財運好，但也會有第三者介入，影響感情。

太陰、祿存運：此運是辛年生的人會遇到的運程。此運中你會保守、小氣、愛存錢，也會愛買房地產。你的情緒敏感，也常有孤獨之感，會保守、不太與別人來往。此運財運好，工作順利。考試運、升官運都會有。你也會溫和，會體諒人。在愛情運上不積極，但仍有機會，只是較被動。在家庭運中，家財富足，生活優閒，會過隱居式的生活。

太陰化忌、擎羊運：此運是庚年生的人會走的運程。此運中爭鬥多，會有錢財上和與女人的爭鬥、不順和是非災禍。此運太陰是居旺帶化忌的。因此還是會有一些錢財可花。只是有錢財上的麻煩而已，而且耗財多，會無法留存、儲蓄。此運多傷災、車禍、血光，有眼睛不好，腎功能有問題，及生殖系統有毛病要開刀等問題。此運不利考試、升官、感情等運。情感不順暢，多是非、計較、嫉妒、歇斯底里，也會精神有問題，頭腦不清。在家庭運中會有家人為爭家產而多爭鬥，使出陰險、敗家的技倆。家宅不寧。此運是『刑財』的格局。

太陰、火星運或太陰、鈴星運：此運也是『刑財』的格局，但是火、鈴居得地之位，仍有意外之財，也有意外之災。此運中你會情緒不穩定，也會愛時髦，重穿著打扮，趕流行事物。你在錢財上會因太衝動，花錢多而耗財。實際上此運是賺錢較辛苦的，此運還多車禍、傷災、病災，小心有傷殘現象。考試、升官運要穩住，要努力才會有。在感情運上，會太衝動，又多感，易分手。在家庭運中，易有意外之災，家人情感不太親密。

太陰、地劫運或太陰、天空運：此運是『劫財』、『劫空』的運程。故此運中，你掌握不住錢財，賺錢賺不太到，花錢又凶，耗財多，沒有積蓄。此運在任何事都無法掌握。你只有起伏的情緒、善變和空無的思想，白白的浪費日子和時間。此運沒有考試運、升官運、感情運。你會常發呆過日子，腦袋空空，兩手空空。也不想談感情或感情冷淡，對人冷冰冰。在家庭運中，無財、窮困，家人冷淡，相互不關心。

太陰居旺化權運：此運是戊年生的人會走此運。在此運中你最能掌握的就是經濟大權、財權。因此在此運中你會升這方面的主管。你也對女性有主控權，女性會服從你。你也會升任管理女職員多的部門首長。此運中你賺錢

多，也會主掌房地產的管理大權，或做房地產及女性用品的生意買賣會大賺錢。此運中有考試、升官運。在感情運上，你也會有主導權，會找到具有財運且會理財的對象。在家庭運中，家人和諧，家中有女性長輩當家主事。

太陰居旺化祿運：此運是丁年生的人，會走的運程。此運對宮有天同居平化權相照，故是『權祿相逢』的格局。此運是帶有福星造福意味的得財方式，賺錢輕鬆，又賺得多。此運你會溫和、美麗、人緣好，親和力十分強，人氣旺盛，故能賺很多錢。你本身也具有理財能力。此運也會買許多房地產。在考試運、升官運上都是一流好運，可達成。在感情運上，會找到溫柔、俊美，感情細膩，多情的對象，相互寵愛。在家庭運中，家財多、富裕，家人情感親密和諧。

太陰居旺化科運：此運是癸年生的人會走的運程。此運中你具有理財能力，和文書方面的能力。你本身也會溫和柔美、有氣質。此運具有考試運，升官運不一定有。會存到錢。在感情上，會找到溫和、俊美，有氣質，有工作能力的對象。在家庭運中，家人文化水準較高，相處和諧。

太陰居旺化忌運：此運是乙年生的人和庚年生的人會走的運程。此運中你雖手邊有錢，但仍會有金錢是非，欠債或金錢官司等問題。你也會和女性不合。也要小心車禍、傷災、病災、開刀等事。要小心腎功能、婦女病、生殖系統等毛病。此運你會頭腦不清。煞星多者，也要小心精神上的疾病，憂鬱症等等。此運不吉，在考試運、升官運、感情運上全不吉。感情易生變化而分手、失戀。在家庭運上，財窮，家中女人有是非，雞犬不寧。

戌宮

此運為貪狼居廟運：貪狼是好運星，居廟，自然運氣更旺了。此運也是『武貪格』暴發運上重要格局。此年（戌年）就有暴發運，可暴發大財富。也會在事業上鴻途大展。此運你很忙碌，東奔西走，忙得不亦樂乎。貪狼都有貪心的特質，故此運你是賺不夠的。什麼都想插一腳，也自以為聰明，凡可都想管，所有的生意都想做。弄得你連睡覺的時間都十分少。此運你是強悍的，善於競爭，也好爭的，故此運你會較有成就。此運在考試運、升官運，

都會因暴發運而有好運，會考上。在感情運上，你人緣好、機會多，但你不會對某一個對象固定下來，你會像花蝴蝶一樣穿梭於花叢之中，待價而沽。此運在家庭運中，你對家人的情感付出少，不太溝通，相互冷淡。

貪狼、文昌運：此運是糊塗、政事顛倒的運程。此運中，文昌居陷，故你的精明力、計算能力都差，糊塗得厲害、文化素養也低。此運仍會有暴發運，但會因文昌陷落而得財稍少。此運在考試運、升官運上要看暴發運拉拔的連帶機會而定。在感情運上，你會小氣、吝嗇、陰險、狡詐、貪心，有不良的行為品行。故不算順利。在家庭運中，你會頭腦不清，與家人有距離，或有是非。此運你在工作上易遭貶職處份。

貪狼、文曲運：此運中文曲居陷。故你亦有糊塗，政事顛倒的問題。此運中你的才華少，口才不佳，人緣也不太好，會有口舌是非。此運你也在工作職務上易遭貶職、調職處份。此運你依然會有偏財運、暴發運。會因文曲陷落，財的數值變小一點。此運你會有奸滑的言行，感情上不算順利。在家庭運中，家人不和，不能溝通，相互冷淡攻奸。

貪狼、左輔運或貪狼、右弼運：此運中左輔、右弼幫助貪狼更增好運和錢財。因為在『貪狼、左輔運』中，對宮有『武曲、右弼』相照。當『貪狼、右弼』運中，對宮有『武曲、左輔』相照。故此運中你的財運好，更有助暴發偏財運會很大很快。有億萬之資。此運在考試、升官運中要去考才會中，你可能太忙而不想考。在感情運上，你和情人是分手愈快愈冷淡的，不能溝通的，此運也無法有新戀情，會離婚、再婚。在家庭運中，家人幫助你有限，你也無法溝通，也會有第三者介入，使你和家人感情更冷淡。

貪狼、擎羊運：此運是辛年生的人會遇到的運程。此運是『刑運』的格局，同時也刑到財（因對宮有武曲）。此運中你仍有暴發運，會暴發錢財。但此運也會有傷災，要小心車禍和開刀問題。此運中爭鬥多，競爭激烈，你的運氣會比無擎羊在此宮的人差，但比一般『機月同梁』格的人來說仍是好的。此運升官、考試皆辛苦。戀愛也辛苦，你會保守、少戀愛，或愛的痛苦。此運在家庭運方面，家中爭鬥多，家人不和，相互不理睬，否則吵架、打架無寧日。

貪狼、陀羅運：此運是壬年生的人所會遇到的運程。對宮有武曲居廟化忌、相照。此運中你會頭腦不清，笨。對錢財有是非，會慢進或根本進不了財，亦或和別人有金錢是非，財不順。此運暴發運不發。但此運仍有些人緣機會上的財，不豐腴，可夠生活。此運會有傷災、車禍，有牙齒、骨骼的傷災。在考試、升官運上無運，在感情運上不佳，易被人嫌，會退婚，在家庭運上，家人不和睦有是非。

貪狼、火星運或貪狼、鈴星運：此即為『火貪格』、『鈴貪格』『武貪格』的暴發運格。此運你所暴發的財運會很大，類似兩個暴發運那麼大。總稱『雙暴發格』。此運除了錢財可暴發外，還可在考試、升官上具有好運。但在感情運上會衝動、不和、草率、嫌麻煩。此運易碰到感情困擾，戀人突然離去的狀況。此運在家庭運上，家人會脾氣不好，不和睦，有衝突，但如果你已暴發偏財運，大家會都來分一杯羹，而不與計較了。

貪狼、地劫運或貪狼、天空運：此運是『劫運』或『運空』的格式。此運中貪狼的好運會被劫空，就沒有任何好運發生了。此運沒有暴發運、偏財運。但在辰年或運行辰宮武曲居廟運時，你仍有較多豐足的錢財。此運萬事成空，故你掌握不住運氣。你也會頭腦空空，專做、專想一些不賺錢而耗財之事。此運在感情上也會為空窗期，不想找對象，也不想結婚，已婚者會感情冷淡，和配偶有嫌隙。家庭運中會窮困無錢，家人冷淡以對。

貪狼居廟化權運：此運中你具有最強的競爭力和掌握好運的主控力。運氣特旺。也會有最旺最有力的暴發運，會促使暴發運快發，又發得大。此運中你會暴發大財富，有億萬之資。在升官運和考試運上也有絕對勝利的把握，在感情運上較差，會霸道，對人不真誠，愛說謊，情人遠離或分手。家庭運上你也會與家人有隔閡，家中有霸權統治，你根本不想回家。

貪狼居廟化祿運：此運是戊年生的人會走的運程。此運中的好運機會是偏向於財運方面。此運的『武貪格』暴發運也會暴發多一點錢財。在考試運、升官運上有無比好運。在感情運上較油滑，對象有很多個，每一個你都不夠真誠。在家庭運中，家中有好運，大家都很忙，是表面親密、圓滑，內心冷淡的。

貪狼居廟化忌運：此運是癸年生的人會遇到的運程。此運你的人緣欠佳。會有是非、災禍。在好運機會上也較不顯著。此運會暴發運不發。或暴發運發了又同時帶著災禍並發齊至。此運有車禍、血光、病痛和人與人之間的是非問題。在考試運、升官運上好運不多。在感情運上你會保守，較孤獨，不太與人來往，機會少。在家庭運上，家中多是非，家人感情冷淡。

亥宮

此運是巨門居旺運：此運中你是口才好，好辯論。在工作上爭鬥多，你也好爭的人，具有競爭力。因對宮有太陽居旺相照，故你的環境較好，事業會有成就。適合做公教職或業務工作，凡是以口才得利的工作都適合你。此運是非多，且要查看是否有擎羊、火星在三合宮位中，如果有，你則小心此運會自殺。如果無，則能安泰。此運的錢財只是薪水階級的財祿，不會有大財進，有衣食溫飽而已。在考試運、升官運上要努力積極則機會好。在感情運上能甜言蜜語，但多是非，愛挑剔。情感不順利。在家庭運中，家中口角

紛爭多，家宅不寧。

巨門、文昌運：此運中文昌居平。表示你口才不錯，但不會出口成章，氣質不算好。但此運有『陽梁昌祿』格，考試能考中，升官更有望。此運你的精明度和理財能力並不強，在錢財只是一般薪水族、公務員的財祿。在感情運上，你會稍為正直、穩重一點，桃花運不強，機會不多，且容易有是非。在家庭運中，家人相處普通，但常有口角。

巨門、文曲運：此運中文曲居旺。故在此運中，你的口才特佳，才藝好、才華多，你的人緣也好，適合走演藝圈發展。但其中仍有是非口舌不能免。此運在考試運上不見得好，但在升官運上機會好。在感情運上尤其有利，找對象很快，感情發展迅速，也會用言語、口才的風趣幽默來增進感情。在家庭運中，家人常相互開玩笑，作為生活情趣，吵吵鬧鬧很熱鬧。

巨門、左輔運或巨門、右弼運：此運中，左輔、右弼是來幫助巨門口才好的，也幫助它是非多。因此在此運中，你具有說服力，而且有人會幫腔，一同來說服別人。此運的是非紛爭也多，也會為虎作倀，一同來騙人得財。

不走正途。此運你在口才上有主導性，別人像是被催眠了一般聽信你的話。此運在考試運、讀書運上不利，會重考、重讀。在升官運上要多表現才有希望。在感情運上，是非多、情人多，也容易分手又復合，又分手、反覆無常。在家庭運中，家中易有外人介入而有是非、糾紛，家宅不寧。

巨門、祿存運：此運中，你是性格保守、小氣的人。此運是壬年生的人會走的運程。你的口才好，但不太用。你的人緣受阻，不太與人來往，因此機會少。在考試運、升官運上機會好。在感情運上愛計較、保守、內向，戀愛機會少。在家庭運中，家中有小康環境，但家中口舌是非多。

巨門化權、陀羅運：此運是癸年生的人會走的運程。此運中你具有說服力，但脾氣怪。心胸悶，常想不開，心中多是非，轉不出來。此運適合選舉，或做政界服務。做推銷員也一流。此運有利考試運、升官運。在感情運上會痛苦，是非多、爭執多，雖有說服力，但仍無法抵擋戀人的挑剔。在家庭運上，你會霸道的用一種愚笨的方式去對待家人，而強制家人要接受。所以家中是非多，不和。

巨門、火星運或巨門、鈴星運：此運中爭鬥多，你的脾氣火爆、剛直，是非多，品行不良。此運若三合宮位有擎羊出現，此運就有自殺的吾能。此運意外災害多，傷災、車禍多，易傷殘，要小心。此運要穩住，才會有考試運、升官運。在感情運上不順遂。會一時氣憤自殺、自縊、投水、跳樓而亡。在家庭運中，家人之間爭鬥多、不平靜，相互剋害。此運財少。

巨門、地劫、天空運：此運中，你良好的口才不見了，會專說廢話，腦袋空空，不積極，也不努力，什麼都抓不住。此運賺不到錢，也存不到錢，兩手空空。這主要是因為頭腦中思想上沒有錢財概念所致。此運無福有災。恐有天災人禍，也會有車禍發生。更易生癌症之類的絕症，要小心。此運萬事不吉。

巨門居旺、化祿運：此運是辛年生的人會走的運程。此運中對宮有太陽化權相照，故是『權祿相逢』的格局。此運中，你的口才好，甜言蜜語很得人心。人緣好，外面環境中運氣又旺，事業會有成就，賺錢多。此運尤其有競爭力，在男性社會團體中，你會更有辦法。此運有考試運、升官運。在感

情運上也會愛哄人，而感情親密。在家庭運中，家人常以鬥嘴為樂，來增加感情親密度。

巨門居旺、化忌運：此運是丁年生的人會走的運程。此運易因口舌招是非。並且災禍多，麻煩多，也會有官司纏身，讓你心浮氣躁。此運心胸悶，無法排解，萬事不吉，不利考試、升官運。也不利感情運，會多生是非。感情不順，會因爭吵、爭執而分手。家庭運中，是非多，錢財不順，家中吵鬧不休，家宅不寧。也會因家產爭鬥、相互剋害。

⑩『紫微在酉』命盤格式中各宮運氣詳解

子宮

此運是天梁居廟運：在此運中，你會態度穩重，有智謀，有慈悲心，也喜當軍師，為人出主意。你也會有正義感，會替別人打抱不平。此運正坐在『陽梁昌祿』格的主星之上，故你會考試運和升官運。更可以著作揚名。此運中你的事業大好，蒸蒸日上，有貴人助，亦有上蒼庇佑。你在此運中會虔誠信宗教。在感情運上，此運的男子喜找比自己年紀大的對象。此運的女子喜找比自己年輕的對象，感情運好。在家庭運中，你和家人感情好，也會相互照應。此運的財運不錯，會因出名而得大財。未出名者以薪水階級為主。

⑩紫微在酉

武曲(平) 破軍(平) 巳	太陽(旺) 午	天府(廟) 未	天機(得) 太陰(平) 申
天同(平) 辰			紫微(旺) 貪狼(平) 酉
卯			巨門(陷) 戌
寅	廉貞(平) 七殺(廟) 丑	天梁(廟) 子	天相(得) 亥

天梁、文昌運：此運中文昌居得地合格之位。此運正是『陽梁昌祿』格。故有考試運、升官運。此運你是精明，有智謀，計算能力好，喜文墨，知識水準高，有氣質的人。你會和一般粗俗的人，立刻分出貴賤出來。此運你會理財，因此財運不錯，會儲蓄錢財，是公職、薪水族的高財祿。在感情運上，你會有些自傲，也會找氣質好、漂亮、聰明的對象來戀愛。在家庭運上，家人很理智、文化水準高，會相互幫助。家中女性長輩為有力人士。

天梁、文曲運：此運中文曲也是居得地合格之位的。此運中你的辯才特佳，適合做律師和法官。你的口才好，才華多，也會因才華出名。此運考試運、機會大。升官運必有。感情運，人緣好，機會多，言語口才得利，會找到很好的戀愛對象。在家庭運上，家中有長輩支持你，更會做言語的鼓勵，相處和樂，懂生活情趣。

天梁、左輔運或天梁、右弼運：此運中左輔、右弼幫助天梁的，就是貴人運，出名或升官的機會，做慈善事業的機緣。以及信教更虔誠。也會在性格上具有服眾的力量，和成就好事的力量。會有合作精神，若是發大願，廣結善緣來做善事，蓋廟宇，一定會成功的。此運在升官上有機會。參加考試會有波折，在感情運上較博愛，或太固執，有利大愛，不利男女之情。在家庭運中，此運會有重大變化。長輩貴人，平輩貴人都到你家，一下子有這許多貴人，定有急難要相助，故會發生重大事情。有時也會是你要出家悟道的跡象，此運財運不錯。

天梁、祿存運：此運是癸年生的人會走的運程。此運中你非常保守，身形瘦，此運是『陽梁昌祿格』，有考試運、升官運。你的身體不好，常生病，身體單薄。你也會少與別人來往，人緣不佳，但你會獨自奮鬥。此運中你有一定的財祿，做公職或薪水族，衣食無憂。在感情運上，此運你會小氣、吝嗇付出感情，處處愛計較，只要多出去走一走，打開閉塞的心情就會有戀愛運了。在家庭運中，家中小康，人丁單薄，有女性長輩當家主事。

天梁化祿、擎羊運：此運是壬年生的人會走的運程。此運中是『刑蔭』、『刑財』的格局。天梁居旺化祿，財不多，表示是上天給的意外之財，有時是一個包袱。被刑掉了，也沒什麼可惜的。但是在命局中少了一個祿，財也真少了不少呢！此運也會有『陽梁昌祿』格，有考試、升官運，會稍為辛苦一點，因競爭激烈之故。此運你會有傷災、車禍、血光，也會有肝、腎功能失調的問題要小心，否則會洗腎。在感情運上，你會油滑，帶點奸詐，因身體不好，在工作體力上不行，故你會找一個較粗壯、較笨的人談戀愛、結婚，也會有婚外情、不倫的桃花。可是後來也造成你的負擔。在家庭運中，常有意外好運隨著災禍而至，勿有貪念為佳。

天梁、火星運、天梁、鈴星運：此運亦是『刑蔭』格局。火、鈴在子宮居陷。此運中，你會有老大、大哥的心態，喜歡照顧別人，但脾氣急、暴躁、衝動，愛多管閒事。性格有些邪佞。此運仍有『陽梁昌祿』格，有升官運、考試運，但你不一定會用。在感情運上，你不喜歡別人安排，喜自己作主，也常衝動戀愛，造成自己的困擾、負擔，在家庭運中，有意外之災，不平靜。

天梁、地劫運或天梁、天空運：此運中是貴人逢劫、貴人逢空，是『劫蔭』、『蔭空』的格局，因此根本沒有貴人。此運中，因只有一個地劫或是一個天空出現。故只要努力一點，還是會有『陽梁昌祿』格。能考試考中，升官升得了。在感情運上你會不想要別人照顧，也不想照顧別人，較獨立自主。因此在戀愛運上會差一點。不過你的情操會高尚、昇華，先做朋友也許更好。在家庭運中，可能在你的長輩、父母之中有一人先逝。

天梁居旺化權運：此運是乙年生的人會走的運程。此運中你性格強硬、霸道，外形威嚴服眾。你有上天賜與的好運機會，在考試運、升官運上有必勝的把握，你有領導力，很容易爬上高位，會出名，或做大官。此運你信宗教更虔誠，並在此運中選舉必中選。你很忙，又凡事愛管，運氣旺盛，工作應接不暇，還有許多應酬。此運你管理的人多。在錢財上你也能掌握，尤其是那些沒有名目，類似公關費、捐款之類的錢財，你都可納入私囊，毫無問題。在感情運上，你會選擇能成為自已人的人，並能接受你的管束的人，才能成為結婚對象，與之談戀愛。在家庭運中，家中有長兄或長輩當權主事，有蔭福。

天梁居旺化科運：這是已年生的人會走的運程。因對宮有太陽祿存相照，故此運為『科祿相逢』之運程。此運中你會穩重、厚重、心地善良、保守、孤高、自負，但會小氣一點，有一點自私。你會有氣質，會做事，算是精明能幹的人。會有中等的富貴人生。在考試運、升官運上能考中。在感情運上很順利，女大男小，能受到照顧。在家庭運上平順。

丑宮

此運是廉殺運：此運中廉貞居平、七殺居廟。表示是用一種智慧不太多，人緣關係也極普通，不算太好的方式，在拼命打拼，自然機會少，而且辛苦，再怎麼拚命，也是所獲不多的。此運中你賺錢辛苦，而且少。還容易生病或有開刀的問題。若對宮有擎羊或陀羅相照，會形成『廉殺羊』、『廉殺陀』的惡格，會有車禍喪生，死於外道的狀況。要算出流年、流月、流日出來以防災。流時就在丑時和未時。此運做任何事情皆辛苦。在考試運、升官運上辛苦而不一定能考中。在感情運上，代表桃花廉貞居平，故桃花不強烈，需待時而發。在家庭運上，家人會用一種不夠聰明，不夠智慧的方式來爭吵，吵得很凶，家宅不寧。此運易有血液的疾病。

廉殺、文昌、文曲運：此運中，你是外表溫和，文質彬彬，外貌是有教養的人。你會在錢財上精明，口才也很好，在打拚努力上有魄力，能努力，但大智慧不一定高。在讀書運上算是好的。在考試運上則不一定會去考。在升官運上也不太強。此運你愛享福，心中想的事、計畫的較多，卻不見得能完成。在感情運上，喜談戀愛，你會保守的等別人來追你，或表示愛暴之意，你才會行動。在家庭運中，賺錢不多，但能平順生活，還算舒適。

廉殺、左輔、右弼運：此運中左輔、右弼是助惡不助善的。因此你此運更忙碌、操勞，愛拚命工作，而且脾氣不好，大聲小氣，智慧不高，會做一些吃力不討好，又粗重的工作。此運你賺的錢都留不住，周圍會有不成氣的朋友，幫你吃喝玩樂花掉。此運沒有考試運、升官運，甚至好運都很少。在感情運上，你會排斥談戀愛，交男女朋友，只和一些智慧不高的窮朋友來往。在家庭運中，家人不和，是非多。也會有離婚、死亡事件造成家人分散。

廉殺、擎羊運：此運是癸年生的人會走的運程。此運即是『廉殺羊』有車禍、交通事故、死於外道之慮的格局，因此要精算流年、流月、流日，流

時就在丑時。此運中你在生活中、工作上都競爭多，賺錢困難，不好過。你也會多煩惱、頭痛、身體不好，有病痛、有血液的問題。此運不吉，在考試運、升官運上皆會有刑剋不中之事。在感情運上，你也會計較、有報復的心態，不容易有新戀情。在家庭運中定有災禍發生，讓你不順。

廉貞化祿、七殺、陀羅運：此運是甲年生的人會走的運程。此運有廉貞化祿，你會人緣好一些，也會有特別的嗜好和興趣。但此運仍是『廉殺陀』的惡格，有死於交通事故的危險，要精算流年、流月、流日才好，而流時即是丑時。此運有化祿，雖居平，但仍有獲救的機會。此運你不聰明，思想、做事都慢，拖拖拉拉。無考試運、升官運。在愛情運上容易被人嫌，退婚之類的事情發生，或有特殊嗜好，引人非議。在家庭運上，家中不和，有災禍，是非不斷發生。

廉殺、火星運或廉殺、鈴星運：此運中爭鬥激烈、凶猛。意外衝突和傷害，災禍不斷。此運你會脾氣急躁衝動，隨時要與人拚命，聽不進別人的勸告。此運也容易和黑道掛鉤，做非法的事。此運不利考試、升官運，更不利感情運和家庭運。會有家庭暴力發生。此運小心天災人禍、車禍、血光等。

廉殺、地劫運或廉殺、天空運：此運中廉殺的辛勞被劫空、劫走了，因此不再那麼辛苦了，但是你會不努力、不積極，也會什麼都抓不住，賺不到錢，很困苦。此運若三合、四方宮位再多有煞星。此運會出家。此運無考試運、升官運，在感情上亦不順，有灰色頹廢思想。在家庭運上，家人易離婚死亡。

廉貞化忌、七殺運：此運是丙年生的人會走的運程。此運中你會有官非爭鬥，或有傷殘現象，也會要開刀、做大手術。此運不吉，要小心度過。

寅宮

此運為空宮運，對宮有機陰相照的運程：這本是空茫的運氣。相照的機陰，又是天機居得地之位，太陰居平。表示外界環境中是多變化起伏，財也不多，會愈變愈少的狀況。並且人緣機會也不多。你自己本身也情緒受環境影響，起伏不定，陰晴無常，做事常做不了決定，猶豫反覆，做事不持久。

此運坐在四馬之地，勞碌奔波，馬不停蹄，但進財少。此運考試運、升官運都不用想了。在感情運方面，你的人緣差，敏感力也差，對人會不知輕重，也不太順利。在家庭運上更是會有災禍發生，運程起伏，會耗財。

文昌運，對宮有機陰相照的運程：此運中文昌居陷，故此運是外表形態瘦弱、粗俗，有陰柔，小奸小詐型的性格的運程。此運中你的精明度很差，簡直是糊塗。計算能力也差，因此這運程你不愛讀書，考試也難考上。升官也難。在感情運上，你會小氣、窮困，只想佔便宜賣乖，不想付出，因此戀情常告吹。在家庭運上，家庭是低下收入的家庭戶，且常遭災禍侵襲。

文曲運，對宮有機陰相照的運程：此運中文曲居陷，故此運中你的口才不好，也毫無才華可言，你的性格和運氣都在起伏不定的狀況，做事做不長久，錢財也較困難。此運沒有考試運、升官運。在感情運方面也人緣不佳，機會少，且多口舌是非。在家庭運方面，家中較窮，有口舌是非或常遭災禍侵襲。

左輔運或右弼運，對宮有機陰相照的運程：此運中你仍是心情起伏不定

多變化的。你會有點孤獨、有點內向，又希望找個親密的人來訴訴心曲，但是這個人很難找，也許根本找不到。此運中你是溫和又有點懦弱的，人際關係有點疏離。此運財運也起伏不定，工作也不長久，可能會換工作。在考試運、升官運上也不順利。也會休學、重讀。在感情運上，會因你心情的起伏而常常鬧情緒，鬧分手，或再找一塊感情的浮板來依靠一下。在家庭運上，你與家人的感情不深，親密度也時有變化。

祿存運，對宮有機陰相照的運程：此運是甲年生的人會走的運程。此運中你的性格保守，情緒變化起伏不定。此運有衣食之祿，財不多，夠生活。在考試運、升官運上有點希望，但不強。在感情運上，是內向、保守、有點孤獨的。戀愛機會不多。在此運中若找對象，也會找到脾氣有點古怪，較孤獨保守的人。在家庭運上，你與家人也不太親密，感情時時有變化。

陀羅運，對宮有天機化祿、太陰化忌相照的運程：此運是乙年生的人會走的運程。此運是笨運。在你的內心中還有許多古怪、是非糾纏的煩惱，糾結於心中盤旋轉不出來。此運錢財不順，這是『祿忌相逢』相照的運程。在

環境中就出現錢財的是非災禍了，環竟中就很窮了，所以再加上陀羅運本身的是非、拖延、錢財更窘困。此運沒有考試運、升官運。在感情運上也容易被人嫌棄、排斥，沒有機會結識好的對象。在家庭運上，家中不和，多災禍，又窮困，頑固，無法逃脫惡夢。此運多傷災、車禍。

火星運或鈴星運，對宮有機陰相照的運程：此運中火星、鈴星是居廟位的。此運中，會有一點意外之財，不多，財來財去。也有意外之災。此運多傷災、車禍。此運的運氣不佳，人的脾氣會多變，疑神疑鬼，又衝動、火爆、急躁，更促使傷災、是非、爭鬥的嚴重。此運在考試運、升官運上皆沒有希望。在感情運、家庭運中多是非、災禍。

天空運或地劫運，對宮有機陰相照的運程：當運程是天空運時，對宮則有機陰、地劫相照。當你走地劫運時，對宮則有機陰，天空相照。所以此運程在你的思想與環境中，裡外都是空無的，不確定的因素。你的頭腦空空，有灰色頹廢的思想。做事不積極，會放棄。所以什麼也抓不著，得不到。全被劫空了。

卯宮

此運是空宮運，對宮有紫貪相照：此運也是空茫的運氣。相照的紫微居旺、貪狼居平。表示周圍環境是只有一點點運氣，機會並不十分好，只是靠紫微這顆帝座來極力撫平，使吉祥、力挽狂瀾的。卯宮及相照的酉宮均坐在桃花地上，故紫貪是『桃花泛水』的格局，好淫。此運雖為空宮運勢不強，但仍脫不了此格局的影響。故在此運中，你會頭腦迷糊，迷於男女情色之事，好交異性朋友，戀愛運強，機會多，但也會有升官運。在考試運上，要看四方宮位中『陽梁昌祿』格的格局是否純正而定了。在家庭運上，家人生活水準高，但各自心高氣傲，彼此冷淡，不太來往的。財運普通。

文昌運，對宮有紫貪相照的運程：此運中文昌居平，乙年、丁年、戊年、己年、庚年、辛年、壬年、癸年生的人有『陽梁昌祿』格，考試有希望會考中，升官亦有希望。在愛情運上，你雖好談戀愛，還算斯文，外表整齊端莊，受人敬重，人緣不錯，且知識水準略高，找對象還容易，愛情運是順暢的。

在家庭運方面，與家人相處尚稱和諧，家人也都待人和睦。財運普通。

文曲運，對宮有紫貪相照的運程：此運中文曲居旺。故此運中你的口才特別油滑，桃花特旺，外表美麗，有桃花臉，異性緣特佳，也會有緋聞事件發生，要小心。在考試運、升官運上並不強，你因桃花重，無心於學業、工作，故無運。在感情運上，十分複雜、戀愛多，也會有男女關係的糾紛。在家庭運上，家人的口才好，人緣佳，對外的外交手腕高明，因此表面看起來家運不錯。財運普通。

左輔運或右弼運，對宮有紫貪相照的運程：此運中，會桃花特多，你會依賴桃花為生活的方式，靠人生活。此運中你人瘦、苗條、身材好、長相俊美，性格溫柔，對人依賴，好像小鳥依人一樣。此運你只顧著照顧自己和談戀愛，沒有大志，故不會去考試，也不重升官。在家庭運上，多依賴朋友幫忙、接濟、照顧，生活過得去。在財運上不算好。可能是借債度日。

祿存運，對宮有紫微化科、貪狼相照的運程：此運是乙年生的人會走的運程。此運中你是對錢財保守、性格內向，對理財謹守分紀的人。雖然環境中是人緣好，交際應酬多的，但是此運你很小氣，不太捨得花錢去交際應酬。你會精打細算，用心經營，好不容易才把這一段交際應酬多的日子打理平順。這段時間內，你可能紅、白帖子多，要送禮，很讓你心痛，你會偶而禁足，待在家中閉門謝客，以自保口袋中的鈔票，免得愈減愈少了。此運適合讀書，有考試運、升官運略小。在感情運上較吝嗇、小氣，你會接觸到愛節儉，和你一樣小氣的人才會磁場相合。在家庭運上，生活富足，家人保守，內向，不太交際，和人略有距離。此運錢財夠生活，不太多。

擎羊運，對宮有紫貪相照的運程：此運是甲年生的人會走的運程。此運中，你會陰險，犯下一些淫色勾當，並以此招災惹禍，你的運氣不好，不想做正事，專想以低賤的手法賺錢、謀財，或以色情的方式找出路。此運錢財不順，有淫禍，凡事不利。有車禍、傷災、開刀等狀況，也易有貪色之病發生。此運不吉。有突發而致的災禍，身體也很不好。

火星運或鈴星運，對宮有紫貪的運程：此運是『火貪格』、『鈴貪格』的暴發運運程，因火、鈴居平，對宮的貪狼也居平，故所暴發的財運不算很大，有幾十萬至百萬之譜。或是只在股票上小賺一筆，此運你性子急，思想會帶點邪惡，小心有意外之災和車禍、傷災的發生。也可將此暴發運用在考試運和升官運上，以武職最有利。在愛情運上，你急躁的心情和靜不下來、奔波勞碌，無心於戀愛。在家庭運上，家人不和，有衝突。也會耗財，暴起暴落。

地劫運或天空運，對宮有紫貪相照的運程：此運中你比較正派，桃花被輔為人緣桃花了。但是你的心情較灰色，凡事有頹廢憂鬱的思想，做事不積極，對錢財沒有概念，不會理財。此運，錢財進不來，掌握不住財運，且花錢、耗財很多，幾至於阮囊羞澀的地步。如果有工作，有薪水可領，尚可保溫飽，若此運丟失工作，將借貸過日子，且借貸也不容易借到，較困難。此運多幻想，不實際，你不會去參加考試或升官，也根本考不上。在感情運上也會空乏無機會。在家庭運上，家中無財，人丁稀少，家人不親密。

辰宮

此運是天同居平運：此運因對宮相照的巨門落陷。故此運中雖表面平和，但操勞奔波，且是非、災禍多，讓你忙碌不停，環境中的爭端多，情況激烈。你本身又無法擺平，只有默默忍受。故此運也不吉。你會懦弱怕事。此運是暗星（巨門）刑福的運程。你也會口才差，爭不過別人，而遭受欺凌。此運不吉，錢財少，能溫飽而已。不利考試運、升官、愛情運。家庭運是家人尚稱溫和，但彼此無助力。

天同、文昌運：此運中天同居平、文昌居得地之位。表示此運你是溫和、略有理財能力，有文筆，外貌整齊，有氣質，善文書的人。也會以文質工作來謀生活。此運中你會有考試運、升官運，在感情運上你也會精打細算，會尋找言行高尚的對象，不會隨便亂放電，是端莊自持的人。在家庭運上，家人溫和、世故，文化水準高。在財運上平順，無錢財之憂。

天同、文曲運：此運中文曲居得地之位。表示此運你是溫和穩重、口才

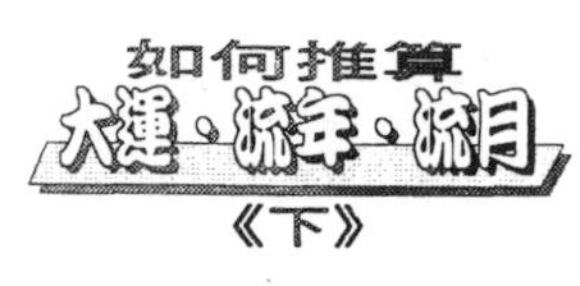

好、人緣佳，有一些才華的。但周遭環境中仍多是非口舌，讓你煩惱。此運在升官運上略有一點。在考試運上不看好。在感情運上機會多，但也要小心是非複雜，遇人不淑的事情發生。在家庭運中，表面尚稱平順，但會因口舌有是非，家中很熱鬧。

天同、左輔運或天同、右弼運：當你是天同、左輔運時，對宮會有巨門陷落、右弼相照。當你是天同、右弼運時，對宮會有巨門陷落、左輔相照。因此表示當你在有人幫你享福的時候，同時在你所處的環境中就有人在幫助小人煽風點火，惹是非、災禍。所以你根本清靜不了，也享不到福，很忙碌，好像滅火隊東處滅了火，西處火又起了，忙不甚忙。這表面看起來是有福的運程，實際上是根本享不到福的。因此在考試運、升官運、愛情運上皆無法如願，在家庭運中也會災禍多，福無雙至，禍不單行。

天同、擎羊運：此運是乙年生的人會走的運程。此運是『刑福』的運程，會有傷災、車禍、病災。人還會煩惱多、陰險、多想，常頭痛、眼睛有病，手足有傷、血光。此運萬事不吉。更沒有愛情運。若在此運結識對象，易碰到有傷殘或心術不正的對象。在家庭運中，家宅不寧多爭鬥。此運錢財也不順，生活辛苦，財少。

天同化祿、陀羅運：此運是丙年生的人會走的運程。此運中，你是略有人緣，但腦子笨，懶惰，愛享福，多是非之人，也容易遭人嫌。此運是略帶『刑財』、『刑福』色彩的運程。故財少，有溫飽，不富裕。此運不利升官、考試。在感情運上，你會外表討喜，但內心糾結是非，悶聲不吭，有事藏心中，略帶小奸之人。感情不算順利。在家庭運上，與家人表面和順，但私下多是非不和。

天同、火星運或天同、鈴星運：此運也是『刑福』格局，表示你是外表溫和，但內心急躁、不安、衝動的人。常會有意外突發的災禍。且你會表裡不一，是非爭鬥多，內心帶點邪惡思想的運程。此運不利考試運、升官運。要小心車禍、傷災，亦會有傷殘現象。在感情運上，不太順利，有機會，但會錯過，或是在此運中結交表裡不一致，略帶邪性之人為對象。在家庭運上，與家人不和，家中易遭災禍侵襲。

天同、地劫運或天同、天空運：此運是『劫福』、『福空』的運程。在此運中你會思想空茫、清高，不重錢財，價值觀淡泊，凡事掌控不了運氣，所以享不到福。此運會沒錢，生活有些苦，環境中還多是非，人緣不好，你的工作能力也較差，又不積極，你會在正事上懶惰，在玩樂、享受方面勞碌、奔波，卻也玩不到什麼、享受不到什麼福氣。只是浪費了大好時光了而已。

天同居平化權運：此運是丁年生的人會走的運程。因為會在對宮出現巨門陷落化忌相照，故此運為『權忌相逢』的格式，且都在平陷之位。此運不吉。表示外在環境多是非災禍、爭鬥，你是在為力主平順而努力的人。但仍免不了辛勞，和爭鬥所波及的煩惱。此運中錢財正努力在平順中。考試運、升官運仍不強，在感情運上，你會固執、不順。在家庭運上，你會努力使祥和。

巳宮

此運是武破運：此運中武曲、破軍皆居平，這是『因財被劫』的格式，故是窮運。此運中你的性格會剛直、衝動、固執，人緣不佳，耗財多，沒有理財能力，賺錢少，機會不多，好鬥，性格花錢大膽，對人存有懷疑的態度，做人卻保守。此運沒有升官運、考試運。在感情運上也吝嗇、小氣，付出不多。在家庭運上，家人不和，多為錢財爭鬥、吵架。

武破、文昌運：此運中，文昌居廟，但仍是窮運，且有水厄。你會外表斯文，稍具氣質，通文墨，也會做文職工作。但性格剛直、保守、小氣、吝嗇，你善於計算，像個守財奴，但是個窮困的守財奴。此運多金屬的傷災，小心車禍、開刀等血光。亦要注意天災、人禍上的災害。此運在考試運上稍有機會，但升官運上會升無財利之官位會有機會。在感情運上不順。在家庭運上，家人不和，多計較。

武破、文曲運：此運也是窮運，有水厄，要小心勿到水邊、游泳、玩水等，在豪雨時期，也要小心天災、人禍等事件，例如土石流等遭淹沒致命。

此運文曲居廟，故你還有很好的口才，或與口有關的才藝，韻律、跳舞等。在考試運上、升官運上，不順，但與跳舞、唱歌、表演類的考試、升官有利。在感情運上，你會有機會，大膽追求，但所遇到之對象，皆為較窮，口舌銳利的人。在家庭運上，不富裕，家中多是非，口舌爭執凶。

武破、左輔運或武破、右弼運：此運中，左輔、右弼是來助惡的。因此你此運中多窮朋友在來往，自己也窮，不富裕。而且還家中多事要花費，婚喪喜慶的應酬多，要花費，此運耗財多。家中的用具器材也容易損壞要換新，你在錢財上會東挪西借，忙著擺平。此運不利考試運、升官運、愛情運。會在窮困的日子裡忙著找依靠而有趁虛而入的感情。此運易離婚、分手。也不利家庭運，家中會多窮人來幫忙破財。

武破、祿存運：此運是丙年和戊年生的人會走的運程。此運亦是『祿逢沖破』的格局。故祿不多，有衣食溫飽，但仍不富裕，或有拮据之相。此運你會很保守、小氣、吝嗇，精打細算，但仍免不了破財之憂。此運賺錢辛苦。

頭腦守舊、頑固、不開化，也難有大發展。無考試運、升官運。在感情運上不見得順利。不捨得付出，無機會。在家庭運上，為生活奔忙，一心只在賺錢討生活上，與家人感情有距離，不親密。

武破、陀羅運：此運是丁年生的人會走的運程。此運是又笨，又會破耗，有車禍、傷災、災害不斷，內心又固執，不信邪的運程。此運爭鬥多，是頭腦不清，胡攪蠻纏的爭鬥，找麻煩，你只能硬著頭皮，用鐵頭功去對抗它。此運破財特凶，錢財難進。凡事不吉。無好運。在感情運上，會有相互爭鬥，頑固，感情惡劣，有陰險惡招的戀愛對象，非常不吉。在家庭運上，家中破落，無財，多災禍。

武曲化祿、破軍、陀羅運：此運是己年生的人會走的運程。此運中武曲居平帶化祿，故化祿也居平，不強。此運中略有一點財祿，有衣食。但仍是破耗大於收入的。你的人緣、機會會稍好一點，賺錢能力會略好一點。鬥爭手法會略具一點，但仍是不平順，有笨思想、笨行為的，故在考試運、升官運、感情運、家庭運上皆不算順利的。

武破、火星運或武破、鈴星運：此運中爭鬥凶且多。會有頻繁的意外之災。人際關係不好。你的性格也會衝動、暴躁，常與人起衝突。此運財運極不順利。沒有考試運、升官運。在感情運上也會做出不智之舉而感情破裂分手。家庭運上，此運易有家庭暴力產生。

武破、地劫、天空運：此運是原已窮困財少的環境再遇空劫。因此是一點也不剩了。此運你容易想不開，或有出家的念頭。錢財窘困，你也思想超脫，不以為意，更不會賺錢。因此苦守著這個困境。此運你能悟道，或有宗教情操，放下屠刀，立地成佛。

武曲化權、破軍運：此運是庚年生的人會走的運程。此運中你愛好政治，喜耍弄權術，也愛管理財政，但錢財不多，你也管得未必好，還是有一些耗財多的問題。此運若是在軍警業中主掌財務軍需的人，會有好運，有機會抓權管事。一般文職者走此運，定多爭鬥，反而不吉，在感情運上也不順利，太剛硬，衝突大。此運也不利考試運。

武曲化科、破軍化權：此運是甲年生的人會走的運程。此運中你是愛理財，也強力要破耗，要抓權來付款，做大爺的人。但是你本身的理財能力並不好，會造成同事共事的人或家庭中很大的爭鬥。此運中你凡事要花錢、破耗才做的成，但結果也未必完美，總是有瑕疵的，引人非議，故此運也不算吉利。你只是愛打拚、愛管事而已。事實上大家更怕你來抓權、管事的，破耗會更凶。

武曲、破軍化祿運：此運是癸年生的人會走的運程。此運中看起來好像有一點進財。但是財太少，花的比賺的多，且衝動、不理性、又愛爭鬥，故此運仍不可做生意或投資。只能規規矩矩做薪水族，以免有窘困的情況發生。此運不富裕，對於感情運、考試運、升官運、家庭運皆利益不大。

午宮

此運為太陽居旺運：此運中事業運會旺盛、運氣好。你會心胸寬闊，不與人計較是非，為工作忙碌，人緣好，機會多，貴人也多，前途大好。此運有考試運、升官運。在感情運上也順遂。在家庭運中會有正直、博愛、坦白、

高風亮節的家人，個個都努力不懈為家庭奮鬥。

太陽、文昌運：此運中文昌居廟。故此運你正坐在『陽梁昌祿』格的運程上。故考試運、升官運都有一流的好運，會有高超的成績，甚至會有中榜首的機會。此運中你是頭腦精明、才情高、計算能力好、會理財、智慧高，因此在財運上也十分順利。在感情運上，你是寬宏、正直、端莊，喜歡溫柔，氣質好，有美麗外表與內涵的人。在此運中你也會找到如意的對象。在家庭運上，家中財運好，家人和樂、幸福。

太陽、文曲運：此運中文曲也居廟。此運中，你的運氣很好，口才又好，愛說話聊天，人緣交際很廣闊。此運中你的事業會順利發達。升官運很好，但不一定會參加考試。在學的人，要多努力了，不要因為外緣好、參加活動多，而分心學業，此運的考試運仍然很旺的。在感情運上，你的性格開朗、熱情，很得人緣，異性緣強，戀愛機會多。在家庭運上，家人和諧快樂，熱鬧，喜慶事情很多。

太陽、左輔運或太陽、右弼運：此運中你是開朗、穩重，帶點保守、內向的個性。你的身旁常隨時有朋友幫你代言，或陪伴你。你具有領導的能力。也會和人合作，具備合作精神。此運中，你會有好幫手來幫助你的事業。在金錢運上很順利，心想事成。在考試運、升官運上並不見得好，可能會重考或重新再來。在感情運上，你是博愛多情的，但會有第三者介入，會有是非問題。在家庭運中，家人尚稱和諧，但會有外人介入多管而生是非。

太陽、祿存運：此運是丁年和己年生的人會走的運程。此運中你會性情一時開朗，一時孤僻保守，變化交替。你會常有些小病痛，但不嚴重。此運在事業上會獨立打拚，不太願依賴別人。所以自已很辛苦，屬下也插不上來。此運有升官運、考試運。在感情運上，太保守孤僻，不利發展新戀情，倒是對已有的戀情較忠貞。在家庭運上，生活充足，但家人少溝通，關係平常。此運略有財，是公職、薪水族的財運，不順富有，能有積蓄。

太陽、擎羊運：此運是丙年和戊年生的人會走的運程。此運中你會心情悶、頭痛，有病災，也會眼目不好，中風、高血壓等病症與傷災、血光等，要小心車禍、骨骼的傷害。此運爭鬥多，是事業上和男性的競爭激烈。你有

時想不開，也會有想自殺的念頭。此運錢財稍有不順。在事業上也會有瓶頸。你需要有人幫幫忙，才會過關。此運在考試運、升官運上會有不順，但多努力，死拚，或有小血光可化解。在感情運上你會嫉妒、貪戀而得不到想要的愛情。在家庭運上，家中為家產多爭鬥，家宅不寧。

太陽、火星運或太陽、鈴星運：此運中易有火災、燙傷、發燒、發炎，身體有傷災、病災等事。也會易發生意外之災，為突然爆發的事故，故要時時小心。此運也會有車禍、傷災、血光。此運在事業運上會突然好，又突然出現問題。在考試運上、升官運上有希望，但也要謹防災禍降臨。在感情運上，你會暴躁、急怒，會衝動、性急，你雖有魅力，但脾氣壞，會把戀人嚇跑。在家庭運上，家運不錯，但仍有爭鬥，是非和意外之災。

太陽、地劫運或太陽、天空運：此運中，你會性情清高，不計較錢財，理財能力也差，對錢財或事物的價值觀不切實際。因此此運原本看來運氣不錯，卻有瑕疵。錢財不易留存，也可能賺錢也會少了。你要注意此運中，心態上的不積極，會影響到此運無任何收穫。在考試運、升官運上要十分努力，且要目標正確，才能成功。在家庭運上，家中錢財留不住，多耗財，家人的感情原本很親密，但會漸漸冷淡。

太陽居旺化權運：此運在考試運、升官運上有必勝的把握。此運有利事業運，也容易升官發財。此運是辛年生的人會走的運程。此運中你對男性有說服力和主控力量。適合與男性做談判或作競爭。在感情運上，你會佔有優勢，會有點霸道，但感情強烈。此運適合和性格溫柔的情人做互補的配合。在家庭運上，你會在家中具有地位，也會管理家中大小事務，能服眾望，振興家業。

太陽居旺化祿運：此運是庚年生的人會走的運程。此運中你會在事業上得到財祿。你也會和男性特別有緣份，感情好，亦能有競爭力。此運在考試運、升官運上有大好機會。此運正是『陽梁昌祿』格中的重要一環。在感情運上，亦是幸福美滿，機會多。在家庭運上，家中富足，生活愉快，家運興旺。

太陽居旺化忌運：此運是甲年生的人會走的運程。此運中你在事業上會有是非、災禍發生。也會遇到小人暗害，有官非禍事。此運與男性不和，有是非與男性的競爭力也不好，爭不過。在考試運、升官運上機緣不佳。此運亦會有眼病、腦中風、高血壓等病，要小心身體健康。在感情運上，你會心中不順暢，常有是非盤恒心頭，揮之不去，心悶。此運要小心找到性情古怪、陽剛、多是非，心胸狹窄或是易惹官非的戀愛對象，會造成戀愛不順。在家庭運上，你與家中男性不和，也與父親不和，家中也會有為家產爭鬥不休，多是非。家宅不寧。

未宮

此運是天府居廟運：此運中你會老實、穩重，有點小氣，會理財，會存錢，定有積蓄。此運是錢財富足，生活舒適的運程。你在工作上也會戰戰兢兢很用心，很賣力。在考試運、升官運上都會有好的表現。在感情運上，你也會穩定情緒，有認識對象的機會，但你一定會計算雙方感情所付出的比率多寡，才會下決心去追求這份感情。在家庭運中，家人相處和諧、安詳。

天府、文昌、文曲運：此運中文昌居平、文曲居旺、天府居廟。因此你是個長相美麗、多情、氣質不錯，有才華、有人緣、口才佳的人，人見人愛。你的態度端莊、穩重，內心愛享福，具有異性緣，能享受到愛情的甜蜜。此運中，你不見得很精明，但是財運不錯，生活舒適。在感情運、家庭運上很順利。在工作上也能有為有守，做得不錯。此運要是參加考試仍需努力才行。在升官運上，會有好的機會。

天府、左輔、右弼運：此運中，左輔、右弼幫助天府的是增加錢財入庫的數量。也就是增加積蓄，使錢財更多。此運中你會有一些和你一樣善於理財的朋友，彼此相互通訊息，或相互幫助來生財、儲蓄。此運中你的財富會增多。此運在考試運、升官運上不見得有幫助。甚至你為了賺錢反而休學，或不會參加考試，等以後再重讀或重考。在升官運上你會不積極。此連你會具備一些領導能力。在感情運上不喜多人幫助。此運會有旁人介人你的感情問題中，愈攪愈複雜，可能會分手，或再婚。在家庭運上，也會有旁人介入家庭中幫你的忙，而產生是非麻煩。

天府、擎羊運：此運是丁年、己年生的人會走的運程。此運是『刑財』的格局。此運你會煩惱多、競爭多，賺錢不易，也會有耗財現象，財庫破了洞，存不住錢，使錢財積蓄少。此運中你會有身體不好的問題，會開刀，亦會有車禍傷災要小心。此運對宮有廉殺相照，形成『廉殺羊』，會因車禍致命。還會眼睛不好，有心臟、腎臟的問題。此運在考試運、升官運上多競爭，不算順利，要拚命才會贏。在感情運上也不順，多是非、嫉妒、報復之事。在家庭運中，家中財祿儲蓄不多，家人亦會為錢財爭奪相爭，有家宅不寧的情況。家中亦可能有災發生。此運你會陰險，心胸狹窄、吝嗇、陰謀得財。

天府、陀羅運：此運是庚年生的人會遇到的運程。此運亦是『刑財』的運程。表示財庫磨破了，有了漏洞。此運也是笨運。對錢財的打理不算很精明，會耗財、漏財多。此運錢財上有慢進、拖延的問題，常拖拖拉拉進不了財，拿不到錢。它不像『天府、擎羊運』那樣會有直接的衝突、刑剋，有時根本看不見可賺錢的影子。在考試運、升官運上，此運要加油了，你很可能因腦子智力的問題，或思想被困住了，轉不出來，讀書、做事找錯了目標或學習能力差，讀不好、考不上，升不了官。凡事你總是慢半拍才覺悟。此運在感情運上，容易遭人嫌，拖拖拉拉愛情長跑，沒有結果。或是拖了很久，卻要分手了。在家庭運上，家中有耗財現象，不十分富足。家人之間也有是非口舌，不痛快。此運有車禍、傷災，不順。此運對宮有廉殺相照，形成『廉殺陀』有因車禍凶死的格局，流日逢到要小心。

天府、火星運或天府、鈴星運：此運也是『刑財』格局。此運中，你會有意外之災，車禍、傷災、丟錢，或其他的損失。此運中你的脾氣急躁、火爆、衝動。外表尚溫和、穩重，內心是急性子，常因性急、生氣發怒而遭災。自然在錢財上，難獲較好的成果。會因衝動而耗財。此運也會有火災、燒傷、燙傷的危險。此運你也會有性格較邪、陰謀得財的方式來做事。在考試運、升官運上皆有衝動的瑕疵，不一定會成功。在感情運上也不十分順利。在家庭運上，家中有是非爭鬥，會耗財。

天府、地劫運或天府、天空運：此運是『劫財』、『財空』的格局。天府是財庫星，財庫被劫，財庫空了，都是無財的狀況。故此運會耗財或賺不到太多的錢財。有漏財現象。此運中你的頭腦不實際，想法天真，也不積極賺錢，對金錢看淡，不重視錢財，故賺錢少，這都是觀念思想上的問題而守不住財。此運在考試運、升官運上會不積極而掌握不了。因天府還是居廟的，只有一個地劫或只有一個天空時，仍大有可為，只要改變思想，努力衝刺，仍會賺到錢。考試、升官仍有希望可成功。在感情運上，你會淡泊，機會也會少，也容易感情變淡。在家庭運上，家中人因不積極，有清高的思想而家財少，用度不足，緊迫。家人間的情感也會有淡薄的趨勢。

申宮

此運是機陰運：在申宮的機陰運是天機居得地之位，太陰居平，表示在此運中你的聰明才智還是中等以上的情形，而對錢財的敏感力和人緣關係上的親和力，明顯不足。此運較窮，你會有投機取巧的聰明，不太用在正途上。人緣不佳，尤其和女性的關係不好。在財運上也不順利。此運多車禍、傷災。

在此運中你的情緒起伏大、脾氣陰晴不定，常臉臭、煩惱，沒有好臉色。在考試運、升官運上，運氣多變化，是愈變愈壞的狀況。考上的機會不高。在感情運上，你的脾氣大，付出的感情也不豐富，常鬧氣、發脾氣，愛情運不順利，也機會較少。此運若遇到對象，會是有小聰明而財少、情緒多變的人。在家庭運上，家人的關係陰晴不多，不太和諧、相互的助益也不大。

機陰、文昌運：此運中文昌居得地之位。故此運中你很聰明、智慧高，計算能力好，精打細算。脾氣怪，陰晴不定，有時剛直，小氣，讓人受不了，人緣不太好。你在功課或工作上或許能力強，在考試、升官上有機會。但在財運上，是會理財，但財不多，適合文書、文職，東奔西跑的工作，是薪水族的格局。此運小心傷災、病災，有大腸、肺部、感冒等病症。此運在感情運上，不算順利，你會外型漂亮、斯文、氣質好，惹人注目。但脾氣上會讓人擔心較難纏，你會喜歡找性格豪爽、陽剛、寬宏的人為對象。在家庭運上，家中財少，但能打理得夠用，經濟上倒無大問題，只是家人不親密。

機陰、文曲運：此運中文曲居旺。故此運中你會口才好，人緣略好，你的情緒仍然起伏不定，難捉摸。此運有利升官運，在考試運上不強。在感情運上，機會略多，你會外型瘦、苗條、身材好，讓人喜歡。此運適合學算命、靈感好、話題多，也有助人緣的開發，機會多，進財也會容易了。此運的財運不算好，仍是薪水族的格局，有工作就有財進。在家庭運上，家人的口才好，有口才言語上的溝通或口角、感情不十分親密。

機陰、左輔運或機陰、右弼運：此運中因天機在得地之位，太陰居平、左輔、右弼能幫助機陰的功能有限，只有情緒變化更多端，有點難以控制，常有歇斯底里，不講道理，一意孤行，不聽別人勸告，也不顧當時狀況是否對自己有利而更發飆，以致最後落得真的沒有一點轉機了。所以此運是愈變愈壞的運程。因為太陰居平，財少，也代表敏感力差，善解人意和溫柔的情愫也更差。以致如此。在考試運、升官運上全無機會。在愛情運上，因情緒影響而常胡鬧，以致使人無法忍受而分手。在家庭運上，家道窮，內有小人助虐，家人不和。此運的財運不好，多變化，且有小人助惡猖狂，阻擋財路。此運身體不佳。

天機、太陰化忌、祿存運：此運是庚年生的人所會走的運程。此運中是『祿逢沖破』，是祿存被化忌這顆煞星沖破，因此財不多，有溫飽，但仍有錢財上的是非災禍，此運中你保守、孤獨，脾氣古怪，少與人來往，形影削瘦孤寒，人緣、機會都不佳。此運沒有考試運、升官運。在錢財上也常不順，拮据。在感情運上孤獨、自憐，沒有機會談戀愛。在家庭運上，家中人丁單薄，會只剩母、子二人，彼此不和睦的相處在一起。此運小心車禍、傷災和病災。

機蔭、陀羅運：此運是辛年生的人會走的運程。此運中你會情緒不好、多變，又悶在心中不說出來。人有些頑固不化，臉臭，懶得理人。在行動上較慢，較懶，處處顯出笨的樣子。但你是有心機、內心思想帶有灰色及邪惡思想的人。你會凡事不順，做事的積極力又沒有，多幻想，不實際，愛怨天尤人。此運不佳，一事無成，也會有災禍，及拖累別人。小心車禍、傷災，和天災人禍，倒霉受傷的就會是你。

機陰、火星或機陰、鈴星運：此運中你會脾氣爆躁、情緒起伏更大，有時陰沈、陰險，有時火暴，讓人受不了。此運中意外之災頻繁，還有車禍頻繁，定有一次最大車禍會發生。此運對考試運、升官運等吉運全不吉。在感情運上多衝動、煩惱、鬥爭、變化。在家庭運上家人不和，多爭鬥，難相處。

機陰、地劫運或機陰、天空運：因此運坐於申宮，對宮的空宮中必還有另一個天空或地劫星出現相對照。因此此運是情緒多變化，思想不實際，積極力不足，什麼都抓不住的運氣。在考試運、升官運上全無機會，你也不想考。在感情運上，你不太想和人交際來往。在家庭運上，財少，家人相處冷淡。

天機化祿、太陰化忌運：此運是乙年生的人會走的運程。此是『祿忌相逢』的運程。此運是要做上班族、薪水族，但財少，仍有錢財不順，有財務煩惱、糾紛、災禍的運程。此運你的人緣不好，尤其與周遭女性不和，得財的機會也減少。此運不吉，你也會偶有小聰明，但大多數的時候仍是很笨，頭腦不開化的。此運在考試運、升官運上多是非、曲折、不順。在感情運上，也龜毛，不與人親善。在家庭運中，與家人的關係多是非、變化。

天機化權、太陰運：此運是丙年生的人會走的運程。此運中你會稍為聰明、伶俐，且懂得運用機會，掌握時間上的變化點。你也會說話口才厲害，應變能力佳。但是在對財的敏感力上不佳，因此賺錢少，得財少。而且你也與女性之間的關係冷淡。或讓女性討厭。你對人情世故的敏感力也較差。做人不圓滑。此運在考試運、升官運上略有機會，但你必須加強努力才行。此運你的積極性較強，只是沒有方法。在感情運上你有很多機會可把握，但你會挑剔，或情緒多變，忽喜忽怒，而對感情不利。在家庭運上，家中常有事件發生，亦好亦壞。壞的時間略多，財不豐，家人感情亦不和睦。

天機化科、太陰化祿運：此運是丁年生的人會走的運程。此運中天機居得地之位帶化科。太陰居平位帶化祿。故化科較強，化祿很弱。此運是『科祿相逢』之格局。此運中你會聰明，有氣質，會處理事務，也會掌握一些變化的機會，在人緣關係上雖不算太好，但略有人緣了。因此機會是稍多的，但財祿仍不算豐裕。此運的財運有衣食之祿，以中等薪水族的生活為主。在考試運、升官運上略有機會，但不是很強。在感情運上也是略有機會，你不會再那麼討人厭了。反而讓人有略為可親近的感覺。在家庭運中，家人情緒多變，但聰明、機智，可賺些小錢，生活尚稱平順。

天機化忌、太陰化權運：此運是戊年生的人會走的運程。此運是『權忌相逢』的格局。此運中你會頭腦不清楚，也會情緒起伏不定，頑固，常以情緒上的變化和衝動執意孤行，你喜歡掌權管錢，或多管女性的事務。例如在家管家中母親、姐妹、女兒，在外管女同事、朋友。因此常有是非糾紛。此運對考試運、升官運全不利。你會該管的不管，不該管的管了一堆，正事沒做。在感情運上，你頭腦古怪，會看上財少，頭腦笨的對象，還幫他管理財務，倒賠錢。在家庭運上，家人不和，家人都是性情、思想古怪的人，彼此相牽制、管束。

酉宮

此運是紫貪運：此運中紫微居旺、貪狼居平。表示此運中會一切祥和，過得不錯，但好運機會只有一點點，並不多。此運中你是自命清高，稍帶驕傲，高尚、美麗，人緣好的人，桃花多，喜參加交際應酬。此運中紅白帖子都多，是忙碌，花錢多的運程。此運你會打扮美麗、入時，展現自己的實力，吸引異性。也會喜談戀愛，感情運是十分好的。此運也是貪心的運氣，你會貪財、貪色、貪權位，故在升官運上會努力營謀。在財運上只是平順而已，但小心收賄的情形，會為日後帶來困擾、麻煩。此運在『陽梁昌祿』格的四方之位上，你又有好爭的原動力，而且有致祥和、地位高的趨吉力量，故考試運是一流的好，可考上好學校、中榜。在家庭運中此運亦是好運，家庭和諧，夫妻倆有共同嗜好，家人多喜交際應酬，是表面繁華昌盛的現象。但家人私下少溝通，應改善。此運你喜歡買貴重、精緻、美麗的東西，會多耗財。

紫貪、文昌運：此運中文昌居廟。此運中你是表面看起來美麗、身材好，文化水準高，為人高尚，懂禮節，對錢財精明，善理財，但實際上仍有政事顛倒，糊塗之狀。在處理事務上有偏私、貪心、肥己，不顧他人有，自私的行為。也可能收賄，有因事犯刑或遭處罰的事情發生，但最終會平息解決。此運有利考試運、升官運。在感情運上，你會找外表美麗、俊俏、時髦、活潑、大方、善於交際應酬及愛展現自我魅力的對象來談戀愛。在家庭運上，家人文化水準高，體面、高尚，但家人間的關係維持在表面的祥和上，並不真的溝通良好。此運錢財多得，財運不錯。

紫貪、文曲運：此運中，文曲居廟，表示在此運中你會外表美麗、身材好，人也開朗、活潑、愛現，交際應酬多，口才好，才華多，人也貪心，自恃高尚，有些驕傲，人緣非常不錯的人。桃花特多，像花蝴蝶一般穿梭於各種交際場所。此運中紅、白帖子多。是忙碌，打扮時髦、美麗，吸引異性，展現自己魅力，戀愛多，機會多的戀愛運程。此運在升官運上也愛營謀，機會大好，可升官。在考試運上也有機會。在家庭運中，家人的口才好，常逗趣說話，大致感情不錯。但此運你仍有政事顛倒，糊塗的問題存在，小心收賄，做糊塗事在日後會受罰。

紫貪、左輔運或紫貪、右弼運：此運中左輔、右弼是幫助紫貪更高貴，更貪心，更有人緣，更愛交際應酬，人緣好，桃花多的。故此運中，會有人幫你爭權奪利，也幫你得到一些你所貪心的東西，例如錢財、女色、權力、地位等的東西，但不是每一件東西你都佔得到便宜，搶得到手的，是多寡的問題而已。此運中，在錢財上稍為多得一點，生活更優渥一些。在升官運上，你會愛爭，有點好運。在考試運上不一定有好運，會愈幫愈忙，會重考。在感情運上，會有多個感情對象，難抉擇。在家庭運中，易有第三者介入，感情會起波瀾。

紫貪、祿存運：此運是辛年生的人會走的運程。此運中你會保守、小氣，有點吝嗇。你也會存一點錢，在錢財上自足，無憂煩。在整個運氣上也看起來十分順暢。你會自得其樂，喜歡美好的事物，買精緻，貴重的物品給自己，對自己在飲食、穿著上的嗜好，加以滿足。此運在人際關係上是有點保守、自閉的，雖然外緣好，但你不太會周旋在人群之中。此運升官運、考試運皆順利。在感情運上會保守、謹慎，少參加活動、聚會，機會稍差一點。在家庭運上，家中富足、保守，生活舒適，但家人間不見得常溝通，略有冷淡、孤獨的狀況。

紫貪、擎羊運：此運是庚年生的人會走的運程。此運是『刑運』格局。

此運中會爭鬥多，為桃花爭鬥不斷。會有桃花劫煞，感情運、家庭運是不太順利的。在此運中你也會為升官、貪財的事勾心鬥角，心存陰險，但運氣不好，也會有更陰險狡詐之徒對你戕害。此運要小心因桃花事件、色情事件被殺害。或是你見色起意，貪財、貪色而有歹心。此運萬事不吉，多因貪念而遭災。

紫貪、火星運或紫貪、鈴星運：此運是『火貪格』、『鈴貪格』的暴發格運程。此運中你會暴發偏財運而得錢財。錢財數量約在數十萬元至數百萬元不等。此運中買股票、期貨亦會有收穫，賺大錢。要精算流年、流月、流日，流時在酉時（下午五時至七時之間）。時間上三重逢合就會有較大的暴發運了。此運你會性子急、衝動，做事馬虎、草率。你也會貪心、勞碌，很積極。但也要小心小災禍發生，例如車禍、血光等會漏氣不發了。此運在財運上極佳。在考試運、升官運上也有意外之機會。在感情運上會粗心大意，不想投入感情。在家庭運上，家人脾氣急躁，有口舌是非及爭鬥，不太和氣。

紫貪、地劫運或紫貪、天空運：此運是『劫運』、『運空』的格式。此運你會存不住錢，好運會落空，或思想不實際，不想掌握好運機會，自己以為不可能而放棄。但是此運因有紫微居旺的關係，一切還平順，感覺上還運氣好，無大礙。只是你在思想上、感覺上不能掌握很多好運，是自願放棄的形式，故在考試運、升官運、感情運上不積極，放棄一些機會而已。如果振作，奮起直追，依然會有好機運的。在家庭運中，家人會相處冷淡，耗財多。

紫微化權、貪狼運：此運是壬年生的人會走的運程。此運中運氣極為強勢，有使一些困難、問題轉危為安的趨吉力量。壬年生的人多半有財運上的問題。例如欠債，財運不好，錢財是非與官司等的事情。但在此運會得到一個解決。此運中，你說話有份量，有尊嚴，會使人信服。如有欠債糾紛，你可提一個可行之道的方式來還債，對方一定會估量情勢而同意。此運適合談判，戰無不勝。此軍亦適合升官、考試運，能掌握最佳機會而升官，及考試高中，成績絕佳。在感情運上有霸道，愛做主，具有主控權，你是讓人又愛、又煩惱的人，因此在感情運上大致順利，但會多抱怨。在家庭運中，家中有長輩做主當家管事，一切順利。

紫微、貪狼化權運：此運是己年生的人會走的運程。在此運中貪狼居平化權，故化權也居平。化權不強，但仍具有貪心、貪報的強勢主控力。此運中你喜歡打拚，也喜歡掌權管事，但能力不見得好，只是可平順而已。此運中考試運、升官運你都願參加競爭，但最多只有平平的成績，只有平順，好運機會之吉凶各佔一半。在感情運上，你也愛美，愛追求時髦、高尚、美麗而活潑貪心的人，追得到，一切順利。在家庭運中，家中有貪心的人喜歡爭權奪利，但關係大致還平順，只是會相處冷漠一些而已。

紫微、貪狼化忌運：此運是癸年生的人會走的運程。此運中你很保守，不喜歡交際應酬，人緣不太好。你也會外表端莊、內斂、話少、個性內向。此運在好運機會上較缺乏，只是可平順、平復而已。此運在考試運、升官運上，機會較少，運氣也不十分好。在錢財上，尚可順利，但賺錢的機會明顯減少，仍有衣食之祿。此運在感情運上會頭腦不清，感情不順。在家庭運上，家中常有是非，或家中有行為不良的家人，使你會遭難。

戌宮

此運是巨門陷落運：此運中是運氣低落，是非口舌多，運氣較壞、災禍較多的運程。此運你會覺得凡事都不順利，很多事情原本好好的，都無端的冒出來困擾、爭執、吵架。這其中有些是你不小心冒犯到的錯誤，有一些則是對方所故意挑釁找麻煩的，讓你常氣憤不已。此運升官、考試考不上。在錢財運上多困境、財窮，被人打壓，有錢財是非，賺不到錢。在感情運上，起先是你自己嚕哩嚕嗦愛挑剔別人，繼而是別人嫌棄你。此運沒有人緣，更無桃花。在感情運上不順，會吵架分手，更有是非糾纏，分手也不乾脆。在家庭運上，此運多是非災禍，鬥爭很凶，家中分裂或會離散。此運小心車禍、傷災或自殺狀況，身體也不佳。

巨門、文昌運：此運中巨門陷落，文昌也陷落。故此運是又蠢又笨，智慧不高，文化低落，是非口舌又多，災禍頻仍，外表粗俗，又會用卑鄙、低俗的方法來鬥爭的運氣。此運中凡事不順，文化水準低，吵架吵不贏，除非

用撒潑、無賴的方式。此運是個讓人頭痛的運程。但是如果在命盤上之寅、午、子宮中有祿存或祿星進入，此戌宮的運程你仍可考試考上，只是成績不見得好而已。在升官運上則不見得有利。在感情運上不吉，此運你本身沒水準、沒文化，也可能找到文化低落、粗俗的對象。這是此運中你的眼光變的粗俗了，走好運時就會變好。在家庭運中，家中窮困，是非災禍多，無法振作。

巨門、文曲運：此運中巨門、文曲皆居陷位。此運中你的口才差，而且頻頻惹起口舌爭執的是非。你的才藝、才華也很差，智慧不高，也容易引起災禍發生。此運多病災。如果三方再有火星、擎羊，則易有自殺死亡的情形。此運中不利考試、升官運。在感情運上，亦無人緣，處處惹人厭，沒有貴人，常遭人罵或抱怨。你本身又易因不會說話，惹起是非爭端，而且愈解釋愈糟，愈引人記恨。在家庭運中，家人爭鬥凶，都不會講話，會愈講吵愈凶。

巨門、左輔運或巨門、右弼運：此運是正月或七月生的人會走的運程。此運若是『巨門左輔運』，則對宮有『天同、右弼』相照。若是『巨門、右弼運』，則對宮有『天同、左輔』相照。表示左輔、右弼是來一方面幫助陷落的巨門，是非、爭鬥、災禍更嚴重。一方面又在環境中賦予它溫和，一丁點趨福、懶惰的力量。所以此運是外界環境中溫和的姑息力量，增長了你自己更愛爭鬥搞是非愈搞愈凶，終於惹火上身，有自我焚身的痛苦發生了。此運大不吉。別人也不敢惹你，會有許多小人鬼魅糾纏著你，使你很難脫身。而且你也頭腦不清，繼續作惡沉淪，情況愈來愈嚴重，逃不出來。此運災禍愈變愈重，錢財不順，欠債更多，你也會為虎作倀，找人拚鬥，沈湎於沒有希望的生活之中。一直要到下一個運程，才會清醒。

巨門化祿、擎羊運：此運是辛年生的人會走的運程。此運中巨門陷落帶化祿，故化祿很弱，不強。又有擎羊『刑財』。此祿更少了。此運中是非爭鬥特凶。表面上你很會講話、陰險、圓滑，實際上仍不得別人的喜歡，大家還是看得清楚你的本性。你的人緣、口才仍不好。此運傷災多，有車禍血光。如果再有火星，同宮或在對宮及三方宮位出現，則此運會自殺身亡。此運你心情悶，有自殘現象。財運不順。考試運、升官運、感情運皆因競爭而不利。

在家庭運中，家人多油滑、險惡之人，爭鬥很凶，感情更劣。此運生活有困境。

巨門、陀羅運：此運是壬年生的人會走的運程。此運中你是口才笨拙、頭腦也笨的人。運氣特差，為凶運。此運中你會常說錯話引起是非災禍，遭人打罵、不尊重。你也常惹事，不知躲避災禍。此運災禍多，易有車禍、傷災、打架、鬧事的災禍，錢財不順，窮困、被鬥爭。凡事不吉。如有火星同宮，在對宮或在三合宮位中出現，你也會有自殺的狀況，生活有困境。

巨門、火星運或巨門、鈴星運：此運中爭鬥多，是非多，且是火爆、衝動、不理智的場面。你會有傷災、病災，有很多的意外災禍不斷。此運中你偶爾也會有小的意外之財，但是總伴著是非災禍而致，錢很快的就沒了，也存不下來，還常有拮据之象。此運也會因一時衝動而自殺。凡事不順，找工作也困難，也會突然被辭工，失業。生活有困境。

巨門、地劫運或巨門、天空運：此運中你會有灰色、慵懶、不積極、要放棄的思想。凡事不順，也沒錢財，會窮困、頹廢。很多人在此運出家。生病的人在此運離世。此運萬事皆空，做不成，也不想做。

巨門陷落化權運：此運是癸年生的人會走的運程。此運中你會很頑固，愛說話，愛指使人。因化權也居陷，故運不強，你能說服別人的力量也不強，能在言語上主控別人的力量也薄弱。但此運會是非口舌更多。因為你會講一些不痛不癢、挑撥離間的話語，讓人討厭及惹起爭端。因此災禍都是由你自己引起的。此運在考試運、升官運上是無運的。在感情運上也多是非、固執，沒有好運。在家庭運中，家中多強烈爭鬥的氣氛，家宅不寧，家道寞落。

巨門居陷化忌運：此運是丁年生的人會走的運程。此運中對宮尚有天同居平、化權相照，此為『權忌相逢』的格式，更增加了是非爭鬥及災禍的嚴重性。此運，口才不佳又愛說話，容易惹爭端，讓人厭惡。你也會頭腦不清楚，或故作聰明狀而招惹是非。此運大不吉，四方宮位有擎羊、七殺、煞星多，會有車禍、傷災，亦會有因是非之事自殺而亡。久病者，此運也會過不去而死亡。

亥宮

此運是天相運：此運天相居得地剛合格之位，故只是一般平順的運程。此運中你仍多勞碌，財祿不多，有溫飽而已。其對宮有武破相照，表示你外界的環境是窮的，財不多的環境。周遭的人也是不富裕的人，因此你比上不足，比下有餘，還是會成為周遭朋友、親戚借債的對象。此運在考試運、升官運不強。你是勤勞、穩重、一板一眼，略具理財能力，只能打理自己的財務或事務較平順的人，管不了許多旁人雜事。但你仍會人緣好、愛幫助人，有正義，講公道，但會嚕嗦、嘮叨，內心不平衡，為什麼自己這麼累，要付出這麼多？此運你大事不會做，只做小事。在感情運上，你會穩重，有好運氣。但也會多付出，找到弱勢，貧窮的對象，幫助他。在家庭運上，家人和諧，相互關心，父母愛唸經。

天相、文昌運：此運文昌居平、天相居得地之位。此運你是外表整齊、端莊、正派的人，在理財能力上只能算小精明，不是大精明。你的智慧不太

高，讀書也不太行，但此運平順、享福。喜衣食享受。在考試運、升官運上運氣不強。在感情運上較好，你可找到外表有中等程度體面、美麗的人做對象，而且其人也會溫和、有禮、感情好。在家庭運中，家人相處和諧，生活雖不富裕，但舒適。

天相、文曲運：此運中，文曲居旺。故此運中你會態度穩重、祥和、人緣好、口才好、愛說話。也愛幫助人，愛管閒事。此運中你會有才藝，喜歡參加社交活動，愛唱歌、跳舞，愛做休閒活動，生活很愜意，但不愛讀書，或做死腦筋、刻板的工作或學習。此運你愛玩樂、享福。在考試運、升官上不積極。在感情運上，非常有利，機會多，會找到喜愛舒適生活，工作輕鬆的對象。在家庭運中，家人和樂，生活愜意舒適。

天相、左輔運或天相、右弼運：此運中，左輔、右弼幫助天相運的，就是享福和平順的力量了。所以在此運中你會有人和你一同打拚，一同賺錢。理財能力會增強，賺錢會多一點，也會節省一點。另一方面，此運你也會懶一點，多享福一點。此運中你愛黏人，做事愛找伴，不喜歡獨自單獨做。喜

歡找人合作，有合作精神。同時也稍具領導力。會帶領別人一起做。此運在升官運、考試運上運不強，不想去考，或重考、重讀。在感情運上易有第三者出現或有婚外情。在家庭運中，尚稱和樂，但不喜外人介入。

天相、祿存運：此運是壬年生的人會遇到的運程。因對宮有武曲化忌、破軍相照，故是『祿逢沖破』的運程。此運中你外在的環境中多金錢是非、窮困、欠債，此運你雖存了一點小錢，但仍容易耗光，留不住。因此此運只是一個有衣食溫飽的運程，不會太富裕，仍有許多是非、金錢問題讓你頭痛，不安寧。此運考試運、升官運、感情運皆不強。你會孤獨、保守，少與人來往，精神上煩惱多，很痛苦。人緣不佳，異性緣也不佳，機會少。在家庭運上，勉強過日子，家人會保守、小氣，對你關心不夠。

天相、陀羅運：此運是癸年生的人會走的運程。此運中你會動作慢、頭腦笨，理財能力不好，智慧不高，常讓人罵。你也會有事藏在心中不說出來。心中多煩惱、鬱悶，轉不出來。此運中，你做事做不好，愛偷懶、享福、懶散、不積極，考試、升官都不行。在感情運上也不順利，容易被人嫌，被人

討厭，機會不多。在家庭運中，家人多是非、不和睦。此運也是『刑印』的格局，故你易遭人欺負。說話沒人要聽。此運有傷災。

天相、火星運或天相、鈴星運：此運是勞心勞力『福不全』的運程。此運多意外傷災。會有病痛、殘疾或帶病延年的狀況。此運也多車禍傷災，形成殘疾現象。你會很衝動、脾氣急躁、火爆而發生事故，也易與人衝突械鬥，要小心會傷害自身。此運不吉，考試、升官、感情運全都不太有運氣。在家庭運中亦是不安寧，不和睦的現象。

天相、地劫、天空運：此運是『劫福』、『劫印』、『福空』、『印空』的運程。故此運中你什麼都不想管，也不想努力，更不想積極進取，去爭什麼、搶什麼位子。你思想灰色、頹廢，也清高自處。此運錢財留不住，花光光。沒有升官運、考試運，更不想談感情。或有人追求，至緊要關頭，你也會放棄。在家庭運上，家中財祿少，較窮，家人冷淡以對。

⑪『紫微在戌』命盤格式中各宮運氣詳解

子宮

此運是七殺居旺運：在此運中你會企圖心很強，很忙碌，積極，愛打拚，一頭鑽進工作，埋頭苦幹，努力不懈，以至成功。此運中對宮有武府相照，表示你周圍的環境是富裕、財力強勢、有錢的環境。因此你在這樣的環境中打拚，自然得財是最富裕、最多金的大財了。此運也適合政治活動的打拚，會有財有權，籌錢的功力好，競選活動會勝利。此運在事業上、賺錢上都是一流的好運。只要付出勞力、血汗，就有好的收穫。在考試運、升官運上都不錯，會有收穫。在感情運上，你會太忙碌、太剛硬、直接，不夠溫柔，運氣不好，

⑪紫微在戌

巳	午	未	申
天同(廟) 巳	武曲(旺) 天府(旺) 午	太陽(得) 太陰(陷) 未	貪狼(平) 申
破軍(旺) 辰			天機(旺) 巨門(廟) 酉
卯			紫微(得) 天相(得) 戌
廉貞(廟) 寅	丑	七殺(旺) 子	天梁(陷) 亥

只要改變一下就好了。此運中你會找到性格剛烈、做事負責的對象。在家庭運中，家人不和，有爭執。此運小心車禍、傷災、開刀等事。

七殺、文昌運：此運文昌居得地之位。在此運中你會精明幹練、聰明，計算能力好，精打細算，很會理財。你也很會打拚賺錢，故財富會不少。此運有利讀書，學習能力強。在考試運上、升官運上也會有不錯的表現。在感情運上，你會太精明、計較，人緣不好。也不夠柔軟。在家庭運上，家人都精明、吝嗇而不和。此運小心車禍、傷災，大腸、肺部不好，要開刀。

七殺、文曲運：此運中文曲居得地之位。此運中你會口才好，有才華，也喜歡打拚努力賺錢，會有成就，能升官。但在考試運上較弱。在感情運上，人緣、桃花較多，有機會。在家庭運上，家人多口角爭執，不和。此運小心車禍、傷災、膽肝有病，或要開刀。

七殺、左輔運或七殺、右弼運：此運中，左輔、右弼會助惡不助善。此運中，你會很忙，心態凶悍、邪惡，賺錢不憑正路，唯利是圖。你愛爭鬥，也愛打拚，會和一些凶悍的人為伍，一同爭戰不停，有為虎作倀的型式。此運你也可能有領導能力，帶領別人一同競爭。此運不利升官運、考試運，也不利感情運，有第三者介入。家庭運中也不吉，家人不和，有外人介入。此運小心脾胃不好。

七殺、祿存運：此運是癸年生的人會走的運程。此運你是保守的、凶悍的，獨來獨往，獨自努力打拚的人。此運亦是『祿逢沖破』的格局。故錢財並不多，只是略有財而已。此運你人緣不好，機會不多。在考試運、升官運上皆不得意。在感情運上也不順暢。在家庭運上，家中人丁單薄，身體不佳，也不和、冷淡。

七殺、擎羊運：此運是壬年生的人所會走的運程。因對宮有武曲化忌、天府相照。故此運中多爭鬥、傷災、車禍，在錢財上也不順，有錢財上的災禍發生。此運中亦會有政治上的鬥爭嚴重，而你不太爭得過，會對你不利。你的身體亦不好，有病災、開刀等事。此運不利升官、考試、感情、家庭等任何運程。都會有缺失、遭致災禍。

七殺、火星運、七殺、鈴星運：此運中爭鬥凶，忙碌。你的心情不好，脾氣暴烈、衝動，常有意外之災而遭殃。此運中會有械鬥、傷災、車禍、天災人禍，你也常在外奔忙、流浪，多憂煩，不得安寧。沒有考試運、升官運、愛情運。家庭運中，你與家人不和，有衝突，在家的日子少，很冷淡。

七殺、地劫運或七殺、天空運：此運中，你會做事不積極，頭腦空空。也會對錢財看淡，把握不住賺錢機會，更會耗財，留存不住錢財。走此運的人，常易出家或離世獨居。脫離俗世的環境。此運你什麼也抓不住，什麼也掌握不了。

丑宮

此運是空宮運，對宮有日月相照的運程：此運是空茫的運氣，而對宮相照的太陽居得地之位，太陰居陷。因此此運大致上應算主貴的運氣。在錢財上少得，會較窮，此運在升官運上會稍具運氣，但會升一個有職位，卻加薪不多，或不加薪的職位。此運在考試運方面不強，但仍有一點，多努力可達成。在感情運上，你會頭腦空茫，有點傻兮兮，不太有敏感力，性格寬宏，少一根筋。此運你容易對前途目標模糊不清，也不知要如何努力才會成功。在心態上不積極，認識對象的機會較少、機緣不現。在家庭運方面你會與家人較冷淡，尤其與家中女性不和睦，不親近。此運你會心情起伏大，陰晴不定。

文昌、文曲運，對宮有日月相照的運程：此運中文昌、文曲皆居廟位。表示此運你會陰晴不定，情緒起伏大。但你的外表會聰明、美麗、討喜。也會有精明幹練的一面。口才好，才藝多，討人喜歡。此運你的錢財仍不算多，不算富裕，只有生活之資。在考試運、升官運上正坐在『陽梁昌祿』格上，因此會必中，會有好的前程。在感情運上，此運也有桃花、人緣，認識對象的機運好，會找到外形秀美，氣質佳的對象。在家庭運上，家人尚稱和樂，有人緣中，生活舒適，為小康之家。

左輔、右弼運，故宮有日月相照的運程：此運中你的心情起伏會更大，情緒更不穩定，在感情運上會猶豫不決，難做決定。此運不利考試、升官運，會拖延、重考、重讀。也會再婚、離婚。或和同一人有數次反覆的離婚、再婚經驗，這都是由於性格不成熟所致的。此運在家庭運中，會有外人介入幫忙家事或管婚姻中的難題，但愈管愈壞。

擎羊運，對宮有日月相照的運程：此運是癸年生的人會遇到的運程。此運中爭鬥多，不順，而且你的心情是起伏不定，情緒多變化，你也有陰險思想的人。你會煩惱多，心緒不寧，常頭痛，四肢無力。更會眼目不好，有高血壓、心臟病等。此運有傷災、車禍，容易傷殘、致命。此運競爭激烈，你也好爭、好鬥，但無論如何，你都佔不到便宜。只宜靜守，以待此運過去。此運中財少，賺錢不易，升官也不太行。在考試運上也不順利。在感情運上多計較、有陰謀，容易對人報復、敢愛敢恨，容易失戀後傷人、殺人或被殺。在家庭運中此運更不吉，家中多爭鬥、不和、窮困，或因意外之災，家人凶死之象。

陀羅運，對宮有日月相照的運程：此運是甲年生的人會走的運程。因對宮相照的日月中有『太陽化忌』出現相照，故此運中你會特別不順利，在事業上有大麻煩，會失業、倒閉等情事發生。此運中你與在周遭環境中的男性有是非問題，不和睦相剋。因此升官運全無。在考試運上，你也會笨拙，讀書讀不好，無考試運。在愛情運上，你會被人嫌棄，討厭。在家庭運上，多是非，窮困，與家中男性不和。此運多傷災、車禍、病痛要小心。

火星運或鈴星運，對宮有日月相照的運程：此運中你會心情急躁、起伏更大，對人不耐煩。也會有意外之災，如火災、燙傷、燒傷等等要小心。更會有車禍血光，會很嚴重。此運財運不順，財少、財窮，又消耗多，情況急迫。在考試運、升官運、感情運上全不吉。在家庭運上，家中多意外事故，會窮困，煩惱。

地劫運或天空運，對宮有日月相照的運程：此運中你會頭腦空茫，思想清高，專想一些不實際、不可行的方法來做事。你會對錢財看淡，不重視實際利益，也會做一些耗財多，不賺錢的工作，或做一份賺不了多少錢，但辛苦勞累的工作。此運容易失業，沒工作，所有的目標你都看不準。不容易抓住對自己有利的權力和財祿。此運萬事不吉，是空茫，沒目標的運程。

寅宮

此運是廉貞居廟運：此運中你會性格強勢剛烈，外表穩重，有智謀，企劃籌謀的能力強。廉貞是官星，主事業上的企劃營謀能力，也主政治上的鬥爭。因此你在此運中喜參加政治鬥爭，有利選舉。更利於在職務上的奪權爭鬥，此運你會因計劃得宜而升官。在考試上也略有好運，因智慧高。在感情運上，多桃花，好用人際關係，人緣，結交朋友，也有異性緣，好酒色，此運要小心酒色傷身及邪桃花傷害名譽，有緋聞案件。在家庭運上，會因計劃執行而富足，家人自我本位較重，較自私，不易協調。

廉貞、文昌運：此運中廉貞居廟、文昌居陷。故此運中你是性格強硬，較粗俗，無禮貌，有草莽氣息的人。你會粗里粗氣，大聲小氣的說話、做事，不太理會別人。此運你雖愛營謀，但頭腦智慧不高，有小奸、小詐，愛佔小便宜，不精明，理財能力也不好，會政事顛倒糊塗，也會因事犯刑，有瀆職，或有官非事件。此運無考試運、升官運。在感情運上，會好酒色，有邪桃花，

易有不倫之情或婚外情。在家庭運上，家人也糊塗，財少、粗俗，感情不佳。

廉貞、文曲運：此運中文曲也居陷。故此運是口才不好，不太說話，只在心中營謀，智慧不高，毫無才華可言，有些粗俗、奸詐的運程。此運中你的錢財少，人緣也不佳。只有邪桃花。易犯事或官非。處事糊塗，政事顛倒，也會有瀆職、失職、調職、降職處份，此運無考試運、升官運。在感情運上，易有好酒色，不倫之感情及婚外情。在家庭運上，家人不和，糊塗，財少，也粗俗不堪，彼此感情不佳。

廉貞、左輔運或廉貞、右弼運：此運中左輔、右弼幫助廉貞的是營謀的特質和強悍攫取的力量。因此在此運中會有助手、貴人幫助你更聰明、奸詐，更會做計劃、組織，把事情能更圓滿的達成。同時在此運中，也會幫助你在政治鬥爭中，有更多、更強的力量去競爭和鬥智，來贏取勝利。此運中你會有領導能力和合作精神，能與人談判和說服別人加入你、幫助你，使你更壯大、成功。此運有利事業運，不利考試、升官運，也不利愛情運、家庭運。在感情運中會有第三者介入，易離婚、再婚。在家庭運中，家人不和，易會有外人介入而複雜。此運在錢財上能多得。

廉貞化祿、祿存運：此運是甲年生的人會走的運程，為『雙祿』格局。表示能得財多一點，但仍是公職、薪水族的財祿。此運中你會性格保守，但有你自已在精神方面的享受，例如，好女色，或喜愛蒐集古董、郵票、圖片等嗜好。此運你會自得其樂，日子過得愜意。在升官運上有點機會。在考試運上也會有機會。在感情運上會孤僻，會有特殊喜好，相親則可成。在家庭運上，家中富裕，家人各有所好，較自私，自顧自。

廉貞、陀羅運：此運是乙年生的人會走的運程。此運中你會頭腦固執、較笨。此運也正是『廉貪陀』、『風流彩杖』格（因對宮有貪狼相照形成）。因此會有情色事件、緋聞發生。小心因貪色之事而身敗名裂。此運在考試運、升官運上無機會。在愛情運上，有邪行，不吉。在家庭運上，會招惹是非，讓家人蒙羞，招怨恨。

廉貞、火星運或廉貞、鈴星運：此運中，爭鬥多，競爭激烈，且會有意外之災。你在此運中會頭腦聰明，計謀多，性情火暴，衝動，脾氣大。但此

運是『火貪格』、『鈴貪格』，有暴發運、偏財運的格局，能多得錢財。但仍要小心有火災、傷災的問題。以及車禍等問題。此運在考試運、升官運上也會因暴發格有意外好運而考上。在感情運上會因忙碌而無暇顧及。在家庭運中，家人不和，有衝突。但也許會因你的暴發運、偏財運，而對你好。

廉貞、地劫運或廉貞、天空運：當你是廉貞、地劫運時，對宮就有『貪狼、天空』相照。當你是廉貞、天空運時，對宮就有『貪狼、地劫』相照。故此運是『劫官』、『劫運』、『官空』、『運空』的運程。在此運中你的企劃營謀的能力會不好，聰明，但不會用在事業上。你的運氣也不佳，易落空。你會想一些不實際，在價值觀上與一般人有出入。不重錢財、利益。思想上似是而非，很混亂或空無。因此你什麼也抓不住，會沒有目標。或雖有目標，但方法不對。故此運財少，耗財多，留存不住。事業、工作或落空、考試運也全，無或根本不會去參加。在感情運上，機會少，或根本不想談感情。在家庭運中，家人不和，冷淡，不來往。或分散、離開。

卯宮

此運是空宮運，對宮有機巨相照：此運是空茫的運氣。對宮相照的天機居旺、巨門居廟。表示此運氣還帶有變化往上變好的機運，但其中夾雜著是非、災禍。此運中仍有口舌是非，爭執、爭鬥。但此運正坐在『陽梁昌祿』的三合宮位上，故此運有學歷可增高的讀書運，學習能力會增強。只要空宮中進入祿星和文昌星，便能有考試必中的機運。就算沒有祿星和文昌，也能多所學習，有機智、辯才，口才得利。此運雖也有吵架會贏的運氣，但不算很強，你只是好辯而已。此運對錢財上來說，以口才賺錢較好，做學術、教職、推銷等用口才賺錢的行業為佳。在感運上多變化，會有是非、糾紛。在家庭運中，家人聰明，但多是非口舌、不和。

文昌運，對宮有機巨相照的運程：此運中文昌居平，你雖然外表不算太有氣質，也不太精明，但此運正坐在『陽梁昌祿』格上，在卯、亥、未宮有祿星（祿存、化祿）進入的話，你就會有考試運、升官運。若無祿星在位，你便無法以讀書考試來得利了。此運你會在錢財上略為順利，但此運中仍有是非口舌和競爭上的變化要注意。在感情運上，你會喜歡聰明，文質彬彬的人。在家庭運中，能有普通的生活，生活中略有波瀾，但仍能平順生活。

文曲運，對宮有機巨相照的運程：此運中文曲居旺，表示此運你的口才好，人緣好，也具有才華、才藝。但在你周遭仍有是非、變化會影響你。不過你會躲避，此運錢財普通，能以口才得利，賺口才上的錢財。此運在考試運上不太強，在升官運上機會很大。在感情運上機會多，異性緣好，但會有是非。在家庭運中，家中很熱鬧，常有新鮮事變化多端，有時也會有是非發生。還算和樂，家人口才好。

左輔運或右弼運，對宮有機巨相照的運程：此運中你是聰明，又容易招惹是非的人。你善於抓住機會，利用變化，使自己有利。你具有合作精神，也稍具領導力，性格保守、內向，但會盡力完成自己的目標，也會找其他人來共襄盛舉。此運，凡是獨力要完成事情會不順利，找人一同做事則順利的多，宜多說服別人來共同襄助事業。此運不利考試運、升官運，宜自己做事業。此運也不利感情運，易離婚、再婚，或同時擁有數個情人，而造成是非口角。在家庭運上，家中容易有外人介入而有是非變化、不和。

祿存運，對宮有天機化祿、巨門相照的運程：此運是乙年生的人會走的運程。此運是『雙祿』格局，表示此運中會錢財較多，收入較多，但這是薪水族的收入，故不會太富有。此運中你會個性保守，頭腦聰明，周圍有一些聰明，高文化水準的人，你會在高知識水準的環境中生活。此運正坐在『陽梁昌祿』格的格局之上。故此運有考試運、升官運。在感情運上，雖然你會內向，但周遭機會多，變化快，也有好機會認識聰明，文化水準高的對象。在家庭運中，家中為小康之家，家人感情時好、時壞，但有口舌是非、糾紛。

擎羊運，對宮有機巨相照的運程：此運中爭鬥多，不順，多是非，災禍，有車禍傷災，而且在發生前後仍有是非、糾紛相隨，不清靜。此運中，你會陰險、計較，愛生氣，多煩惱，心情不好，身體不佳，有病痛。但傷災嚴重，可能得不到賠償。此運萬事不吉。

火星運或鈴星運，對宮有機巨相照的運程：此運中有意外之災和爭鬥激烈，是非變化上下起伏不定。此運有車禍、凶災，且要小心在三合宮位或對宮，同宮處有擎羊出現，則此運會有自殺傾向。此運你會脾氣急躁、衝動、做事馬虎、潦草、不順、錢財少進、耗財多，是非多，心不平衡，更會有病痛，此運不吉。

地劫運或天空運，對宮有機巨相照的運程：此運中是非、變化會少一點，但你的聰明度也會減弱。你對任何事不抱有希望，常會放棄或清高自處，所以財少，進財不順利，也會耗財多，花錢沒概念，理財能力不佳。在考試運、升官運上不積極，如能破除心中的障礙會較好。在感情運上桃花少、機會少，較不容易碰到好對象。在家庭運中家中還是有是非的，而且是非會使家人感情淡薄、離散。

辰宮

此運是破軍居旺運：此運中因對宮有紫相相照，故此破軍運是在一種平和、高尚的環境中打拚，故此運的財運也會較好。雖然此運仍會破財，不宜投資、做生意，適合做公職、官職，會節節高陞。此運仍要小心車禍、血光、破耗凶的事情。在升官運、考試運上會辛苦打拚。此運仍多爭鬥，要拚才會贏。在感情運上，會有不倫之情，婚外情，易離婚破耗之事出現。此運你所找的對象，也會是大膽、性格強，離過婚的人或會同居而不結婚。在婚姻運上，要小心有第三者介入，使家庭運破耗，離散，不吉。

破軍、文昌運：此運雖文昌居得地之位，但仍是窮運。此運你的智慧較高、精明、善文，有氣質，文化水準高，但仍是窮運、財少，留不住。賺不到太多的錢。此運亦有水厄，勿到水邊、游泳、划船、嬉戲，小心有溺水而亡的危險。此運考試運有一些，但不強。升官運也不算好。在感情運上，人會小氣吝嗇、窮酸。此運你會找到財窮，也不會賺錢，但氣質好的對象，在家庭運中，家財少，財窮、破耗多，家人感情不親密，不和。

破軍、文曲運：此運文曲居旺，亦是窮運。此運中你的口才好，說話、做事都很大膽、開放。有才藝，也肯拚，敢表現，但時運不好。你的腦子中所想的財，與實際上有很大的出入。此運不適合做生意，你對錢財的敏感力差，耗財多，你的價值觀有問題。此運無考試運，升官有一點，不強。在感情上，你會機會多，但感情不順。有離婚、再婚的可能，也會有婚外情，或不倫的感情，也易與人同居不結婚。此運錢財少，拮據，容易靠人生活。

破軍、左輔運或破軍、右弼運：當你是破軍、左輔運時，對宮會有『紫相、右弼』相照，當你是破軍、右弼運時，對宮會有『紫相、左輔』相照。這表示你在此運中不斷的有人幫助你打拚、破耗、花錢，在你周圍也會有輔助你平順，吉祥的一種助力和貴人。所以你是奮鬥力很強盛，具有領導力，也具有破壞力，除舊佈新的能力的人。每當此運時，你就會開始動作，很操勞忙碌，展現一個新開創的格局了。也許你會改變環境，也許你會創業，開新公司，新事業，也許你是再婚。不過在你的周圍都會有一股支持的力量。此運也適合做政治活動和選舉，定能得到支持而當選。在婚姻運、感情運上此運不見得好。會感情複雜，分分合合，情感也會受創傷。在家庭運上，此運亦不佳，有外人介入，使家庭分散，或有人幫忙破財花錢，破洞更大。

破軍、擎羊運：此運是乙年生的人會走的運程。此運中爭鬥多、競爭激烈，事情容易不成功。此運也易有傷災、車禍、血光、破財、耗財，一切破耗不吉之事。你在心情上也會衝動、陰險，有報復心態，多煩惱，身心受創傷等問題。此運身體也不好，亦有開刀、血光、身體上之破耗。此運在各方面皆不吉。

破軍、陀羅運：此運是丙年生的人會走的運程。此運中你會頭腦笨而破耗凶，你也會和人硬拚，競爭激烈，但會破耗多而無收穫。此運你會在心中煩悶，有陰險邪惡、報復的思想放在心中，轉不出來。此運多傷災、車禍、血光，不吉。會有牙齒的傷災、骨骼、手足、破相等傷災。此運凡事不吉，和人不和，進財不易，有拖延的情形。

破軍、火星運或破軍、鈴星運：此運中多爭鬥，競爭激烈，常有意外之災，會有車禍、血光、傷災，也易有槍擊案件。此運你會性情急躁、凶惡、衝動，犯下凶惡之事或傷殘。此運也會有突發的病災，要開刀，或結束生命。此運萬事不吉。財運也不順利，破耗多，花錢快，留存不住錢財。也會為意外之災付出很大的代價。

破軍、地劫運或破軍、天空運：此運中，劫耗、劫空之星全在，自然是破耗，存不住錢財了。也會有傷災、禍事，有身體上和事業上及家庭中的破耗。此運程若對宮及三合、四方宮位再有多個煞星，如羊、陀、火、鈴，同在，來相照的話，此運就會出家，或是遇禍事而性命不保。

破軍化權運：此運是甲年生的人會遇到的運程。此運中你的打拚能力強，有領導力，能有強制改善境況，或創建新制度、新公司、新的生活環境的力量。此運能除舊佈新，也能建造新家園、新事業。此運更會強力要破耗，愛花錢。此運中你會很衝動，有競爭力、好爭、善鬥，也適合做政治活動。適合選舉造勢，有必勝的把握。在考試、升官運上也會機會大好。但此運會成功，必會付出極大之代價，這是要注意的事。此運不適合感情運、家庭運，會使感情破敗，或複雜、分離之事。

破軍化祿運：此運是癸年生的人會遇到的運程。此運有化祿，但財祿不多，亦不可做生意，會因衝動而失敗、破財，不成功。此運仍是薪水族的財運格局。此運是要花錢時，便有錢可花的運程。你會不管去賺、去借、去賒、去騙錢，都能想盡辦法，弄到錢來花費。故此運仍是以耗財為主的運程。是無錢財可存留積蓄的。此運在升官、考試上都不行。在感情運上亦不佳，會有不倫之情或婚外情、邪佞之事產生。

巳宮

此運是天同居廟運：天同是溫和的福星。此運你是態度平穩、溫和，有點懶惰不積極，愛享福，喜休閒活動的運程。在錢財上大致順利，做薪水族有財可進，少煩惱，身心愉快，一切以休養生息為主的運程。此運在考試運、升官運上不積極，無運。在感情運上，能遇到溫和，有福氣，愛享福，美麗、清秀的對象。在家庭運中，家人是溫和世故的人，感情親密，無嫌隙。

天同、文昌運：此運中文昌居廟。表示你在此運中是溫和、聰明、精明、幹練，智慧高，理財能力好，氣質好，做事能力佳的人。此運有考試運、升官運。在感情運上，你也會找到溫和、美麗、氣質好、懂事、穩重、知書達禮的對象。在家庭運中，家庭富足，溫和，家人感情好。

天同、文曲運：此運中文曲居廟。故此運中你是溫和、美麗、有才藝、有才華、口才佳、討人喜歡、人緣好、桃花多的人。你喜歡享福，生活愉快，話多。此運在考試運、升官運上會平順，但運不強。在感情運上，會有多個對象，異性緣好。在家庭運中，家人溫和、厚道、風趣，家運旺。

天同、左輔運或天同、右弼運：此運中左輔、右弼就是幫助天同再造更多的福氣來享。會更溫和，福更多，更享受好。此運你也會有領導力，有合作精神，也會有更多的貴人來幫助你，使你享受到空前未有的好處。此運不利升官、考試運。但在財運上會稍多一點，生活輕鬆自在。在感情運上、家庭運上不喜有人來相助，怕有第三者介入，不吉。

天同化祿、祿存運：此運是丁年生的人會走的運程。此運是『雙祿』格局。錢財會稍多，但仍是薪水族的財祿格局。此運要是做生意也會財多、平順。此運你會保守，愛賺錢，平順的賺錢，會自然而然的有好運來賺錢。事實上你的人緣很好，與世無爭，但你仍保守，不太喜歡麻煩別人。此運亦會有折射的『陽梁昌祿』格，會有考試運、升官運。在感情運上亦會平順、富足，感情順利，可認識異性的機會多。在家庭運上，平和，感情好。

※戊年生的人此運是天同、祿存運，也是一切順利，但財祿比前者略少一點。

天同、陀羅運：此運是己年生的人會走的運程。此運中你會動作慢，有點笨，又懶，不愛動。你會內心有是非，心情悶，不講出來，自己煩惱，讓別人不瞭解。此運你會讓人嫌，易被人責罵，此運錢財會慢進，有拖拖拉拉的現象。在考試、升官上無運。在感情運上也會不順利。此運會找到外表溫和，但不聰明、有些懶、笨的對象。在家庭運上，家人表面溫和，但私下多是非不和。

天同化權、陀羅運：此運是丁年生的人會走的運程。此運中你會頑固、多是非，也會有使一切平順的力量。這些天生的福星造福的力量。其實你並不很聰明，有時有點笨，但能主控造福的力量，使一切平順。此運你也會稍具領導力，別人也會不與你計較而行事稍順利。此運在錢財上仍有拖延慢進的趨勢，但最後會進來。在考試運、升官運上有一些運氣。在感情運上，慢一點也會有機會成功。在家庭運上，家人略有不和，但終會平順。

天同、火星運或天同、鈴星運：此運中你會因衝動、火爆的脾氣而『刑福』。此運中你會表面溫和，但內心險惡，也會和黑道有關。此運亦較可能做非法的事情，而遭災、入獄，有官非。此運會有意外之災，有天災人禍等事。會有車禍、血光。此運在考試運、升官運上無運。在感情運上不十分順利。在家庭運上，家人表面溫和，其實內心衝動，多爭鬥。

天同、地劫、天空運：此運為『劫福』、『福空』的運程。是根本無福的運程。此運你會勞碌、耗財多、賺不到錢、生活較苦、感情不順，亦無貴人相助。你會思想清高、頹廢、不積極，亦有灰色思想。此運易出家，或有宗教思想。此運什麼也抓不住，摸不著，頭腦空空，運氣空茫。

午宮

此運是武府運：此運中武曲、天府皆居旺位。故此運極為富有，錢財多，賺錢容易。此運你對金錢敏感，性格剛直，守承諾，有些吝嗇、小氣。此運做政治活動，也會好。此運在考試、升官運上，大致還好。在感情運上，尚稱圓滿。在家庭運上，家中財多，家人是一板一眼，感情親密，能相互支助幫忙。此運你精明幹練，精打細算，適合做生意，會賺大錢。

武府、文昌運：此運中文昌居陷，故此運中你的財運雖好，但你不精明，理財能力和計算能力不佳，人也不夠聰明，會有耗財現象，或賺錢方法上有瑕疵，錢賺的沒前者那麼多。此運你的外表較粗，有市儈氣。在考試運、升官運上也不十分完美，考運不太好。在感情運上，你會小氣、吝嗇，人緣不好，對人沒誠意，有小奸小詐、機緣不好。在家庭運上，家中錢財不太多，家人的親密度不算很好。

武府、文曲運：此運中文曲居陷。故此運中，你的錢財也會略少。此運你的口才差，無才華，人緣也不佳。為人小氣、吝嗇。在考試運、升官運上運氣不算好。在愛情運上，機會少。在家庭運上，家人生活無虞，但不算很和睦。

武府、左輔運或武府、右弼運：此運中左輔、右弼幫助武府的，就是更

增加它的財祿和儲蓄財富的力量。因此在此運中，你會更有錢、更富有，有億萬之資，是個大富翁。此運 中有貴人幫助你生財、存錢。幫著你擴大財富，你的事業會增大，可做連鎖企業，或相關企業，或跨國企業。此運不利考試運、升官運，只利財富的增進。同時也不利感情運、家庭運，你會財大氣粗，讓第三者介入，使感情複雜。

武府、祿存運：此運是丁年和己年生的人會遇到的運程。此運中你會保守、小氣、吝嗇，是個守財奴。你很會積蓄存錢，財富也多，但人緣不佳，也不喜和人分享。此運不利感情運，會機會少，太謹慎，害怕別人覬覦你的財產，而不太敢談戀愛。在家庭運上，家中富有，但孤獨，家中人少，感情普通。此運在考試運、升官運上有機會。

武府、擎羊運：此運是丙年、戊年生的人會遇到的運程。此運中會為錢財爭鬥多。賺錢不易，但仍能賺到錢。此運為『刑財』格局。財庫會有破洞，存不住錢。此運會比前運財略少。在考試運、升官運上皆會競爭激烈，稍有不順。在感情運上，你會小氣、保守，機會略受阻。在家庭運上，家人為家產爭奪較凶，家人不和。此運多車禍、傷災。

武府、火星運或武府、鈴星運：此運中仍是『刑財』格局。此運中你會衝動、脾氣不好。會有意外之災。錢財也會減少，耗財多。此運不利考試運、升官運。在感情運上，會衝動、火爆，不利感情運。在家庭運上，家人有爭鬥是非，使家運減弱。

武府、地劫運或武府、天空運：此運是『劫財』、『財空』的運程。此運中因只有一個地劫、天空出現在運中，故此運仍是錢財多、富足的，但會有耗財現象。或因頭腦空茫，理財能力不好，或不實際而耗財多。此運在考試、升官運上要多努力可突破。在感情運上要積極一點，也會遇到對象。在家庭運上，家財在耗弱之中，家人也會相處冷淡。

武曲化權、天府運：此運是庚年生的人會遇到的運程。此運中你能掌握錢財。對錢財有主控力。也能積蓄財富。此運由你去要債也必定能要到手。此運也適合做政治鬥爭活動，有必勝的把握。參加選舉，也會必勝。尤其是募款籌錢，一定要用此運去做，會籌得多，金額大。此運在考試、升官上也有必勝的把握。在感情運上反而太剛硬，可能會有金錢交易的感情。在家庭運上，家中富有，且家中有掌權、掌錢，強而有力的主事者。

武曲化祿、天府、祿存運：此運是己年生的人會走的運程。此運是『雙祿』格局。因武曲居旺帶化祿，化祿也居旺，再加祿存，會有億萬之資，非常富有。此運中你的財氣逼人，雖然你小氣、吝嗇、保守，但別人還是會靠近你，是被財氣所吸引而來的。此運利於升官、發財、考試，會很順利。在感情運上，你也會機會較多，只是看你自己願不願意接受而已。在家庭運上，家中富有多金。家人保守，感情不錯。

武曲化忌、天府運：此運是壬年生的人會走的運程。因對鄙有七殺、擎羊相照，故環境不好，險惡多爭鬥，賺錢不易，你又多金錢上的是非災禍，有金錢困難或官非。此運你的頭腦不清，理財能力不好，是『刑財』格局。但是你仍不會太窮困，仍會有衣食之祿，只要儘量平安度過此運就會較好。

未宮

此運是日月運（太陽居得地、太陰居陷運）此運是主貴不主財的運程。太陽是官星，在得地之位故主有事業運，太陰居陷故財運不佳。此運中你會情緒不穩定，常起伏，多愁善感，對財、對人際關係的敏感力又不好，與女性不和。需要自己多學習自我成長與控制情緒，否則常感覺什麼也不順利。此運正坐在『陽梁昌祿』格上，因此有考試運、升官運。在感情運上，運氣不算頂好，因為太陰陷落，對愛情的敏感力差。但你仍可找到溫和、不計較，願意好好服侍你、照顧你的人來做情侶。在家庭運中，家人會較陽剛，但不溫柔，家中財少，相處狀況常有好壞變化難定。

日月、文昌、文曲運：此運中文昌居平，文曲居旺，故此運中你是心情起伏不定，多變化，性格較爽直，對人際關係敏感力不佳，口才好，略有人緣，氣質普通，精明力不足，理財能力有瑕疵的人。此運中，財運不好，也與女性不合，但有一點異性緣，在愛情上可找到對象。在讀書、考試、升官

上也都有機會可上升。在家庭運上，家庭外觀美麗、和諧，但內中有起伏不和，財少，不富足。此運中有臨時貴人，所遇到的貴人運只有一小時的運程。在一小時內會幫助你，超過時貴人就走了，你要小心把握。

日月、左輔、右弼運：此運左輔、右弼幫助日月的是：更增高事業的旺度和名聲，更有發展。但在錢財上就更增其不順、更少。在此運中你會有領導力，有合作精神，有人會助你得到官位，事業如日中天，但是不幫你賺錢，在錢財上會更窮困，因此此運你會升一個清高、有名聲，但無財利的官位。很可能做監察員、監察委員、顧問之類掛名的職位。此運在考試運上有機會，但會因事情多，情況有變化而不能參加考試。感情運中，你會情緒起伏，拿不定主義，左右為難，更會腳踏數條船，難以抉擇，感情運不順。在家庭運中，家中有外人介入，愈幫愈忙，有紛爭。

日月、擎羊運：此運是丁年、己年生的人會走的運程。丁年生的人會有『太陽、太陰化祿、擎羊』在運中。此運是『刑財』、『刑官』的運程，你會心情多起伏變化、陰險、多慮、多煩惱，事業不順，錢財不多，身體不好，不順的事情多。此運有傷災、血光、車禍，也易開刀。有眼目之疾，或心臟、血壓、中風及肝腎功能不佳的毛病。你常四肢無力、頭痛，因此在事業上也無心打拚。此運仍和女性不和，環境中多爭鬥、競爭，而你的競爭力差，做人會唯唯諾諾，陰沈，不開朗，運氣也不順。在考試運、升官運上有刑剋不佳。在感情運上也少機會，或太愛計較，常吵架、爭執、不和、分手。在家庭運上，家中多女性的爭鬥，你與女性家人不和，家宅不寧，不平靜，財窮，有困境。

太陽化祿、太陰化忌、陀羅運：此運是庚年生的人會遇到的運程。此運是『祿忌相逢』的運程。此運中你在事業及賺錢上仍不順，會拖拖拉拉，沒有好機會、好結果。此運你比較笨、頑固，又有點強悍的意味，但內心多是非，頭腦不清楚，常有古怪、鬱悶的心態，與人不和，和女性有是非。在錢財上有疏失，不會理財，也錢財有慢進的趨勢。此運你在工作上似乎有好的發展，但事實上常拿不到錢，或錢財太少，或形成是非災禍，賺錢很慢。此運也會常失業、無工作。此運凡事不順。在考試運、升官運、感情運上皆不

順，是非多，扯不清楚。在家庭運中，家中財窮，爭鬥還多，多半是女性在不和爭鬥、不平靜。

日月、火星運或日月、鈴星運：此運中必有火災發生。要小心防範，可算出流年、流月、流日出來。流時在未時。此運會有意外之災。偶爾也有意外之財，但財較少。此運中你的心情起伏大，不順利，陰晴不定，常衝動、暴躁，人緣不好，機會太少，錢財也常不順。工作易丟失。且要防車禍、血光及病災、傷災。在考試運、升官運上不順利。在感情運上易分手，或機會少。在家庭運中，家人多爭鬥，你和女性不和，財少，家中問題多，不寧靜。

日月、地劫運和日月、天空運：此運中，你的情緒起伏大，思想飄渺，不切實際，凡事有灰色頹廢思想，會退縮，做不成事，常會失業丟工作，沒工作，頭腦空空，不實際。此運，財運不佳，也留不住財。在升官運、考試運上要突破難關，拚命以赴才行成功。在感情運上，你情緒不穩定，戀愛機會少，或要分手。在家庭運中，家人冷淡、財窮、不富裕。

太陽化權、太陰運：此運是辛年生的人會走的運程。此運中你雖心情起伏大，情緒不穩定，但你在工作上有能力，有主控權，會奮力於工作。有領導力，在男人的社會中有主控權，對男性也有權威和說服力。但對女性較不和，沒有主導力，且多是非。此運你會做名聲好但財少的工作，更要小心事業的前途上，做的很大，但在錢財上有疏忽，而致錢財出問題，要倒閉。此運較陽剛，對戀愛運不吉。在考試運、升官運上會必勝。在家庭運中，家中有男性長輩管事當家。但財少，或不會理財，家人有怨言。

太陽化忌、太陰運：此運是甲年生的人會走的運程。此運中，你與男性、女性皆不和，有是非。此運你的眼目不好，有疾病，且會身體不佳，有病。在工作上難有發展，錢財不順，常無工作，是懶惰，沒有成就的人。在考試運、升官運上多是非而不順利，考不上。在感情運中機會少，你也會令人討厭，多有阻礙。在家庭運中，家人不和，財少，爭鬥有災禍很凶。，此運你會頭腦不清，脾氣不好，常怪別人，自己不反省，也不和人合作，有自困的現象。

申宮

此運是貪狼居平運：此運中好運機會只有一點，不強。而你周圍的環境中的人是爭鬥多，陰險、多謀略的人的險惡環境。你會生活、競爭很辛苦。此運中你仍然貪心，有所圖謀，但運氣不強，很多事做不成。你會用交際攏絡的方式去結交朋友來對你有利，但這些人太精明、厲害，因此你有點鬥不過他們。此運中你的人緣也不算太好，行動力和競爭力都不太強，有些懶惰，故付出的努力也不太多。此運在考試運、升官運上不強。在感情運上，你容易愛戀或貪色，也會不容易得到手。你對人會不真心，讓人有油滑、不實在的感覺，你會做人處事潦草，更會投機取巧。在家庭運上，家人相處冷淡，溝通不佳，少來往。

貪狼、文昌運：此運中貪狼居平、文昌居得地之位。故你在此運中會外表文質彬彬，略有文彩，有計算能力，稍會理財，但會糊塗，有政事顛倒的事情發生。此運在事業運上，易受賄、貪污，或公事出錯，被罷黜、停職、受處罰，此運要當心。在考試運上有稍許機會。在升官運上不一定有機會。在感情運上，會有糊塗桃花。在家庭運上，家人外表有氣質，相處冷淡，家中人常有糊塗事發生。在財運上，此運能因籌謀而得財，財不多。

貪狼、文曲運：此運中貪狼居得地之位。此運中你的口才好，有才華，但會頭腦糊塗，也會亂講話。此運人緣較好，但仍有政事顛倒，受處罰的事發生。此運在感情運上會機會多，也會貪報、好色。在家庭運中家人不親密，愛往外跑，應酬多。財運上會稍好一點，不算多。

貪狼、左輔運或貪狼、右弼運：此運中雖貪狼居平，運氣不算太好，但有左輔或右弼同宮時能助長運氣會強一點。此運中也會有貴人幫助你更貪心，有競爭力。更會讓你有稍許領導力。你的性格也會更強悍、霸道一點，在平輩人脈中有人緣機會，但無長輩運，故升官運不佳，考試運不行。在感情運上，桃色事件多，小心緋聞案件。在家庭運上，家人冷淡，不和，有外人介入。在財運上，有貴人助你生財，財運稍好。

貪狼、祿存運：此運是庚年生的人會走的運程。此運中你會保守、內向、

人緣不好，少與人來往，競爭力差，只顧自己，較自私、貪心，但財祿只夠衣食之祿，並不多。此運在考試、升官運上並不強。在事業運上，運氣不多，機會少。故只有一般公職、軍警職或薪水族的工作機會。在感情運上，機會少。在家庭運上，家人較保守、自私，彼此冷淡。家中人丁單薄，或各分東西。

貪狼、陀羅運：此運是辛年生的人會走的運程。此運是笨運。而且是『廉貪陀』『風流彩杖』格，故此運容易發生色情誹聞之事，會傷害名譽，亦可能身敗名裂。此運你會因一時的貪財、貪色而做了蠢事，一失足成千古恨。女子走此運，小心被強暴。此運你會頭腦慢，做事慢，又頑固，不聽勸。進財也會拖延，有錢財不順，運氣不開的煩惱。此運也會是以前所做的錯事，在此運中爆發開來。在升官運、考試運上無運氣。在感情運上會觸礁、分手，也易離婚。在家庭運中，家人不和、冷淡，是非多。

貪狼、火星運或貪狼、鈴星運：此運是『火貪格』、『鈴貪格』的暴發格運程。會有偏財運。因貪狼居平，火、鈴居陷，所暴發的錢財不多，最多的只有數十萬元而已。也可能只在幾千元之譜。此運你也可能在事業上、升官運上、考試運上有意外之好運。在感情運上你會脾氣急躁、馬虎、不重視愛情，小心讓愛情運溜走了。在家庭運上，家中有突發的好運，但家人也會不和，多爭鬥。

貪狼、地劫運或貪狼、天空運：此運中，在對宮會有另一個天空、地劫會出現、相照。故此運中會運氣全無。你會頭腦清高，不實際，做事不積極，不重視錢財，又耗財凶，存不住錢。此運無論在考試運、升官運上全無運氣。在感情運上也會是空窗期。你會與戀人感情冷淡而分手。在家庭運上，家中財少，家人感情淡薄或分散、遠離。在財運上較窮困、拮据無錢。

貪狼居平化權運：此運是己年生的人會走的運程。此運中貪狼居平，運氣不多，但帶化權後，會稍增強。你會喜歡掌權管事，機會也會略好一些。此運中你的貪心會多一點，競爭力會強一點，好爭。在性格上你也會較強硬、衝動、頑固、愛拚。此運有利升官運上的爭鬥。對考試運也會積極奮發。對感情運不佳，但能掌握機會認識對象，要保持感情就要多用點心了。在家庭

運上，家人相處較剛直，制式化，不太柔軟，體貼，也不太溝通。家中有強勢者主政，家宅不寧，冷淡。

貪狼居平化祿運：此運是戊年生的人會走的運程。此運中你的人緣關係較好，機會較多，會有一些財祿可得，但你外界周遭的環境仍是爭鬥多，有較多陰謀的險惡環境。你的運氣會好一點，在升官運、考試運上，機率會稍高一點，此運你稍為聰明、活躍。在感情運上，機緣多，桃花多。在家庭運中，家人會和睦一些，但在溝通上仍要加強。在財運上有不錯的收入。

貪狼居平化忌運：此運是癸年生的人會走的運程。此運中你是孤獨、保守，人緣不佳，會有是非災禍的狀況。你會有特殊技藝以謀生，賺自己的衣食之祿，但財運也不會太好。在考試運、升官運上無機會。在感情運上多是非、不和，有糾紛纏身。在家庭運中，你和家人不和，有糾紛、災禍。

酉宮

此運是機巨運：此運中天機居旺、巨門居廟。此運中你會特別聰明、智商高、反應快、口才好、辯才強，但多是非。你會有高文化水準。應變能力很強。在事業上會有許多重大轉變，是愈變愈好的趨勢。但也會夾雜著是非口舌、災禍等事，防不甚防。在考試運、升官運上有好機會。在感情運上易有變化，是非糾纏多，感情不順。在家庭運上，家道起伏不定，家中有是非糾紛，不平靜。

機巨、文昌運：此運中文昌居廟。故此運中你會文質彬彬、有氣質，有高文化水準、聰明、精明幹練、計算能力好、理財能力好、口才好、頭腦一流，在事業上的發展高。在考試運、升官運上大有機會，也會愈考愈高分。在感情運上，有變化，有是非口舌，但能利用口舌之利來談戀愛。在家庭運上，家中尚富裕，但家中有是非糾紛，不和的狀況。在財運上此運富足，但是薪水族格局的財祿。

機巨、文曲運：此運中文曲居廟，此運中你的口才特佳。有人緣，機會多，但也會有口舌是非的災禍，要小心。此運在考試運上不強，在升官運上較好。在感情運上有利，但仍會有是非糾紛出現。在家庭運上，家人聰明、多風趣，也會有口舌之爭。

機巨、左輔運或機巨、右弼運：此運中左輔、右弼是幫助機巨的是更聰明、口才更好，但也是非更多。故此運中你更有機智會應變。也會有貴人相助，在財運上會多得一些，但仍是薪水族的格局財祿。此運中是非口舌多，你是訓練有素的辯論者，可力擋群雄。此運不利升官運、考試運，也不利感情運，會多是非，感情不順。在家庭運上，家人聰明、機智，但不和，有是非，財也不多。

天機、巨門化祿、祿存運：此運是辛年生的人會走的運程。此運是『雙祿』格局。此運中你會靠口才吃飯，得財。你會性格保守，賺薪水族的財祿，衣食無憂。在事業上有發展的機會和機運，但仍要防口舌之災。在考試運、升官運上有機會。在感情運上，會保守、挑剔、古怪，但也稍有人緣，嘴甜，會說話。認識對象的機緣不少，但都會有是非纏繞的問題。在家庭運上，家財不少，但有是非不和，家人感情起伏多變化。

機巨、擎羊運：此運是庚年生的人會走的運程。此運中你周遭的爭鬥多，競爭激烈，而且時有變化不吉。你會頭腦聰明、陰險、好爭鬥。此運有車禍、傷災、血光、開刀等事。在財運上並不順利，財少。在考試運、升官運上會有問題。在感情運上，多糾紛、不和、機會少。在家庭運上，家中多是非糾紛，不和。在事業運上也易遭辭工，或工作上爭鬥多，賺錢不易。三合宮位有火星出現時，此運會自殺。

機巨、火星運或機巨、鈴星運：此運中也是爭鬥多，有意外之災，不平順，多起伏不定的運程。你非常聰明，會好爭、好鬥。此運亦可能有意外之財，但很小，不多。在考試運、升官運上，運不強。在感情運上，你會暴躁、衝動，感情不利，也會機會少。在家庭運上，家中不和，多是非爭鬥，不寧靜。

機巨、地劫運或機巨、天空運：此運中你仍非常聰明，口才好，是非口舌稍少一點，但財運不好，耗財多，留存不住。做事不積極，或有是非而放棄。在考試運、升官運上要加把勁才會有機會。在感情運上，機會少，也會不積極，成空。在家庭運上，家中有是非、財少、窮困、感情不和也淡薄。

天機化權、巨門運：此運是丙年生的人會走的運程。此運中你會掌握變化的機運而對自己有利。你會特別聰明，口才不錯，對事情的轉機有主控權。你也會借用是非或災禍來達到轉運的效果。此運適合考試運、升官運和事業運、財運。在感情運上，雖然不錯，但仍有是非、口舌和糾紛、感情不順。在家廷運上，家運有轉機，但仍有是非災禍不斷。在財運上，此運也不錯。你亦可能藉由是非、災禍來得財不少。

天機化祿、巨門運：此運是乙年生的人會走的運程。此運中略有人緣，你的聰明才智高，口才好，會講話，能因變、因機智而得財，適合做變化多的工作。此運雖稍有財祿，但仍是薪水族的財祿規格，你亦可能因是非變化而得財。此運在考試運、升官運上有機會。在感情運上也機會多，但仍會有是非，在家庭運中，家人感情略好，但口舌是非多，口角多。

天機化科、巨門化忌運：此運是丁年生的人會走的運程。此運是『科忌相逢』的運程。你會在某些方面聰明，也會在某些方面糊塗，此運多是非、災禍，你會做事，有氣質。但在處理是非口舌和災禍方面卻很笨，愈弄愈糟，亦可能發生更大的災禍。此運凡事不吉。

天機化忌、巨門運：此運是戊年生的人會走的運程。此運中你的頭腦愚笨，有另類的聰明，一般人不瞭解。你會多招是非災禍。事情難有轉機，也會愈變愈糟，愈弄不清楚了。此運萬事不吉，也會財運不好，有糾紛、災禍。有考試運、升官運、事業運、愛情運、家庭運方面，全不吉。

戌宮

此運是紫相運：此運中紫微、天相全居得地之位。表示這是一個吉祥、如意、享福，一切平順、莊重、高尚的運程。故你在此運中會態度優雅、莊嚴，受人敬重，你會有自尊心，自律規範很好，不會做惡事，錯事，讓人對你刮目相看。此運有利考試運、升官運。但在成績上並不會太好，只是一般而已。在感情運上亦吉祥如意、平順。你會找到外表氣派美麗，有人緣、有善心，肯為別人付出，品格高尚的人為對象。在家庭運中，家人和樂，感情好，生活舒適。此運在財運上也富足，不會為錢煩惱。

紫相、文昌運：此運中，文昌陷落。，故你在此運中是外表氣派，但較粗俗，會帶有草地人憨厚的性格。你的計算能力不太好，理財能力不佳，故所賺的錢財會少一點，但仍能有舒適的生活。此運在考試運、升官運上不佳。是有機會而不中。在感情運上，你也會有小奸小詐，惹些小是非，但大致還好，桃花機會會減弱。在家庭運上，家人還和樂，但會有小磨擦。

紫相、文曲運：此運中文曲居陷。故你在此運中不會講話，口才不好，很靜，有些悶，才華也不佳。此運中你會賺錢略少，但仍能舒適生活。在升官運、考試運上不佳。在感情運上也會機會減少。在家庭運上，家人還算和睦，有小的口舌是非、不順。

紫相、左輔運或紫相、右弼運：此運中左輔、右弼是幫助紫相，更高貴，享福，也更有打拚能力，力趨吉祥，吉順的力量。此運你會有領導力，能服眾，也愛幫助人，有合作精神。此運你愛照顧人，也會有貴人幫助你生財、升官。在考試運上並不見得順利。在感情運上不喜有第三者介入，難做抉擇。在家庭運上，家人和樂，能相互幫助。

紫相、擎羊運：此運是辛年生的人會走的運程。此運是『刑福』、『刑印』的格局，故你在此運中會外表氣派，但內心懦弱怕事，掌不了權，也操勞不停，多煩惱憂愁，你會常遭欺負，沒有領導力，管不了人，不能服眾，做主管做不好，故無升官運。在考試運上多競爭，也不利。在感情運上，你會小氣、計較、愛報復人，也不利。此運可能會因情變而殺人或被殺。在家庭運上，家人表面和睦，私下爭鬥多、不和。

紫微化權、天相、陀羅運：此運是壬年生的人會走的運程。此運中你會氣勢強悍，表面上看來你不見得聰明，但有一股強勢能趨吉避凶，使凶厄化解的力量。此運中你有頑固要做主當家的權力慾望，你也會掌權管事，把一切弄平順。此運利於升官、考試，一定會考中。此運也適合解決財務問題，別人會尊重你，沒有異議的聽從你的安排。此運在政治鬥爭，選舉上也有必勝的把握。但要看對手是誰？因紫微只居得地之位，化權也居得地之位。故此宮位之紫微化權是比不過，在廟位的武曲化權運的。如果對方是武曲居廟化權運，而你是紫微化權、天相運，則你仍然在選舉中會被打到敗下陣來。此運在感情運中會強勢，有新的強勢的對象會出現。在家庭運中，家中有長輩當權管事，但仍會有是非。

紫相、火星運或紫相、鈴星運：此運中你會外表穩重，但內在脾氣急躁、火爆，會有意外之災和車禍等問題。你會因衝動而遭災禍。此運不利考試運、升官運。會勞碌無所獲。在錢財上也有耗財現象。此運也可能有意外之財，但財少，而且很快花掉。在感情運上，有衝突、不和諧、順利。在家庭運中，家人表面祥和，私下有衝突。

紫相、地劫運或紫相、天空運：此運中是『劫福』、『福印』、『劫印』、『印空』的格局。故你會掌不到權力，會懦弱，被人欺負，也會勞碌無福。此運中錢財少，享受不到。你也會思想空空，不實際，對賺錢沒有敏感力，做事不積極，努力，容易放棄，故一定要振作精神打拚才在升官運、考試運、愛情運上有希望。在家庭運上，你的家人是表面祥和，但感情漸冷淡的。

亥宮

此運是天梁陷落運：此運中你沒有貴人相助，你會較懶，不積極，怕麻煩。你得不到長輩的照顧，也不喜歡照顧別人。更不喜歡有人來管你。此運中你有一點自私自利，但運氣不好，貪也貪不到。此運也會多是非、麻煩，你也會有懦弱不想管的狀況，但是麻煩仍多。在考試運、升官運上，只要『陽梁昌祿』格完整，此運仍有考試運、升官運。在感情運上，機會不太多，此運也會碰到不太會照顧你，會東奔西跑，忙碌不停，少見面的對象。在家庭運中，此運會財少，不順，家中人不能彼此照顧。在財運上，此運人緣不太好，機會少，財運也不佳。

天梁、文昌運：此運天梁落陷，文昌居平，故你的外表不算很斯文，但瘦弱，有懦弱、溫和的外貌。此運中你不算聰明、精明、理財能力也不好，故錢財上會有拮据的時候。你會喜歡文質工作，但又不賣力。此運在考試運上有機會。在升官運上不見得好。在感情運上機會少，你會小氣、吝嗇。在家庭運上，家中財少，生活為中下等的生活，不富裕。

天梁、文曲運：此運中文曲居旺。故此運中你外表溫和、口才好，才藝佳，人緣不錯，是故財運也略好。在考試運上無運。在升官運上較好。在感情運上，機會多，桃花多。在家庭運上，家人口才好，多風趣，但相互照顧不多。

天梁、左輔運或天梁、右弼運：此運中左輔、右弼幫助陷落的天梁的是更固執，更不喜人管，也不喜人來照顧他，自己也不會照顧別人。此運中，貴人幫不上忙。只幫忙懶惰、愛玩。因此此運中你會東奔西跑的遊蕩、愛玩。有一票朋友會和你一起玩，但不會陪你做正事。此運你不會參加考試，也不會升官。在感情運上會複雜，有第三者介入。在家庭運上，有外人介入、不和。

天梁化祿、祿存運：此運是壬年生的人會走的運程。此運為『雙祿』格局。但因天梁是陷落帶化祿，化祿也居陷，故不強，財不多。此運你會保守、小氣、固執，有衣食之祿，但財不多。此運你也會因意外之財而有包袱，不吉，要小心。此運在考試運、升官運上還不錯，但成績普通。在感情運上很保守，會有機會，但容易找到有包袱的對象。在家庭運中小康，有衣食，但家人脾氣怪。

天梁、陀羅運：此運為癸年生的人會走的運程。此運你會動作慢、溫和，但笨。你也會心情悶，心中多是非，轉不出來。此運錢財不順，較窮，會賺不到錢，錢財慢進，或失去工作，沒錢賺。在考試運、升官運上無機會。在感情運上會遭人嫌。在家庭運上家人是非多，感情不佳。

天梁、火星運或天梁、鈴星運：此運中你會較邪惡，有壞思想，運氣不順，又想害人。此運會有意外之災，有車禍、傷災等。此運最好要有宗教信仰。你會脾氣火爆衝動，臉上會有斑塊、痕紋或痣。此運身體不好，亦有肝腎的毛病。此運不利考試、升官運。也不利感情運。在家庭運中，家中多爭鬥、不和。

天梁、地劫、天空運：此運中是『劫蔭』、『蔭空』的格式。此運中你完全沒有貴人運。你的思想空茫、不實際，什麼也抓不住，掌握不住。你也不積極、不努力。此運中易朝向宗教發展，可能會出家。此運財運不好，財窮。在人際關係上也不佳。

天梁陷落化權運：此運是乙年生的人會走的運程。此運對宮是天同居廟。表示你貴人運少，但你還強力要掌權管事，基本上你又愛享福、懶惰，根本也管不好，所以只是造成是非多而已。此運在財運上亦不佳，賺不到什麼錢。在考試運、升官運上機會不強。在感情運上，你會很嚕嗦、挑剔，阻礙了機會。在家庭運上，家中有能力不好又愛管事的人，是非多。

⑫『紫微在亥』命盤格式中各宮運氣詳解

子宮

此運為空宮運，對宮有同陰相照的運程：此運為空茫的運氣。對宮相照的星是天同居陷、太陰居平。故此運無福、勞碌，且錢財少，較窮困。此運凡事不吉，亦會多災。你的心情也會很壞，沒有人緣，特別和女性不和，處處受制於女性。此運沒有考試運、升官運。感情運也不順。你在此運中也不太會看臉色，沒有敏感力，常做一些討厭的事，說一些不討人喜歡的話。此運是財窮，心也窮了。在家庭運中，家運空茫，財少，家人也不親密。對宮有太陰化忌相照的人會更窮，運氣更壞，更不順。

⑫紫微在亥

天府(得) 巳	天同(陷) 太陰(平) 午	武曲(廟) 貪狼(廟) 未	太陽(得) 巨門(廟) 申
辰			天相(陷) 酉
廉貞(平) 破軍(陷) 卯			天機(平) 天梁(廟) 戌
寅	丑	子	紫微(旺) 七殺(平) 亥

文昌運，對宮有同陰相照的運程：此運中文昌居得地之位。表示你有斯

文、有氣質的外型，性情溫和，智慧也高，也會理財，具有計算能力。但是你所處的環境太窮，可理的財不多。此運中也會有折射的『陽梁昌祿』格，因此會有考試運、升官運。在感情運上，你會個性剛直，認識異性的機會不多。在家庭運上，家境不富裕，家人也不親近。

※若有文昌化忌在此運中的人，你會頭腦不清楚，理財能力更差，有錢財上的是非，生活也會困苦。

※此運倘若對宮有太陰化忌相照的人，是人緣關係差，有是非、錢財困難或有錢財糾紛的運氣。此運和女性不和還有糾紛是非存在。

文曲運，對宮有同陰相照的運程：此運中，文曲居得地之位。表示在此運中你會有人緣，口才好，有一些才華、才藝。但是你所處的環境中不富裕，財少，很勞碌，不能享福。此運有一點升官運，考試運不強。在感情運上，機緣不錯。但是此運會找到口才好、溫和、經濟狀況不富裕的對象。在家庭運上，家中還和樂，只是財少，較窮。

※若此運是文曲化忌運時，表示此運中你頭腦不清，口才不好，多惹是非

口舌，你的才華也會有問題，此運中你賺不到什麼錢財，會窮困。在考試運、升官運上皆無機會，在感情運上，易有糾紛不和。在家庭運上，家中不和，多口舌是非。

※若此運是文曲運，對宮有天同、太陰化忌相照時，表示此運你雖有口才、有人緣，但仍有錢財上的是非麻煩。會財窮，賺錢不易。也會與女性不合。在感情運上，會有不順。在事業運上，辛苦，財不多。在考試、升官運上，小心不要碰到女上司或女主考官，以免考不上。此運在家庭運上，家人相處普通，但家境不富裕。

左輔運或右弼運，對宮有同陰相照的運程：此運中，你會溫和，有些軟弱，拿不定主意，情緒起伏大，有時也會耿直。喜歡找人作伴，喜黏人，又有點孤僻。此運你的錢財不多，常找朋友幫忙。但朋友也是窮朋友，反而來依靠你。此運考試、升官運全不行，考不上。在感情運上也遇不到好對象。在家庭運中，家中財窮，有孤獨的狀況。

左輔化科、擎羊運，對宮有同陰相照的運程：此運是壬年生的人會走的運程。此運中，你的心態不好，有依賴心，環境窮，賺錢不易，你會找朋友來依靠，過生活。此運不利考試、升官，競爭激烈，沒有希望。在感情運上，你會唯利是圖，腳踏數條船。在家庭運上，家中窮，相互爭鬥，感情惡劣。此運有傷災、車禍的血光。

右弼化科運，對宮有天同、太陰化權、擎羊相照的運程：此運是戊年生的人會走的運程。此運中你表面溫和，有氣質，像小鳥依人的模樣，但是內心性格強悍、凶狠。你的環境不富裕，有些窮困，且勞碌、爭鬥多，但是你喜歡抓權管錢，但不見得管得到錢，因錢財少，無錢可管。在你周遭也會有強勢的女性和你爭權奪利，和你不和。此運不利升官運、考試運。也不利感情運。你會依賴人過生活，幫別人理財，管家，但管不好。多是非爭鬥。

祿存運，對宮有天同、太陰化科相照的運程：此運是癸年生的人會走的運程。此運你稍有衣食之祿，溫飽有餘，可存一點點錢，但不富裕。在你周遭環境中是溫和、財少，略有氣質，略有做事能力，對財的敏感力不強，人緣關係保守，不太好的這麼一個環境。但此運可形成折射的『陽梁昌祿』格，會有升官運、考試運。在感情運上，你的機會少，要多出去交朋友，打開心結才行。在家庭運上，家中生活過得去，但不富裕，有保守、孤獨之相。

火星運或鈴星運，對宮有同陰相照的運程：此運中火、鈴居陷。此運為窮運。還有意外之災害會發生，有車禍危險、血光、傷災、病災，很嚴重。此運你凡事不順，心浮氣躁、衝動、火爆，容易與人衝突、吵架、打架。此運爭鬥多，競爭激烈，也賺不到什麼錢財。此運沒有考試運、升官運。在感情運上，機會不佳。在家庭運中，家人不和，多衝突。

地劫運或天空運，對宮有同陰相照的運程：此運中運氣空茫，沒財運，還耗財多。會有借貸之事。此運會窮困，有病災、傷災而耗財，沒有升官運、考試運。感情運也不吉，會感情冷淡而分手。也無認識新對象的機會。在家庭運上，家窮，家人關係冷淡，或家人分離。

丑宮

此運是空宮運，對宮有武俱相照的運程：此運是空茫的運氣。對宮相照的武曲、貪狼皆居廟位。表示在你周遭環境中尚有許多很強的財運和好運機會。故此運中只要沒有煞星進入，倒是還不錯的運程。並且對宮的武貪形成『武貪格』暴發運格，具有偏財運。相照過來，故此運亦有偏財運，能多得錢財。但此運的財無法與在未宮的財祿相提並論。此運中的財較小。此運也會有考試運、升官運，這是靠暴發運格而形成的好運機會。在感情運上，你很忙，會忽略感情運，但仍機會大。此運你會找到運氣，愛賺錢的對象。在家庭運中，家人都很忙，無暇彼此溝通。

昌曲運，對宮有武貪相照的運程：此運中，文昌、文曲同宮，皆居廟位。代表此運中的你會有聰明、美麗、氣質好的外表長相，也會有精明善理財，財運很不錯的好運環境。此運中你會有暴發運，能爆發錢財。也會有考試運、升官運。在感情運上，你會有異性緣，喜歡享艷福，戀愛機會多。在家庭運上，家中和樂，美滿，生活舒適。此運你仍會有政事顛倒、糊塗的狀況，要注意。

※倘若是文昌化忌、文曲運，對宮有武貪相照的運程：此運為辛年生的人會走的運程。你在此運中會頭腦不清楚，讀書讀不好，沒有考試運和升官運。你會有文書、契約或開支票，付款以及錢財上的是非麻煩。你的計算能力不好，理財能力也不好了。在此運中的偏財運、暴發運也不發了。但是行經對宮武貪的運程時，還是會發的。此運錢財少了，你只是口才好，愛說話，愛玩而已。此運你不會有什麼成就。

※倘若是文昌、文曲化忌運，對宮是武曲化祿、貪狼化權、擎羊相照的運程：此運是己年生的人會走的運程，表示在此運中你會頭腦糊塗，口才不好，會因口舌惹是非。你也會才華不佳。在你周遭的環境中是強悍競爭，爭鬥很凶，但是財多，能掌握好運機會的環境。你在此運中不會暴發偏財運，但行運至對宮仍會有偏財運。你在此運中有衣食之祿夠生活。此運你不會有大成就。

左輔、右弼同宮運，對宮有武貪相照的運程：此運中，你會溫和，喜歡和朋友黏在一起，凡事都愛找朋友，一同工作，一同賺錢或一同遊樂。此運中你會有領導力，也有合作精神。你此運的外在環境是財多，運好的環境。因此你會賺很多錢。此運中因對宮是『武貪格』相照，故也有偏財運。可得到一些財富。此運不利考試、升官。也不利感情運，會有離婚、分手現象。或同時有兩個以上的戀人，難以抉擇。在家庭運上，家中有外人介入，多惹是非。

擎羊運，對器有武曲、貪狼化忌相照的運程：此運是癸年生的人會走的運程。此運中爭鬥多，競爭激烈。你也比較凶悍、陰險、多謀略，喜於競爭。此運你外在的環境是有一些錢財，但人緣關係不好，沒有好的機運，是非多的環境。因此你比較辛苦，賺錢也會賺不多。此運中暴發運不發，因此沒有意外之偏財。此運不利考試、升官等運。也不利感情運，你會計較、小氣、陰險，愛報復人，敢愛敢恨，愛恨分明，為人衝動，此運會為愛情自殺或殺人。在家庭運上，家中多爭鬥、不和。此運你會常頭痛，身體不好，有傷災、車禍、開刀等事件，也會有病災。

陀羅運，對宮有武曲化科、貪狼相照的運程：此運是甲年生的人會走的運程。此運你會強悍、話少、悶悶的，有心事放在心中不說出來。腦筋固執轉不出來。此運沒有偏財運或偏財運慢發，有拖延的趨勢，要走到對宮的武貪運程才會發。例如：大運是陀羅運時，運走到未年武貪運時會發偏財運。流年是陀羅運時，流月在未宮時也會爆發一點點的偏財運。此運中，你外界的環境是有很多好運機會，並且可用較高尚、較有氣質的方法去賺錢的一種環境。例如，可在金融機構，財經機關工作等等。所以此運你雖是不靈光，看起來笨拙，頭腦固執、頑固不化的，但是好運還不少的。倘若是做軍警業的人，走此運會比平常做文職的人暴發偏財運大。因為武職的人不怕陀羅運來磨，文職的人較不耐陀羅運。文職的人需要聰明才智才能工作，笨起來，工作就會丟了，故不佳。武職的人工作較有保障，而且陀羅屬金，有強悍頑固的特質，適合殺敵作戰，故軍、警業的人是不怕陀羅運或陀羅坐命的，反而有利。

運程。**火星運或鈴星運，對宮有武貪相照的運程：**此運是『雙暴發格』的暴發運程，此運會暴發很大的偏財運之錢財，或暴發在事業上，會升官，或做生意、做公司、工廠，開得很大，再由事業上賺到大財富。火星、鈴星在丑宮居得地合格之位，故錢財會多得。此運中還是要小心意外之災，有小損失或車禍等問題。**如果此運對宮相照的是武曲化忌、貪狼，**則你只有此火星運或鈴星運有偏財運。**如果此運是和擎羊同宮，形成『火羊運』或『鈴羊運』，則對宮相照的是武曲、貪狼化忌。**則此運會有車禍傷災死亡之事。此運和未宮的暴發運以不發為妙，若暴發則恐怕是車禍受傷或亡故的補助費或保險金了。

地劫運或天空運，對宮有武貪相照的運程：此運是運氣更空茫，頭腦空空，看起來很聰明，但不太想動，不想做事，凡事不積極。你此運中外面的環境很好，財多、運好、機會多，但是你拿不到、摸不到，總是有大段距離。你的腦子會思想不切實際，所想的事與賺錢取財或成就一樁事情相差很遠。你也會耗財，被劫財，錢財留不住，又不進財。此運暴發運不發。運行對宮

未宮時才可能會發。此運也萬事不利，都化為泡影。也只有運行未宮時，才有好運。

寅宮

此運也是空宮運，對宮有陽巨相照的運程：此運是空茫的運氣。對宮相照的太陽居得地之位，巨門居廟，故此運你頭腦空空，而受環境影響。環境中所出現的運氣是有寬厚、傻哈哈的氣質，對正事、工作不太用大腦，對玩樂的事，邪佞的事，無聊的事滿有興趣，是非口舌很多的運氣。因此你在此運中會有些懶惰，工作不認真，喜歡講話、聊天，和人抬槓，多是非，和父母、家人頂嘴，糊塗的過日子。自然此運的錢財少，你也喜歡做保險業、推銷業，用口才說一說便可賺錢，不太想多花勞力來工作賺錢了。此運你的心情也常起伏不定，但很快的不愉快會過去，你喜歡指使別人做事，也會有挑剔，愛吃零食的習慣。此運在考試運、升官運上，必須要強加努力才會成功。如果有折射的『陽梁昌祿』格的人，考試成功的機會大。沒有此格的人成功

機會小。在愛情運上，機會不算多。此運中戀愛也需競爭使力，男女都一樣，必須和情敵一同競爭，才能得到愛情，不競爭便無愛情。是故此運中懶人和不在乎、傻哈哈的人便不易談戀愛了。在家庭運上，此運財少，不主財，家境不好，又多是非災禍，家中也是是非多，不算太和氣，口角、爭鬥多。

文昌運，對宮有陽巨相照的運程：此運中，文昌居陷，表示此運中你會相貌變粗俗，言行較粗魯，沒有文化，草根性較強。你周圍又都是些沒有大腦，口才不錯，口舌是非多的人。你在這個環境中生活，自然也和他們一樣，沒什麼發展，錢財不多，聰明度不高，知識水準低落，有粗言粗行，凡事不順了。但是此運有折射的『陽梁昌祿』格，只要寅、申、午、戌、辰、子等宮有一個祿星進入，你便有機會藉由讀書、考試而學歷增高，或參加國家考試來升等，跳脫出原有的低下格局的生活了。除此之外別無他法。所以此運你雖仍不愛讀書，但財窮，生活會困苦，混不出名堂，做生意會失敗，工作不長久，易丟失，會交爛朋友，感情不順利，易離婚，家破人不和。在這樣一個運程裡，你還能不醒悟、不努力嗎？

文曲運，對宮有陽巨相照的運程：此運中文曲居陷，故此運中你的口才不好，常招惹是非口舌。你周圍的環境也不好，全是些沒有大腦、愛聒噪，有是非爭鬥的人。你在此運中賺錢賺不到，很窮。做工作會不長久，易被辭退。很多是非災禍，都會沾上你，倒霉透了，此運你沒有才華，沒有理財和賺錢能力，知識不高、文化不高，也很難突破困境，且沒有考試運、升官運。在感情運上也不順利，會沒有機會，而且你的外表也粗魯愚笨，惹人討厭。在家庭運上，家中多是非口舌上的爭鬥、家宅不寧。

左輔運或右弼運，對宮有陽巨相照的運程：此運中你會懶惰、愛黏人，處處靠朋友、靠家人，但你周圍也都是懶惰和笨又多是非的人，因此你們之間的口角、是非麻煩真是多到數不完了。此運你很有依賴心，表面上朋友運很好，呼朋引伴，但都是狐群狗友，沒什麼大用，因此在事業上也不會有大發展，只是多是非糾紛而已。此運考試運、升官運全無，會重讀、重考、升不上去。在感情運上你也多惹是非，腳踏雙船，舉棋不定，又惹糾紛。在家庭運中，此運可能會有離婚、分居事件，家離子散，故此運不算好運。在錢財上亦無多得，也不順。

祿存運，對器有太陽化忌、巨門相照的運程：此運是甲年生的人會走的運程。此運中你會很保守、小氣、固執、吝嗇。只賺自己的衣食之祿，錢財很少，剛夠自己吃用。此運你周遭的環境是事業有困難、糾紛、做不下去。與男性不和，有是非、運氣不好，凡事不順的惡劣環境。所以你很辛苦的做一些粗活，聊以維生。此運沒有升官運、考試運、感情運。在家庭運中，你與父親和兄弟不和，或家人早逝，只剩你孤獨一人討生活，生活不易。

陀羅運，對宮有陽巨相照的運程：此運是乙年生的人會走的運程。此運是笨運。陀羅居陷，你會心情悶，做事拖拖拉拉，慢吞吞，心中有是非，且藏在心中不表現出來，等到有一天爆發時便逃走躲起來，躲在暗處觀看你所做的報復行動，所造成的後果成不成功。此運多是非，最後也還是會牽連受害，或被別人查出真相而遭處罰。此運錢財不順，懶惰也進財慢，腦筋不靈光，只會做粗活，不精細。也不想多用腦筋，馬馬虎虎，會遭人嫌、遭人怨。學習能力很差，還會自作聰明，讓人恨。考試運、升官運全無運。在感情運上，易遭人嫌棄、拋棄。在家庭運上，家窮，多是非、災禍，家人離散。此運有傷災、車禍、牙齒摔斷等事。此運三重逢合，如『大運、流年、流月』三重逢合或『流年、流月、流日』三重逢合，必因笨事而遭重大傷災，可能有生命危險。

火星運或鈴星運，對宮有陽巨相照的運程：此運中，火、鈴居廟。此運中會有意外之財，但不多，是小財。此運也多意外之災，會有車禍、傷災、火災發生。也會被燙傷、燒傷很嚴重。即使遇車禍也要小心火燒車而有火傷、燙傷的危險。此運中運氣仍不好，你會衝動、脾氣急躁、火爆、懶惰、不務正業，沒有事業運，多是非，爭鬥，前景不看好。此運沒有考試運、升官運。財運也並不佳，財來財去都很快速，也常有拮據、困窘的現象。也會有錢財上的是非糾紛發生。在感情運上也不吉，與人競爭，爭不過。在家庭運中，家中多爭鬥很火爆，是非爭吵多，不和。

地劫運或天空運，對宮有陽巨和另一個天空、地劫相照的運程：此運中因地劫、天空在對宮相對照，因此容易萬事成空。此運中是非、口舌容易變少一點了，但你會思想清高、懶惰，凡事不起勁，也不想競爭，更對錢財不重視，賺錢賺不到，且花錢、耗財很容易，會常兩手空空無財。此運沒有考試運、升官運，在感情運上不積極，與情人、配偶容易感情日趨冷淡或分手。或此運為空窗期，不容易遇到好對象。在家庭運上，家中財窮，家人冷淡不和，或家人離散。此運容易離婚，造成家庭破裂。

卯宮

此運是廉破運：此運中廉貞居平，破軍居陷。表示此運是智力不高，企劃營謀能力不好，喜歡打拚，凡事破耗大於實得利益的運程。此運中你周遭環境也是破破爛爛，情況不佳的。也許你會事業失敗、倒閉、倒帳、失業，或家中因離婚而導致家庭破碎，分東離西，或家中遇災禍，有親人死亡，家庭破碎，或你自己遭受傷災，有身體上的破破爛爛。此運是壞運，也是破運。多遇災禍及傷災，凡事不順，會失敗、遭殃。不是事業垮了，生意垮了，金錢損失了，就是身體上有傷破之災，要開刀等等，或是感情上受創傷。女子

行此運，很容易因需錢財危急而下海做淫業。男子逢此運易破敗、自殺或挺而走險做壞事。此運也容易入獄。因此逢此運，千萬要小心，在破敗的壞運中，如果仍能堅持清白，正直的過日子，好運就會不遠了。若因在壞運中，缺錢、遇惡人，又自己愛報復，或亂找錢堵窟窿，則一定會更有大禍臨頭的。

廉破、文昌運：此運是窮運，且有水厄。此運中文昌居平，因此你文質的氣質很低。會較粗俗，此運賺錢不易，耗財多、智慧低，只會做些粗工、零活維生。此運你很辛苦，想打拚又總是不利。不知做什麼事才好。此運什麼事都做不成。在考試運、升官運上無望。在感情運上貧乏，也容易離婚。在家庭運上，家中貧窮，智能不高，會有欠債、借貸的糾紛。家庭也易離散。只能靜待此運過去。

廉破、文曲運：此運中文曲居旺，但仍是窮運，且有水厄。此運中你的口才好，略有人緣，會有背德，不合於人情常規的感情出現。此運若是軍警武職者，仍有升官運，但無財。在文職工作的人則無此好運。此運沒有考試運。在家庭運方面，會破家，或家中多爭鬥，口舌是非，家窮，分散。

廉破、左輔運或廉破、右弼運：此運中左輔、右弼會幫助廉破，更笨，破的更多，運氣更衰。此運中會有一幫智力不高，愚笨的朋友，表面上是好意來幫助你，但實際上是來助你破耗更凶，花錢更多，使你的破耗、虧空更大，事業更複雜難以解決。此運中爭鬥多，和你爭鬥的，多半是你以前的好朋友。你會很痛苦，煩心，氣憤不平。此運萬事不吉，不利升官、考試，也不利感情運，在愛情上會有第三者出現，從中破壞，使感情破敗分手。在家庭運中，也會有第三者出現，將家庭分散。

廉破、祿存運：此運是乙年生的人會走的運程。此運是『祿逢沖破』，故財祿不多，只有衣食之祿，可溫飽而已。此運中多爭鬥、競爭，環境惡劣，使你保守、勞碌，忙著賺微薄的薪水以糊口。此運沒有升官、考試運。在感情運上也不順利，少有機會認識對象，即便相親認識，也會認識到有些窮，不太富裕，家境不好，地位低微，沒有前途發展的對象。在家庭運上，家中窮，有衣食而已，家道寒微，會有破敗，或家庭不完整的狀況。

廉貞化祿、破運化權、擎羊運：此運是甲年生的人會走的運程。此運中你很具有爭鬥性的競爭力，打拚能力很強，多智謀、陰險，狡詐的營謀智慧。你也會有自己特殊的愛好、癖好。你常煩惱、多慮，心境不清閒。此運中你容易參加政治鬥爭，也會在事業上打拚有一些成績，但仍然破費、耗費很大，仍然會有金錢拮据的可能，你會負債來打拚。此運你有智謀，能運用少許的人緣機會來找錢，於是欠大巨額債款。此運有利升官運，但不利考試運。有利於軍警武職或政治圈的人，不利於做生意的人或文職人員。經商者仍會欠債，有債務糾紛。此運多傷災、車禍、血光、開刀等事或有殺人、被殺的狀況。此運也不利感情運，會強悍、傷人，而分手。在家庭運上，家中多爭鬥，不合。有生離死別之狀況。

廉破、**火星運或廉破**、**鈴星運**：此運中爭鬥多、破耗多、災禍多，常有意外之災，都是非常嚴重的災禍。此運中你會脾氣火爆、衝動，常有與石俱焚的想法，你也會思想邪惡，與黑道掛勾。做不法的勾當。此運若是頭腦不清偏於邪道，遭災會很嚴重。此運錢財不順，還耗財多，賺錢不易，會賺非法的錢財。凡事不吉。亦要小心車禍造成傷殘現象。此運生病者易病情惡化，不會好。

廉破、地劫運或廉破、天空運：此運中是又破、又劫、又空的運程。破耗多，無進帳，頭腦不好，又被劫空，所以更是兩手空空，兩袖清風，無財了。此運凡事不吉，你會有宗教信仰，易出家，躲避世俗的煩亂。此運沒有考試運、升官運、感情運。在家庭運上，家庭窮、破碎、離散、死亡，有生離死別之苦。

廉貞、破軍化祿運：此運是癸年生的人會走的運程。此運中，你的運氣不算好，運氣弱，智力不佳，賺錢不多，夠衣食，但喜歡花錢，而且花錢大膽，你還有一些好運是想花就有錢來花。不管你是用借的，向人要的，賺來的，你都有門路找到錢來花，而不管以後會怎麼樣。此運是大膽要破耗的運程。而在其他方面全不吉。在感情運上，你會有不倫之感情，或與已婚者有婚外情、偷情之現象，也易與人同居不婚。在家庭運上，家窮、破耗多，會有兩個破碎家庭合組一個新家庭之現象。

辰宮

此運為空宮運，對宮有機梁相照的運程：此運為空茫的運氣。對宮相照的天機居平、天梁居廟，表示你的聰明度不高，但有小聰明，有一些見風轉舵，投機取巧的能耐。機梁不主財，主聰明，口才，和一些貴人運。但必需遇難才會有貴人出現。所以一般只是愛聊天、說閒話、愛交際的空泛運程。此運中你會財窮、賺錢少，不富裕，會做一些無聊的事，說一些無聊的話。運氣不太好。此運凡事不強，仍然是弱運，無法有發展。

文昌運，對宮有機梁相照的運程：此運中文昌居得地合格之位。故你會外表有氣質，文質彬彬，略有聰明才智，計算能力好，會理財，有文筆，善文章。此運你會做文職工作，但錢財仍不多，為薪水之財祿。此運有折射的『陽梁昌祿』格，會有考試運、升官運。在感情運上，亦有機會認識外表文質，氣質好、聰明，有才氣，但錢財收入不豐的對象。在家庭運中，家庭不富裕，但是有教養、文化水準高的家庭。

文曲運，對宮有機梁相照的運程：此運中文曲居得地之位。此運中你口才好，有才藝、才華。你能說善道，人緣很好，又喜歡到處開講、聊天、抬槓，生活愉快，但錢財不多。此運是薪水族的財祿格局。在升官運上略有機會，考試運無望。在感情運上，機會多，討人喜歡，聰明伶俐。此運中你也會找到口才好，喜唱歌、跳舞、有才藝但財不多的對象。在家庭運上，家中多口角，會有風趣或精能對話。家人感情尚稱和順。

左輔運或右弼運，對宮有機梁和另一個右弼或左輔來相照的運程：此運中，你會有領導能力，喜歡交友，也能交到有小聰明，愛聊天，對你有一些小幫助的朋友。但這些朋友中少有財富，只是一般小市民的生活水準，因此在錢財上幫助你不大。只會在口頭上安慰你或開導你。此運沒有升官運、考試運。在感情運上，會有多個戀人出現，難以抉擇。在家庭運上有外人介入，愈幫愈忙。家中不富裕。

擎羊運，對宮有天機化祿、天梁化權相照的運程：此運是乙年生的人會走的運程。此運中爭鬥多、競爭凶，你會常煩惱、頭痛、四肢無力。你也會

陰險、強悍、好爭、多智謀。在你的環境中會有少許的財和權力相結合的情況。你會做薪水族，掌握後才得財。此運適合競爭，有領導力，會升官，但財不多。此運在考試運上辛苦也可成。在感情運上會多計較，較辛苦，由長輩介紹的較易成功。在家庭運中，家中多是非爭鬥，有長輩的力量在其中控制。

陀羅運，對宮有天機化權、天梁相照的運程：此運是丙年生的人會走的運程。此運是強悍，愛掌權，智慧不高，但會利用運氣在變化中的轉機而掌握到權力。此運中，凡事會拖延、慢進，財少而不易。但在職位的爭取上你會有機會。此機會就是當環境中有變化，有災禍發生或是上司有異動時，你就有掌權的機會了，會升官了。此運沒有考試運。此運更適合軍警業，會有更好的升官機會能掌權。在感情運上，你會拖延，也會笨，沒機會，或是在別人感情發生問題時，而介入接收別人的情人。在家庭運中，家中多是非、破敗、無財，家中有兄長當權管事。

火星運或鈴星運，對宮有機梁相照的運程：此運中火、鈴居陷。故此運多意外之災，不順。此運你會脾氣急躁、火爆、聰明，但不用在正途，會走邪魔歪道。因此更不順。此運無財，會更耗財凶，因此窮困。在考試運、升官運上無運。在感情運上也不順利，脾氣大，易吵架、打架，有爭執、鬥爭。在家庭運上多是非、家窮，且不和。

地劫運或天空運，對宮有機梁相照的運程：此運中本來就財少，無財。再遇劫、空，更無財，且耗財了。此運你的聰明才智也很低，會有不實際的思想，也懶惰，投機取巧，不務正業，遊手好閒。此運三合、四方宮位煞星多時，會有出家的念頭，可習正，否則只會為一無賴之徒，沒有一點作為。

巳宮

此運是天府運：此運中天府居得地之位，表示此運有財可進，且有餘存可入庫。此運你的外在環境是高尚，但需付出很多勞力去打拚的環境。你賺的錢並不太多，有衣食溫飽，是小康型的富足環境。此運中你會理財，一板一眼，忠厚老實，腳踏實地。但也會小氣、吝嗇，不太借錢給別人，斤斤計較。有時也嚕嗦，好管事。此運你生活舒適，心情平靜，是蠻好的運程。在考試運、升官運上有希望。在感情運上順利，機會多。在此運中你會找到老實、踏實、正直、會理財，有顧家觀念的對象。在家庭運中，家人和樂、親密，生活富足、平順。

天府、文昌運：此運中文昌居廟，故此運中你會外表文質彬彬，有氣質、有涵養，精明幹練，計算能力好，特別會理財。此運你的錢財充裕，財富會增多。在考試運、升官運上皆有好運。在感情運上亦順利、美滿。此運中你會找到財運好、長相美、氣質好、聰明、有智慧，各方面條件都優秀的對象。在家庭運上，家人和樂、幸福、富裕，文化水準高，地位高。此運適合生子，也會生育品德優良，前途大好的子女來。

天府、文曲運：此運中文曲居廟，故此運中你的口才好、才華多，人緣好，賺錢多，又容易。此運你會有升官運，亦能儲存財富。在考試運方面也有機會。在感情運上尤其得利，機會多、戀情多，也會找到人緣、口才佳，會做事，會存錢的對象。在家庭運上，家中多情趣、和樂、富足。此運也適

合生子。

天府、左輔運或天府、右弼運：在此運中，左輔、右弼是來幫助天府儲錢增財的，故此運中你會有朋友來幫助你做事業，多得錢財。此運你有領導力，能用到好部屬，也會交到好朋友，多金的朋友，對你的工作十分有利。此運在升官運和考試運上不見得好，會重考、重讀，或有他人競爭，升不上去。在感情運上，亦要小心有第三者介入，感情有變化，不吉。在家庭運中也會有外人介入，使家庭多是非，不合。

天府、祿存運：此運是丙年或戊年生的人會走的運程。此運中因天府只居得地合格之位，大概是六十分左右的財庫，因此祿存所能幫天府增存到的財，也只有此格局的兩倍左右，已經十分富足了。此運中你會保守、小氣、吝嗇，不捨得花錢，是個守財奴，但離富翁格局尚差了一截。你的人緣不好、機會不多。在升官運、考試運上無望。在感情運上，機會不多，即使有，也會不長久。在家庭運上，家中還算富裕，但人丁單薄，有孤寡之相。

天府、陀羅運：此運是丁年和己年生的人會走的運程。此運是『刑財』的格局。此運中你會頭腦笨，但仍會有一些錢財，但財不多，也會耗財，是漏財現象。此運中凡事會慢，錢財也會慢進。在工作上也會常拖延慢吞吞。在考試、升官上，運氣不強。在感情運上容易被嫌棄，感情不順。若能容忍，則能度過。在家庭運上，家人表面安和，私下多是非不合。此運中你會心中多是非，有煩惱，而不說出來，心情悶，也易耗財、失財，或被騙財。女子走此運最易失財失身。

天府、火星運或天府、鈴星運：此運亦是『刑財』格局。你會因衝動、性子急而賺錢少，或錢財留不住。此運亦有意外之災，會有車禍、傷災或其他的天災人禍而損失。此運不利升官、考試。也不利感情運，會衝動、暴躁，常吵架，不合而分手。此運中易有爭鬥的事情發生，會有損失，不吉。在家庭運上，家中多爭鬥不合，而家財會減少。

天府、地劫、天空運：此運是財庫被劫空了。故此運根本無財。進財不易，原有好財也會耗光了。你會口袋空空，生活不富裕，有拮據現象。此運萬事不吉，什麼都做不成。沒有升官運、考試運。在感情運上為空窗期，毫無機會認識對象。原有對象的人也易在此運中分手。在家庭運上，家中財空，家人也會分散或有生離死別之苦。此運多遇災難，使一切劫空。有人在此運出家，皈佛。

午宮

此運是同陰運：此運中天同居陷、太陰居平。故此運是勞碌無福，窮困，人緣不佳的運程。並且你與女性不合，會遭女性刁難。此運中你的敏銳力不好，不會看臉色，容易遭人討厭、排擠。你也會臉臭臭的，一付倒霉相，無人同情。此運中你更會懶惰，提不起勁來，多病，身體不好。外表溫和，但心情壞。此運凡事不吉。沒有升官運、考試運。感情運也不佳，沒有戀愛機會。在家庭運中，家中窮、沒錢，家人勞碌，感情冷淡。尤其家中女性對你更不好。

同陰、文昌運：此運中同陰在平陷之位，文昌也落陷，故此運中你是粗俗、低下、貧窮、困苦、頭腦不佳，不聰明，沒有賺錢智慧的人。此運你會做粗工或低下的工作，也得財少。在此運的三方宮位，寅、戌宮中有祿存或化祿存在，你就會有『陽梁昌祿』格，可以參加考試、多讀書或升等而脫離窮運、困境。這就要看你會不會把握這個機會了。其他的運氣都不佳。在感情運上，你會因窮而小氣、吝嗇。此運中多半會找到財窮又小氣的對象。在家庭運中，家中窮，文化水準也不高。

同陰、文曲運：此運中同陰居平陷，文曲也居陷。故此運中你的口才差，才華少，也賺錢不易，較窮。此運中沒有考試運、升官運。在感情運上你的人緣也不佳，機會少。在家庭運上，家窮，家中多是非，家人都很沉默。

同陰、左輔運或同陰、右弼運：此運中左輔、右弼會更幫助同陰，財更少，更不順利。此運不吉。此運中你會結交一些和你一樣窮、懶的朋友，人緣不佳，是非也多，會更製造一些耗財多是非的問題，來讓你頭痛。此運不利考試運，會重考，考不上。不利升官運，沒機會。不利感情運，本來感情就不深了，更有第三者介入搗蛋，更麻煩，在家庭運上，家窮，還有外人介入、更不合。

同陰、祿存運：此運是己年生的人會走的運程。此運是略有溫飽，財不多的狀況。此運中你會保守、內向，人緣關係不好，機會不多，而且本身在錢財上的敏感力或人緣上的敏感力皆不足，故難成大事。但若在寅、辰、申、戌宮有文昌出現，則會有折射的『陽梁昌祿』格，就有考試運和升官運了。此運也會稍好一點，可以考試、升等取貴，也有多一些機會，獲得較大的財祿。在感情運上此運是機會不多的。此運也容易找到較窮、小氣、吝嗇的寒酸對象。在家庭運上，家中有飯吃，但窮，而且人丁稀少、孤獨。

天同化權、太陰化祿、祿存運：此運是丁年生的人會走的運程。此運是『雙祿』格局，但太陰是居陷帶化祿、化祿也居陷。祿存是與居平陷的同陰同宮，祿存的祿也不大。故此運的『雙祿』格局看起來很好，很富有，其實比起多金富有的格局起來，還是差的很遠的。最好的也只可算是有衣食之祿的小康環境而已。而且天同是居陷帶化權，化權也居陷位而不強。此運亦有『權祿相逢』的格局，此格局只能對總體的命格上稍有加分作用，但在運程上來說意義不大。最多是具有保守、愛享福，可使生活平順的力量，也略有點

人緣，有責任心，在錢財上有小康環境的生活之資。在人際關係、機會上略好一點。考試運和升官運仍要看格局是否成立，有沒有文昌在格局之內而定。在感情運上有機會，在家庭運上，保守、小康之家。人丁不旺盛。

天同化祿、太陰、擎羊運：此運是丙年生的人會走的運程。此運是『刑財』、『刑福』的格局。因天同居陷、化祿也居陷，財非常少，福也非常少，太陰居平，財也少，故再有擎羊來刑剋，福財全沒了。此運勞碌、多傷災，有傷殘的可能，仍窮困，沒辦法，人會懶惰、保守、內向，有些陰險、小陰小詐的。在考試、升官上全無機會。在感情運上也不佳。此運會找到財窮又懶惰、陰險，或傷殘的對象。在家庭運中亦不吉。家中窮，不合，多爭鬥。此運多車禍、傷災、病災、開刀。有手足傷殘、眼目不佳，肝腎有病的問題。

天同、太陰化權、擎羊運：此運是戊年生的人會走的運程。此運中天同居陷、太陰居平帶化權，化權也居平，不強，再有擎羊來刑剋。故是勞碌、無福、財窮，還想抓權管錢，也管不著，管不了。無錢可管。此運中無考試運、升官運。在感情運上，你會敏感、計較、愛報復，愛用自己第六感的好

惡來定別人的罪，較不理智，故感情運會不順。會有爭執、不合而分手。在家庭運上，家窮，家中有女性長輩當權管事，管你很凶，剋制你。

同陰、火星運或同陰、鈴星運：此運仍是『刑福』、『刑財』的格局。此運中火、鈴居廟，會偶有意外之小財。但也有意外之災禍，此運有車禍、傷殘、病災，容易傷殘，要小心。因同陰居平陷之位，財少且耗財多，非常不吉。在升官運、考試運上無運。在感情運上，脾氣衝動、火爆、財窮、機會少，且易找到窮又脾氣大而衝動的對象。在家庭運上，家中窮且是非、衝突多，不和。

同陰、地劫運或同陰、天空運：此運中同陰居平陷之位，財窮，又遇劫空，窮且耗財多，更不順，也無機會。此運中你會頭腦空空，什麼都窮，而且想不出辦法來改善。心智也窮，你容易做一些笨事或什麼都不做，懶惰的過日子。此運適合讀書，學習一些技術和知識，做一些準備，以待下一個好運來臨時，好一展所長。此運是暴發運來臨前的黑暗時期，一定要穩住，才會有日後更大的好運。此運三合宮位中煞星多時，亦會出家，皈依宗教。此

運沒有任何好運。在感情運上亦空茫。在家庭運上，家窮，家人感情淡薄，易離散。

天同、太陰化忌運：此運是乙年和庚年生的人會走的運程。庚年生的人尚有天同化科同宮，形成『科忌相逢』的格式，此也不吉。此運中同陰皆居平陷之位，化忌也居平，故是非災禍更凶。而且是和錢財的是非，和女性的是非災禍。在此運中你可能會因欠錢、欠債而有官非事件。你也會和女性不和有工作丟失，而窮困的事件發生。此運你原本就很窮了，又惹了一些錢財上的麻煩，例如要交稅金或貸款利息交不出來，房屋被法院拍賣等等。此運也會是房地產上的是非糾紛，但都是在窮困的狀況之下發生的。此運凡事不吉。

未宮

此運是武貪運：此運中武曲、貪狼雙雙俱在廟位。故此運是錢財多、好運多、機會多的運程。此運正是『武貪格』暴發運格、偏財運格的正格上，故有暴發運和偏財運，會多得錢財。此運多半是暴發在事業上，再由事業做大轉變而來的財富。所以沒事業的人，或由暴發錢財直接得財的人，財富的數量會小。此運中你會有升官運，軍警業會連升三級。此運也有考試運。在感情運上因太忙碌而無暇顧及，不過機會也會多。在家庭運上，家庭中暴發，家人忙碌奔波，少見面，彼此感情不深，少溝通。

武貪、文昌、文曲運：此運中文昌居平、文曲居旺。此運仍是『武貪格』暴發運格，會暴發，會有大財富或升官運。但你會頭腦糊塗，政事顛倒，不會理財，因此要小心暴起暴落的問題。會錢財容易流失，耗財掉，或是升官後，有受賄，糊塗事，又被貶職。此運你的口才好，但愛狡辯，會不討人喜歡。此運你會愛享福，有男女情愛之癖好、好色。有利愛情運，但愛情會複雜。在家庭運上，家中會發富，但有糊塗事，也會遭災。

武貪、左輔、右弼運：此運中左輔、右弼幫助武貪的是錢財更多，運氣更旺也更多。此運中暴發運會發得較大。你會有很大的財富。而且你具有領導力，可做大事業集團的大老闆。任軍警職的人可三級跳為軍政首領人物。

此運有利財富的獲得，職位的晉陞，但不利考試運，會重考、重讀。也不利感情運、婚姻運，會離婚、分手，有多個情人出現。或有旁人干涉你的感情而分開。在家庭運上，家中財富多，人多口雜，是非也多，會有外人介入，影響家庭和諧。

武曲化忌、貪狼、左輔化科、右弼運：此運是壬年生的人會走的運程。是『科忌相逢』。此運中，暴發運不發，沒有得到大財富的機會，但此運中仍是財運較好的運程。此運會有錢財上的是非、災禍，會欠債，或因錢財被告，有官司，或捲入別人的錢財官司之中，或牽入舞弊案中。但此運中你有領導力，有朋友或部屬很會做事，有方法來幫助你脫困。但也要小心部屬和朋友的出賣，而使你落入錢財的官非之中。要曉得左輔、右弼是助善也助惡的，因此都有可能。此運還是凶多於吉，凡事小心則好。

武曲化祿、貪狼化權、文昌、文曲化忌、擎羊運：此運是己年生的人會走的運程。此運中又是錢財多，又是掌權，又是頭腦不清楚，又是爭鬥多，傷災多。此運的『武貪格』暴發運遇文曲化忌、擎羊最好別爆發，一爆發，必定有大災禍降臨。有一男子羊年三重逢合此運，遇車禍，撞傷為植物人。三個月前才投保的人壽保險賠償八百萬元，花了兩、三年醫療費告殆盡，家人也痛苦不堪，最後此人還是死了。因此帶有化忌的『武貪格』、『火貪格』、『鈴貪格』等最好別發，否則有災禍發生，自己也無法舒服的享受到。

※如果是辛年生的人，此運是武貪、文昌化忌、文曲運，亦最好別暴發，也會有災禍隨至，甚不吉。

武貪、擎羊運：此運是丁年生的人會走的運程。此運中暴發運仍會發。只是多爭鬥、競爭，而且略有小血光，會暴發的更大。此運中你很強悍，有打拚力，也易有傷災、車禍、開刀、血光等問題。此運你還多智謀、多慮，容易煩惱多，內心不平靜，也容易頭痛，四肢無力等狀況。此運也容易生病，會影響暴發運不發。此運要多動，才會暴發的快又大。在考試、升官上多競爭，但仍會有好運。在感情運上不順利，你會勢利、愛計較、陰險、多慮而感情不順，或沒有機會。在家庭運上，家中會有好運，會突然富有，但家人相互爭鬥而不合。

武曲化權、貪狼、陀羅運：此運是庚年生的人會走的運程。此運中你有強勢的『武貪格』暴發運，會暴發大財富，也可能有突然的升官機會三級跳。但此運中你並不聰明，而且有點笨，但是卻十分強悍、凶猛，善於爭鬥。此運適合政治性鬥爭、選舉，一定會選上，能得到高職位。此運適合軍警業人士或政治人物。此運有利考試運，不利感情運，此運中你找對象會不願談感情，只重利害關係或錢財多寡或地位相當的問題。在家庭運上，家中突然暴發為暴發戶，家中亦有強者掌權主事，管理錢財，但家人中多是非、不合。

武貪、火星運或武貪、鈴星運：此運為『雙暴發運格』。會暴發雙倍的大財富，非常富有。此運在升官運上也會得到意外的啟用，破格任用，登上高位。此運在考試運上有意外之機會。在感情運上不佳，你會脾氣急躁，用情不專，對人敷衍了事，不真誠，因你無心談戀愛或談感情。在家庭運上，家中為暴發戶，常有衝突發生，不和。

武貪、地劫運或武貪、天空運：此運中很可惜，暴發運不發，被劫掉了，或破空乏了。此運是『劫財』、『劫運』、『財空』、『運空』的格式，故暴發運不發。此運中你也會頭腦空空，雖仍可賺錢多一點，這實在是九牛一毛，是不能與暴發運和偏財運來比擬的。此運你多耗財，留存不住。也會感情空乏，沒有歸宿，對人沒真心，讓別人的感情白白糟踏浪費掉了。在家庭運中，家人相處冷淡，感情不深，也會分散，或不來往。

申宮

此運是陽巨運：此運中太陽居得地之位，巨門居廟。此運太陽在申宮已在西下之位，故此運中，若逢中年，則會有怠惰不努力的現象。此運之運氣不旺，且多是非口舌。你會口才好、辯才佳，好辯、好爭，但後繼無力。你也會心胸開闊，與人爭爭吵吵又和好，不計較，反覆無常，也不在乎別人的眼光。事實上，此運你是懶惰的、不積極的，不喜歡用勞力賺錢，但又做不了什麼大事。只喜歡動口賺錢，常賺不到錢。生活是中下階級的生活，不富裕。若寅、辰、午、申、戌等宮有文昌和祿星出現，你就會有折射的『陽梁昌祿』格，也能有考試運、升官運，前途大好了。不過此運仍是多說少做，

不太實際有利益的運程。在感情運上，你必須與人競爭才會有戀情。在家庭運上，家中多是非口舌、爭執、吵吵鬧鬧，但仍可過日子。

陽巨、文昌運：此運中文昌居得地之位，故你的外表會有一些文質氣息，氣質好，喜歡文藝活動，但內心有些懶洋洋的，提不起勁來做事，故做事不積極。在工作上、事業上前途不甚樂觀，而且還多是非口舌、災禍等等。此運你的計算能力好，有稍許理財能力，你會做用口才較多的工作，口才好，做教職、推銷、保險經紀，或算命行業都不錯。此運錢財不多，但可打理的順暢。此運有考試運、升官運。在感情運上要競爭才能有戀情，你會精打細算，有必勝的把握，才會出手，可找到長相不錯、口才好、有氣質的對象。在家庭運上，家中小康，財不多，有文化水準，家中也多口角、吵吵鬧鬧很熱鬧。

陽巨、文曲運：此運中文曲居得地合格之位。此運中你的口才好，才華多，但口舌是非也多。你在工作上不賣力，若是用口才做事賺錢的行業較好。此運用口才拍馬屁可有升官運。在考試運上不佳。在感情運上，桃花多，也

競爭激烈，會有桃花糾紛出現。在家庭運上，家中多口角，但仍能順利生活。

陽巨、左輔運或陽巨、右弼運：此運中，左輔、右弼是幫助陽巨，在口舌是非和災禍上增多，也幫助你口才好，力戰群雄。但是在事業運上卻沒有助益，會每下愈況，而不佳。此運你會愈來愈懶惰，有一群朋友常在一起聊天打屁，不做正事。也會頻惹是非、口舌、多遭災禍，忙不完。此運不吉，什麼事也做不成，好運很少，衰運很多。

太陽化權、巨門化祿、陀羅運：此運是辛年生的人會走的運程。此運中你的性格開朗、穩重、有氣派，對男性有影響力、主控力，說話油滑，口才好，喜在事業上打拚，較努力。此運你會有一番成就，錢財也會多，會用口才去賺錢。但仍要小心有一些耗財和傷災、車禍等事。此運在考試運、升官運上大好。在感情運上也順利，能達成願望。在家庭運上，家中運氣好、家人和樂、熱鬧，仍會有一些口舌是非。

太陽化祿、巨門、祿存運：此運是庚年生的人會走的運程。此運是『雙祿』格局。表示你在此運中會因事業好一些而賺到錢。此運你會保守、口才好，和男性特別有緣，貴人是男性。也會在公教機關工作、升官，前途不錯，收入穩定，有富裕，足夠的生活。此運有利考試、升官運。在感情運上也會順利，但很保守，性格開朗，不太計較，會有口才好的對象自己找上你。談戀愛時還是會有第三者來和你競爭。在家庭運上，家運旺，生活充裕，但仍多是非口舌。

陽巨、火星運或陽巨、鈴星運：此運中爭鬥多，競爭激烈，會有意外之災害發生。要小心火災、車禍、傷災，或天災、人禍。災禍會接連發生。此運中你會脾氣急躁、火爆、衝動、做事不耐煩、態度不好。也會懶惰、遊手好閒。此運不利考試、升官運。也不利感情運，多是非、吵架，易分手。在家庭運上，家中財少，多是非口角及災禍，運不好。

陽巨、地劫運或陽巨、天空運，對宮有另一個天空星或地劫星相照的運程：此運中因有兩個地劫和天空相對照，故運氣全空。此運你會頭腦空空。對錢財不注重，也不會賺錢，懶惰，不愛工作，或做事不積極，不起勁。也沒有價值觀，糊塗的過日子。此運凡事不吉，都無運，也不會去做。此運三方四正的煞星多時，你也會出家、皈依宗教。

酉宮

此運是天相陷落運：此運天相是福星、印星，陷落時，便無福有災，而且掌不到權力。此運中你會懦弱怕事，沒擔當。你也會財窮不富裕。在你周遭的環境是一個破破爛爛的環境，你為求自保已經很辛苦了，那裡管得了別人。人逢此運都會遭災，以前的暴發運所得的錢財在此運暴落殆盡。此運還會欠債難還。做生意的容易倒閉，做事的人容易失業，全都不吉，為『福不全』。此運且多傷災，有破相之虞。此運考試考不上，升官升不了。在感情運上容易分手，離婚。在家庭運中，容易遭遇災難、困苦，家人分離。

天相、文昌運：此運中天相陷落、文昌居廟。表示運氣不佳，很勞碌，但聰明，計算能力好，精明能幹，因此能把不順財少的生活打理平順。此運在考試運上有機會，但沒把握。在升官運上不吉。在感情運上，有一點機會，但會碰到家境不好、斯文，有才智聰明的對象。在家庭運上，家中不富裕，但有文化水準，是寒儒家庭。此運小心有病災。

天相、文曲運：此運中天相居陷、文曲居廟。表示在此運中運氣不好，操勞，但人緣好，口才佳，也有才藝可維生，生活可過得去。此運中你沒有考試運，升官運有一點。在感情運上機會多，你會找到家境不好，但口才好，有才藝可維生的對象。在家庭運上家窮、多災，但家中尚和樂相處。

天相、左輔運或天相、右弼運：此運中左輔、右弼幫助陷落的天相的是更勞碌無福，與災禍多，福不全。此運中你會和跟你一樣多災，環境不佳、窮困的朋友在相互療傷止痛，發發嘮騷。你一直停留在一種痛苦的境界，很難掙脫出來，改變命運。故此運會不吉。

天相、祿存運：此運中天相陷落，福不全，也無印，並且是『祿逢沖破』的運程。故此運中你會保守、懦弱，管不到事情，做不了主管，自然所得的財，只有衣食之祿，錢財不多，可溫飽而已了。此運你沒有升官、考試運。在感情運上也機會不多。在家庭運上家窮、破落，有衣食，但人丁稀少。

天相、擎羊運：此運是庚年生的人會走的運程。此為『刑印』、『刑福

』格局，而且天相、擎羊俱陷落，很凶，故此運你會懦弱，易遭人欺負，掌不到權力，做不好主管，管不了人。此運多災，有傷災，車禍嚴重，也會手足傷殘，要小心。此運沒有升官、考試運。在感情運上，多計較、陰險、愛報復人。會因愛情失利而殺人。也會因移情別戀而遭人殺害。女子在此運中易遭強暴。在家庭運上，家中多災、不祥和，也多爭鬥，家庭破散。此運做生意者，也易失敗欠債而自殺。

天相、火星運或天相、鈴星運：此運中多爭鬥，有意外之災、車禍、傷災、病災嚴重。此運也可能會有殘疾發生。若帶病可延年。此運你會脾氣急躁、火爆、衝動，用腦不多，而多遭災禍，也易與黑道或不法之徒掛勾，做歹事而犯利。此運不吉，無升官、考試運。在感情運上，易衝動、爭吵而分手。在家庭運上，家中不和，多爭鬥，有是非、窮困。

天相、地劫運或天相、天空運：此運天相陷落，原已無福、無印，再遇劫空，更加無福、無印了。此運你頭腦空空，勞碌而且懶惰，很窮，為吃食勞碌，又不太想工作，又懶惰，此運易乞討維生，或靠人生活，自己不太用心去料理自己的生活。此運也易入空門，思想超脫世俗，皈依宗教。

戌宮

此運是機梁運：此運中天機居平、天梁居廟。機梁皆不主財，故此運財少，也會窮困，不富裕。此運中你會自做聰明，口才好，愛講話，喜為人出主意、做軍師，但不負責任。此運在考試運、升官運上需有折射的『陽梁昌祿』格才會成功。在感情運上，你很有小聰明，機會多。你會碰到聰明但財不多，光說不練的對象。在家庭運上，家人尚稱祥和，但仍有是非口角。

機梁、文昌運：此運中文昌居陷，故你在此運中氣質差，較粗俗，愛講話，大聲小氣，粗里粗氣的。此運你也不聰明，智慧不高，計算能力和理財能力都不好，你會做粗重的工作。此運中若寅、辰、午、申宮有祿星出現，你就仍有『陽梁昌祿』格，能有考試運、升官運了。在感情運上，機會不多。在家庭運上，家中窮，不富裕，家人對你幫助也少。

機梁、文曲運：此運中文曲居陷，故你在此運中口才差，說話多是非糾紛，可能也不敢多說話，較靜。此運你的才藝少、才華少。人緣機會也不佳。沒有考試運、升官運，在感情運上機會少。在家庭運中，家窮，多是非，對你無助益。

機梁、左輔運或機梁、右弼運，對宮有另一個右弼或左輔相照的運程：此運是正月生的人或七月生的人會走的運程。此運中左輔、右弼會幫助機梁的是更有小聰明，愛講話，愛管閒事，愛聊天，不太負責任。此運不主財，故不幫助他賺錢。此運中你會在朋友間形成領導力，常有一幫和你一樣有小聰明，愛管閒事的朋友，在一起聊八卦新聞，或相互管些閒事，忙來忙去，並無大的幫助和力量。此運不利考試運、升官運，也不利感情運，會有第三者介入，多管閒事而分手，不成功。在家庭運上，有外人介入家庭，不和而是非多。

機梁、擎羊運：此運是戊年生的人會走的運。此運中擎羊居廟，此為『刑運』、『刑蔭』的格局，故此運中你會陰險、好爭鬥，不喜別人管，多勞碌而賺不到錢。會用陰險的方式去騙人，或做壞事、搶錢。此運窮，且凶惡，

也會有傷災、車禍，以及官非、刑罰等災。一切都是由於你頭腦中有歹念而起的，此運不利考試、升官。更不利感情運，會去騙別人的感情或被騙。在家庭運上，家中多爭鬥，你得不到照顧。

天機化權、天梁運，對宮有陀羅相照的運程：此運是丙年生的人會走的運程。因為天機居平帶化權，化權也居平，故不強，此運中你周遭都是笨人，而你卻運用小聰明，要利用一點點變化中的轉機來掌權得利。不一定會成功，還可能因你太固執，而引起是非、災禍。此運在考試運、升官運上不強，但有機會。在感情運上，也有機會。在家庭運上，家中有不太聰明的兄弟當權主事，還算得過去。此運財少，只有衣食溫飽而已。

天機化忌、天梁運，對宮有陀羅相照的運程：此運是戊年生的人會走的運程。此運中你頭腦糊塗又有煩惱，是非糾結在心裡，轉不出來，很悶。此運你是又笨又忸怩，不乾脆的人，凡事都不順，是非糾紛及災禍還很多，一樁接一樁的，讓你很頭痛，又找不出方法來解決。此運凡事皆不吉，沒有任何好運會出現，只有等待下一個運程來改變了。

機梁、火星運或機梁、鈴星運：此運仍是『刑運』、『刑蔭』的格局。此運火、鈴居廟，會有一小點的意外之財，快來快去，大致上是窮的。也會有意外之災。有車禍、傷災等等。此運你會脾氣急躁、火爆、衝動，自以為聰明、態度不好，也會流里流氣，有邪惡思想。此運沒有考試運、升官運，在感情運上也不利，多爭吵，有是非。在家庭運中，家中無財，家人相處爭鬥多，有是非。

機梁、地劫運或機梁、天空運：此運中你會思想清高，不愛賺錢，做事不積極，想法不切實際。表面上看起來你很聰明，但對工作無用。也不會賺錢，故財窮。反而花錢多，不心痛。價值觀和常人不一樣。此運留不住錢財，賺錢少，沒積蓄。此運多半事情做不成，也無大志。此運三合、四方宮位有多個煞星出現時，此運會信教很虔誠，會出家、皈依宗教。

天機化祿、天梁化權同宮運：此運是乙年生的人會走的運程。此運中你適合為人服務做薪水族會錢財順利一點。此運中因對宮有擎羊相照，故環境險惡、爭鬥多，而你有很強的意志力，以及強勢的貴人運的力量來力撫平順。

此運是略有人緣，有領導力的運程。你能帶領同事及部屬在競爭中獲勝。此運有升官運，考試運，會考中。在感情運上你會有些霸道，強勢作風，但有機會認識對象。你會碰到略有聰明才智，很會照顧你的對象。在家庭運中，家中有長輩或長兄當權主事，會照顧你。

天機、天梁化祿、陀羅運：此運是壬年生的人會走的運程。此運中你會因笨，撿到意外之財，或一時貪意外之利而造成日後的包袱，尾大不掉，很麻煩。此運多努力有升官運、考試運。在感情運上也會因一時好心而受拖累。此運你會找到比你年紀大的對象來照顧你，或你照顧他。

亥宮

此運是紫殺運：此運中紫微居旺、七殺居平。此運中紫微一直在極力安撫七殺這顆煞星而努力，使之平順、吉祥。故代表你在此運中會很努力打拚。事業會做的好，職位會增高。你在此運中會很忙碌、生活會高尚、舒適，有高水準。此運你賺錢會多一些，注重名聲和地位。對人較勢利、冷淡。在考試運、升官運上機會好，且能成功。在感情運上不太順暢。你在此運中會找到外表氣派、穩重、端莊，很努力，意志力強，性格剛直的對象。對方也很可能是軍警業人士。在家庭運上，家庭有中等左右的經濟力，生活還算富裕，家人忙碌，較少溝通，有些冷淡。

紫殺、文昌運：此運文昌居平，表示在此運中你很努力打拚，但計算能力及理財能力還不太好，聰明度也不挺高，賺錢也不太多，只是平順而已。此運在考試運、升官運上有機會，但不太強。在感情運上，也略有機會，但你不太感興趣。在家庭運上，家中財運平順，不太多，感情略冷淡、不和。

紫殺、文曲運：此運文曲居旺。表示在此運中你很努力打拚，大致平順，你的口才好，才華多，人緣較好。在考試運上普通，在升官運上較有好運。在感情運上有利。此運你會碰到外表長相氣派、穩重、性格堅強，口才好，才華多的對象。在家庭運中，家中平順，財運較好，生活較有趣。此運你會進財較多一些。

紫殺、左輔運或紫殺、右弼運：此運中左輔、右弼幫助紫殺的是地位更高、更平順、更打拚努力，性格更強悍，凶猛。故你在此運中會有像你一樣能幹的朋友或部屬幫助你打拚，賺更多的錢，更凶悍，使你地位更高。你也具有領導力，會帶領朋友或部屬一起打拚事業。此運有事業運，但沒有考試運、升官運。此運適合當老闆，管理別人。在感情運上，會有第三者介入，使感情不順。在家庭運上，有外人介入而不和、冷淡。

紫微化權、七殺、祿存運：此運是壬年生的人會走的運程。此運是『權祿相逢』。因紫微居旺帶化權，故很強。此運你很強勢，但保守，你會有使一切祥和、高尚，完全打拚成功的主控權。此運你會賺很多錢。在考試運、升官運上也會必勝。在感情運上也很順利。你會找到長相氣派、能力強、性格保守、負責任，財力不錯的對象。在家庭運中，家中祥和，家運旺，但人丁單薄，有點可惜。

紫殺、陀羅運：此運是癸年生的人會走的運程。此運適合軍警業人士，則是強運，較佳。一般文職人士走此運，會有些笨，但仍會努力打拚，只是慢慢平順，漸祥和而已。此運升官運、考試運必須再多努力才行。在感情運上，你會遭嫌棄，略有不順。在家庭運上，家運普通，家人都忙，會有一些是非災禍發生。

紫殺、火星運或紫殺、鈴星運：此運中火、鈴居平位。表示此運中你會具有高位，處在周圍多爭鬥、火爆、氣氛緊張的環境之中，常有意外之災。會有車禍、傷災、血光等問題。此運不利考試、升官運。不利感情運，會找到長相不錯，氣派，但性格剛硬、急躁、粗暴的對象。不吉。在家庭運中，家庭表面高尚、美麗，但家中多爭鬥，有是非災禍發生。

紫殺、地劫、天空：此運中你非常忙碌，但忙來忙去都是一場空，窮忙、瞎忙。此運沒有升官運、考試運，你什麼都掌握不了。也常腦袋空空，不實際。最後一無所獲。此運也沒有感情對象。在家庭運上，家庭會破碎、離散，或生離死別。此運若三合、四方宮位煞星多時，此運你會出家，有宗教信仰，皈依宗教。

紫微化科、七殺運：此運是乙年生的人會走的運程。此運中你會外表穩重、氣派，有氣質，氣勢強，性格強硬剛直。你會有方法來使你在工作打拚時一切平順。此運有利於考試、升官。也利於感情運，會找到外型美麗、高尚、氣質好、氣派、能幹，肯努力打拚的對象。對象若是軍警業者更好。在家庭運上，家中有文化水準，家人氣質好，但忙碌，少溝通，有些冷淡。

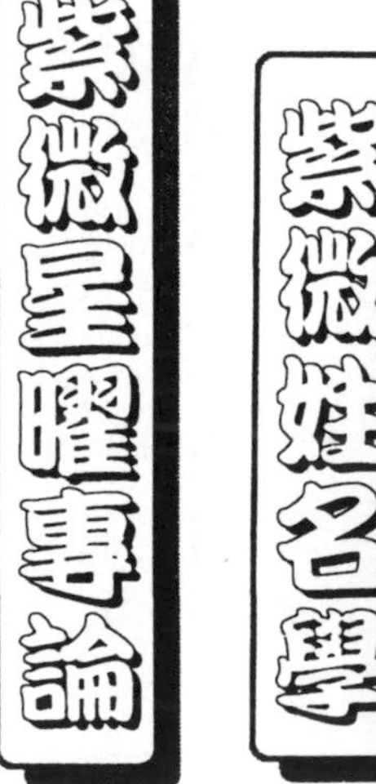

5 流年的推算方法

流年的推算方法是非常簡單的，你只要把十二個地支背熟了，你自然知道今年是什麼年了。十二地支是子、丑、寅、卯、辰、巳、午、未、申、酉、戌、亥。倘若你不容易記這些，那麼你總該會記得：鼠、牛、虎、兔、龍、蛇、馬、羊、猴、雞、狗、豬十二生肖。用十二生肖來對前面的十二地支，你很快就記起來了。我常教學生用此方法來記十二地支。

當你記得十二地支之後，要看那一年的流年都十分方便了。例如西元二〇〇二年是午年（馬年），你就看你自己命盤上的午宮，午宮中的星曜就代表馬年的流年運勢了。又例如西元二〇〇三年是未年（羊年），你就看命盤上，未宮中的星曜有什麼，就知道未年的流年運勢了。以此類推。

	2002年(馬年)	2003年(羊年)	2004年(猴年)
巳	午	未	申
辰			酉
卯			戌
寅	丑	子	亥

例如：馬英九先生在西元二〇〇二年（午年），流年運程在午宮，是紫微、右弼運，是運氣最好，有女性平輩貴人助運，有官運，一切吉祥、順利的運程。在未年走陀羅運，凡事會拖延，而且有些笨的運程。在申年走破軍、火星、祿存、左輔運，是『祿逢沖破』，爭鬥多，很辛苦的運程。

馬英九先生 命盤

	2002年(午年)	2003年(未年)	2004年(申年)
遷移宮 天機 辛巳	疾厄宮 右弼 紫微 壬午	財帛宮 天鉞 陀羅 癸未	子女宮 左輔 祿存 火星 破軍 甲申
僕役宮 天空 七殺 庚辰	陽男 庚寅年	土五局	夫妻宮 擎羊 乙酉
官祿宮 文昌 天梁 太陽化祿 己卯			兄弟宮 鈴星 天府 廉貞 丙戌
田宅宮 天相 武曲化權 戊寅	福德宮 天刑 天魁 巨門 天同化科 己丑	父母宮 貪狼 戊子	命宮 文曲 太陰化忌 丁亥

6 流年中預測和解讀所要注意的事

推測流年要注意的事項

①推測流年，我們通常以當年所在的流年為主，譬如是午年（馬年）就以午宮中的星曜為午年一年間所代表的運氣，午宮也稱為流年命宮。而巳宮為流年兄弟宮，辰宮為流年夫妻宮，卯宮為流年子女宮，寅宮為流年財帛宮……戌宮為流年官祿宮……等等。

※只有流年、流月適合來看流年兄弟宮、流年夫妻宮或流年財帛宮、流年官祿宮或是流月財帛宮、流月官祿宮、流月子女宮之類的狀況，預測事情會較細膩。大運則不需用此方法來看。因為大運是管十年的運氣範圍太廣了。流時也不需要用此看法，因為時間太短了。

②推測流年的好壞，通常以當年流年命宮的主星為主，來斷定一年中的

吉凶、成敗。是舒適的生活，還是財少不順利，需要忍耐的日子。這是當年流年上的一個大概好生活模式。若要以事情來細分，就要以事情的內容來找管這事的流年宮位了。例如看當年子女乖不乖，就要看自己命盤中的流年子女宮了。倘若要看子女唸書如何，則必需看子女命盤中的流年官祿宮中所有的星曜來斷定了。你若要在自己的流年中看子女會不會讀書，必須在你自己命盤上流年子女宮中有文昌居旺才行。有其他的星你就不一定能斷的準。

③如果要推測當年你的朋友有沒有錢？會不會幫助你？就要看流年僕役宮中有沒有武曲、天府、太陰這些財星？也要依旺弱等級來評斷，武曲居廟的，朋友最有錢，但性格剛直，你自己要信用好，並列下字據及還款的方法，再好好商量，用軟的方式去借，才能借到錢。倘若你一直是個品德名聲很好的人，你有此流年僕役宮，朋友聽到你有困難，也會主動來幫助你。流年僕役宮是天府的人，也會有上述際遇。流年僕役宮是太陰居旺的人，朋友對你很體貼，心思細密，也很注意觀察你，幫助你。

④如果要看當年中父母會不會給你錢花用？會不會分財產給你，和你的

關係好壞，也可以看流年父母宮來定端倪。

例如流年父母宮有武曲居廟、天府居旺、太陰居旺等星，表示父母有錢，也會小氣，也會給你錢。有武曲居廟的，給的多。天府居旺的，也不少，但一定會有條件的，才會給你。如果是太陰居旺的，表示母親很有錢，只要用軟的方式，嘴巴甜一點，你一定會嚐到甜頭的。

⑤在命盤上各宮中也會有許多小星星乙級星、丙級星、丁級星、戊級星出現，通常這些星不如大的主星力量強。我們通常以大的主星便能解釋、分析出運氣所代表的意義了，資料已十分的充足，通常不太再用這些小星來夾雜解釋。因為這樣會很亂。

例如：當有力的、大的主星與六吉星（昌、曲、左、右、魁、鉞）配合時，就能發揮其優點，失去其六吉星的缺點。但這些六吉星的優點有時候已包括在有力的主星內含之中了。六吉星的缺點就是軟弱、桃花強，不穩定，心情起伏大，沒有堅定的意志力。但如果和強勢的主星同在一起，這些缺點便會蓋過去，而不顯現了。

倘若有無力或陷落的主星和六煞星（羊、陀、火、鈴、劫、空）或化忌星同宮，則煞星和化忌星的力量就大，缺點就很明顯。例如天相、天同是福星，遇擎羊時，很不吉，會有『刑印』、『刑福』的格局，對自己與別人都不利。像是天機陷落帶化忌，也很差，運不好，很淒慘。而天同居廟化權就強起來了，即使有陀羅同宮也不怕。

※若是丙級、丁級、戊級的星曜就更力量微弱了，吉利的丙、丁、戊級星會錦上添花，但添的也少，沒大作用。不吉的小星，有強力的主星存在時，其凶性也會被壓制過去，而不顯現。丙、丁、戊級星，只有在空宮流年、流月、流日、流時的運程中稍有作用。而對宮的星曜強勢照耀影響時，這些星的作用又不大了。所以通常我們就省略不談它了。

但是很多朋友常會問我，為什麼這些星還出現在命盤上呢？又代表什麼意思呢？現在我把它列於後面，請各位斟酌看看。

乙級星

天官：主貴顯。

天福：主爵祿、高貴。

天刑：主孤剋、剛烈，無毒。在寅、卯、酉、戌為入廟。陷地主孤剋，流年逢之心悶，不開朗。亦會有出家、官司、火災、牢獄、破敗等事。

天姚：主風流。在丑、酉、戌、亥宮為入廟，富貴風流，有學識。陷地好淫、陰毒、因色犯刑。

天馬：為驛馬，主動。不喜獨坐，在四馬宮寅、申、巳、亥宮出現，代表有出國或到外地之機會。

解神：主逢凶化吉。

天巫：主升遷。

天月：主病。

陰煞：主犯小人，招鬼。

台輔：主貴。
封誥：主貴。
三台：主貴。
八座：主貴
恩光：主受殊恩。
天貴：主貴，財旺名盛。
天哭：主刑剋。
天虛：主空亡。
龍池：主科甲。
鳳閣：主科甲之事。
紅鸞：主婚姻喜慶。
天喜：主婚姻喜慶。
孤辰：主孤。
寡宿：主寡。

蜚廉：主孤、剋害。
破碎：主損耗不全。
天才：有才能、聰明、智商高。
天壽：主長壽。

丙級星

長生：主生發。忌落空亡。
沐浴：主桃花。在夫妻宮吉。
冠帶：主喜慶。
臨官：主喜慶。
帝旺：主旺壯。
衰：主頹敗。
病：主疾厄。
死：主死亡。
墓：主欽藏、休息、不動。
絕：主絕滅。
胎：主喜。
養：主福。

（上述為長生十二神，代表運氣起伏的狀態，和運行的模式。依五行局長生在何宮開始，再依陽男陰女順時鐘方向運行。陰男陽女逆時針方向運行。以此，就可以看出你的運氣運行到何宮最旺。臨官、帝旺是最高點，病、死、墓是運氣運行最低點，胎、養是運氣開始孕育的起始點。）

截空：主空亡，全部皆空，對各方面皆有受阻現象。

旬空：主空亡、夭折。

（十天干與十二地支相配合，定有二地支落空，稱為旬空。）

天傷：主耗財。

天使：主病。

大限：指大運。管十年運氣。

小限：指小運，管一年之運氣。

丁級星

流年歲前諸星

歲建：為多管之神，不喜與煞星同宮，不吉。

晦氣：主咎，不順利。

龍德：主逢凶化吉。

天德：主逢凶化吉。對桃花有抵制作用。

流年將前諸星

將星：主利於功名，主武貴。文人不吉。
攀鞍：主功名有利。
歲驛：主遷動，為流年之天馬。
華蓋：主孤高，思想獨特，愛好宗教、哲學。

戊級星

流年歲前諸星

喪門：主喪亡，與白虎、弔客、晦氣等同宮，主有喪事。
貫索：主獄災、被困。
官符：主訟事。
小耗：主小失。
大耗：主大耗敗。
白虎：主凶。

病符：主疾病。

流年將前諸星

息神：主消沈。

劫煞：主盜，不利錢財，被劫盜。

災煞：主錢財遭小人劫財。

天煞：主剋。

指背：主誹謗。

咸池：主桃花，好色。與煞星及臨官同宮，主桃花劫煞，不吉。

月煞：主剋母、妻。

亡神：主耗敗。

如何利用流年看財運、吉運

※通常我們要斷定這一年的好壞，就以流年命宮中所出現的主星來看，就可以掌握一個大概吉凶了。

倘若你要看當年的財運如何，會不會窮？手邊拮据？先看流年命宮中的星曜是不是財星居旺？再看流年財帛宮中出現的主星，你也會知道當年手邊用度的緊縮或寬裕度了。

倘若你真要算出全年賺錢估計差不多的總數量金額，就要看流年『命、財、官』三方宮位中的星曜，以這三個宮位各自估量的數字，放在一起再做一個評斷，就可知道當年會賺多少錢了。

※不屬於財星的星，倒如紫微、廉貞、太陽、天機、天梁、天相、貪狼等，要看它是屬於官星或運星，或印星、蔭星等不同的類別。像是紫微、廉貞、太陽這些官星居旺的仍然財多豐裕。運星有天機和貪狼兩顆星，看貪狼就首先要看它同宮和對宮有沒有武曲、火星、鈴星，能不能形成『武貪格』、『火貪格』、『鈴貪格』，能形成的就有偏財運，錢財就很大了。不能形成的，也要看其旺弱，再來定好運程度，再估計其帶錢財的多寡。天機不主財，但它和天同、太陰、天梁等，會形成『機月同照』格。這些都是代表薪水族的財，是薪水之資，財不大。

其實官星、運星、福星的財也都會是薪水之資的財，主要官星和貪狼的財也可能是做生意賺大錢的財，全依職業型態來再做估量。

就像某些人在午年要走武府運，武曲是財星，天府是財庫星，雙雙都居旺。財是很多、很大了。要是做生意的人，就很可能在午年賺很多錢，像個富翁那樣的收入。但如果你是做公務員，此年也只是富裕生活而已，也無法做一個富翁了。另外，有人在巳年被資遣了，領了一筆資遣費，有好幾百萬元，在午年也走這個武府運，自然他馬年過得不錯。但是要找事情做，要趕快了。無論是自己做生意或另找老闆靠山，都要快，否則在後年（未年）就是日月運，會有太陰落陷，財少，耗財的日子就不好了，恐怕好幾百萬也會泡湯了呢！所以光看流年有沒有財，還要看職業為何而定，更還要看看隨後的二、三年中有沒有財運起伏變化。這就可以預先做一個安排和決定了。

※算流年，就是要對人生做一個重要的規劃，但是時間不要看的太長，看到五、六年後去了，到時候，有吉、有災，你也記不得那麼多了。只要看最近兩、三年間的運氣即可了。

※看流年財運，就是流年命宮中有財星居旺，則有財。財星居平、居陷，財則少。財星與殺、破、煞星同宮，為劫財。例如『武曲、七殺』同宮和『武曲、破軍』同宮有特別名詞『因財被劫』。財就少了，還會破財。像太陰、擎羊同宮，天府、擎羊同宮，天府、陀羅同宮等都是刑財。財也會變少，又耗財多。有化權和財星同宮，財星要居旺，則會更增加財變多。若財星居陷帶化權，財還是不多，會有頑固爭財，爭不過的情形，會有是非不吉。『財星居旺帶化祿』，會比『財星居旺帶化權』財還多，因算是『雙祿』格局。而『財星居旺帶化權』，只是摸得到錢，管得到錢，會經手錢而已，其數量並不一定有『財星居旺帶化祿』享受到那麼多的財。『財星居旺帶化科』的財，就算是更次等的財了，雖然財也是極富有，但是會有很好的做事方法去得財，在層次上不像財星居旺帶化祿、化權，有那麼多了。

所以各種財星、吉星都會有各主其事的主星，再依旺弱等級，再依權、祿、科、忌、四化星的加分、減分力量，再一一加以分層次、等級和運氣多寡了。

『權祿相逢』的問題

『權祿相逢』通常是指有主星帶化權和的另一顆帶化祿的主星同宮，或是在對宮相照的情形，稱之。但是也有人將主星帶化權和祿存同宮或相照也稱做『權祿相逢』。

『權祿相逢』是一種主富貴的格局。主要是看四化星的動向而定的，所以我覺得把祿存這顆干系星也攪進來是並不妥當的。而且四化星為何要稱『化星』，它是一種帶有『變』數的星曜，會隨主星的旺弱而有增強或變弱的趨勢。祿存是保守、孤獨的一顆星，它並不具有這些特點，故不能放在一起相提並論。

甲年生的人有『廉貞化祿、破軍化權』的『權祿相逢』

甲年生的人有『廉貞化祿、破軍化權』的『權祿相逢』，這是在『紫微在巳』、『紫微在亥』兩個命盤格式的擁有的。

『紫微在巳』命盤格式或又生於甲年的人，會在酉年走這個『權祿相逢』的運程。而『紫微在亥』命盤格式，又生於甲年的人，會在卯年走這個『權祿相逢』的運程。在卯、酉宮的廉貞是居平化祿，而破軍是居陷化權，故權祿都不強，也都是居平陷之位。廉破本是凶運，智力不佳，營謀不行，又破耗凶的。但是有了權祿之後，意義會有所改變，但財仍是不多的。此運你會大膽、敢衝、有強制蠻橫的力量去打拼自己想做的事，或朝向理想邁進。此運中你也會有特殊的癖好。例如蒐集物品或好色等等，有些是屬於精神層面的享受。此運以軍警業人士來用或用在政治鬥爭上，都非常有用，能激起大力量，會爭贏。此運會語不驚人死不休。會有驚人之舉，在事業有成就。但也破耗太大、損失太大，會為日後埋下破產、積怨的伏筆。

乙年生的人有『天梁化權、天機化祿』的『權祿相逢』

乙年生的人有『天梁化權、天機化祿』的『權祿相逢』，此格局會在『紫微在巳』、『紫微在亥』兩個命盤格式中辰宮或戌宮看到。因此這兩個命盤格式的人會在辰年、戌年走這個『權祿相逢』的運程。

此運程中是天機居平帶化祿，而天梁居廟帶化權。故天機化祿不強，是薪水之財祿。而天梁化權很強，有強勢的貴人運、長輩運，自己也會強力要管要干涉。脾氣硬、好爭，有自私、肥己之嫌，但外表厚重、有權威。此運賺錢方面得財不多，是公職、薪水方面的財祿，但對升官運上很有助力，職位能增高，自然薪水也會高了。因此運三合宮位中會有太陰化忌出現，故此運仍會有不吉的成份在內。（如果流年、流月命宮是此天機化祿、天梁化權，則流年財帛宮、流月財帛宮就是天同、太陰化忌，故流年、流月中有錢財是非和錢財不順了。）

丁年生的人有『天同化權、太陰化祿』的『權祿相逢』

丁年生的人之『權祿相逢』，有兩種格式，一種是同宮的『權祿相逢』。此格式會在『紫微在巳』、『紫微在亥』兩個命盤格式中顯現。在『紫微在巳』中是天同居旺化權，和太陰居廟化祿同宮。在『紫微在亥』命盤格式中是天同居陷化權和太陰居平化祿同宮。這兩種格局差別很大，有天壤之別。

『紫微在巳』命盤格式中，同陰在子，化權、化祿會居旺、居廟。此運中你也無比的福力，會有自然而然。天降大任的領導力、主控力，得到錢財，享受錢財，運氣非常好。你會輕輕鬆鬆的擁有財祿，更可以優美、清閒的享受豐裕的生活，得到別人的侍候與尊敬。

『紫微在亥』命盤格式中，同陰在午宮。天同居陷帶化權、太陰居平帶化祿，故化權居陷，化祿居平。此運中沒福，祿也少。是操勞、頑固，財不多，人緣也不好，帶些窮困，小有衣食，在窮困邊緣打轉的運氣，趨福的力量太小，看不到福。趨財的力量也小，稍有衣食而已，故幫忙不大，而且此運正坐於『機月同梁』格上，要去工作，拿薪水才有財祿、衣食。這和在午宮的『權祿相逢』差了十萬八千里了。

另一種『權祿相逢』是在卯、酉宮相照的『權祿相逢』。這是在『紫微在寅』、『紫微在申』兩個命盤格式中可見到的。

『紫微在寅』命盤格式中，天同居平帶化權，太陰居陷帶化祿，權祿都不強。此運中逢卯、酉年，都會是稍勞碌，需靠薪水，有衣食的運程。運程

並不算太好。『紫微在申』命盤格式中，天同居平帶化權、太陰居旺帶化祿。化權不強，化祿很強，且是太陰財星居旺帶化祿，財多。故在卯、酉年逢此『權祿相逢』，在錢財上是生活富裕舒適，不為財愁的，但在掌權、爭權奪利上，爭權是不太行的了。

己年生的人有『武曲化祿、貪狼化權』的『權祿相逢』

己年生的人有此『權祿相逢』，基本上就是『武貪格』暴發運再加重、加旺，使其暴發的更快，得到的財運和權力更大、更高。

在『紫微在巳』、『紫微在亥』兩個命盤格式中，『武曲化祿、貪狼化權』是同宮的狀況，雖然兩種暴發運都很大，會成為富翁級的人，但若還再細分，就可知道『紫微在巳』中『武曲化祿、貪狼化權』在丑宮，會更、更、更富有了。

在『紫微在寅』、『紫微在申』兩個命盤格式中，在辰、戌宮有武曲居廟化祿、貪狼居廟化權相對照，而形成之『權祿相逢』。此種格局也能暴發成大富豪，或掌有軍政大權。例如郝柏村先生就具有此暴發運。

辛年生的人有『太陽化權、巨門化祿』的『權祿相逢』

辛年生的人有『太陽化權、巨門化祿』的『權祿相逢』。這是在『紫微在巳』、『紫微在亥』兩個命盤格式中以在寅、申宮同宮的姿態展現。在『紫微在寅』、『紫微在申』兩個命盤格式中以在巳、亥宮相對照的姿態展現的。

其中以『紫微在巳』和『紫微在申』中，太陽居旺帶化權、巨門居廟帶化祿為最佳格式，會在事業上主掌權利，會升官或做大老闆，口才好、人緣佳、機會多，會化是非口舌為有利的利器，更幫助事業的大發展。

在『紫微在亥』、『紫微在寅』兩個命盤格式中，有太陽居得地化權、或太陽居陷帶化權都不太吉。還有巨門居旺、居廟帶化祿。此種組合，都會因為太陽不旺，多是非口舌、災禍，祿也不多了，所以此兩格局是比不上前兩者的格局好的。

『權科相逢』的問題

『權科相逢』是指主星帶化權和另一顆主星帶化科在同宮或相照的狀況，稱之。例如：通常『權科相逢』，只能增加得到權力時所運用的方法好，化科力量不強，強的是化權。

丙年生的人有天機化權和文昌化科的『權科相逢』

丙年生的人，命盤格式是『紫微在子』好人要生在子時。『紫微在午』的人，要生在午時，會有『權科相逢』。但在巳、亥宮的天機為居平帶化權，在巳宮的文昌居廟帶化科，在亥宮的文昌居平帶化科。因此，**『紫微在午』**命盤格式中的人，在巳年會較有精明的頭腦及做事、理財的方法。運氣並不好。在**『紫微在子』**命盤格式的人，在亥年逢此『權科相逢』時，運氣不佳，頑固，處事、理財尚可，並不真的很強。

丙年生的人，命盤格式是**『紫微在丑』**，必須生在戌時，才會有此『權科相逢』。命盤格式是**『紫微在未』**的人，必須生在辰時，才會有此『權科

相逢』。此格局中天機在子、午宮都居廟帶化權很強，但文昌在子宮居得地合格之位，在午宮居陷，故以『紫微在丑』的『權祿相逢』為有用，代表會用很好、很文質的方法，來掌握機緣變化，贏得勝利。而『紫微在未』的『權科相逢』會有敗筆。

丙年生的人，命盤格式是**『紫微在寅』**的人，要生在酉時，會有此『權科相逢』。命盤格式是**『紫微在申』**的人，要生在卯時，會有此『權科相逢』。此兩命盤格式中，因天機居陷帶化權不強，無大用。而『紫微在寅』中文昌化科和天機居陷化權在丑宮，文昌居廟化科較強。指方法，理財好，運氣雖壞，但不嚴重。『紫微在申』中，天機居陷化權和文昌居平在未宮，故不佳，而無用。

丙年生的人，命盤格式是『紫微在卯』的人要生於申時，『紫微在酉』的人要生於寅時，會有『天機化權、文昌化科』的『權科相逢』。

『紫微在卯』中是天機居得地之位帶化權、太陰居旺、文昌居陷化科同宮。文昌居陷化科形成拖累，使主掌變化賺來的錢，耗弱了，反而不吉。

「紫微在酉」中，是天機居得地之位帶化權、太陰居平、文昌居得地之位帶化科，同宮。此運中，原本的財少，有文昌化科來幫助天機化權，在變動中得到理財、計算的方法來賺錢反而有利。

丙年生的人，命盤格式是『紫微在辰』的人，要生在未時，『紫微在戌』的人要生在丑時，會有『權科相逢』。

『紫微在辰』中是天機居旺化權、巨門居廟、文昌居平化科。『紫微在戌』中，天機居旺化權、巨門居廟、文昌居廟化科。這兩個格局，都直接形成折射的『陽梁昌祿』格而有用。但在酉宮的文昌化科會對天機居旺化權更有利。

丙年生的人，命盤格式是『紫微在巳』的人，要生在午時。『紫微在亥』的人，要生在子時，會有此『權科相逢』。

「紫微在巳」中，是天機居平化權、天梁居廟、文昌居得地帶化科，故文昌化科可幫助『天機居平化權』有方法、有智慧來從變化中掌權、有利。

「紫微在亥」中，天機居平化權、天梁居廟、文昌陷落化科，故文昌化科反而拖累『天機居平化權』，更笨，不聰明，不吉。

戊年生的人有太陰化權、右弼化科

凡戊年生的人：

『紫微在子』命盤格式中的人必須生在六月份，會有此『權科相逢』。
『紫微在丑』命盤格式中的人必須生在七月份，會有此『權科相逢』。
『紫微在寅』命盤格式中的人必須生在八月份，會有此『權科相逢』。
『紫微在卯』命盤格式中的人必須生在九月份，會有此『權科相逢』。
『紫微在辰』命盤格式中的人必須生在十月份，會有此『權科相逢』。
『紫微在巳』命盤格式中的人必須生在十一月份，會有『權科相逢』。
『紫微在午』命盤格式中的人必須生在十二月份，會有『權科相逢』。
『紫微在未』命盤格式中的人必須生在正月份，會有此『權科相逢』。
『紫微在申』命盤格式中的人必須生在二月份，會有此『權科相逢』。
『紫微在酉』命盤格式中的人必須生在三月份，會有此『權科相逢』。
『紫微在戌』命盤格式中的人必須生在四月份，會有此『權科相逢』。

『紫微在亥』命盤格式中的人必須生在五月份，會有此『權科相逢』。

辛年生的人有太陽化權、文曲化科

凡辛年生的人

『紫微在子』命盤格式的人，要生於巳時，『紫微在午』命盤格式的人，要生於亥時，會有此『權科相逢』。

『紫微在丑』命盤格式的人，要生於午時，『紫微在未』命盤格式的人，要生於子時，會有此『權科相逢』。

『紫微在寅』命盤格式的人，要生於未時，『紫微在申』命盤格式的人，要生於丑時，會有此『權科相逢』。

『紫微在卯』命盤格式的人，要生於申時，『紫微在酉』命盤格式的人，要生於寅時，會有此『權科相逢』。

『紫微在辰』命盤格式的人，要生於酉時，『紫微在戌』命盤格式的人，要生於卯時，會有此『權科相逢』。

『紫微在巳』命盤格式的人，要生於戌時，『紫微在亥』命盤格式的人，要生於辰時，會有此『權科相逢』。

壬年生的人有紫微化權、左輔化科

凡壬年生的人：

『紫微在子』、『紫微在午』命盤格式的人，要生於九月份、三月份的人，會有此『權科相逢』。

『紫微在丑』、『紫微在未』命盤格式的人，要生於十月份、四月份的人，會有此『權科相逢』。

『紫微在寅』、『紫微在申』命盤格式的人，要生於十一月份、五月份的人，會有此『權科相逢』。

『紫微在卯』、『紫微在酉』命盤格式的人，要生於十二月份、六月份的人，會有此『權科相逢』。

『紫微在辰』、『紫微在戌』命盤格式的人，要生於正月份、七月份的人，會有此『權科相逢』。

『紫微在巳』、『紫微在亥』命盤格式的人，要生於二月份、八月份的人，會有此『權科相逢』。

『祿科相逢』的問題

『祿科相逢』就是主星帶化祿和另一個帶化科的主星同宮或相照而形成的格局，『祿科相逢』化科不強，但會增加帶化祿的主星，幫助它得到較好的賺錢方法，但也要化祿、化科的主星都居旺、居廟，才會有利。居陷時幫助不大。

丙年生的人有天同化祿、文昌化科

丙年生的人：

『紫微在子』、『紫微在午』命盤格式的人，要生於卯、酉時，會有此『祿科相逢』。

『紫微在丑』、『紫微在未』命盤格式的人，要生於寅、申時，會有此『祿科相逢』。

『紫微在寅』、『紫微在申』命盤格式的人，要生於丑、未時，會有此『

祿科相逢』。

『紫微在卯』、『紫微在酉』命盤格式的人，要生於子、午時，會有此『祿科相逢』。

『紫微在辰』、『紫微在戌』命盤格式的人，要生於巳、亥時，會有此『祿科相逢』。

『紫微在巳』、『紫微在亥』命盤格式的人，要生於辰、戌時，會有此『祿科相逢』。

戊年生的人有貪狼化祿、右弼化科

戊年生的人：

『紫微在子』、『紫微在午』命盤格式的人，要生於五月、十一月，會有此『祿科相逢』。

『紫微在丑』、『紫微在未』命盤格式的人，要生於六月、十二月，會有此『祿科相逢』。

『紫微在寅』、『紫微在申』命盤格式的人，要生於正月、七月，會有此『祿科相逢』。

『紫微在卯』、『紫微在酉』命盤格式的人，要生於二月、八月，會有此『祿科相逢』。

『紫微在辰』、『紫微在戌』命盤格式的人，要生於三月、九月，會有此『祿科相逢』。

『紫微在巳』、『紫微在亥』命盤格式的人，要生於四月、十月，會有此『祿科相逢』。

辛年生的人有巨門化祿、文曲化科

辛年生的人：

『紫微在子』、『紫微在午』命盤格式的人，要生在卯時、酉時，會有此『祿科相逢』。

『紫微在丑』、『紫微在未』命盤格式的人，要生在寅時、申時，會有此『祿科相逢』。

『紫微在寅』、『紫微在申』命盤格式的人，要生在丑時、未時，會有此『祿科相逢』。

『紫微在卯』、『紫微在酉』命盤格式的人，要生在子時、午時，會有此『祿科相逢』。

『紫微在辰』、『紫微在戌』命盤格式的人，要生在巳時、亥時，會有此『祿科相逢』。

『紫微在巳』、『紫微在亥』命盤格式的人，要生在辰時、戌時，會有此『祿科相逢』。

壬年生的人有天梁化祿、左輔化科

壬年生的人：

『紫微在子』、『紫微在午』命盤格式的人，要生於六月、十二月，會有此『祿科相逢』。

『紫微在丑』、『紫微在未』命盤格式的人，要生於五月、十一月，會有此『祿科相逢』。

『紫微在寅』、『紫微在申』命盤格式的人，要生於四月、十月，會有此『祿科相逢』。

『紫微在卯』、『紫微在酉』命盤格式的人，要生於三月、九月，會有此『祿科相逢』。

『紫微在辰』、『紫微在戌』命盤格式的人，要生於二月、八月，會有此『祿科相逢』。

『紫微在巳』、『紫微在亥』命盤格式的人，要生於正月、七月，會有此『祿科相逢』。

7 流月的推算方法

流月的推算方法

推算流月，先要指定流年，再找出那一年的一月出來。也就是先從此流年命宮開始，以當事人的出生月份為數，逆數幾個宮位。例如要找出午年的一月，就從午宮開始算，5月生的人，就逆數（逆時針方向數）五個宮位在寅宮。再以出生時間順數回來，所數到的宮位，就是此流年的一月。例如酉時生的人，再從寅宮起子時順數（順時針方向數回來）子、寅、卯、辰、巳、午、未、申、酉。數到酉時，剛好在亥宮。亥宮就是此人午年（馬年）的一月。接下來，順時針方向算下去，亥宮是一月，二月在子宮、三月在丑宮、四月在寅宮、五月在卯宮、六月在辰宮、七月在巳宮、八月在午宮、九月在未宮、十月在申宮、十一月在酉宮、十二月在戌宮等等。（如後頁圖例）

①紫微在子

午⑦ 巳	午⑧ 午	貪狼 午⑨ 未	午⑩ 申
午⑥ 辰			午⑪ 酉
午⑤ 卯			午⑫ 戌
午④ 寅	午③ 丑	午② 子	午①月 亥

推測流月要注意的事項：

1. 要算流月，必先以年支宮位起算，其人幾月生人，便逆數幾月。幾時生的，便再順數幾個宮位，這完全是用農曆來算的，也是以命理中的時辰來計數的，不是以小時來計算的，二個小時為一個時辰。酉時生的人，就要從子數到酉時，共十個時辰了。不可算錯。

2. 找出該年的一月時，接下來再順時針方向算2月、3月、4月……，千萬不可又弄錯方向逆算2月、3月……了。

如何利用流月來看財運、吉運

我們通常說排流年，其實是已將流月算出來了。而且每個命盤格式中主要星曜的旺弱已定，只不過把一些時系星、月系星、干系星加進去，由六吉星（昌、曲、左、右、魁、鉞）和六煞星（羊、陀、火、鈴、劫、空），以及四化星（化權、化祿、化科、化忌）再加入，形成各人命運不同的組合。

羊、陀、化忌、劫空，都是凶悍不吉的煞星，使命程、運程會造成傷剋不吉，但每一個人的命格中都有這些星，只是所在的宮位不一樣，和同宮主星的組合不一樣，而形成吉凶的深淺。

用流月來預估財運、吉運，是比用流年、大運來預估，更為精準一些的。因為時間範圍縮小到一個月以內了嘛，自然會更切實了。

看流月中的財運、吉運和看流年的財運、吉運是一樣的，都是要找出財星、吉星居旺、居廟的宮位出來，再看財運上，要以財星、居廟帶化祿為最佳、財祿才會多。其次是財星居旺帶化祿，或是財星居得地之位帶化祿。財星居廟帶化權的層級也很高。會在財星居得地之位帶化祿的層級之上。

通常**我們要看流月的財運**，就會先找出武曲、天府、太陰、祿存、化祿這些星在命盤中的宮位。在依其宮位看其旺弱，再看同宮的星有沒有刑剋到它。倘若這些星的位置好，居旺、居廟，又沒有和煞星同宮，那這就是一個財多、豐盛的月份了。

就像天府星在巳、午、未、申、亥宮是居得地合格之位，在其他宮位全

居廟，天府星不會落陷居平，在得地之位已最低了。所以天府最怕的就是有羊、陀、火、鈴、劫空、化忌來同宮刑剋了，這些煞星在對宮也不好，表示環境險惡，可儲存的錢也少了。

武曲星只有在辰、戌、丑、未居廟，它多半和居廟的貪狼好運星在一塊兒，表示很勞碌，靠運氣不斷的變化而取財，它和福星天相在一塊兒就旺度減了，成為得地剛合格之位。表示愛享福，打拚少了。武曲和天府同宮在一起，因為天府是穩定的星曜，武曲也從廟位降到旺位。武曲和七殺、破軍這些煞星、殺星、耗星同宮時，只居平位，被劫財了。武曲財星也最怕碰到羊、陀、火、鈴、化忌、劫空了，被『刑財』就虛空無用了。

太陰的財，是穩定的財，是慢的財，也是安靜的財，是靠薪水、儲蓄，慢慢積存的財，不太動的。通常也會存在房地產上。所以流月運逢太陰居旺、居廟時，你也會買房地產或靠房租來儲財存錢。

化祿的財，要看主星是否是財星，更要看主星旺弱來決定財的大小、多寡。祿存也是要看同宮的星曜旺弱或主不主財，財多不多來決定財的多寡。

倘若祿存是獨坐，也必須要看對宮相照的星是否是財星，其旺弱，財多不多，而來決定帶財的多寡了。

此外，很多星雖不是財星，但居旺時，也會帶有財的成份，其意義不同。

例如：紫微是官星，表示地位會增高而有財。錢財也易平順。

太陽居旺時，太陽是官星，代表事業。事業好時，也會有財。

廉貞是計劃、營謀、用心計，而得來的財。

貪狼是碰上好運，而得到的財。

巨門是用口才，用嘴巴得來的財。

七殺是辛苦打拚、流血、流汗，用體力得來的財。

破軍是打拚、衝鋒陷陣，爭奪的財。

天梁是得到上天庇佑，貴人運，用智謀營運得來的財。

文曲是用口才、人緣，可升官，討人喜歡，增加機會而得來的財。

文昌是精打細算，計算能力好，有理財能力，文書功夫強，而得來的財。

8 流時的推算方法

流時的推算方法

要看流時最簡單了。要看子時就看命盤上的子宮中的星曜。丑時就看丑宮中的星曜。寅時就看寅宮。卯時就看卯宮、辰時就看辰宮……以此類推。

如何利用流時來看財運、吉運

用流時來看財運、吉運，也很簡單。因為你在觀看流年、流月時已對命盤上那幾個宮位好，那幾個宮位差，已瞭若指掌了。而且你對於自已命盤上好的財星在那些宮位中，也非常清楚。因此你一下子就能分辨帶財、有財的流時的時間出來。

就像『紫微在子』的命盤格式中，辰時是廉府運。午時是貪狼居旺運。

申時是武相運。子時是紫微運。這些都是好時間，只要其中沒有羊、陀、火、鈴、劫空、化忌存在，這些時間就是名符其實的好運時間，可善加利用。

其實還有一個方法可印證好的流時。那就是由你自己回想一下，你每天這樣日復一日的過生活，往往在一天之中，有那些時候是覺得最順利、心情最好的？那個流時就是你帶財、帶吉運的好時間了。你再對照命盤上帶財、帶吉星的時間宮位來觀看，你會發覺，真的是一點也假不了的了。

例一：

有一位朋友，要我幫他找吉時。他告訴我說，每天早上起床都心情較好，常去晨運。接著趕到辦公室，煩雜的事一多，心情就很不好了。到了中午快吃午飯時，又很高興了。可是在下午接著上班時，心情又不太好了，常遇到大聲小氣，沒教養的人，有些是同事，有些是外面來的客戶，讓他不太高興，可是到了下班時心情就不錯。晚上心情也很愉快。他有點煩，問我，他是不是有工作倦怠症？

此位朋友是『紫微在午』命盤格式的人。在清晨卯時走『陽梁居廟運

』，運氣好，還有很多貴人，當然心情很好了。他是做保險工作的。在清晨運時常向一起運動的老人們拉保險，老人們見他有禮貌也和氣，常介紹生意給他。自然他覺得心情愉快了。但是到了辰時走七殺運，忙著趕車到公司，很辛苦，常塞車。巳時走天機居平運，運氣也不佳，頭腦不聰明，在辦公室很煩亂。在午時走紫微居廟運，心情自然好了，可惜是在吃飯時間。下午未時是空宮運，有同巨相照，運不好。在申時走破軍運，容易遇到破破爛爛的人和事。果然遇到大聲小氣、沒教養的人了。在酉時是空宮運，有陽梁相照，還不太差。在戌時是廉府運，心情又好起來了。在亥時是太陰居廟運，心思溫柔細密，感情豐富，此運和家人相處很快樂。在子時是貪狼居旺運，有桃花運，和妻子在一起。

由他這些流時的運程看來，其實可以好好規劃，如果想多賺錢、多拉一些保險，就可利用卯時的陽梁運（這個時間他已知應用了），午時的紫微運，戌時的廉府運，亥時的太陰居廟運，子時的貪狼運。午時可約客戶一面吃飯，一面談事情。戌時、亥時可拜訪客戶，聯絡感情，增加人緣機會。

像下午的破軍運，其實還是可以用得上的。破軍的對宮是武相。表示此時外面的環境中會多財，而且平和順利。若用此運去開發新客戶，此人的膽子大，有衝勁，外面的環境又有財，則是開發、打拚的好時間了。

這位朋友聽到我這麼一分析，馬上就眉開眼笑，不再抱怨命不好，也不再感覺自己有工作倦怠症了。

例二：

有一對夫妻來找我說，他們已結婚五年了，沒生子女，希望我能幫他們看看有什麼問題？

我問他們是否去醫院做過檢查？他們說已檢查過了，沒問題，但是很難懷孕。不知道要用什麼方法？

這一對夫妻分隔南北二地上班，先生在北部，每隔二周下去南部看妻子，一同相處三、四天再回北部上班。

太太是武曲、擎羊坐命戌宮的人。先生是武殺坐命的人。這就是『紫微在寅』和『紫微在未』兩個命盤格式了。這兩個命盤格式碰在一起，兩個都好運的時間不多。

妻子的命盤

巨門化祿 巳	廉貞 天相 午	天梁 未	七殺 陀羅 申
貪狼 辰			天同 祿存 酉
太陰 卯			武曲 擎羊 戌（命宮）
紫微 天府 寅	天機 文昌化忌 文曲化科 丑	破軍 子	太陽化權 亥

先生的命盤

巳	天機 午	紫微 破軍 未	申
太陽 辰			天府 酉
（命宮）武曲 七殺 卯			太陰 戌
天同 天梁 寅	天相 丑	巨門 子	廉貞 貪狼 亥

經過檢查後發覺只有寅時、辰時、午時、酉時較好一點。其中以寅時最好，辰時也不錯。我勸他們應該暫時放下手中的工作，一起去度假，到沒有人打擾的地方去相處一個假期就會有小孩了。

這位妻子的命盤上在晚間的運氣都不太好，從酉時開始是『武曲、擎羊

』，性情剛硬，有煩憂。亥時是太陽陷落化權，心情悶又固執，不愛講話。子時是破軍、火星，脾氣火爆。丑時是天機陷落、文昌化忌、文曲化科，運氣不好，頭腦不清楚，口才卻很好，很會吵架。先生的命盤上在晚上的運氣中也有一些不好的運氣。在亥時他走廉貪運，運氣不好，人見人厭，還愛說討人厭的話。在子時是巨門居旺運，口才好，是非多，愛吵架。果然他妻子說：在晚上一上床睡覺兩人就吵架，吵到最後誰也不理誰了。在丑時雖走天相運較溫和了，可是妻子的運不好，正數落他的罪狀呢！還是相互不理睬的好。因此年復一年無法溝通。兩人甚至想分手算了。

時間對人的影響有這麼大，甚至關係到一個家庭的幸福，你說奇妙不奇妙呢？現在那對夫妻已經懷孕了，正等著做一對幸福的父母親呢！

流時的好壞對做生意、談判的人尤其重要，把握的好時機、好時辰，運用好時辰更為重要。各位可以參考一下，列出自己的好運流時來好好把握吧！

9 流分的推算方法

流時算出來了，要更精細一點，就要算流分了。

流分的算法

一個時辰有兩個小時，共計是一百二十分鐘，紫微命盤上有十二個宮位。以此計算，在一個時辰裡，行經每個宮位為十分鐘，這就是流分了。每一個時辰開始都是以子宮開始算起，子宮是一至十分鐘，丑宮是十一分鐘至二十分鐘，寅宮是二十一分鐘至三十分鐘，卯宮是三十一分鐘至四十分鐘，辰宮是四十一分鐘至五十分鐘，巳宮是五十一分鐘至六十分鐘。以上是每個時辰的上半個時辰（為一小時的時間）。

下半個時辰是：午宮是六十一分鐘至七十分鐘。未宮是七十一分鐘至八十分鐘。申宮是八十一分鐘至九十分鐘。酉宮是九十一分鐘至一百分鐘。戌宮是一百零一分鐘至一百一十分鐘。亥宮是一百一十一分鐘至一百二十分鐘。剛好一個時辰走完。這下半個時辰也正好一小時。古代的算法在紫微命盤中不好應用。

※古代人的算法是把一個時辰（兩小時）分為上四刻和下四刻，共八刻，每刻十五分鐘。午時三刻要斬人頭，就表示要在中午十一時四十五分的時侯要行刑。現代人要求時間更精密一些，最好能立即判斷出吉凶來，不要再算來算去了。所以我提供這些既準確又精密好記的方法來讓你應用。

例㈠

公司中的女同事在某一晚遭遇車禍受傷很嚴重，我記得她命盤上的擎羊是在子宮，因為她是壬年生的人嘛！我問她說：你是不是在晚上十一點十分左右發生的車禍？她想了一下，說：你怎麼知道的？剛過十一點呀！還沒超出十一點十分呢！因為子時是十一點，子宮有擎羊，要發生車禍一定是在十一時至十一時十分之間這段時間了。以後這段時間都要小心才行。

例(二)

有一位先生要競標工程，跑來找我說：怎麼辦，這個工程不標到不行，可是要到中午十一點才標，我中午午時正好走破軍運，可能完了，標不到了，沒有工程做，公司要裁掉好多人，我自已也可能完了，怎麼辦呢？

我拿起他的命盤看了一下，還好午宮的破軍並沒有和文昌、文曲碰到一起，也沒有在對宮相照。我對他說：你有辦法讓對方在十一點五十分左右再開標嗎？他想了一下，說：大家沒到齊，他們可能不會開標，不過他們總是會在吃午飯以前開完標的。我說：你看十一點五十分時，你剛好流分在武曲居廟這個位置，接下來是太陽居旺化權，十二點以前運氣都很好，可以好好利用。他很高興的走了。

隔了幾天他來告訴我，已順利拿下工程了。而且很興奮的談著這次在時間上的營謀技巧，大嘆，真是太神奇了。

每個人的運氣都時時刻刻在運行著，好像我們身體中的血液在循環流動

一樣。大運好的時候，其中會有一些流年是好的，也會有一些不好的流年運程。運氣就這樣上下起伏著往前走。大運不好的時候，仍會有一些稍微好運的流年，也會有一些運氣差的流年。也跟流年中有一些好的流月，也會有一些不好的流月一樣。在流時中更是如此了，運氣還是這麼起伏著往前邁進。流時中有好運的流分，也會有壞運的流分。掌握住財星、運星居旺的流分，壞運時辰也能讓你得心應手起來了。這就是我向大家提供的精算時間法則，讓時間改變運氣，增加運氣的一種方法。希望大家會喜歡。

如何觀命、解命
如何審命、改命
如何轉命、立命

法雲居士⊙著

古時候的人用『批命』，是決斷、批判一個人一生的成就、功過和悔吝。

現代人用『觀命』、『解命』，是要從一個人的命理格局中找出可發揮的潛能，來幫助他走更長遠的路及更順利的路。

從觀命到解命的過程中需要運用很多的人生智慧，但是我們可以用不斷的學習，就能豁然開朗的瞭解命運。

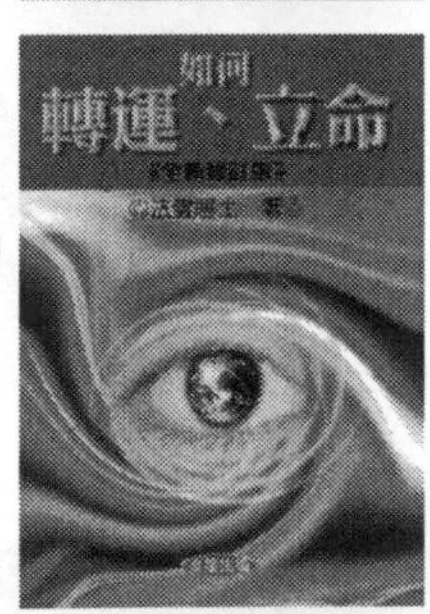

一般人從觀命開始，把命看懂了之後，就想改命了。命要怎麼改？很多人的看法不一。改命最重要的，便是要知道命格中受刑傷的是哪個部份的命運？再針對刑剋的問題來改。

觀命、審命是人生瞭解命運的第一步。知命、改命、達命，才是人生最至妙的結果。

這是三冊一套的第三本書，由觀命、審命，繼而立命。由解命、改命，繼而轉運，這其間的過程像連環鎖鏈一般，是缺一個環節而不能連貫的。

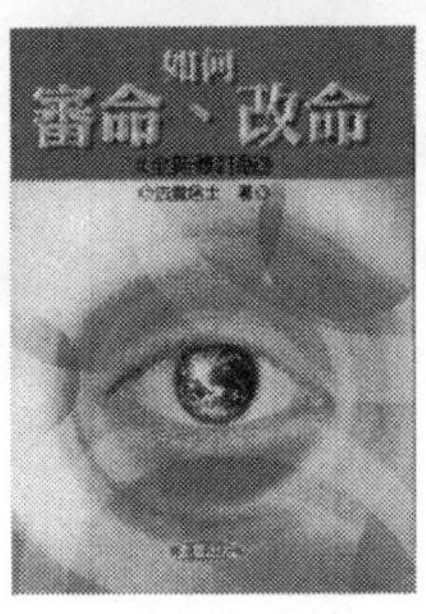

常常我們會對人生懷疑，常想：要是那一年我做的決定不是那樣，人生是否會改觀了呢？您為什麼不會做別的決定呢？這當然有原因，而原因就在此書中！

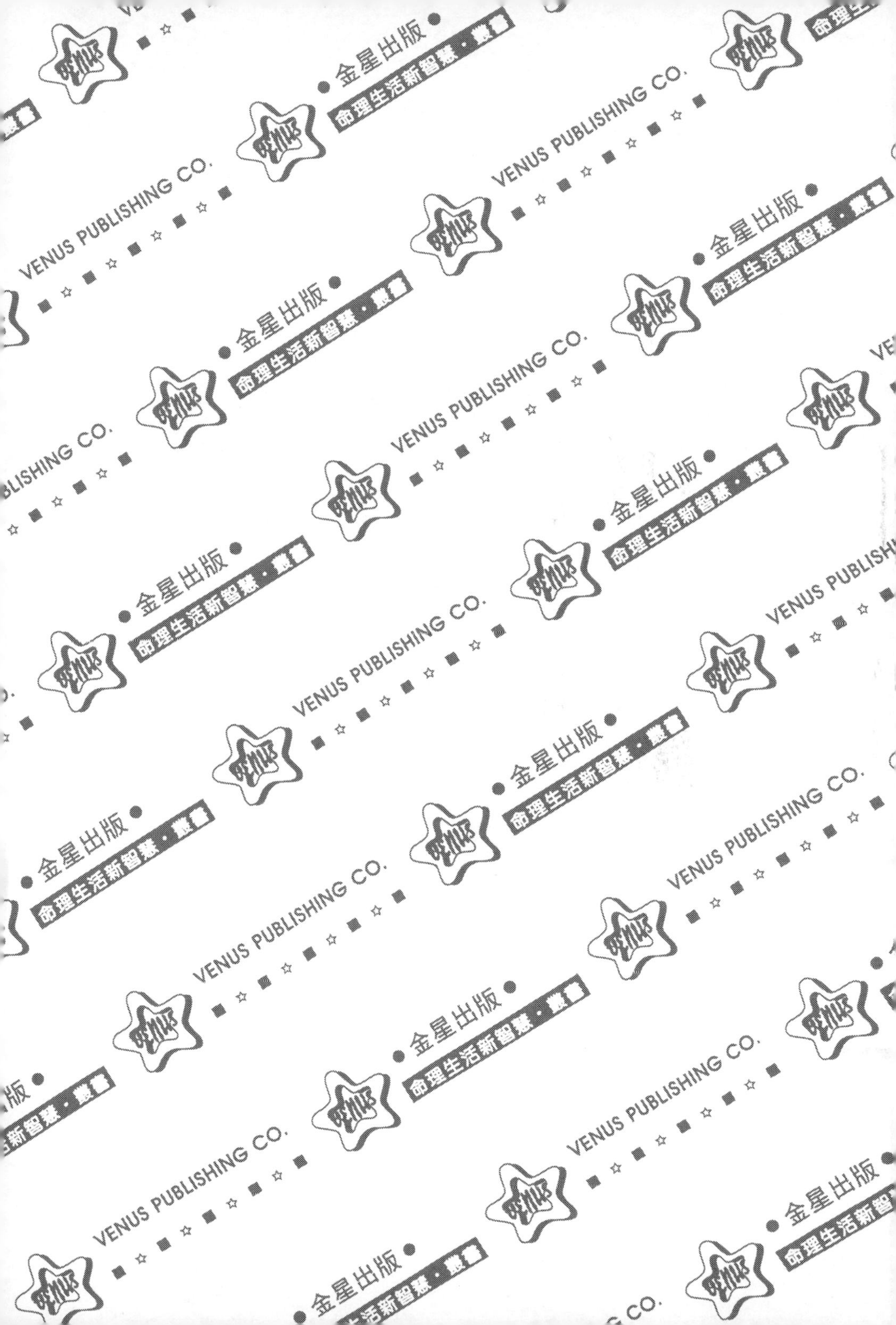